赵馥洁文集

第三卷

赵馥洁 著

关学研究

中国社会科学出版社

图书在版编目（CIP）数据

赵馥洁文集. 第三卷，关学研究 / 赵馥洁著. —北京：中国社会科学
出版社，2022.5
ISBN 978 – 7 – 5203 – 8995 – 2

Ⅰ. ①赵…　Ⅱ. ①赵…　Ⅲ. ①关学—文集　Ⅳ. ①B2 – 53

中国版本图书馆 CIP 数据核字（2021）第 172802 号

出 版 人	赵剑英
责任编辑	朱华彬
责任校对	张爱华
责任印制	张雪娇

出　　　版	中国社会科学出版社
社　　　址	北京鼓楼西大街甲 158 号
邮　　　编	100720
网　　　址	http://www.csspw.cn
发 行 部	010 – 84083685
门 市 部	010 – 84029450
经　　　销	新华书店及其他书店

印刷装订	北京市十月印刷有限公司
版　　　次	2022 年 5 月第 1 版
印　　　次	2022 年 5 月第 1 次印刷

开　　　本	710 × 1000　1/16
印　　　张	21
插　　　页	2
字　　　数	300 千字
定　　　价	128.00 元

凡购买中国社会科学出版社图书，如有质量问题请与本社营销中心联系调换
电话：010 – 84083683

前　言

这部文集是我平生从事哲学教学和研究的记录。我与哲学结缘始于1960年，这一年夏天，我高中毕业报考大学时选择了哲学专业。当时，考哲学专业必须加试数学，而我的数学学得并不好，尽管如此，我还是报考了哲学。

那一年，在我的家乡富平县招收哲学专业学生的大学只有西北政法学院，于是我毫不犹豫地报考了这所院校。入学后，适逢大学贯彻落实"高教六十条"，教学秩序良好，读书气氛浓郁，师生关系融洽，同学关系和谐，总之，学习环境非常好。1964年毕业后，我留校从事教学工作。这时，社会主义教育运动（"四清运动"）开始，我被抽调到农村参加"社教"，直到1966年8月下旬即"文化大革命"已开始两个多月才回到学校。回校后因为学校已停课"闹革命"，所以，我未从事任何教学工作。直到1972年5月，西北政法学院遵照上级指示停办、解散。解散时，学校的教职人员被分配到陕西多所高校和机关单位，我被分配到陕西师范大学。到师大后我先在宣传部工作数月，9月师大开始招收工农兵大学生，我即到政教系哲学教研室教学。当时由于旧教材不能用，又无新教材，政教系的马克思主义哲学课主要是辅导学生选读马克思主义经典著作，我先后辅导学生读的著作有：马克思的《关于费尔巴哈的提纲》、恩格斯的《反杜林论》、列宁的《哲学笔记》（选）和《国家与革命》、毛泽东的《实践论》《矛盾论》。收入本文集第七卷的哲学讲义，有的就是当时为教学而写的。

在师大工作七年后，适逢"文化大革命"结束，西北政法学院复
校，我又于 1979 年 5 月被调回。复校后的西北政法学院设置了法律系和
政治理论系，政治理论系又设立了哲学和经济学两个专业，我被安排在
哲学专业从事教学工作。此年 9 月政法学院招收了复校后的首届大学生，
我即给这一年级哲学专业的学生讲授马克思主义哲学课。1980 年 9 月我
由教研室派往武汉大学哲学系进修，有幸跟萧萐父、唐明邦、李德永等
先生学习中国哲学史，期满归来后我就专心从事中国哲学史的教学和研
究。开设的课程主要有"中国哲学（史）原著选读""中国哲学史研究
法"（包括史料学）等。20 世纪 80 年代初，价值哲学在中国蔚然兴起，
我即将自己的治学重点确定为中国传统哲学价值论研究，我给哲学专业
的硕士研究生开设了"价值哲学研究""中国传统哲学价值论研究"等
课程，撰写关于中国传统哲学价值论的论文，参加有关价值哲学的学术
会议，特别是申报了 1989 年的国家社会科学基金课题：中国传统哲学价
值论研究。1991 年由陕西人民出版社出版了该课题的最终成果——《中
国传统哲学价值论》。该书出版后受到了学术界的关注和鼓励，1994 年
12 月该书获陕西省社会科学优秀成果一等奖，1995 年 9 月荣获国家教委
全国高等学校人文社会科学研究优秀成果二等奖。此后，我继续在这一
领域进行探索和拓展：一是深化对中国传统哲学价值论之思维特征的研
究，发表了一系列探讨中国哲学中价值论与本体论、认识论、历史观、
人性论相融通的论文，这些论文合编为《中华智慧的价值意蕴》一书，
该书由中国政法大学出版社于 2002 年出版。二是探索了中国传统价值观
的历史演变，并以此报批了陕西省社会科学基金项目，其最终成果为
《价值的历程——中国传统价值观的历史演变》一书，该书由中国社会
科学出版社于 2006 年出版。

作为陕西的学者，我十分关注陕西历史上的哲学遗产，因此在研究
中国传统哲学价值论的过程中，我把张载及其关学作为自己治学的重要
内容，既将关学研究作为一门课程给哲学专业的研究生开设，又撰写发

表了不少学术论文，这些论文运用的仍然是价值论方法，其主题则聚焦于关学的基本精神，在此基础上撰成《关学精神论》一书，该书 2015 年由西北大学出版社出版。其后，我又编著了《关学哲人诗传》一书，于 2020 年 1 月由陕西人民出版社出版，在这次汇编文集时我对上述两部著作进行了增订、修改和充实，取名"关学研究"。

在从事教学和研究的同时，我还参与了诸多社会性学术活动和学术组织工作，兼任了一些学会的职务，参加了多次学术会议，举办过多场学术讲座，撰写了不少有关学术发展和社会发展的论文、评论、发言、讲话，这方面的成果汇集成了《哲苑耘言》和《中华文化的价值观念》两个论文集。

阅读和吟咏诗词是我平生的爱好，也是我业余调剂精神生活的重要方式，我的诗词习作曾编为《静致斋诗》，于 2015 年由上海中西书局出版，今又增入新作，辑成《静致斋诗稿》收入文集。静致斋是我的书斋名，此文集中冠以"静致斋"的著述还有《静致斋哲话》，这是我多年来写的哲理性札记，因记述的所感所思为零散无主线、零碎无体系、零杂无统摄的随时心得，类似古代的诗话、词话、文话之属，故名曰"哲话"。与上述著作一起编入文集第八卷的还有我为《中国儒学辞典》《中国儒学百科全书》所写的辞条的汇总，因为所撰写的条目都是按主编所分派的任务而定的，亦属于无系统之作，故以"静致斋释辞"名之。

需要说明的是，在将上述著述收录本文集时，我尽量按照现在的出版要求进行了修改，特别是修改了一些现在看来不合时宜的内容，补充完善了脚注的版本信息，改用最新的版本等。同时，一些原来常用的词语包括一些地名等专有名词，则保留了原著的用法，未做更改，这样更能体现时代感。

从进入大学算起，我在哲学这片园地里已经耕耘了整整 60 年，从留校任教到现在，也已度过 56 年。回顾半个多世纪的治学历程，回望自己在教学和科研方面所留下的雪泥鸿爪，真可谓浮想联翩，感慨良多！而凝结到一点就是：虽然逝者如斯夫，人生的时光已进入桑榆晚景，然而对我来说，思想和学业都还行进在漫漫的长路上！书籍在阅读的路上，文章在撰写的路上，著作在修改的路上，讲义在充实的路上，诗词在推敲的路上……既有的一切，都还没有达到自己所期望的高标准，还未进入自己所追求的高境界。自己已经形成的学术观点和治学成果，都还有待深化、拓展和完善。学术研究只有无限绵延的进路和不断升高的阶梯，但却没有顶峰，永远都不能达到"会当凌绝顶"的境地。所谓的至善之域、至美之境，其实都是学人们持续努力的志向和不懈追求的理想。既然人生和治学永远都处在一个不断追求、不断提升的过程中，那么，自己几十年来所感所思所写而形成的这些著作，只可放在思想认识和学术探索的历史过程中去阅读，只能当作一道在旅途中未臻至境的风景去观赏。在这个意义上，方可引用李白"却顾所来径，苍苍横翠微"之诗句，来表达自己的自慰之情和自觉之识！

本文集的编辑出版是西北政法大学和西北政法大学哲学与社会发展学院的无量功德。学校和学院为了推进学科建设，弘扬学术创新，积累学术成果，延续学脉传承，在经费十分困难的情况下，决定筹措资金，编辑出版这部文集，实在令人感戴无既。学校的孙国华书记、杨宗科校长及其他各位领导十分关心、大力支持文集的编辑出版，并尽力帮助解决困难；哲学与社会发展学院的周忠社书记、寇汉军书记、山小琪院长，亲自领导文集的编辑出版工作，郭明俊副院长负责各项具体事务包括落实手稿录入、清样校对、联系出版等诸多繁重而琐细的事宜。在此，我首先对西北政法大学各位领导和哲学与社会发展学院各位领导表示诚挚的感谢！博士生朱风翔为收集论文、择取编排、校勘文字、编订目录，付出了巨大辛劳；博士生张雪侠为哲学讲义的文稿修正、文字校对等做了大量工作；博士生李伟弟为《静致斋诗稿》的编目和繁简字体的转换和统一，反复编排核对；我的硕士生刘亚玲研究员，多年前就认真仔细地阅读和校对了《静致斋哲话》；哲学与社会发展学院的不少硕士研究生也参加了繁重的手稿录入和清样校对工作。对这些为文集付出过辛勤劳动和珍贵汗水的青年学子们,我特表衷心谢意!而文集所凝结的中国社会科学出版社大力支持的珍贵情义和责任编辑朱华彬先生精心编校的辛勤劳绩,更值得铭记、致谢和赞佩!

最后,我为能给中国哲学的学术发展尽一点绵薄之力而由衷地感到高兴,也诚恳欢迎读者不吝批评指正!

赵馥洁

2021 年 11 月 27 日

于西北政法大学静致斋

目　　录

第一章　关学精神研究 ······································ （1）

　一　关学的基本精神 ·· （1）

　二　全祖望论关学精神 ······································ （21）

　三　终南文化与关学精神 ···································· （29）

　四　苏武气节与关学精神 ···································· （35）

　五　关学精神的南冥镜像 ···································· （40）

　六　张载学术生命的再现 ···································· （56）

第二章　关学哲理研究 ······································ （60）

　一　张载"立心立命"的使命意识 ···························· （60）

　二　张载"勇于造道"的哲学创建 ···························· （67）

　三　张载"精义存神"的哲学智慧 ···························· （74）

　四　张载"太虚"之气的价值意蕴 ···························· （80）

　五　张载"太和谓道"的和谐思想 ···························· （97）

　六　张载"民胞物与"的理想境界 ···························· （103）

　七　张载"经世致用"的实学取向 ···························· （112）

　八　李二曲建立价值主体的思想 ···························· （120）

　九　李因笃经世致用的价值追求 ···························· （132）

第三章　关学人物研究 ······································ （137）

　一　张载 ·· （137）

二　苏昞 ………………………………………………（143）

三　范育 ………………………………………………（145）

四　吕大忠 ……………………………………………（148）

五　吕大钧 ……………………………………………（150）

六　吕大临 ……………………………………………（152）

七　李复 ………………………………………………（155）

八　杨奂 ………………………………………………（157）

九　杨天德 ……………………………………………（160）

十　杨恭懿 ……………………………………………（161）

十一　萧维斗 …………………………………………（165）

十二　王恕 ……………………………………………（167）

十三　王承裕 …………………………………………（175）

十四　马理 ……………………………………………（178）

十五　薛敬之 …………………………………………（180）

十六　吕柟 ……………………………………………（186）

十七　韩邦奇 …………………………………………（189）

十八　南大吉 …………………………………………（193）

十九　杨爵 ……………………………………………（196）

二十　王之士 …………………………………………（199）

二十一　冯从吾 ………………………………………（200）

二十二　张舜典 ………………………………………（206）

二十三　王徵 …………………………………………（211）

二十四　王建常 ………………………………………（217）

二十五　王弘撰 ………………………………………（220）

二十六　李颙 …………………………………………（225）

二十七　李柏 …………………………………………（229）

二十八　李因笃 ………………………………………（231）

二十九　康乃心 ………………………………………（236）

三十　　王心敬 ···（238）

三十一　李元春 ···（242）

三十二　贺瑞麟 ···（246）

三十三　刘古愚 ···（252）

三十四　牛兆濂 ···（262）

附录一···（267）

传承关学精神 ···（267）

关学智慧和精神的历史丰碑 ·······························（269）

张载如何"继绝学" ···（273）

论横渠"实学"的价值取向 ···································（278）

关学的基本精神和现实意义 ·································（287）

关学智慧：从"太虚即气"的本体思想到"民胞

　　物与"的终极关怀 ···（291）

张载"为往圣继绝学" ···（295）

附录二···（303）

鉴西释古，阐贵开新

　　——赵馥洁教授对关学的新拓展 ····················（303）

第一章　关学精神研究

每一哲学学派都有自己独特的精神风貌。关学自北宋创立至清末终结，历时了八百年之久的学脉延续；从张横渠"勇于造道"到牛兆濂"存心继道"，历经了数十人之众的薪火相传。既积累了深厚的哲理，也培育了伟大的精神。在宋明理学的时代思潮中，诸派哲学，同异交织，气象万千。濂学有超越之象，洛学有沉潜之风，闽学渊深而精密，关学博大而雄浑，各有独特的精神品格。探索关学的精神特征对于深刻理解关学精义，继承关学遗产，弘扬关学精华，意义重大而深远。

一　关学的基本精神

关学是由北宋张载创立的，至明清时代仍然流行于关中地区的理学学派。北宋中期，张载讲学关中，他的学术思想被称为"关学"，与周敦颐的"濂学"，程颢、程颐的"洛学"、朱熹的"闽学"并称为宋代的四大学派。南宋末年，"濂洛关闽""周程张朱"已成为人们称谓宋代理学的口头语。关学从张载创立到清末终结，历时八百年之久。它作为中国封建社会后期一个相对独立的学派，不但在哲学智慧上为中国民族的思想发展作出了突出贡献，而且在人文精神上形成了自己鲜明的特色。其哲学智慧和人文精神至今仍是我们中华民族的宝贵财富和资源。

（一）关学概况
北宋中期，张载讲学关中，他的学术思想被称为"关学"，北宋以后，以至清末，关中地区，学人迭出，虽无严格的师承授受关系，但大都尊张载为"关中士人宗师"，在不同程度上都接受了张载的影响，继承了张载的学术旨趣，由此形成了在精神气质、学术宗旨、价值追求和治学作风上具有共性的地域学派，成为宋明清时期理学中的一个有地域文化特征的重要学术流派。

关学创始人张载（1020—1077），字子厚，眉县横渠镇人。少年时喜谈兵，曾向焦寅（彬县人）学兵法，计划组织武装力量夺回西夏侵占的洮西之地。21 岁时，写信给时任陕西经略安抚副使的范仲淹，讨论边防问题。范仲淹对他说："儒者自有名教可乐，何事于兵？"并劝他读《中庸》。从此，他走上了治学道路。进士登第后，曾任祁州司法参军、云岩（会陕西宜川）令、崇文院校书，后病辞返关中，讲学、授徒。熙宁十年（1077）受吕大防之荐，任同知太常礼院，不久以病归，途中逝于临潼，时 58 岁。著有《正蒙》《西铭》《横渠易说》《经学理窟》等，今编为《张载集》。他本人也被后世尊为理学宗师之一。"学古力行，为关中士人宗师，世称为横渠先生。"①

关学在历史上的发展概况。

1. 宋代

大宋王朝结束了五代以来的分裂与动乱局面，实现了国家统一，国家统一为学术发展繁荣提供了稳定的环境。面对隋唐时期佛、道的昌盛及其对儒学的挑战，儒家学者为了挽救日益衰落的儒学，一方面重建道统以强化其历史传承的合法性；另一方面构筑本体以优化其理论体系的哲理性。濂、洛、关、闽就是在这种学术背景下创建理学的。张载怀着"为天地立心，为生民立命，为往圣继绝学，为万世开太平"的强烈使命感，经过多年的俯读、仰思、心悟、践行，构建了以"由太虚有天之名，由气化有道之名，合虚与气有性之名，合性与知觉有心之名"为框架的思想体系，并在横渠收徒讲学。许多学生慕名来学，门人甚众，可

① 《宋史·张载传》，中华书局 1980 年版，第 9286 页。

考者有蓝田吕大忠、吕大钧、吕大临，人称"蓝田三吕"。武功苏昞、游师雄、旬邑范育、河东薛昌朝、洛阳种师道、关中潘拯、长安李复、诸城刘公彦、安丘田腴、古田邵清、邠州张舜民等，其中吕大钧、吕大临、苏昞、范育、李复等人，对关学的发展起了重要的推动作用。一时间也出现了"关学之盛，不下洛学"① 的现象。

2. 金元

北宋末年，陕西相继沦陷于金、元（蒙古）的统治之下，尤其是关西一代，长期处于宋金对峙的前线，关学学脉在战乱、动荡中延续发展。金、元统治者为了巩固自己的统治，接受了汉文化，将儒学作为意识形态。金时即大兴学校，推行儒家教育，以儒家经义作为科举取士标准，程朱理学迅速传播。蒙古统治者入主中原后不久，恢复了科举制度，程朱理学被定为取士的标准。同时，书院极盛。关中兴建了鲁斋书院、横渠书院、正学书院，著名学者许衡（1209—1281，号鲁斋）应忽必烈之召，出任京兆提学，在关中大兴学校，关学为之振兴。涌现出了乾州杨奂，高陵杨天德、杨恭懿父子，奉元（西安）萧维斗、同恕等一批著名学者。

3. 明代

明代建立以后，明政府承袭元代以程朱理学为正统的传统，奉程朱理学为官方学术，以程朱注解为科举考试的标准，理学在关中有了新的发展。三原王恕、王承裕父子创办了宏（又作"弘"）道书院，成为"三原学派"的创始人。王承裕长期讲学于宏道书院，在教育生徒的过程中，以礼为先。黄宗羲谓其"冠婚丧祭必率礼而行，三原士风民俗为之一变。冯少墟以为：'先生之学，皆本之家庭者也。'"② 王承裕曾刊布蓝田《吕氏乡约》《乡仪》等书，教化乡人，极大促进了三原世风、民俗的变化。王承裕门人有马理、秦伟、郝世家、雒昂等，以马理最为著

---

① （清）黄宗羲：《宋元学案》，中华书局1986年版，第1094页。
② （清）黄宗羲：《明儒学案》（上册），中华书局1985年版，第164页。

名，被当时学者尊为"今之横渠"①。马理晚年归隐讲学于商山书院，远近学者接踵来学，影响颇大，甚至名闻国外。此外，大荔朝邑人韩邦奇十分注重对张载气论思想的继承和发挥，他认为"自孔子而下，知'道'者惟横渠一人"②，"论道体乃独取张横渠"③。略晚于三原学派的是由河东传播到关中的河东学派，这一学派以渭南薛敬之、高陵吕柟为代表。薛敬之承继了张载"天人合一"的思想，把气论与人性论联系起来，吕柟兼容并蓄，融会贯通。在本体论上，主张以气统合理、性；在为学之方上，依循朱子格物致知、博学于文、约之以礼；在知行观上，主张躬行礼教，笃实践履，反对空疏之风，有鲜明的实学倾向。黄宗羲云："关学世有渊源，皆以躬行礼教为本，而泾野（吕柟）先生实集其大成。"④ 此外的著名关学学者还有大荔朝邑人韩邦奇（1479—1556，字汝节、号苑洛）、富平人杨爵（1493—1549，字伯修、号斛山）。明中期，阳明心学迅速传播，最早把阳明心学传入关中的是曾在绍兴为官的王阳明弟子南大吉，此后关中又出现众多倡扬王学的学者。随后，清算心学空疏学风的理论在关中也应运而生，长安冯从吾、凤翔张舜典为其代表。

冯从吾长期讲学于关中，四方从学者至五千余人，时人称之："关中杨伯起、张横渠、吕泾野三先生后，惟先生一人。"⑤ 冯从吾立足于程朱之说，发扬张载关学躬行实践、经世致用的传统，主张"敦本尚实"，反对王学末流猖狂无忌惮的偏弊，是明代关学的集大成者。

4. 清代

清代关学的发展分为初期、中期、晚期。明末清初之际，强烈的民族感情迫使关学学者反思明亡的惨痛教训，坚持高蹈的士人气节、民族气节，对新王朝采取抵抗的态度，或遁迹山林，或讲学乡间。以李颙、李柏、李因笃、王弘撰、康乃心、王建常、王心敬、康吕赐等为代表的

---

① （明）冯从吾：《关学编》（附续编），中华书局1987年版，第47页。
② （明）韩邦奇：《正蒙拾遗·太和篇》，清嘉庆七年刻本。
③ （清）黄宗羲：《明儒学案》（修订本），中华书局2008年版，第166页。
④ （清）黄宗羲：《明儒学案》（修订本），中华书局2008年版，第11页。
⑤ （明）冯从吾：《关学编》（附续编），中华书局1987年版，第74页。

关中学者，不仅表现出坚定的士人气节，而且在思想上突显出强烈的心学倾向，这也成为此一时期关学思想发展的主流。李颙（二曲）为清初最著名的关学学者，与富平李因笃、眉县李柏，被时人并誉为"关中三李"，又与黄宗羲、孙奇逢齐名，被并称为清初"海内三大儒"。全祖望称其"上接关学六百年道统，寒饿清苦之中，守道愈严，而耿光四出，无所凭借，拔地倚天，尤为莫及。"① 李颙门人众多，知名者有户县王心敬、大荔张珥、李士琏、宝鸡李修，邠州王吉相，蒲城宁维垣，洛南杨尧阶、杨舜阶等，其中王心敬最为著名。

清朝中叶，程朱理学的主导地位被日益提升和巩固，已经取代了王学的主流地位。此时又涌现出了澄城张秉直、孙景烈、大荔李元春等为代表的学者，他们以程朱为宗，但又杂取诸家。李元春生平以传播理学为己任，曾主讲于华原、西河、丰登等书院，后又筑桐阁学舍，居家授徒，故门下多士，造就颇众。李元春为推动关学不遗余力，著有《关学续编》。

时到清末，关中传播程朱之学影响最大的当为李元春晚年的弟子三原贺瑞麟。贺瑞麟"信《小学》《四书》如神明，遵横渠熟读成诵之说，严为己为人之辨，于心术隐微之际，反躬克己，学如不及。其日用伦常，自洒扫应对，以至冠婚丧祭，造次必以礼法，俾先王遗教，彬彬然见诸实行。"② 贺瑞麟以程朱为准的，以倡导张载礼教为己任，延讲古礼，教化风俗。其弟子较著名者有蓝田牛兆濂、兴平马鉴源、华阴王守恭、泾阳柏堃等。中日甲午之战之后，民族危机日益加深，关学学者重视对西学的吸收，其中咸阳刘光蕡（自号古愚）影响最大。维新运动之初，刘光蕡在陕西积极响应康有为、梁启超等人的变法，一时有"南康北刘"之称。康有为评价其学其人云："以良知不昧为基，以利用前民为

---

① （清）全祖望撰，朱铸禹汇校集注：《全祖望集汇校集注》，上海古籍出版社2000年版，第233页。

② （清）牛兆濂：《续刻贺复斋（瑞麟）先生墓表》，载李慧、曹发展注考《咸阳碑刻》（下），三秦出版社2003年版，第725页。

施，笃行而广知，学古而审时，至诚而集虚，劬躬而焦思，忧中国之危，惧大教之凌夷而救之，以是教其徒，号于世，五升之饭不饱，不敢忘忧天下，昧昧吾思之，则咸阳之刘古愚先生有之。"①

总之，自北宋张载创立关学之后，八百年间，薪火相传，绵绵不绝。它经历了北宋昌盛、金元衰落、明代复兴、清朝嬗变的历史轨迹，呈现出张载气学、程朱理学、陆王心学、明清实学交织递衍的学术面貌。然而，无论历史如何变迁，学派如何争论，关学却蕴涵着重使命、重礼教、重创新、重博取、重节操的优秀精神。

（二）关学精神

尽管关学在传衍过程中，学术观点屡有变化，但其学术精神却大体有其前后一贯的特征。关学的学术精神体现在学术使命、学术宗旨、治学作风、治学方式和学者品格等诸多方面。概而言之，约有数端。

1. "立心立命"的使命意识

张载是一个有自觉学术使命意识的哲学家，他提出的"为天地立心，为生民立命，为往圣继绝学，为万世开太平"② 的名言，是对自己哲学的学术使命的高度概括。中国台湾国民党前主席连战在北京大学的演讲中说：要"为民族立生命，为万世开太平"。就是对张载这段名言的变通引用。张载这段话的意思是说：要以哲学揭示宇宙的本质和规律并进而确立人在天地间的主体地位（人是天地之心）；以哲学来探索人生的价值理想和精神家园，从而为广大民众确立一个安身立命之所；以哲学来继承和发扬面临危机的圣贤之学，承续中华文化的优秀传统；以哲学为人们设计一个万世太平、永远美好的理想社会。概而言之，就是为人们提供一个正确的世界观、人生观、文化观和社会观。张载的这四句名

---

① （清）康有为：《〈烟霞草堂文集〉序》，载《烟霞草堂文集》，三原王典章民国间吴门刊本。

② 《朱轼康熙五十八年本张子全书序》，见《张载集》附录。异文另见《张载集》，中华书局 1978 年版，第 320 页。

言，表达了一个哲学家的崇高使命和远大志向，受到后代哲学家的赞赏和认同，至今可视为对哲学使命的高度概括，冯友兰称之为"横渠四句"。

关学的后继者们，大都以这种使命意识来自励，无论他们在哲学思想上是否与张载一致，但在对自己学术使命的自觉上，皆不同程度地保持着张载的精神。

张载的弟子吕大临，尽管有向"涵泳义理、空说心性"的洛学转化的趋向，但他仍保持着"以教化人才、变化风俗为己任"的学术使命感。

明代关中硕儒吕柟，青年时代即与友人相约"文必载道，行必顾言"①，入仕为官后上疏力劝明世宗倡明圣学，他认为圣学的意义在于"上对天心""下通民志""太平之业，实在于此"②，体现的正是张载"立心""立命""继绝学""开太平"的精神。

生活于明万历年间被时人誉为"关西夫子"的著名理学家冯从吾，是关中书院的创立者，主持关中书院20余年，培养弟子5000余人。他办学讲学的目的非常明确，"开天辟地在此讲学，旋转坤乾在此讲学，致君泽民在此讲学，扶正变邪在此讲学"，"千讲万讲，不过要大家做好人，存好心，行好事"。③

明末清初被尊为"海内三大名儒"之一的李二曲，终生以"明学术，正人心"为自己的崇高使命，他说："大丈夫无心于斯世则已。苟有心斯世，须从大根本、大肯綮处下手，则事半而功倍，不劳而易举。夫天下之大根本莫过于人心，天下之大肯綮莫过于提醒天下人之心，然于醒人心，惟在明学术。此在今日为匡时第一要务。"④ 他认为，学术乃是"生人之命脉，宇宙之元气，不可一日息焉者也"。

---

① （明）冯从吾：《关学编·泾野吕先生》，中华书局1987年版，第41页。
② （明）冯从吾：《关学编·泾野吕先生》，中华书局1987年版，第41页。
③ （明）冯从吾：《关学编》（附续编），中华书局1987年版，第43页。
④ （清）李颙撰，陈俊民点校：《二曲集》，中华书局1986年版，第24页。

　　由此不难看出，有自觉的使命意识和强烈的学术责任感，是关学的重要精神。张载的"立心立命"、吕大临的"教化人才，变化风尚"、吕柟的"对天心""通民志""兴太平"、冯从吾的"做好人、存好心、行好事"、李二曲的"明学术，正人心"，都是对自己学术使命和治学志向的明确表述。正由于有这种自觉的使命感和责任感，关学学者们大都把个人的学术活动与国运民命、匡时救世紧密结合起来，以"主持名教，担当世道"（李二曲语）为己任，使自己既成为学者，也成为社会历史价值的承担者，从而去努力实现为学与经世、治学与做人的高度统一。

　　2. "勇于造道"的创新精神

　　张载是北宋时期伟大的哲学家，但他学无师承，他的哲学是自己经过几十年探求体悟出来的。他自称"学贵心悟，守旧无功"①，并说治学应"濯去旧见以来新意"，"多求新意以开昏蒙"。② 他一生穷神研几，探索宇宙人生的真谛，著有《正蒙》《横渠易说》《经学理窟》等著作，在前代哲学的基础上，"芭蕉心尽展新枝，新卷新心暗已随。愿学新心养新德，旋随新叶起新知"③，以"古今无两"的"学问思辨之功"和"勇于造道"④ 的创造精神，为丰富中华民族的智慧宝库作出了重大贡献。故范育在《正蒙序》中说，张子之书"有六经之所未载，圣人之所不言"⑤。朱熹也说："横渠之学，是苦心得之。"

　　（1）张载在中国哲学史上第一次建立了比较完整的气一元论哲学体系，开辟了朴素唯物主义哲学的新阶段。"气"是中国古代哲学用以表示物质存在的基本范畴，但在张载以前依然没有超出宇宙构成论和生成论的范围。张载在前代哲学的基础上，提出了比较细致、系统的气论，建立了较完整的气一元论哲学体系。把气论从宇宙构成论和宇宙生成论

---

① 《张载集》，中华书局 1978 年版，第 274 页。
② 《张载集》，中华书局 1978 年版，第 321 页。
③ 《张载集》，中华书局 1978 年版，第 369 页。
④ （清）王夫之：《读四书大全说》卷七，中华书局 1975 年版，第 458 页。
⑤ 《张载集》，中华书局 1978 年版，第 4 页。

发展为本体论，并在气范畴的基础上建构了自己的哲学体系，形成了与二程的理本论、陆九渊的心本论鼎足而立的唯物主义气本论哲学体系，开创了朴素唯物主义哲学的新阶段。

（2）张载是中国哲学史上第一个从思维与存在关系的哲学理论高度批判佛教唯心主义的哲学家。佛教从东汉时传入中国以后，一方面与中国固有的思想、文化相融合；另一方面又与中国传统的儒、道哲学相矛盾。张载以前的许多思想家都对佛教进行过批判，这种批判基本上是从社会批判、道德批判、思想理论批判三个层次上进行的，张载把对佛教的理论批判提到了新的水平，真正从哲学世界观的高度，剖析了佛教的理论核心。后代不少批判佛的哲学家如罗钦顺、王廷相、王夫之等人，都肯定了张载彻底批判佛的理论贡献，并从张载哲学中汲取了丰富营养和宝贵经验。正如王夫之所云："横渠早年尽抉佛老之藏，识破后，更无丝毫粘染，一诚之理，壁立万仞。"① "使张子之学晓然大明，以正童蒙之志于始，则浮屠生死之狂惑，不折而自摧。"②

（3）张载是宋代理学的奠基人。理学（或称道学）是北宋兴起的学术思潮，是儒家学说的新形态。理学的基本特征是使儒学哲理化，为儒家的伦理道德提供一个本体论的依据。理学形成于北宋，成熟于南宋，盛行于明代，成为封建社会后期的统治思想，占据着学术思想的主流地位。在漫长的七百年间，学者辈出，成果累累，产生了极其深远的社会影响。在理学发展史上，张载处于相当重要的地位，他是理学的奠基人之一。学术界认为，"宋初三先生"胡瑗、孙复、石介是理学的先驱，而周敦颐和张载则是理学的真正奠基者。张载作为理学奠基人的主要贡献是：提出了理学的一系列基本范畴和命题；建构了理学的基本框架；确立了理学"民胞物与"的价值理想。张载在《西铭》中提出了"天地之塞，吾其体；天地之帅，吾其性。民吾同胞，物吾与也"的理想人生境界，二程之后的理学家，几乎无不推崇备至，认为其"言纯而思备"

---

① （清）王夫之：《读四书大全说》卷十，中华书局1975年版，第693页。
② （清）王夫之：《张子正蒙注·序论》，中华书局1975年版，第3—4页。

"深发圣人之微意""真孟子以后所未有也"，并都以此作为理学所追求
的价值理想。正由于张载为理学奠定基础，所以深得以后理学家和统治
者的推崇。二程把他与孟子、韩愈相比，朱熹称其学为"精义入神"，
说"横渠所说，多有孔孟所未说底"。历代统治者也给张载以很高的荣
誉，宋理宗封他为眉伯，"从祀孔子庙庭"。元代赵复立周敦颐祠，以张
载与程、朱配祀。明清两代，张载的著作，一直被统治者视为理学经典，
作为开科取士的必读书，并先后汇入御纂的《性理大全》和《性理精
义》。由此足见张载在理学中的重要地位和深远影响。

　　（4）张载是宋代四大学派之一——关学的创始者。张载哲学思想在
关中地区影响很大，从学者甚众，一时门生如云，声势颇大，以他为领
袖的关学学派就形成了，此后一直延续到明清之际。所以，张载是关学
的创始人。从关学形成和发展的总体来看，它在中国理学史和哲学思想
史上具有显著的特点和独特的地位。"关学始终葆其'躬行礼教'、力排
二氏（佛道）的'崇儒'宗旨。它以'气本'、'气化'之学和'精
思'、'实学'之风，同朱学、王学相依相离，鼎足而立，为宋明理学写
下了独放异彩的篇章。"①

　　张载哲学思想的内容十分丰富，对中国哲学史和关中思想文化史的
贡献是多方面的，以上所论，仅就其大端言之，但亦足以表明张载哲学
及其关学在历史上的重要地位。

3. "崇礼贵德"的学术主旨

　　张岱年先生曾云："张载学说有两个最重要的特点，一是以气为本；
二是以礼为教。"② 后来的关学后继者，虽多未能发扬以气为本的思想，
但却"大多传衍了以礼为教的学风"。关学的"以礼为教"，约有二义：
一是崇尚古代的礼制，二是重视道德的教化。在礼制上，张载平生用心
于"复三代之礼"，认为推行"三代"的井田制可以实现"均平"理想。
在德教上，张载认为"知礼以成性、性乃存，然后道义从此出"。这就

---

　　① 陈俊民：《张载哲学思想及关学学派》，人民出版社 1986 年版，第 32—33 页。
　　② 《张载集》，中华书局 1978 年版，第 20—21 页。

把"礼"和"德"贯通了，由"崇礼"引申到"贵德"。从这一认识出发，他提出了自己的道德理想和精神境界。

其主要内容是：

（1）"诚明互用"的立身之本。他说诚明是"天德良知""性与天道合一存乎诚。"诚是人成功的根本，"不诚无物"。人的修养有"自明诚"——由聪明到诚实和"自诚明"——由诚实到聪明两种方式，二者是互动的（《正蒙·诚明》）。① 诚而不明会流于愚笨，明而不诚会走向狡诈。只有把诚实和聪明统一起来才是一个真正的人。

（2）"民胞物与"的道德境界。张载云："乾称父，坤称母；予兹藐焉，乃混然中处。故天地之塞，吾其体；天地之帅，吾其性。民，吾同胞；物，吾与也。"（《正蒙·乾称》）② 既然人与我、物与人都生在天地之间，都秉有天地之性，所以每个人都应该以万民为同胞，以万物为朋友。

（3）"太和之道"的崇高理想。"太和"就是至高无上的和谐。"太和"既是张载对太虚本体状态的描绘，又是张载追求的最高理想境界。因此他说"太和所谓道"（《正蒙·太和》）。③ "太和"一词出于《周易·彖传》对乾卦功能的赞颂，其本义就含有深厚的价值意蕴。张载称"太和"为"道"就从本体和价值的统一上赋予了"太和"以崇高的地位。他说："语道者知此，谓之知道；学《易》者见此，谓之见《易》。"这种至高无上的和谐，就是张载追求的理想境界。在张载看来世间的万事万物虽然存在着种种矛盾、对立和斗争，但终归会化解矛盾，实现和谐。"有象斯有对，对必反其为；有反斯有仇，仇必和而解。"④

（4）"大心体物"的人生态度。他认为首先要有"大心体物"的自觉精神。"大其心，则能体天下之物，物有未体，则心为有外。世人之

① 《张载集》，中华书局1978年版，第20—21页。
② 《张载集》，中华书局1978年版，第62页。
③ 《张载集》，中华书局1978年版，第7页。
④ （宋）张载：《正蒙·太和篇》，载《张载集》，中华书局1978年版，第7页。

心，止于闻见之狭；圣人尽性，不以见闻梏其心，其视天下无一物非我，孟子谓尽心则知性知天以此。天大无外，故有外之心不足以合天心。"① 就是说要超越个体狭隘的见闻和私心，弘大其心境体察万物、承载万物、关爱万物，与天心合一，就能达到"体物未尝遗"② "视天下无一物非我"的普适价值境界。天地之性不是某一个体所独有的，乃是所有人的共同本源，而这就决定了人们不应该局限于仅以一己私意为取向的狭隘的价值视野，而应该具备关怀万物、关爱他人的宏大价值情怀，做到"立必俱立，知必周知，爱必兼爱，成不独成"③。

张载这种"崇礼贵德"的学术宗旨，对关学有深远影响，后代关学学者，都不同程度地认同和发扬了这种精神。张载弟子吕大临后来虽受洛学影响，但仍然没有改变关学"躬行礼教"的主旨，论选举、明兵制、行井田、制乡约、明教化，主张葆"赤子之心"，弘"孟子之义"。

明代关学学者吕柟，著《礼问内外篇》，任国子监祭酒时期，以"四书""五经"及《仪礼》为教材，贯彻"礼以立之，乐以和之"的教育方针，并把正心、修身、忠君、孝亲作为道德教育的基本内容，注意培养学生的道德品行，要求学生严格按各种道德规范和礼节约束自己。他说："若无礼以提防其身，则满腔一团私意，纵横四出矣。"④ 他认为，从"正己"入手，通过改过行善功夫，就能达到张载所说的"乾坤便是吾父母，民物便是吾胞与，将己身放在天地万物中作一样看，故曰：仁者以天地万物为一体"的精神境界。⑤

与吕柟同时的杨爵，大力倡导"克己复礼之学"，认为"人若非礼则率意妄为"，从而把习礼视为把握人本性之善、制约人言论行为、完善人道德品节、实现为仁之道的重要途径和功夫，并把礼的内容和标准具体化，以适应不同地位和处境的人。

---

① （宋）张载：《正蒙·大心篇》，载《张载集》，中华书局1978年版，第24页。
② （宋）张载：《正蒙·诚明篇》，载《张载集》，中华书局1978年版，第22页。
③ （宋）张载：《正蒙·诚明篇》，载《张载集》，中华书局1978年版，第21页。
④ （清）黄宗羲：《明儒学案》卷八，中华书局1985年版，第152页。
⑤ （清）黄宗羲：《明儒学案》卷八，中华书局1985年版，第152页。

后来，冯从吾在关中书院讲学时，也始终坚持德教为先的原则，提出"讲学即讲德"，制定《书院会约》，规定了各种礼仪，着力于培养"粹然之养，卓越之识，特然之节"的真人品。他说："学者须是有一介不苟的节操，才得有万仞壁立的气象。"

明末清初的"关中三李"，继承关学传统，进一步阐发了张载"以礼教人"的思想，李因笃主张理学应以经学为本，为人应以"圣人为规矩"；李柏主张"当仁不让于师"，要求人们在道德修养上艰苦磨炼，防微杜渐；李颙提倡"悔过自新""为学修德"，主张培养"真儒"。他还从《礼记》中摘录关于儒者的论述，写了《儒行篇》，以作为"真儒"的行为规范，要求从学者。

由此可见，从张载到李颙的数百年间，"关学世所渊源，皆以躬行礼教为本"①，"崇礼贵德"是关学源远流长的传统精神，虽然不同时期的关学学者，强调和侧重的具体内容不同，但其以礼为制、以礼教人、以德为先、以德为本的思想主旨都是一贯的。就恪守礼制的一面言之，"崇礼贵德"无疑有着保守性的局限，但其重视道德价值、培养道德人格的精神却包含着积极的因素，至今仍有着现实意义。

4. "经世致用"的求实作风

在宋代理学的濂、洛、关、闽四派中，关学是最具求实精神的学派。关学的创始人张载，建立了以气为本的哲学体系，其理论深邃、逻辑严密、分析细致，达到了很高的思辨水平。然而，张载为学却不尚空谈，而是"语学而及政，论政而及礼乐兵刑之学"②，有着鲜明的求实作风。早在青少年时代，张载即向邠人焦寅学习兵法，并曾想组织兵力对西夏作战，解除西北边患，21岁时上书时任陕西经略安抚副使的范仲淹，提出"边议"九条。走上治学道路之后，他依然关心当时的军事、政治，不把"道学"与"政术"视为"二事"。在38—50岁的为政期间，他"躬行礼教""敦本善俗"，建立了卓著的政绩。晚年回到故乡横渠镇著

---

① （清）黄宗羲：《明儒学案·师说·吕泾野柟》，中华书局1985年版，第11页。
② （宋）程颢、程颐：《二程粹言》卷上，载《二程集》，中华书局1981年版，第1196页。

书讲学时期，他一方面与弟子们读书论学、著书立说；另一方面仍联系实际、关心时政、体察民情，并试验井田制。在他看来，治学讲学的目的是为社会服务，是培养合格的实用人才，"学与政"应"不殊心而得"。张岱年说："关学和洛学，两派的学风颇不相同。关学注意研究天文、兵法、医学以及礼制，注意探讨自然科学和实际问题。……洛学则专重内心修养，'涵泳义理'，提倡静坐，时常'瞑目而坐'。"① 张载的这种"经世致用"的求实精神，也基本上为后代的关学家们所继承和发扬。

从宋末至清初，关学学者们无论是入仕为官，还是著书讲学，都表现了求实尚用的可贵精神。

元朝统一后，朱子之学北传入关，为关学复起创造了条件，尽管当时的关学受到了朱学的影响，但仍然保持着张载的"实学"学风。杨奂、杨恭懿、同恕诸人，治学总是从"志于用世"出发，"指陈时病""耻为章句"，其著述"往往有关名教"。

明代关学中兴，学者们虽然受到朱、王二学浸染，但其实学之风，持而不坠。吕柟、杨爵、马理、冯从吾这些代表人物，都不以"空谈性命"为尚，而是以"学贵力行""体用一源"为宗。

吕柟认为学问应"从下学做起"，把"做事"与"做学"统一起来。他说："今人把事做事，学做学，分作两样看了，须是即事即学，即学即事，方见心事合一、体用一源的道理。"② 他还要求弟子们要"干禄念轻，救世意重"。

杨爵提出，为学既要"慎思不怠"，也要"有睹有闻"，主张深入实际、亲身体验、认识事物、应酬事态。

冯从吾力倡"困而能学""学而能行"的习行学风，认为知识能运用于实践，才是真学问，他以学射为例，阐述学行结合的道理："学射者不操弓矢而谈射，非惟不能射，其所谈未必当。"③

---

① 张岱年：《关于张载的思想和著作》，载《张载集》，中华书局 1978 年版，第 12 页。
② （清）黄宗羲：《明儒学案》卷八，中华书局 1985 年版，第 150 页。
③ 李钟善等主编：《陕西历代教育家评传》，陕西人民教育出版社 1994 年版，第 156 页。

明清之际，随着实学思潮的激荡，关学学者在这时代思潮的大合奏中，又一次高奏起"经世致用"的乐章。

李因笃提出，研究经学的目的是通晓治国之道，有裨于国计民生。据此，他在自己的学术著作中，结合现实，针砭时弊，陈献良策。例如，对于以科贡之法还是以选举之法选拔人才这一问题，他的看法是："天下必无无弊之法，善用之可也。"① 李柏针对夸夸其谈、华而不实的学风，倡导"石不言而自坚，兰不言而自芳，海不言而自深，乾不言而自刚"② 的笃实精神。

李颙更是以"开务成务，康济时艰"为己任，提出"儒者之学，明体适用之学也"的重要思想。他说："明体而不适用，便是腐儒；适用而不明体，便是霸儒。既不明体，又不适用，便是异端。"又说："道不虚谈，学贵实效"；"立身要有德业，用世要有功业"。③ 为了经世实用，他于政治、军事、律令、农田、水利、天文、地理无不广泛涉猎。他明确地把张载的"为天地立心，为生民立命，为往圣继绝学，为万世开太平"作为自己"立志""治学""做人"的崇高目标，指导自己的人生实践，使自己成了明清之际国内实学思潮中的重要代表人物之一。

"经世致用""开物成务"的实学精神，是关学培育的优良学风，它不但在宋明理学中独具特色，也在整个中国的思想史、学术史上放射着光彩，是至今值得我们珍惜和学习的优良传统。

5. "崇尚节操"的人格追求

关学学者，大都治学与做人并重，努力把真理追求和人格追求相统一。他们不但在学术研究上作出了杰出贡献；而且在砥砺节操、锻铸人格方面，为学人们树立了崇高的榜样。崇尚节操的精神也是由张载开风气之先的，张载中年时代，正是王安石任宰相行新法之际，对王安石的新法，张载在政治上是基本赞同的，但由于他是北方学者，在"南北异

---

① 李钟善等主编：《陕西历代教育家评传》，陕西人民教育出版社1994年版，第179页。
② 李钟善等主编：《陕西历代教育家评传》，陕西人民教育出版社1994年版，第186页。
③ 李钟善等主编：《陕西历代教育家评传》，陕西人民教育出版社1994年版，第201—202页。

乡，用舍异道"的风气盛行之时，他又不能不同"旧党"多有联系，而与"新党""语多不合"。加之其弟张戬（当时任监察御史）与王安石矛盾尖锐，使张载深感不安，觉得"时已失，志难成"。为了不卷入新旧党派之争，他毅然托病辞职，"谒告西归"，隐于"人不堪其忧"的穷乡僻壤以讲学著述为生，"处之益安"，其高尚气节，为时人所称道。

后来关学学者多能继此高风，明代吕柟、杨爵、冯从吾等人不但在学术上弘扬道德、重视节操、倡"仁心""善心"之说，立"正己""正心"之本，而且身体力行，躬身践履，养成了高尚的道德品质和超群拔俗的气节。他们少年笃学，刻苦攻读，孜孜不倦，进德修业，志在圣贤。或以"文必载道，行必顾言"为准则（吕柟），或以"做天下第一等人，为天下第一等事"为鸿志（杨爵）[①]，或以"个个人心有仲尼"为箴言（冯从吾）。入朝为官时，刚正不阿，忠肝义胆，不畏权贵，直言敢谏，"直声震天下"。吕柟先后因上疏武宗、世宗"亲政""兴礼""勤学"，几乎被权倾朝野的宦官刘瑾杀头，曾经被皇帝下狱、贬官；杨爵因上疏批评皇帝"任用非人，兴作未已，朝讲不亲，信用方术，阻抑言路"而被世宗两度入狱究治，在狱中数年，被毒打折磨得屡濒于死而素志不移，泰然自若，最终被削职为民；冯从吾任御史时，坚决与贪官污吏作斗争，冒死直谏指责神宗"朝政废弛"，两度被罢官，多次受宦官诬陷，而不改特然之节。任职地方时，他们勤政廉洁，不收贿赂，拒收馈赠，兴利除弊，秉公执法。如吕柟为解州判官时"善政犁然"，杨爵任河南监察御史时，反对朝廷横征暴敛，冯从吾在河南长芦负责监政时，严厉打击不法商贾及税吏。

明代的关学学者大多走的是因"学著"而后为"官"，又因不愿与黑暗势力同流合污而"辞官"为"学"的人生道路。吕柟曾两度辞官还乡，杨爵一次辞官，一次被罢官，冯从吾曾三次辞官，一次被罢官。这种从因"学"而"官"到辞"官"为"学"的曲折道路，也是他们崇

---

① （明）冯从吾：《关学编·斛山杨先生》，中华书局 1987 年版，第 55 页。

高节操的突出表现。

明清之际的关学家们，在天崩地解、朝廷更迭的历史风浪中，也表现出了可歌可泣的民族气节和坚贞卓绝的人格精神。李因笃深感亡国之痛，矢志反清复明。被诏举为官时，力辞不赴，以死抗拒，后被迫受命不到一月，即以母老无依为由上书 37 次，终被获准回家养母。李柏在改朝换代之后，隐居太白山中，躬耕田亩，攻读诗书，当朝廷由地方贡举他出仕时，断然拒绝。与黄宗羲、孙奇逢并称"三大儒"的李颙（李二曲），在极端艰难的环境中，自奋自立，"超然于高明广大之域""自拔于流俗之上"，安贫乐道，终生不仕，明亡之后，坚持强烈的民族气节不肯臣事清廷，与顾炎武交往论学，共图复明大计。康熙时，他被举荐为"博学鸿儒"，在官府的威逼利诱下，自称病笃，坚决不就任，甚至以死相抗，绝食六日。此后，屏居土室，反锁家门，拒不外出。康熙至陕时又欲召见，他以病恳辞不赴。

关学学者这种坚贞气节和高尚人格，受到当时士人和后代史家的高度赞颂。例如赞吕柟为"真铁汉""真祭酒""当代师表""家之孝子，乡之善人，国之忠臣，而天下之先觉天民也"[1]；誉杨爵为"直节精忠，有光斯道"[2]"万古清香雪里梅"；称冯从吾为"关西夫子""直声震天下"[3]；颂李二曲为"天之北斗，地之泰山""志操高洁"[4]。《明儒学案》中说：关学学者"多以气节著，风土之厚，而又加之学问者也"。诚哉斯言！

6. "博取兼容"的治学态度

关学学者虽学有宗旨、业有专攻，却在治学态度和方式上，遍览博采，不守门户，善于吸取各家之长，能够掌握多门知识。其一，是由于他们的代表人物大都走的是"坚苦力学，无师而成"的学术道路；其

---

① （明）冯从吾：《关学编》（附续编），中华书局 1987 年版，第 41—46 页。
② （明）冯从吾：《关学编》（附续编），中华书局 1987 年版，第 55 页。
③ （明）冯从吾：《关学编》（附续编），中华书局 1987 年版，第 71—74 页。
④ （明）冯从吾：《关学编》（附续编），中华书局 1987 年版，第 85—88 页。

二，与他们"经世致用"的求实学风相关；其三，是因为关学在历史上没有如程、朱理学那样被作为统治思想受到封建王朝的大力扶植和着力推崇。张载作为理学的奠基人之一，曾被统治者封为"眉伯"，从祀孔子庙庭，但他的学术思想特别是"以气为本"的本体论，并未受到封建统治者的赞赏。所以，从总体上看，关学是宋明时期的一个民间学术派别。

关学的博取兼容特征主要表现在两个方面。

一是积极主张多方面探求知识，努力开拓广阔的学术领域。不少学者如张载、李复、韩邦奇、李颙、李因笃，不但提倡"博学""取众"，而且本身就是天文学家、地理学家、数学家、医学家、律吕学家、文学家、诗人。他们善于学习和掌握当世自然知识和人文知识的最高成果，并将其渗透于哲学、经学之中，建立起知识广博的学术体系。张载明确提出"惟博学然后有可得""学愈博则义愈精微""见物多，穷理多，如此可尽物之性"①，大力提倡"取益于众"。杨爵也指出博学才能精通。李因笃提倡博学强记，他本人深谙经学、精于音韵、擅长律诗，颇通天文、历法、治河、漕运、盐政、钱法、史法诸术。李二曲主张广泛学习，认为"咸经济所关，宜一一潜心"，他的治学领域十分广博。

二是能兼容各派学说，吸取不同学派的学术思想，在学派分野中，往往保持一种中和性格。张载"少孤自立，无所不学"，苦心力索终于达到了"吾道自足，何事旁求"的程度，独创了别具特色的关学。张载之后，关学学者，一方面保持其宗儒、崇礼、求实的关学传统，另一方面则出入于关学之外的其他学派。张载的亲炙弟子三吕和苏昞在张载去世后依附洛学，具有"及程门而涵泳义理"的特点。但在学术主旨上仍"守横渠学甚固"②，进之，使关学有了"洛学"，表现了兼容的态度。明代中叶，关学中兴，涌现出了一大批学人，其中高陵吕楠、三原马理、

---

① （宋）张载：《经学理窟·气质》，载《张载集》，中华书局1978年版，第270页。

② （宋）程颢、程颐：《二程遗书》第一册，载《河南程氏遗书》第十九卷，中华书局1981年版，第265页。

朝邑韩邦奇、富平杨爵、渭南薛敬之、长安冯从吾是其铮铮者。他们多受其他学派特别是受朱熹、王阳明之学的影响，既守关学的学旨，又蕴涵各家之长。吕柟的"仁心说"、冯从吾的"善心说"显然有着王学"良知说"的烙印，但他们又以关学来调停朱、王，融解朱、王。明末清初的李二曲，在理学自我批判的时代思潮中，对关学作了总结，其总结方式是按照"躬行礼教为本"的关学宗旨和"崇实贵用"的关学学风，将程朱陆王"融诸一途"，提出了富有特色的"悔过自新说"和"明体适用说"。关学这种博取兼容的学术态度，虽然会使"学统"不纯、"学绪"不贯、"学路"曲折，但却体现了兼容并包，不守门户，勇于吸收，善于融合的可贵精神。

（三）现代意义

杜甫诗云："秦中自古帝王州。"陕西关中历史传统悠久、文化积淀深厚，给我们留下了丰富的历史文化遗产。这些遗产中，不但有文物古迹（如兵马俑、法门寺、帝王陵）等物质文化财富，还有十分宝贵的丰厚的精神文化成果。在精神文化成果中，不但有文学艺术，还有哲学思想。可是在市场化的过程中，人们对历史传统文化，往往重实物轻人物、重物质轻精神，由此而造成了对宝贵的思想遗产的遗忘。为此，我们要大力发掘和弘扬优秀的传统精神文化，特别是思想文化。关学就是陕西历史上非常重要的哲学成果之一。关学对中国传统哲学有极其深远的影响，至今仍有深刻的启发意义。

1. 思想影响

张载的气一元论本体论哲学是中国封建社会后期唯物主义哲学发展的重大成果，对后代产生了深远影响。明代的王廷相，推崇张载"太虚即气"的学说，认为："横渠此论，阐造化之秘，明人性之源，开示后学之功大矣。"[1] 尤其是明清之际的唯物主义哲学家王夫之，极力推崇张

---

① （明）王廷相：《横渠理气辨》，载《王廷相集》，中华书局1989年版，第603页。

载，一再宣称自己是张载气一元论的继承者。说自己平生的志向是"希张横渠之正学而力不能企"。19世纪以来的国外学者，也对张载的气论高度赞扬。有的说它"是十一世纪关于感应原理的非常明确有力的叙述"，长期保持着"它的活力"，① 有的称其足以同"现代哲学之父"笛卡尔的"以太""旋涡"说相匹敌。（丁韪良：《翰林集》）无论其评价是否恰当，都显示了张载哲学的杰出成就和影响。清初王夫之说："张子之学，上承孔孟之志，下救来兹之失，如皎日丽天，无幽不烛，圣人复起，未有能易焉者也。"② 纵观中国哲学史，审视张载所处的坐标位置及其深远影响，可以说，王夫之的评价并非过誉溢美之词。

2. 文化贡献

关学作为中国封建社会后期的一个学术思想流派，不但在学术思想上为中国民族的理论思维的发展作出了突出的贡献，在哲学史、学术史上有着重要的地位，而且在学术精神上形成了自己鲜明的特色。尽管它同其他地域文化一样有着自身历史和地域的局限，如政治上较为保守、作风上比较拘谨、竞争意识淡薄、创新力度不足，等等。但其中蕴含的重使命、崇道德、求实用、尚气节、贵兼容的优秀精神，对关中人有着重大的积极的影响。首先，它培育了关中以至陕西人浑厚、坚实、耿直、质朴的文化性格，其次，它培育了关中学者勤奋、求实、严谨、有责任心、有正义感的精神品格。

3. 现代意义

时至今日，关学精神仍具有重要的现实意义和宝贵的价值。它的"为天地立心，为生民立命，为往圣继绝学，为万世开太平"的崇高使命意识和承担精神，它的"旋起新知""勇于造道"的独创精神，它的"民胞物与""大心体物"的道德理想和宏大胸襟，它重视节操、刚正不阿的人格追求，它的"经世致用""开物成务"的求实精神，它博取兼容、不守门户的学术态度等，不但是优化哲学社会科学学者精神品格和

---

① ［英］李约瑟：《中国科学技术史》第四卷，科学出版社2003年版，第124页。
② （清）王夫之：《张子正蒙注·序论》，载《张载集》，中华书局1978年版，第409页。

治学作风的宝贵营养，更重要的是提升人的综合素质和人文精神的宝贵资源。为了构建和谐社会、推动人和社会的全面发展，我们应该继承关学的优秀精神传统，克服其局限与不足，在与时代精神的结合中，对其改造更新，将它发扬光大。我们也一定能在新的历史条件下使关学的优秀精神重放光辉，再呈异彩，正如北宋邵雍奉和张载之诗所云："秦甸山河半域中，精英孕育古今同。古来贤杰知多少，何代无人振素风。"

二 全祖望论关学精神

全祖望（1705—1755），字绍衣，一字谢山，浙江鄞县（今宁波）人。全祖望是清代浙东学术的重要代表人物之一。他不但是伟大的史学家，而且是杰出的文学家和思想家，在中国学术史上作出了巨大的贡献。历时九载续修《宋元学案》就是他的重要学术贡献之一。在续修《宋元学案》中，全祖望的主要工作是修定、补本、补定和次定，特别是他为百卷学案撰写了《序录》，补编了传授表，考定了史实。全祖望的学术史观主要就是通过续修《宋元学案》表达的，对关学的梳理和修补作出了重大贡献，提出了许多重要观点。重温这些观点，对研究全祖望和研究关学都具有重要价值。

（一）评价关学的学术特征

全祖望推重理学，尊重学者，肯定百家争鸣，主张学术平等，对宋元理学的各学派及其代表人物作了实事求是的评论。对于关学的学术特征，全祖望评价云："横渠先生勇于造道，其门户虽微有殊于伊洛，而大本则一也。其言天人之故间有未当者，梨洲稍疏证焉，亦横渠之忠臣哉！"① "勇于造道"是全祖望对张载学术特征的中肯而高度的评价。

张载"勇于造道"，主要表现于他创建了"太虚即气"的本体论哲

---

① （清）全祖望：《横渠学案序录》，载（清）黄宗羲《宋元学案》第一册，中华书局1986年版，第3—4页。

学。在北宋理学中，周敦颐是太极本体论，二程是理本体论；在南宋理学中，朱熹继二程持理本论，陆九渊则主心本论。唯张载，前不同于周、程，后不同于朱、陆，创建了气本论。"气"是中国古代哲学表示物质存在的基本范畴，但在张载以前只是用以说明宇宙构成的质料或宇宙生成的本源，其论域没有超出宇宙构成论和生成论的范围。张载在前代哲学的基础上，把气论从宇宙构成论和宇宙生成论发展为本体论，提出了比较细致、系统的气本论，建立了较完整的气一元论的本体哲学。并在气范畴的基础上建构了自己的哲学体系，张载气本论的宗旨就是在形而上学的高度贞定这个世界的实在性，张载云："惟太虚无动摇，故为至实"（《张子语录》中）。只有贞定了世界的实在性，才能在这个世界上树立仁义的道德理想。张载早年研读《中庸》，《中庸》云："诚者，天之道也；诚之者，人之道也。""诚"的基本含义就是"真实"，天道的真实无妄乃是人道真诚无伪的基础。所以，张载气本论是以"本体世界"的"真实"支撑"价值世界"的"诚实"，使二者都"实在"化。以气本论为依据，张载建构了"民胞物与"的崇高价值理想。张载在《西铭》中提出："天地之塞，吾其体；天地之帅，吾其性。民，吾同胞，物，吾与也"①的理想境界。二程及其以后的理学家，几乎无不推崇备至，认为其"言纯而思备""深发圣人之微意""真孟子以后所未有也"，并都以此作为理学所追求的共同价值理想。

而且，气本论的确立，"太虚即气，则无无""太虚无形，气之本体，其聚其散，变化之客形尔"②等命题的提出，使张载从哲学本体论的层次与佛、道的"空"本体、"无"本体划清了界限。真正使自隋唐以来儒家对佛、道的批判，由伦理批判、政治批判、社会批判上升到哲学批判的高度。正如王夫之所云："横渠早年尽抉佛老之藏，识破后，更无丝毫粘染，一诚之理，壁立万仞。"③"使张子之学晓然大明，以正

---

① 《张载集》，中华书局 1978 年版，第 62 页。
② （宋）张载：《正蒙·太和篇》，载《张载集》，中华书局 1978 年版，第 7 页。
③ （清）王夫之：《读四书大全说》卷十，中华书局 1975 年版，第 693 页。

童蒙之志于始，则浮屠生死之狂惑，不折而自摧。"①

正由于本体论的不同，二程对张载"太虚即气"本体论有所批评。程颐在《答横渠先生书》中说："观吾叔之见，志正而谨严，如'虚无即气则无无'之语深探远赜，岂后世学者所尝虑及也？然此语未能无过。"(《程氏文集》卷九) 然而，张载所建构的价值世界却与二程无异，故二程对张载的《西铭》(《订顽》) 大加赞赏。曰："《订顽》一篇，意极完备，乃仁之体也。学者其体此意，令有诸己，其地位已高。到此地位，自别有见处，不可穷高极远，恐于道无补也。"(《程氏遗书》卷二上) 又曰："学者须先识仁。仁者，浑然与物同体。义、礼、知、信皆仁也。识得此理，以诚敬存之而已，不须防检，不须穷索……《订顽》意思，乃备言此体。以此意存之，更有何事？"(《程氏遗书》卷二上) 价值观上的一致比本体论上之差异重要得多，所以全祖望说张载："门户虽微有殊于伊洛，而大本则一也。"

由此可见，全祖望对张载"勇于造道"的评价是十分中肯的，而且也表现了全祖望对思想史上有独创精神的思想家的高度赞赏。

（二）探索关学的学术源流

全祖望详细探索了理学各派的学术源流。他在《舟中编次南雷宋儒学案序目》诗云："关洛源流在，丛残细讨论。茫茫溯薪火，渺渺见精魂。世尽原伯鲁，吾惭褚少孙。补亡虽兀兀，谁与识天根。"② 对于关学的演变"源流"、承传"薪火"，他进行了细致地梳理和探索。

他明确提出关学从北宋至清初有六百年的演变历程，说："关学自横渠而后，三原、泾野、少墟，累作累替，至先生(二曲)而复盛。"③

"三原"指明初期陕西三原王恕、王承裕、马理等人。王恕(1416—

---

① (清) 王夫之：《张子正蒙注·序论》，中华书局1975年版，第3—4页。

② (清) 全祖望撰，朱铸禹汇校集注：《全祖望集汇校集注》(下)，上海古籍出版社2000年版，第2151页。

③ (清) 全祖望撰，朱铸禹汇校集注：《全祖望集汇校集注》(中)，上海古籍出版社2000年版，第233页。

1508），字宗贯，号介庵，晚又号石渠。王承裕（1465—1538），字天宇，号平川，王恕之子。马理（1474—1556），字伯循，号溪田，先后师事王恕、王承裕。王承裕是宏道书院创立者；马理是关中"三原学派"的代表人，时人有"今日横渠"之誉。

"泾野"指明中叶陕西高陵吕柟。吕柟（1479—1542），字仲木，号泾野。曾授翰林院修撰，历任经筵讲官、南吏部考功郎、礼部侍郎等职。辞归后，先后讲学于解梁书院、柳湾精舍、太常南所，从学者甚众，东南学者尽出其门。时人誉为"当代师表""海内硕儒"。黄宗羲云："关学世有渊源，皆以躬行礼教为本，而泾野先生实集其大成。观其出处言动，无一不规于道，极之心术隐微，无毫发可疑，卓然闵、冉之徒，无疑也。异时阳明先生讲良知之学，本以重躬行，而学者误之，反遗行而言知。得先生尚行之旨以救之，可谓一发千钧。时先生讲席，几与阳明氏中分其盛，一时笃行自好之士，多出先生之门。马（马理，引者注）、何（何瑭，引者注）诸君子，学行同类，故附焉。"①

"少墟"指明万历年间陕西长安冯从吾。冯从吾（1556—1627），字仲好，号少墟。曾任御史、工部尚书等职，因草疏抗谏、触怒皇帝而告归后，讲学于长安宝庆寺，后冯创建关中书院，讲学二十余年，门人达五千余众，人称"关西夫子"。黄宗羲云："（冯）先生受学于许敬庵，故其为学，全要在本原处透彻，未发处得力，而于日用常行，却要事事点检，以求合其本体。"②

"二曲"指陕西周至李颙。李颙（1627—1705），字中孚，号二曲。家境贫寒，发愤自学，成一家言。一生无意功名，倾心讲学活动，门生遍及关中各地，又曾应邀赴江南常州、无锡、江阴、宜兴等地讲学，每次听讲者常数千人，"为江左百年未有之盛事"。李颙与黄宗羲、孙奇峰合称为"清初三大儒"。其学术思想的核心是"明体适用"，他以"明道存心以为体，经世宰物以为用"为自己学术思想的纲领。

---

① （清）黄宗羲：《明儒学案·师说》上册，中华书局 1985 年版，第 11 页。
② （清）黄宗羲：《明儒学案》（下册）卷四十一，中华书局 1985 年版，第 984—985 页。

这几位学人都是关学发展史上里程碑式的人物。全祖望以这几位学者为标志，简明勾勒了关学自张载至李颙六百余年的发展历程，特别是明清时期的历程，使人们对关学的源流有一个清晰的线索。

为了梳理关学的源流脉络，他还非常重视关学人物的历史钩沉和关学文献的辑佚，他题诗云："关陕沦亡后，横渠学统湮。吕、苏仅著录，潘、薛更谁陈。石墨何从购，遗文大可珍。邵年亦五思，鸿笔壮安民。"①

关于关学对浙东学术的影响，全祖望也提出了自己的看法。他说："世知永嘉诸子之传洛学，不知其兼传关学。考所谓九先生者，其六人及程门，其三则私淑也。而周浮沚、沈彬老又尝从兰田吕氏游，非横渠之再传乎？"② 这里所谓的"九先生"指北宋元丰时期曾入太学的永嘉地区的九位学者。他们是：周行己、许景衡、沈躬行、戴述、刘安节、刘安上、赵霄、张辉、蒋元中。此九人中，周行己（浮沚）、许景衡、沈躬行（彬老）在向程颐（伊川）求学的同时，皆向转师程颐的原张载弟子吕大临（与叔）学习。所以，全祖望说他们是"横渠之再传"。

这里需要注意的是，张载去世后吕大临虽转师二程、归依洛学，但其学术主要倾向仍然继承和坚持了张载关学的许多基本观点。例如，他坚持张载的"气本"思想，认为"万物之生，莫不有气"；继承了张载"一物两体"的观点，认为"凡物有对""致一必先合两"；坚持了张载"天地之性"与"气质之性"的人性学说，提出"天道降而在人，故谓之性"。尤其是继承和弘扬了张载"尊礼贵德"的思想观念和重视事功的学术精神。使关学之风续而不坠、推而至广。吕大临这些思想，无疑对向其问学的永嘉学者有所影响，从而使关学之风吹至浙东。所以，全祖望先生关于永嘉诸子在"传洛学"的同时"兼传关学"的学术史考察，对于认识历史上关学与浙东学术的关系，探索不同地域文化间的影

---

① （清）全祖望撰，朱铸禹汇校集注：《全祖望集汇校集注》（下），上海古籍出版社 2000 年版，第 2197 页。

② （清）黄宗羲：《周许诸儒学案序录》，《宋元学案》第一册，中华书局 1986 年版，第 6 页。

响，具有重要的意义。

全祖望梳理关学的源流脉络既出于探史的需要，更重要的是为了弘扬关学的优良精神。他从关学的演变历史中，既看到了从北宋至清初关学的坎坷经历和兴衰之变以及"累作累替"、薪火相传的延续之迹，又看到了关学的优秀学术精神和深刻思想内涵。他所谓的"渺渺见精魂""谁与识天根"正是其学术追求的明确而自觉的表达。

（三）分析关学的衰落之由

张载在世时，关学虽然也颇有影响，但其气势不及洛学之盛，弟子亦不及邵雍之众。对此，张载本人感慨良多。他在赠邵雍的诗中叹道："先生高卧洛城中，洛邑簪缨幸所同。顾我七年清渭上，并游无侣又春风。"① 关于关学在北宋时不如洛学兴盛的原因，王夫之曾作过分析，他说，其一是关学不如洛学那样"一时之英才辐辏于其门"，有一批出类拔萃的弟子为之传播。其二是张载"素位隐居"，缺乏富弼、文彦博、司马光那样的"巨公耆儒"作政治上的靠山。② 这种内在的不足，乃是关学在张载逝后衰弱的自身原因。而关学在北宋以后衰落的社会原因，全祖望曾多次提出乃"完颜之乱"。他在《吕范诸儒学案序录》中说："关学之盛，不下洛学，而再传何其寥寥也，亦由完颜之乱，儒术并为之中绝乎。"③ 又在《屏山鸣道集说略》中说："关、洛陷于完颜，百年不闻学统，其亦可叹也。"④ 又在《东潜以余修学案，购得直阁游公景叔墓志见示，张公芸叟之文，邵公高虎之书，章公粢之篆，而安民所鸽镌也，题诗于后》中云："关陕沦亡后，横渠学统湮。"⑤

---

① 《张载集》，中华书局 1978 年版，第 370 页。
② （清）王夫之：《张子正蒙注·序论》，中华书局 1975 年版，第 3—4 页。
③ （清）黄宗羲：《吕范诸儒学案序录》，载《宋元学案》第一册，中华书局 1986 年版，第 6 页。
④ （清）黄宗羲：《屏山鸣道集说略》，载《宋元学案》第一册，中华书局 1986 年版，第 18 页。
⑤ （清）全祖望撰，朱铸禹汇校集注：《全祖望集汇校集注》（下），上海古籍出版社 2000 年版，第 2197 页。

完颜，为金朝皇帝姓氏。所谓"完颜之乱"即指北宋末年，金兵入侵，关中地区屡遭战火，沦陷于金的历史悲剧。全祖望认为，正是在这一历史劫难中，文人学士或死或逸或隐，致使关学衰落，学统湮没。这种分析虽只着眼于历史原因，但无疑是符合事实的。张载逝世以后，关学的主要成员吕大忠、吕大钧、吕大临三兄弟和苏昞、范育皆归依洛学，游师雄、种师道等均投笔从戎。守张载之学者，仅李复、田腴、邵彦明、张舜民等人。其衰落之况，确属事实。

为了发掘、保存关学的文献资料，全祖望大力为关学"补亡"。他在《吕范诸儒学案序录》中说："《伊洛渊源录》略于关学，三吕之与苏氏，以其曾及程门而进之，余皆亡矣。予自范侍郎育而外，于《宋史》得游师雄、种师道，于《胡文定公语录》得潘拯，于《楼宣献公集》得李复，于《童蒙训》得田腴，于《闽书》得邵清，及读《晁景迂集》，又得张舜民，又于《伊洛渊源录注》中得薛昌朝，稍为关学补亡。"[①] 全祖望曾在《永乐大典》中发现李复的《潏水集》。"大喜，欲抄之。而予罢官，遂不果。"这些辑佚、补亡的学术成果，都凝结于他续修的《宋元学案》一书。

（四）赞赏关学学者的道德人格

全祖望论史十分重视人格情操，在他的学术史著作中，这种特点体现得尤为鲜明。他总是把学者的道德品行、人格精神置于学术思想之上予以评论。对于关学学者的人格精神，全祖望曾给予高度赞扬。在《碧沚杨文元公书院记》中说："夫论人之学，当观其行，不徒以其言。文元之齐明严恪，其生平践履，盖涑水、横渠一辈人，曰诚，曰明，曰孝弟，曰忠信，圣学之全，无以加矣。"[②] 这虽然是一篇记述杨简（文元）的文章，但却以张载、司马光为映照，认为杨简的人格乃是"涑水、横渠一辈人"，都具有诚、明、孝弟、忠信的人格境界，

---

① （清）黄宗羲：《宋元学案》第一册，中华书局1986年版，第3—4页。
② （清）全祖望撰，朱铸禹汇校集注：《全祖望集汇校集注》（中），上海古籍出版社2000年版，第1045页。

这显然是对张载人格的崇高赞誉。在《二曲先生窆石文》中，他赞扬李二曲说："先生果能自拔于流俗，以昌明关学为己任。""自经史子集以至二氏之书无不观，然非以资博览，其所自得，不滞于训诂文义，旷然见其会通。""关学自横渠而后，三原、泾野、少墟，累作累替，至先生而复盛。""当是时，北方则孙先生夏峰，南方则黄先生梨洲，西方则先生，时论以为三大儒。……先生起自孤根，上接关学六百年之统，寒饿清苦之中，守道愈严，而耿光四出，无所凭藉，拔地倚天，尤为莫及。"①"自拔流俗""旷然会通""守道愈严""耿光四出""无所凭藉""拔地倚天"这些评价虽说是以李颙为言，但他将这种高尚人格置于"关学六百年之统"的精神薪火中去赞美，就具有学派性和历史性了。

全祖望的关学观并非是对某一学派的孤立地观照和评价，而是他总的学术史观的一个突出体现。全氏作为清代浙东学术的中坚人物，毕生致力于学术事业，特别是执着学术史的编纂与研究。在这一学术生涯中，他形成了自己独特的学术史观。例如，重视考镜源流，辨析师承关系；考察学术特征，评价利弊得失；揭示发展趋向，分析兴衰原因；品评学者人格，重视躬行实践，等等。他的关学观就是这种学术史观和学术史方法的典型表现，尤其值得重视的是，他的"道以躬行重，人从述作论"②"圣学莫重于躬行"③"论人之学，当观其行，不独以其言"④的学术、学者的评价准则在其关学观中，体现得尤为充分。全祖望的学术史观及其在关学观中的体现，至今仍是能给我们以深刻启迪的学术史方法论遗产，值得我们深入发掘和认真借鉴。

---

① （清）全祖望撰，朱铸禹汇校集注：《全祖望集汇校集注》（上），上海古籍出版社2000年版，第233页。

② （清）全祖望撰，朱铸禹汇校集注：《全祖望集汇校集注》（下），上海古籍出版社2000年版，第2149页。

③ （清）全祖望撰，朱铸禹汇校集注：《全祖望集汇校集注》（中），上海古籍出版社2000年版，第1682页。

④ （清）全祖望撰，朱铸禹汇校集注：《全祖望集汇校集注》（中），上海古籍出版社2000年版，第1045页。

三 终南文化与关学精神

终南山指的是秦岭中段,"西起秦陇,东彻蓝田……相去且八百里"。终南山又称"中南山",以其居天之中,都之南故;又称"太乙山",以汉武帝元封二年(前109)在都城长安以南的南山口建太乙宫故。终南山约略分为三段,周至以西至宝鸡一段为西段,户县、长安境内一段为中段,蓝田境内一段为东段。从总体上看,终南山西高东低。西段眉县县南的太白山海拔37672米,既是终南山的主峰,也是整个秦岭的主峰。终南山在古代近傍都城,它的文化积淀深厚,博大精深,具有鲜明特征。关学是终南文化中的一枝奇葩,是终南文化孕育的智慧明珠。关学是由北宋张载在太白山麓创立的,至明清时代仍然流行于关中地区的理学学派。在长期的传演过程中,关学形成了自身独有的精神特征。关学精神既是终南文化的有机组成部分,也是终南文化培育的结果。

终南山文化是以山为载体的文化。其总特征是:近傍帝都,历史悠久,内涵丰富,兼备交融。以近傍帝都言,西安是十三朝古都,终南山是古都的南屏障,后花园,都城义化与山水义化在终南山相交融。以历史悠久言,《尚书·禹贡》中已提到"终南"之名,《诗经》中亦有"节彼南山""寿比南山"之句,《山海经》简称其为"南山"。此后各朝代都在此留下了文化遗存。以内涵丰富言,终南山拥有深厚的文化积淀和丰富的文化资源。几乎各类文化都在这座山中有其遗产。以兼备交融言,终南山兼容着各种文化形态、文化内容、文化样式,它们相互结合、相互融通、彼此感应、共同发展,处于终南山这个统一的载体中。这种交融性对关学的精神特质影响深远。其主要内涵如下。

(一)自然景观与人文景观交融

以自然景观而言,西段有雄伟壮丽的太白山;中段有高峻秀美的紫阁峰、圭峰山、南五台、翠华山;东段有奇峭险峻的王顺山(又名玉山，位于蓝田县东南部）。以人文景观而言，终南山有历代遗留的古迹、寺庙、道观、宫苑、栈道、墨刻。

终南山自然景观与人文景观交辉互映，呈现出一种博大雄浑的文化气象。张载关学的哲学智慧就具有严谨浑厚又博大雄伟的气象，这首先体现在其学术使命的宏伟高远。张载是一个有自觉的学术使命意识的哲学家，他把"为天地立心，为生民立命，为往圣继绝学，为万世开太平"作为自己的崇高学术使命和人生价值境界。为了实现这崇高的使命和境界，张载以"勇于造道"的精神，着力于哲学创新，建构了自己"由太虚，有天之名；由气化，有道之名；合虚与气，有性之名；合性与知觉，有心之名"的独特的哲学体系。

张载学无师承，勤于探索，勇于创新，表现了"学贵心悟，守旧无功""濯去旧见，以来新意""多求新意以开昏蒙"的伟大精神，体现了"芭蕉心尽展新枝，新卷新心暗已随。愿学新心养新德，旋随新叶起新知"的不懈追求。这种"古今无两"的"学问思辨之功"，不正是终南山气象的人格呈现吗！

（二）帝王文化与民俗文化交融

终南山被看作一条龙脉，离都城很近。它既是历代帝王的游猎消遣的内苑，也是很多帝王离宫别馆所在的重地。秦皇汉武所建之上林苑都包括终南山的中段、西段和东端在内。起初，秦始皇建成上林苑之后，又在苑中北端兴建阿房宫，并且自前殿下建阁道直通南山，表南山之巅以为阙。汉武帝时更广开上林苑，周回达数百里，将原来阿房宫以南周至宜春苑（今长安县南）间的田亩山林悉划归上林苑，全苑开12门，括36苑、12宫、25观。隋唐两代又在终南山中增建了不少离宫别馆，如隋之凤泉宫，在眉县境，为隋文帝沐浴之地，唐高祖亦曾临幸；仙游宫，在周至黑水峪内；宜寿宫，在周至境内；甘泉宫，在户县栗峪口；太平宫，在户县太平峪口。唐代则新建有太和宫，在长安县太和峪黄峒村，贞观二十一年（647）改作翠微宫，附建太子宫，太宗卒后改为翠微寺和龙田寺；万泉宫，在蓝田县境，由高宗建于永淳元年（682）。从民俗文化来说，中国最流行的主财神赵公明的故乡在周至南山下，他修道的地方也在终南山；中国民间最著名的驱鬼之神钟馗也在终南山修道。中国极为流行的药王信仰对象孙思邈也长期活动在终南山。终南山还有许多神话故事和民间传说，例如翠华山流行的翠华姑娘的故事。

终南山这种帝王文化与民俗文化交融的特征，熏陶着关学学者，使他们的学术取向多具有浓厚的现实政治情怀。无论是居庙堂之高，还是处江湖之远，他们都把经世致用、齐家治国、作为治学的目的。在宋代理学的濂、洛、关、闽四派中，关学是最具求实精神的学派。洛学专重内心修养，涵泳义理，提倡静坐，时常"瞑目而坐"。而张载关学不尚空谈，"语学而及政，论政而及礼乐兵刑之学"。张岱年先生曾云："张载学说有两个最重要的特点，一是以气为本；二是以礼为教。"作为关学学者的共同特点的"以礼为教"，正是他们关注现实问题，探求治世之道的突出表现。关学的"以礼为教"，约有二义：一是崇尚古代的礼制；二是重视道德的教化。二者都是从现实政治和社会需要出发提出的主张。张载的弟子吕大钧（字和叔）首创《吕氏乡约》，提出"德业相励，过失相规，礼俗相交，患难相恤"，经过推行，对改化关中风俗发挥了实际功效，对扭转汉魏以来佛学盛行造成儒家礼教衰败的混乱局面起了积极作用。张载高兴地说："秦俗之好化，和叔有力。"程颐也称："任道担当，其风力甚劲。"朱熹称《吕氏乡约》"今为令申"。《吕氏乡约》是中国历史上第一部成文的村规民约，是关学经世致用、"以礼为教"的典型范例，也是终南山文化的政治性特征的突出体现。

（三）官吏文化与隐逸文化交融

历史上不少大臣显贵在终南山建庄园别业和私第，长安的官僚、文士以及各地的迁客骚人常常在公务之余到此游赏娱乐。唐代著名诗人王维的别墅区就在辋川。终南山还是许多臣子亲近皇上的捷径。唐代卢藏用少时隐居终南山，后被唐中宗召见出山，屡任要职。司马承桢来京师时，卢藏用指终南山对他说："此中大有佳处，何必在远？"司马承桢曰："以仆所观，乃仕宦捷径耳！"此即成语"终南捷径"的来源。终南山自古多隐士，隐士文化名传天下，至今依然存在着全国最集中的隐修茅棚，美国汉学家比尔·波特的《空谷幽兰》记述了终南山的一些当代隐士。终南山是官吏文化与隐逸文化交融之处，"空谷幽兰"与"庙堂牡丹"并开，"仕宦捷径"与"隐士茅屋"同在。

在官吏文化与隐逸文化交融、汇聚的终南山怀抱里生长、传衍的关学，其学者的人生价值观也受到这种文化精神的浸润。一方面，他们学优则仕，达则兼济天下，在为官道路上实现人生价值；另一方面，他们穷则独善其身，当政治命运多舛时，退身隐居，以讲学著书为安身立命之所。历史上，关学学者多数都担任过职务或高或低、时间或长或短的官职。而且都尽职尽责、任劳任怨。在朝为官时，他们刚正不阿，忠肝义胆，不畏权贵，直言敢谏，"直声震天下"；任职地方时，他们勤政廉洁，不收贿赂，拒收馈赠，兴利除弊，秉公执法。辞官（或被罢官）隐居后，讲学著书，勤奋治学，洁身自好。自关学宗师张载辞官隐居太白山麓讲学著书之后，关学学者隐居不仕，代不乏人。金末萧维斗隐居终南山三十年；明代的吕柟、杨爵、冯从吾等，都曾辞"官"为"学"，隐居终南山麓；明末清初，易代之际，以"三李"为代表的不少关中学者，隐居不仕。关学学者，在为官与隐居时，都保持了崇高的人格节操。《明儒学案》中说：关学学者"多以气节著，风土之厚，而又加之学问者也"①。

（四）科学文化与艺术文化交融

从科学（地理）上说，终南山是秦岭的核心部分，它横贯中国中部，作为中国中部唯一东西走向的山脉，是我国地理的南北分界线（冬

---

① 参见（清）黄宗羲《明儒学案》，中华书局 1985 年版。

季平均气温的零度分界线、南北干湿区的分界线等），两条母亲河（黄河、长江）的分水岭。这里既有国家级地质公园，也有国家级森林公园多处；山谷河流南北梳状密布，山脚温泉处处；山中植被丰富，物种繁多，珍禽异兽栖息，有多种国家保护动物；森林从暖温带落叶阔叶林到亚寒带高山灌木草地等各类自然地理景观发育良好。因其自然景观独特，被称为"中国中央国家公园"。这些都具有极高的科学价值。从文学上说，终南山是历代特别是唐代文人学士旅游、居住、创作的胜地，留下了极其丰富而影响全国的文学作品，一本《全唐诗》中，吟咏终南胜景的绝唱不下数千首，李白、杜甫、王维、白居易、元稹等著名诗人无一不留下了这方面的杰作。

科学与艺术交融的文化氛围，培育了关学广博的知识视野、开阔的胸襟以及鲜明的诗人气质。关学学者大多知识广博，胸襟开阔，多方面探求知识，努力开拓广阔的学术领域。张载明确提出"惟博学然后有可得""学愈博则义愈精微""见物多，穷理多，如此可尽物之性"，大力提倡"取益于众"。吕大临《横渠先生行状》云：先生"少孤自力，无所不学"。不少关学学者善于学习和掌握当世自然知识和人文知识，形成了知识广博的学术素养，他们不但是理学家而且本身就是天文学家、地理学家、数学家、医学家、律吕学家、文学家、诗人。值得重视的是在关学学者中，杰出的诗人很多，例如李复、李柏、李因笃、王弘撰、王建常、康乃心等。

（五）宗教文化与哲学文化交融

终南山兼有宗教文化和哲学文化。宗教文化中道教、佛教、基督教文化兼有。历代于终南山中所建道观可考或现存者尚有楼观台、通道观、仙游观、金台观、重阳宫、清凉山、望仙宫、丹阳观、长春观、太一观、四皓庙、玉真观、金仙观、开元观、灵泉观（原华清宫）、白鹿观、太元观、菁黎观（原菁阳宫）、化羊宫（亦称化羊庙）、太平观（原太平宫）等数十座。终南山自古为仙人修道的圣地，被道教奉为洞天之冠，天下第一福地；道教最核心的经典《道德经》源于楼观台，也正因为如此，终南山成为中国道家和道教思想的发源地，楼观台成为道教的总祖庭。名扬天下的八仙大部分在终南山修道，尤其是铁拐李、钟离权、吕洞宾、韩湘子、何仙姑、蓝采和等；全真教祖师王重阳长期在终南山修道，创立了流传至今的全真道，其墓地所在的重阳宫已成为天下公认的全真总祖庭。从古到今，终南山佛教寺院众多，影响深远。中国佛教八大宗派中有五大宗派的祖庭在终南山，即三论宗祖庭草堂寺，净土宗祖庭香积寺和悟真寺，华严宗祖庭至相寺、华严寺和圭峰寺，律宗祖庭净业寺和丰德寺，唯识宗祖庭兴教寺；中国最早官方钦定的观音道场在南五台；最早为最流行的菩萨（观音）修建的塔犹存圣寿寺；全国规模最大的佛教泥塑群在水陆庵；净土宗第十三代祖师印光大师出家修道和圆寂后舍利供奉地都在此；被喻为佛教第九大宗派三阶教的祖庭在百塔寺；隋文帝饬建珍藏佛舍利的法王塔以及白居易撰写《长恨歌》的地方都在南山仙游寺；唐代时韩国和日本来华求法的很多高僧长期住在终南山；大量威震东方的著名经典译自终南山下的草堂寺、慈恩寺；流芳百世的高僧大德驻锡于终南山。从基督教来说，全国仅存的基督教最早传入中国的空间遗迹在终南山大秦寺，这里成为现存最早的基督教遗迹；眉县豹窝村旁的十字山是罗马教皇认可的东方圣山，被称为"东方加尔瓦略山"，等同于耶路撒冷的耶稣圣地，每年都有大量天主教朝圣者。从哲学上说，东周大哲老子著《道德经》于楼观台，东汉扶风大儒马融少时在终南山师从著名学者挚恂，研习儒家经典，后来在关中设绛帐教弟子，传播儒家思想，据传弟子达千余人。著名儒家大师郑玄就是马融的高徒。终南山的佛教思想家层出不穷，鸠摩罗什、僧肇、善导、智俨、义湘、法藏、道宣、澄观、宗密、圆测等，就是佛教史上的佼佼者。

宗教和哲学是终南山文化的灵魂。这种文化特点，对关学的知识结构和文化修养也有影响。吕大临在《横渠先生行状》中记述了其师张载的治学道路，他说：先生遵范仲淹之劝，就读《中庸》，"虽爱之，犹未以为足也，于是又访诸释、老之书。累年尽究其说，知无所得，反而求之六经"。可见，张载对佛家、道家的理论知之甚多，研之甚深，且在与其比较中理解和掌握儒家学说的精神实质，建构其儒家思想的新形态——理学思想体系。正如王夫之所云："横渠早年尽抉佛老之藏，识破后更无丝毫粘染。一诚之理，壁立万仞。"终南山的文化资源无疑给张载提供了哲学创造的丰厚条件。

这五大兼备交融说明，终南山就是中国特别是秦地传统文化博物馆。它的文化特征与关学的精神特质有着内在的联系性、相关性和贯通性。

四　苏武气节与关学精神

文化的本质是"人化"，文化的功能是"化人"。一个历史人物，当他的事迹和精神，经过后人的纪念和弘扬而成为一种文化的时候，就会发生广泛而深远的历史影响，就会发挥潜移默化的"化人"功能。西汉前期杰出的外交家、爱国主义者、名垂千古的民族英雄苏武（前140—前60，字子卿，陕西长安杜陵人）的英勇事迹、崇高人格和坚贞品德经过长期的历史积淀和主体弘扬，已经凝结成中华文化的优秀成果——苏武文化。苏武文化的灵魂是苏武精神，苏武精神的本质是爱国主义精神。然而，苏武的爱国主义精神却有自己的鲜明特色。它是由使命意识、人格气节、道德情怀构成的爱国主义精神。其中，勇于担当、不辱所负的使命意识是其标志；坚贞不屈、大义凛然的人格气节是其灵魂；公而忘私、忠心不渝的道德情怀是其根基。可以说，"勇""贞""忠""三位一体"构成了苏武爱国精神的内容。

苏武精神与苏武文化孕育于关中，当它形成以后，又对关中文化和关中人格产生了深刻影响（"化人"）。北宋以降，由张载创立并流行于关中的关学学派，其重要特色之一就是重道德礼教，重人格气节。而这一特点与苏武精神的长期熏陶和苏武文化的长期培育有着密切关系。苏武精神与苏武文化对关学学者的影响主要有以下几点。

（一）勇于担当的使命意识

曾子曰："可以托六尺之孤，可以寄百里之命，临大节而不可夺也。君子人与？君子人也！"又云："士不可以不弘毅，任重而道远。仁以为己任，不亦重乎？死而后已，不亦远乎？"（《论语·泰伯》）意思是说：一个君子、一个士人，应该具有宽宏坚忍、临危不惧的崇高品质，能够承担重任、肩负使命、勇往直前。充分表达了儒家所赞美的勇于担当的使命意识。而勇于担当、忠于任务、不辱使命、恪尽职守正是苏武精神的首要标志。据《汉书·苏武传》载：苏武出使匈奴是在汉与胡连年战争期间，武帝为了赢得和平，维护国家安全，"乃遣武以中郎将使持节送匈奴使留在汉者，因厚赂单于，答其善意"。苏武承担的是维护和平，保卫国家安全的崇高使命。为了实现这一使命，他严守职责，不干预匈奴内部事务；在面临羞辱时，面对迫降时，几次欲以自杀来维护国格的尊严，保持使命的崇高。他说"屈节辱命，虽生，何面目以归汉？"（《汉书·苏武传》）在他被流放到北海牧羊期间，他总是手持象征使命的符节，行止起卧，从不离身，致使符节上的旄牛尾全部脱落，所谓"杖汉节牧羊，卧起操持，节旄尽落"。回国后，朝廷大臣称赞其"奉使不辱命"（《汉书·苏武传》）。

苏武这种勇于担当、忠于职守的使命意识，对后代关中学人影响极为深远。关学创始人、宋明理学奠基人张载就是一个有自觉的学术使命意识的哲学家，他把自己哲学的学术使命高度概括为"为天地立心，为生民立命，为往圣继绝学，为万世开太平"。意思是说：他要以哲学揭示宇宙的本质和规律并进而确立人在天地间的主体地位（人是天地之心）；以哲学来探索人生的价值理想和精神家园，从而为广大民众确立一个安身立命之所；以哲学来继承和发扬面临危机的圣贤之学，承续中华文化的优秀传统；以哲学为人们设计一个万世太平、永远美好的理想社会。张载将自己的一生奉献给了这一崇高的使命。关学的后继者们，大都以这种使命意识来自励，无论他们在哲学思想上持什么观点，但对自己的学术使命都有高度自觉。张载的弟子吕大临说他要"以教化人才、变化风俗为己任"。明代关中硕儒吕柟说他倡明圣学的意义在于"上对天心""下通民志",为人间开"太平之业"。

生活于明万历年间被时人誉为"关西夫子"的著名理学家冯从吾,是关中书院的创立者,主持关中书院二十余年,培养弟子五千余人。他办学讲学的目的非常明确,"开天辟地在此讲学,旋转坤乾在此讲学,致君泽民在此讲学,扶正变邪在此讲学","千讲万讲,不过要大家做好人,存好心,行好事"。

明末清初被尊为"海内三大名儒"之一的李颙,终生以"明学术,正人心"为自己的崇高使命,他说:"大丈夫无心于斯世则已。苟有心斯世,须从大根本、大肯綮处下手,则事半而功倍,不劳而易举。夫天下之大根本莫过于人心,天下之大肯綮莫过于提醒天下人之心,然于醒人心,惟在明学术。此在今日为匡时第一要务。"他认为,学术乃是"生人之命脉,宇宙之元气,不可一日息焉者也"。

正由于有这种自觉的使命感和责任感,关学学者们大都把个人的学术活动与国运民命、匡时救世紧密结合起来,以"主持名教,担当世道"(李颙语)为己任,使自己既成为学者,又成为社会历史价值的承担者。当然,这些思想家、学问家所承担的使命,与苏武作为外交家所肩负的使命本身是有区别的,但就其都具有自觉使命意识和强烈的责任感,都具有勇敢坚毅的担当精神而言则是完全一致的,而且就历史继承而言,关学精神与苏武精神显然是一脉相承的。关学学者无疑是对苏武精神的继承和弘扬。

(二) 坚贞不屈的人格气节

在极端困难,极其艰苦的环境中保持自己的民族气节和人格操守,坚定不移、坚强不屈、坚贞不渝、毫不动摇,是苏武精神最宝贵的核心。"富贵不能淫,贫贱不能移,威武不能屈"是对苏武坚贞精神的最好写照。

苏武在匈奴曾被多次迫降、诱降、劝降而意不为动，曾受饥寒交迫、贫病交加、风刀霜剑、冰天雪地的折磨而志不可摧。《汉书·苏武传》记载：他面对强暴威逼而"引刀自刺"；面对刀剑威胁而巍然"不动"；面对富贵利诱而凛然"不应"。匈奴"幽武置大窖中，绝不饮食。天雨雪，武卧啮雪与旃毛并咽之，数日不死。匈奴以为神，乃徙武北海上无人处，使牧羝，羝乳乃得归。""武既至海上，廪食不至，掘野鼠去草实而食之。杖汉节牧羊，卧起操持，节旄（máo）尽落。"苏武的民族、人格操守，被单于"壮其节"，被时人赞为"义士"，晚年被君主尊为"著节老臣"。

苏武这种坚贞节操，也对关学学人影响深远。关学学者，大都治学与做人并重，努力把真理追求和人格追求相统一。他们不但在学术研究上作出了杰出贡献；而且在砥砺节操、锻铸人格方面，为学人们树立了崇高的榜样。崇尚节操的精神也是由张载开风气之先的，他为了不卷入新旧党派之争，毅然托病辞职，"谒告西归"，隐于"人不堪其忧"的穷乡僻壤，以讲学著述为生，"处之益安"，其高尚气节，为时人所称道。正如前述，明代的关学学者大多走的是因"学者"而后为"官"，又因不愿与黑暗势力同流合污再"辞官"而为学的人生道路，如吕柟、李因笃、李柏、李颙等。

（三）公而忘私的道德情怀

先秦时期的"士"有一显著的品德，就是无"恒产"而有"恒心"。所谓"恒心"就是超越一己利害之上的"公心"。具体而言，就是以国家、民族利益为重，个人私利服从国家公利，当国家利益与个人利益发生冲突时，为了维护国家民族的根本利益，心甘情愿、毫不犹豫地牺牲个人利益。这种公而忘私的情怀乃是苏武十分宝贵的道德品质，也是他勇于担当的使命意识和坚贞不屈的人格气节的道德基础。苏武在匈奴时，最难对待的劝降者不是匈奴君臣，而是因战败投降匈奴的他的老朋友李陵。史载苏武出使匈奴的第二年，李陵投降匈奴，不敢访苏武。后时间一久，单于派遣李陵去北海，为苏武安排了酒宴和歌舞，伺机劝降。李陵的劝降的方式是：一方面以亲属的不幸遭遇来打动苏武心灵；另一方面以"人生无常"的消极悲观人生观来动摇苏武的信念。他向苏武介绍了苏武的兄弟自杀、老母亡故、妻子改嫁、儿女生死未卜等家庭不幸遭遇，并以此说明人生无常，要苏武不必为执着于"信义"而自讨苦吃。对此，苏武却义正词严地说：为朝廷尽忠是臣子义不容辞的责任，"常愿肝脑涂地。今得杀身自效，虽蒙斧钺汤镬，诚甘乐之。臣事君，犹子事父也。子为父死，亡所恨。愿勿复再言。"在传统封建社会，君主是国家的代表，忠于君主与忠于国家往往具有内在的一致性。可见，苏武所表达的道德信念就是忠而为国，公而忘私。这种崇高的道德信念，在宋明时期的关学学者身上得到了新的阐释和弘扬。

张岱年先生曾云："以礼为教"是张载关学的重要特点，后来的关学后继者，"大多传衍了以礼为教的学风"。关学的"以礼为教"，约有二义：一是崇尚古代的礼制；二是重视道德的教化。关学创建者张载把"礼"和"德"贯通，由"崇礼"引申到"贵德"，并在"贵德"上将理论与实践贯通。他一生关心国家前途和命运，体察民情，体恤民众疾苦。正如前述，后来的关学学者多能继此大公无私的道德高风，明代吕柟、杨爵、冯从吾等人不但在学术上弘扬道德，倡"仁心""善心"之说，立"正己""正心"之本，而且身体力行，躬身践履，养成了高尚的道德品质。

关学学者的使命意识、坚贞气节和崇高品德，受到当时士人和后代史家的高度赞颂。例如赞吕柟为"真铁汉""真祭酒""当代师表""家之孝子，乡之善人，国之忠臣，而天下之先觉天民也"（《关学论》）；誉杨爵为"直节精忠，有光斯道"（《关学论》）、"万古清香雪里梅"；称冯从吾为"关西夫子""直声震天下"；颂李二曲为"天之北斗，地之泰山""志操高洁"。而探寻其精神和文化渊源，无疑与苏武精神之影响有关。苏武文化从本质上说是一种精神文化，在汉以后的漫长岁月里，苏武精神哺育了许许多多的仁人志士的心灵。关学学者的坚贞气节和高尚人格也必然从苏武精神中汲取营养。《明儒学案》说：关学学者"多以气节著"，并追究其原因为"风土之厚，而又加之学问者也"。就是说，"学问"深，是其主观原因；"风土厚"，是其客观原因。而所谓"风土厚"，就是有积淀深厚的地域文化资源作为精神营养。苏武文化及精神正是关中积淀深厚的地域文化资源的有机构成部分。包含苏武文化在内的关中深厚的历史文化积淀，曾经是关学学者的精神营养，也是我们今天培育崇高精神和优秀品德的宝贵资源。让我们无比珍惜、充分汲取这一精神宝库吧！

五　关学精神的南冥镜像

曹南冥（1501—1572）是 16 世纪朝鲜李朝统治时期的重要思想家、哲学家，是李退溪的同龄人。这位五百年前的哲人，对中国古代儒家思想尤其是宋明理学有着深入的研究和独到的理解，并结合朝鲜李朝统治时期的实际进行了阐释和发展。曹南冥先生在他的著述中大量引用和阐发了张载的哲学思想。例如他在《学记类编》中就全文选录了张载的《西铭》。这说明，曹南冥的哲学思想与张载关学有着密切的关系，可以说曹南冥是张载关学在朝鲜的承传者。通过研究曹南冥的文化人格、哲学精神和价值取向，可以从另一种角度认识关学的精神特征。曹南冥哲学就是关学精神的一种异域镜像。

（一）"壁立千仞"——曹南冥人格的文化特征

文化人格是个体对待文化、承载文化、体现文化的人格特征。每个人都生活于特定的文化传统中，都身体力行着某种文化精神，因而，也都有自己的文化人格。然而，一个知识分子、一个学者，一个思想家、文学家，他们的文化人格比普通人有着更为鲜明的特征。曹南冥的哲学宗旨是"敬义夹持"，他说："吾家有此（敬义）两个字，如天之日月，洞万古而不易。圣贤千言万语，要其归都不出二字外。"他的文化人格特征是"壁立千仞"，他说："如今时俗，污毁已甚，要须壁立千仞"
（《答仁伯书》）。申钦曰："曹南冥植节义，有壁立千仞之气象。""壁立
千仞"乃雄伟、高峻、挺拔之象，以形容曹南冥文化人格的鲜明主体
性。曹南冥文化人格的主体性特征有以下几点。

1. 遗世独立的文化个性

曹南冥一生的大部时间生活在中宗、明宗在位的时期，当时的李朝
朝鲜，党争频繁，士祸迭起，名士蒙冤，民心浇离。但曹南冥一生隐居
不仕，遗世独立。曹南冥遗世独立的文化个性具有如下特征。

（1）对自己保持个性独立有自觉意识。他说："如今时俗，污毁已
甚，要须壁立千仞，头分支解，不为时俗所移，然后方可做成吉人。"
（《答仁伯书》）他在文章中自称："余初受气甚薄，又无师友之规，唯以
傲物为高。非但于人有所傲，于世亦有所傲。其见富贵货利，蔑如草泥。
儳忽骄举，活啸攘臂，常若有遗世之象焉。"（《书圭庵所赠〈大学〉册
衣下》）"植于人少许可，磨顶而未尝阿生人，宴坐而岂肯谀死鬼乎？"
（《义城金氏墓志》）

（2）对独立不移的品格有高度的评价。他常在诗文中赞美那种独立
不移的崇尚品格，讽刺那些阿谀依附的奴性态度。如："请看千石钟，
非大扣无声。万古天王峰，天鸣犹不鸣。""千古英雄所可羞，一生筋力
在封侯。""区区诸葛成何事，膝就刘郎仅得三。"又曰："人之爱正士，
爱虎皮相似。生前欲杀之，死后方称美。"

（3）独立个性有充分的表现。曹南冥从年轻时起直到晚年，始终保
持尚气任性，不掩锋芒，固守所见，倔强不屈的独立精神和傲岸气象。
既不阿世，也不谀人；既不随波逐流，也不朝三暮四。

曹南冥的遗世独立的品格在当时就受到人们的高度赞美。其状文赞
曰："雪月襟怀，江湖性气，特立万物之表，俯视一世之上。高识远见，
出于天资；临机论事，发人意表。而忧时愤世，忠激义形，发于囊封奏
对之间者，既可见也。天性伉慨，未尝俯仰于人。"

曹南冥遗世独立的品格是他文化人格的主体性的首要标志，因而也

是他的其他人格因素的前提条件。

2. 批判反思的超越意识

曹南冥生活的时代，李朝统治的社会趋于停滞和衰落，内忧外患交织，天灾人祸频仍，危机此起彼伏。曹南冥的独立人格使他能清醒地认识当时的政治之弊和时局之危，也能深刻地分析当时的学术之失和学风之非。而他刚正不阿的品质和关心国家前途命运的深情又使他勇于对现实进行批判。《行状》说他"常与学士大夫语及时政阙失，生灵悃悴，未尝不扼腕哽咽，或至流涕。闻者为之竦听。其拳拳其斯世如此"。

他深刻揭示了国势的危机，说："邦本分崩，沸如焚如；群工荒废，如尸如偶。纪纲荡尽，元气荼尽，礼义扫尽，刑政乱尽，士习毁尽，公道丧尽，用舍混尽，饥馑荐尽，府库竭尽，飨祀渎尽，征贡横尽，边圉虚尽，贿赂极尽，掊克极尽，冤痛极尽，奢侈极尽，饮食极尽。"① 总之，"国事已非，邦本已亡，天意已去，人心已离"②。

他尖锐批评了朝政的失范，说"王灵不举，政多思货，令出惟反，纪纲不立"；"小官嬉嬉于下，姑酒色是乐；大官泛泛于上，唯货赂是殖"③。

他大胆指出了君主的失误，说当朝的皇帝"好声色""好弓马""好小人"，"威福在已而不自总揽"。

他明确指责学界风气的浮躁，说当时的学者"徒靠册子上讲明义理而无实得"，甚至"利欲胜，义理丧，而外假道学，内实怀利，以趋时取名者，举世同流"。并认为这种学风产生了严重危害："坏心术，误世道，岂特洪水异端而已。"（《言行总录》）

曹南冥的批判反思意识，是其独立人格的突出表现，也是他作为一

---

① （朝鲜）曹植著，（韩）梁基正校注：《南冥集校注》，上海古籍出版社2014年版，第330页。

② （朝鲜）曹植著，（韩）梁基正校注：《南冥集校注》，上海古籍出版社2014年版，第313页。

③ （朝鲜）曹植著，（韩）梁基正校注：《南冥集校注》，上海古籍出版社2014年版，第313页。

个思想家的崇高的使命意识的鲜明体现。在当时士祸迭起、士气低落、士风萎靡的历史背景下显得尤其难能可贵。

3. 以心守道的主体精神

独立个性和批判精神，虽然都是主体性的重要表现，然而，二者都还是文化人格的外在方面，是"用"而不是"体"。内在的主体精神才是曹南冥文化人格的深层结构，是其文化人格的哲学基础。而曹南冥的主体精神乃是由其哲学所锻铸的。曹南冥的哲学受到宋明心学的影响，非常重视心的主体地位和主宰作用。

（1）他认为心是理的主导，对穷理起支配作用，因而也对善起决定作用。他说："性分之内，万理具备。仁义礼智乃其体也。万善皆从此出。心者，是理所会之主也；身者，是心所盛之器也。"① 又说："故非主敬无以存此心，非存心无以穷天下之理，非穷理无以制万事之变。"又说："学者苟能收敛身心，久而不失，则群邪自息而万理自通矣。"

（2）他认为心是能动性的源泉。他说："究人事之下行，根天理之上达。万理具于性本，混泼泼而活活，随取用而有余，犹窟宅而生出，合川流而敦化，皆大本之充实，配悠久于博厚，归万殊于一极。"② 就是说，人的心是生机勃发、生动活泼、充实博厚的，具有无限的能动性。因而，是万理之本，万殊之极。

（3）他认为心是人的外在表现的动因。他说："宽而敬，大抵有诸中者必形诸外。故君子心和则气和，心正则气正。"

（4）他认为心是人保持主体性的根本。他说只有以心守道，进而由道守义，才能保持人格的主体性。而他自己正是通过以心守道、由道守义的方式来保持人格的主体性的。《行状》评价曹南冥说："由道守义，不肯自小以求用；安贫固穷，未尝自屈以从俗。"

---

① （朝鲜）曹植著，（韩）梁基正校注：《南冥集校注》，《戊辰封事》，上海古籍出版社2014年版，第319页。

② （朝鲜）曹植著，（韩）梁基正校注：《南冥集校注》，《原泉赋》，上海古籍出版社2014年版，第137页。

"以心为主""以心为本""以心守道"三者统一起来，就是"以心立人"——以心确立人的主体地位和价值。

4. 践实致用的学术取向

曹南冥既主张"以心立道"，又主张"以身行道"，由此而倡导在学术取向上"践实致用"。这是他的主体精神在学术思想上的集中表现。《行状》云："其为学也，略去枝叶，要以得之于心为贵，致用践实为急，而不喜为讲论辨析之言，盖以为徒事空言而无益于躬行也。"曹南冥"践实致用"的学术取向的主要内容如下。

（1）于人事上求天理。他说："为学要先知识高明，如上东岱，万品皆低。然后惟吾所行自无不利。今之学者舍切近趋高远。为学初不出事亲、敬兄、悌长、慈幼之间。或不勉于此，而遽欲穷探性命之奥，是不于人事实上求天理，终无实地于心，宜深戒之。"

（2）穷器理将以致用。他说："穷器理将以致用，修其身将以行道。耳目口鼻之欲，亦天理也。流于不善，然后方为之欲。人心道心之别，只是形气理义之间而已。"他尖锐地批评当时空谈义理的不良学风："近见学者手不知洒扫之节，而口谈天理，计欲盗名而用以欺人，反为人所中伤，害及他人。""手不知洒扫之节而口谈天上之理，夷考其行，则反不如无知之人……"又说："名不足以救实，犹画饼不足以救饥，都无补于救急。"

（3）究下学以救时弊。曹南冥认为，当时国家政治和社会风气方面存在的痼疾，正是由虚而不实、知而不行学风所引起的，世风的矫正之难，实缘于学风的扭转之难。他在《致吴子强书》中说："熟看时尚，痼成麟楦驴辕，浑世皆然，已急于惑世诬民，虽有大贤，已不可救矣！此实斯文宗匠者，专主上达，不究下学，以成难救之习。曾与之往复辩难而不肯回头。公今不可不知此弊之难救矣！"他委婉地批评当时的理学宗师李退溪未努力"呵止"这种不良学风，并劝他利用"身到上面，固多瞻仰"的学术地位和学术威望纠正学风之弊，引导学者在求实践行上下功夫。

5. 严笃克己的心性修养

曹南冥十分重视个人的心性修养，在修养过程中严谨笃实、努力克己。对自己要求十分严格。他非常强调"以己心为严师"。他常佩金铃，用以唤醒自警；尝以静盏贮水捧之终夜，以为持心之试；画先圣先师遗像于屏风之上，对之肃然侍坐；鸡鸣即起，冠顶戴腰，正襟危坐，以养严谨之风。他为学教人，以得之于心为贵，以致用践实为急。不喜讲论，反对空言，重在自得，着力躬行。后人赞扬他心性修养的工夫说："超然自反于性分之内，奋然用力于为己之事。隐居求志，闭门积学，忠信以为本，敬义以为主。佩四字符，建百勿旂，……克己之严，则斯杀九窍之邪，而奸声乱色，罔敢或干，保守之密，则闭塞三关之入，闲思杂念，罔敢或萌。"（《状文》）曹南冥的心性修养工夫是建立其主体人格的重要方式，也是其提升人格境界的基本途径。他在修养中所体现的笃实克己特征既贯彻了他求实致用的学术取向，又表现了他以心守道、以心立道的自主精神。因此，它不是一种孤立的自我修养问题，而是他的主体人格的有机组成部分，和他的人格系统有着内在的统一性。

　　总之，曹南冥的文化人格具有强烈而鲜明的主体性特征。在这主体性的构成因素中，独立性是前提条件，批判性是关键环节，主体性是本体根基，求实性是学术取向，克己性是修养途径。这种主体性人格统摄着他的价值取向和思维方式，也支配着他的人生态度和处事方式，从而使他成为特立独行的处士、超然遗世的隐士、愤世嫉俗的名士、直言勇谏的直臣和学以致用、学以修身的哲人等诸多形象综合统一的文化人格形象。这种人格形象在关学史上也可谓所在多有，熠熠生辉。

（二）"敬义夹持"——曹南冥哲学的基本精神

　　哲学精神是哲学家理论、行为、人格三者相统一而凝聚成的精神特质和精神倾向，它是哲学家思想观念和人生经验的凝结点。曹南冥的哲学思想，虽属于性理之学，但却有自己的鲜明个性；他一生隐居不仕，整齐严肃，孤高卓绝，有"壁立千仞之气象"；他精识博闻，修道进德，笃学力行，有独立高尚之人格。这些特征凝聚成了独特的曹南冥哲学精神。

　　曹南冥对于自己的哲学精神有高度的自觉和明确的概括，他说：

"以'敬、义'二字随处加工，久久自当得力。义理之间，只得着力分别，不当预以难辨为忧，圣门只此便是终身事业。"① "吾家有此（敬、义）两个字，如天之日月，洞万古而不易。圣贤千言万语，要其归都不出二字外。"② 并特将"敬、义"二字，大书窗壁间。朋友门人也都记述了曹南冥以敬义为宗旨的学术特征，宋圭庵云：曹南冥罢试举后"用力敬义，紧把得定，不以一时趋向为进退"③。郑蕴云：曹南冥先生"专精敬义之学。"④ 成大谷云：曹南冥先生"隐居求志，闭户积学。忠信以为本，敬义以为主"。并云：先生临终之际，仍然不忘告诫门生要以"敬""义"为本。可见，"敬义夹持"是曹南冥哲学的基本精神。

敬、义观念，源于孔、孟；敬、义并举，始于《周易》。孔子曰："修己以敬。"（《论语·宪问》）又曰"有君子之道四焉：其行己也恭，其事上也敬，其养民也惠，其使民也义。"（《论语·公冶长》）孟子曰："责难于君谓之恭，陈善闭邪谓之敬。"（《孟子·离娄上》）《周易·坤·文言》曰："君子敬以直内，义以方外，敬义立而德不孤。"孔、孟以敬为自身修养的态度，以义为处事治世的准则。《周易·坤·文言》则主张君子以恭敬的态度使内心保持正直严谨，以正义的准则使外在行为达到方正合宜，亦即以敬存心而内直，以义行事而外方。孔、孟、易传的敬、义观念，汉、唐、宋儒，皆有阐发。曹南冥先生对敬、义之含义也有自己的独特解释，他说："内明者敬，外断者义。"⑤ 又曰："涵省主敬，断制以义。"⑥ 就是说要以敬的态度涵养省察内在的德性使其光明，以义的原则判断裁制外在的活动使其正当。可以说，由"敬"以达"内圣"，由"义"以达"外王"，"敬义夹持"就是追求"内圣"与"外王"的兼备和统一。

---

① 《学记类编上》，曹永哲藏本卷三，第 319 页。

② 《来庵探南冥行状》，郑仁弘、王戊本卷一，第 10 页。

③ 《朋友门人叙述》，曹永哲藏本卷六，第 423 页。

④ 《学记类编后跋》，曹永哲藏本卷四，第 364 页。

⑤ （朝鲜）曹植著，（韩）梁基正校注：《南冥集校注》，上海古籍出版社 2014 年版，第 145 页。

⑥ 《朋友门人叙述》，曹永哲藏本卷六，第 423 页。

敬、义的直接含义是指修养工夫。"敬"与"义"作为修养工夫，几为儒者所共识，但将其提升为一种具有统摄性、总体性的哲学精神，则是曹南冥学术的突出特色和杰出贡献。曹南冥"敬义夹持"之哲学精神包含着十分丰富的内涵。

1. "主敬存心"的主体精神

曹南冥在阐发"主敬"时说："古今学者，穷《易》甚难，此不会熟读《四书》故也。学者须精读《四书》，真积力久，则可以知道之上达，而穷《易》殊不难矣。……'敬'者圣学之成始成终者，自初学以至圣贤皆以主敬为进道之方……"① 并明确提出"主敬"的目的是为了"求放心""存此心"。他说："以主敬为求放心之功"（《别集》卷七《遗事》）"非主敬无以存此心"（《朱文公文集》卷二）。为什么要"求放心""存此心"呢？曹南冥认为这是因为心是人的精神统率和主导。他说："国无二君，心无二主。三千惟一，亿万则仆。"② 具体言之，第一，心是理的主导，对穷理起支配作用，因而也对善起决定作用。他说："性分之内，万理具备。仁义礼智乃其体也。万善皆从此出。心者，是理所会之主也；身者，是心所盛之器也。"③ 第二，心是人的能动性的源泉。他说："究人事之下行，根天理之上达。万理具于性本，混泼泼而活活，随取用而有余，犹窟宅而生出，合川流而敦化，皆大本之充实，配悠久于博厚，归万殊于一极。"④ 就是说，人的心是生机勃发、生动活泼、充实博厚的，具有无限的能动性。因而，心是万理之本、万殊之极。第三，心是人的道德本性和情感欲望的调控者。他用绘图的方式对张载的"心统性情"说进行了独到的阐发，并特别强调人的"四端""七情"皆由心发。第四，心是人的外在表现的动因。他说："宽而敬，大抵有

① （朝鲜）曹植著，（韩）梁基正校注：《南冥集校注》，上海古籍出版社2014年版，第197页。

② （朝鲜）曹植著，（韩）梁基正校注：《南冥集校注》，上海古籍出版社2014年版，第148页。

③ （朝鲜）曹植著，（韩）梁基正校注：《南冥集校注》，上海古籍出版社2014年版，第319页。

④ （朝鲜）曹植著，（韩）梁基正校注：《南冥集校注》，上海古籍出版社2014年版，第137页。

诸中者必形诸外。故君子心和则气和，心正则气正。"总之，心是人保
持主体性的根本，只有以心守道，进而由道守义，才能保持人格的主
体性。而他自己正是通过以心守道、由道守义的方式来保持人格的主
体性的。《行状》评价曹南冥说："由道守义，不肯自小以求用；安贫
固穷，未尝自屈以从俗。"把"以心为主""以心为本""以心守道"
统一起来，就是"以心立人"——以心确立人的主体地位和价值。

　　由此可见，曹南冥主敬的根本意义在于充分肯定和弘扬"心"作为
人的主宰、主导的崇高地位和重大作用。从而确立人的主体地位、提升
人的主体性。所谓"律身以敬义，心学正"①，"主敬存心"的主体精神
体现在为学思想上就是"学必自得"。他说："学必以自得为贵，徒靠册
子上讲明义理而无实得者，终不见受。"弟子金东冈为曹南冥所撰《行
状》云："其为学也，略去枝叶，要以得之于心为贵，致用践实为急，
而不喜为讲论辨析之言，盖以为徒事空言而无益于躬行也。"② 所谓"自
得""得之于心"，就是将书本上的知识、道理与自己的人生经验相结
合、相融通，在结合、融通的过程中将外在的知识、道理内化为自己的
观念、精神和人格。从而，优化主体、提升主体。

　　2. "穷天下理"的理性精神

　　曹南冥以敬存心，但并未将心完全局限于道德范围，更未将心归结
为绝对的空无，而是以主体之心去"穷理"——把握宇宙万物的根本法
则。他认为只有穷理才能把握和驾驭事物的变化。他说："非存心无以
穷天下之理，非穷理无以制万事之变。"又说："学者苟能收敛身心，久
而不失，则群邪自息而万理自通矣。"③

　　程、朱哲学通过发挥《周易·坤·文言》的敬、义观，主张敬、义
兼重。程颐云："敬只是涵养一事。必有事焉，须当用义。……敬只是

---

①　《行录》，壬戌本卷三，第108页。
②　《行状》，曹永哲本卷五，第371页。
③　《示松坡子》，辛亥本卷二，第146页。

持己之道，义便知有是有非。"① 朱熹曰："尝读《易》而得其两言，曰'敬以直内，义以方外'，以为为学之要，无以易此。而未知所以用力之方也。及读《中庸》，见其所论修道之教，而必以戒，慎恐惧为始，然后得乎所以持敬之本，又读《大学》，见所论明德之序，而必以格物致知为先，然后得乎所以明义之端。既而观夫二者之功，一动一静，交相为用。"（《朱子语类》）程、朱认为"敬"应以修道明性为开端，而"义"则以格物致知为起点。"敬""义"并举则包含着仁智兼重、德才并建的价值追求。曹南冥继承和发挥这一思想，主张"敬义夹持"，显然有认同朱子之意。但在曹南冥看来，源于《大学》的"格物致知穷理"，乃是做学问的起点，是作圣作贤的基础，具有更重要的意义。"夫《大学》，群经之纲统，须读《大学》，融会贯通，则看他书便易。"（《南冥集》卷二，《示松坡子》）"常常出入《大学》一家，虽使之燕之楚，毕竟归宿本家；作圣作贤，都不出此家内矣。"（《答仁伯书》）他希望君主重视穷理致用、修身行道。他说："为治之道不在他求，要在人主明善、诚身而已。所谓明善者，穷理之谓也；诚身者，修身之谓也。性分之内，万理具备，仁、义、礼、智，乃其体也。万善皆从此生，心者，是埋所会之主也；身者，是心所盛之器也。穷其理，将以致用也；修其身，将以行道也。……其所以为穷修存省之极功，则必以'敬'为主。所谓'敬'者，整齐严肃，惺惺不昧，主一心而应万事，所以直内而方外，孔子所谓'修己以敬'者是也。故非主'敬'，无以存此心，非存心，无以穷天下之理，非穷理，无以制事物之变，……殿下果能'修己以敬'，达天德，行王道，必止于至善而后正，则明诚并进，物我兼尽，施之于政教者，如风动而云驱，下必有甚焉者矣。"（《南冥集壬戌本卷二》）曹南冥重视"格物致知""存心穷理""穷理致用"，也充分体现了他的理性精神。

此外，曹南冥撰《学记类编》以二十四图阐发理学思想，构建了

---

① （南宋）朱熹：《二程语录》卷十一，商务印书馆1936年版，第155页。

图式化的哲学范畴逻辑体系，展示了诸范畴的横向、纵向的有序关系，其准确性、严密性、整体性是无与伦比的，在李朝朝鲜性理学史上是极为少见的，也充分表现了曹南冥哲学思维严谨、意蕴精密的理性精神。

3. "务为践履"的实践精神

在理学中，"敬"是内在道德心灵的涵养原则，其功能在于穷理以提高道德自觉、道德认识，从而达到祛恶扬善的道德境界。朱熹云："持敬是穷理之本，穷得理明又是养心之助。"[①] 因此，"敬"以道德之知为宗旨；"义"是外在行为的规范，其功能在于使行为、做事达到适宜、合理的标准。程颐云："顺理而行，是为义也。"[②] 因此，"义"以行为合理为宗旨。于是，在"敬"与"义"的关系中，就蕴含有知与行、认识和实践的内容。

曹南冥对道德之知和道德之行都是重视的，在他的"敬义夹持"命题中内在地包含着知行兼顾、知行并进的价值取向。然而在二者的价值比较中，曹南冥突出强调了"行"——"践履"的意义，他针对佛教的"万理皆空"，提出"实有之理"；针对老庄的"虚极之心"，提出"实然之心"。从"实理""实心"出发，他大力提倡"厚学之实，固在践履"的实践精神。他说"穷理""修身"固然重要，但二者都要以实践为目的，"穷其理将以致用也，修其身将以行道也"[③]。曹南冥所谓的"践履"主要是指"制万事之变"的"下学人事"。他说："非存心无以穷天下之理，非穷理无以制万事之变。不过造端乎夫妇，以及于家、国、天下，只在明善恶之分，归之于身诚而已。由下学人事，上达天理，又其尽学之序也。舍人事而谈天理，乃口上之理也。不反诸己而多闻识，乃耳底之学也。休说天花乱落，万无修身之理也。"[④] 为此，

---

① （宋）黎靖德：《朱子语类》第一册卷六，中华书局1986年版，第150页。
② （南宋）朱熹：《二程语录》卷十一，商务印书馆1936年版，第155页。
③ 《戊辰封事》，壬戌本卷二，第73页。
④ 《戊辰封事》，壬戌本卷二，第73页。

他进谏当时君主说："殿下果能'修己以敬'，达天德，行王道，必止于至善而后正，则明诚并进，物我兼尽，施之于政教者，如风动而云驱，下必有甚焉者矣。"① 他批评当时只尚空谈性理而不重实行的空疏学风，说："近见学者不知洒扫之节而口谈天理，计欲盗名而用以欺人，反为人所中伤，害及他人……"② 又说："手不知洒扫之节而口谈无上之理，夷考其行，则反不如无知之人，此必有人谴无疑矣！"③ 他希望当时的学界泰斗李退溪能纠正这种学而不用、言而无行的弊病。

曹南冥先生尊重实践的精神受到了当时学人的高度评价。弟子金东冈为曹南冥所撰《行状》云：先生为学"以得之于心为贵，致用践实为急，而不喜为讲论辨析之言，盖以为徒事空言而无益于躬行也。"

4．"忧时愤世"的批判精神

曹南冥不但用"敬""义"精神严于律己，而且用"敬""义"准则勇以论世。他虽然隐于江湖，但却关心世事，具有强烈的经世意识和批判精神。曹南冥生活的时代，李朝统治的社会趋于停滞和衰落，内忧外患交织，天灾人祸频仍，危机此起彼伏。学术界虚浮、空疏之风流行，名利私欲膨胀。曹南冥的独立人格使他能清醒地认识当时的政治之弊和时局之危，曹南冥的深邃哲思也使他能深刻地分析当时的学术之失和学风之非。而他刚正不阿的品质和关心国家前途命运的深情又使他勇于对现实进行批判。《行状》记述说：曹南冥"忧时愤世，忠游义形，发于囊封奏对之间者，既可见也。天性伉慨，末尝俯仰于人，语及时政阙失，生灵悯悴，未尝不扼腕哽咽，或至流涕。闻者为之竦听。其拳拳其斯世如此"。这种"忧时愤世""语时政阙失"的批判精神表现在诸多方面：如深刻揭示国势的衰危，尖锐批评朝政的失范，大胆指出君主的失误，明确指责学界风气的浮躁等。

---

① 《戊辰封事》，壬戌本卷二，第 73 页。
② （朝鲜）曹植著，（韩）梁基正校注：《南冥集校注》，上海古籍出版社 2014 年版，第 437 页。
③ （朝鲜）曹植著，（韩）梁基正校注：《南冥集校注》，上海古籍出版社 2014 年版，第 169 页。

面对当时朝鲜社会所面临的内外危机，曹南冥主张以实际事功以挽救现实危机。他说："请以救急二字，献为兴邦一言，而代微臣之献身。伏见邦本分崩，沸如焚如，群工荒废，如尸如偶，……舍置不救，徒事虚名，论笃是分……名不足以救实，犹画饼不足以救饥，都无补于救急。"① 后来，金东冈在所撰曹南冥《行状》中说："时主上方向儒术，诸贤满朝论说性理，而朝纲不振，邦本日蹙，先生深念之，故奏及之。"

曹南冥哲学的反思批判精神，既是其独立人格的突出表现，也是他作为一个思想家的崇高的使命意识的鲜明体现。而这种独立人格和使命意识都是由其"主敬守义"的哲学思想所铸造的。"敬"是修养内心道德的原则，"义"是从事外在功业的原则。二者是评判当时社会现实的价值标准。凡是不符合敬义原则的，就是批判、谴责和破除的对象。所以批判精神是"敬义夹持"哲学精神的重要内容。曹南冥先生的批判精神在当时士祸迭起、士气低落、士风萎靡的历史背景下显得尤其难能可贵。曹南冥曾有诗云："秋江疏雨可垂纶，春入山薇亦不贫。要把丹心苏此世，谁回白日照吾身。临溪炼镜光无垢，卧月吟诗兴有神。待得庭梅开满树，一枝分寄远游人。"② 此诗深情地表达了他"丹心苏世""白日照身"的崇高理想。曹南冥哲学的伟大精神不但曾在历史上放射过光辉，而且在现今时代仍有重大意义；它不但是民族精神的集中体现，也是东亚哲学百花园中的一枝奇葩。并且在东西方哲学、文化交流、融会的总趋势下，曹南冥哲学精神无疑具有普适性的宝贵价值。

（三）"丹心苏世"——曹南冥哲学的价值取向

曹南冥一生孤高卓绝，隐居不仕，有"壁立千仞之气象"；博通群书，不事著述，有遗世独立之人格。其哲学思想，虽属于性理之学，但

---

① （朝鲜）曹植著，（韩）梁基正校注：《南冥集校注》，上海古籍出版社2014年版，第330页。

② 《南冥集》曹永哲藏本卷一，《次徐花潭韵》。

有自己的鲜明特征，以本体论言之，有理气并建之思；以价值论言之，有敬义备兼之意。他特将敬义二字，大书窗壁间，曰："吾家有此两个字，如天之日月，洞万古而不易。圣贤千言万语，要其归都不出二字外。"① 所以，成大谷在为曹南冥先生所写的状文中云："隐居求志，闭户积学。忠信以为本，敬义以为主。"并云：先生临终之际，仍然不忘告诫门生要以"敬""义"为本。可见，"敬义夹持"是曹南冥哲学的基本精神。

敬、义并举，始于《周易》，汉、唐、宋儒皆有阐发。《周易·坤·文言》曰："君子敬以直内，义以方外，敬义立而德不孤。"意为君子存心以敬而内直，行事以义而外方。敬、义的直接意义是指修养工夫，然可引申为一种价值态度。"敬"与"义"作为对待价值的态度，几为后世儒者所共识，但两种态度的价值指向，却见仁见智，看法不一。曹南冥力主"敬义夹持"，在价值意向上也有着自己的独特意义。这种独特性在于，他在敬义兼顾中，更强调"义"，反对只讲"主敬成圣"的价值偏向。曹南冥强调"义"的精神，其具体的价值取向约有三端。

1. 仁智并举，以智为始

程、朱哲学通过发挥《周易·坤·文言》的敬、义观，主张敬、义兼重。程颐云："敬只是涵养一事。必有事焉，须当用义。……敬只是持己之道，义便知有是有非。"② 朱熹曰："尝读《易》而得其两言，曰'敬以直内，义以方外'，以为为学之要，无以易此。而未知其所以用力之方也。及读《中庸》，见其所论修道之教，而必以戒，慎恐惧为始，然后得所以持敬之本；又读《大学》，见其所论明德之序，而必以格物致知为先，然后得所以明义之端。既而观夫二者之功，一动一静，交相为用……"③ 程、朱所谓的"敬"是实现仁德价值的条件，而"义"则以追求知识价值为起点。"敬""义"并举则包含着仁智兼重、德才并建的价值意识。

---

① 郑仁弘：《来庵探曹南冥行状》，壬戌本卷3。
② （南宋）朱熹：《二程语录》卷十一，商务印书馆1936年版，第155页。
③ （宋）黎靖德：《朱子语类》，中华书局1986年版。

曹南冥继承和发挥这一思想，主张"敬义夹持"，显然有认同朱子之意。然而，在曹南冥看来，源于《大学》的"格物致知"，是做学问的起点，是作圣作贤的基础，具有更重要的意义。他指出："夫《大学》，群经之纲统，须读《大学》，融会贯通，则看他书便易。"[1] "常常出入《大学》一家，虽使之燕之楚，毕竟归宿本家；作圣作贤，都不出此家内矣。"[2] 曹南冥以重《大学》表达了他重视从"格物致知"出发，进而达到"治国平天下"的价值追求路径，这显然是一条由智开端的道路。

2. 德业并进，以业为急

《周易·坤·文言》"敬以直内，义以方外"的价值意识，不但体现了仁智并举、德才并建的追求，而且也蕴含着道德和功业兼顾的观念。也就是说，"敬"是修养内心道德的原则，义是从事外在功业的原则。《系辞》论易经的功能时说："夫《易》，圣人所以崇德而广业也。""崇德"须用"敬"，"广业"须用"义"。曹南冥的"敬义夹持"思想中，也体现了这种德业并进的精神。而且，他更强调把"敬"落实到"义"上，即把"崇德"落实到"广业"上，不能空谈性理、空言崇德。他说："故非主敬无以存此心，非存心无以穷天下之理，非穷理无以制事物之变，不过造端乎夫妇，以及于家国、天下"（《戊辰封事》）。因此，他十分关注当时朝鲜社会所面临的内外危机，主张以实际事功以挽救现实危机。他说："请以救急二字，献为兴邦一言，而代微臣之献身。伏见邦本分崩，沸如焚如，群工荒废，如尸如偶，……舍置不救，徒事虚名，论笃是分……名不足以救实，犹画饼不足以救饥，都无补于救急。"[3] 后来，金东冈在所撰曹南冥《行状》中说："时主上方向儒术，诸贤满朝论说性理，而朝纲不振，邦本日蹙，先生深念之，故奏及之。"

---

① （朝鲜）曹植著，（韩）梁基正校注：《南冥集校注》，上海古籍出版社2014年版，第197页。

② （朝鲜）曹植著，（韩）梁基正校注：《南冥集校注》，上海古籍出版社2014年版，第200页。

③ （朝鲜）曹植著，（韩）梁基正校注：《南冥集校注》，上海古籍出版社2014年版，第300页。

可见，曹南冥自己虽然隐遁山林，但却十分关心社会现实问题，故特意提出以实际功业为急，挽救时危。

3. 知行兼顾，以行为主

在理学中，"敬"是内在道德心灵的涵养原则，其功能在于穷理以提高道德自觉、道德认识，从而达到祛恶扬善的道德境界。朱熹云："持敬是穷理之本，穷得理明又是养心之助。"（《语类》卷9）因此，"敬"以道德之知为宗旨；"义"是外在行为的规范，其功能在于使行为、做事达到适宜、合理的标准。程颐云："顺理而行，是为义也。"① 因此，"义"以道德行为为宗旨。于是，在"敬"与"义"的关系中，就蕴含有知与行的价值内容。曹南冥对道德之知和道德之行都是重视的，在他的"敬义夹持"命题中内在地包含着知行兼顾、知行并进的价值取向。然而在二者的价值比较中，曹南冥突出强调了"行"的意义，他说："手不知洒扫之节而口说无上之理，夷考其行，则反不如无知之人，此必有人谴无疑矣！"② 为此，他为学教人，以得之于心为贵，致用践实为急，而不喜为讲论辨析之言，以为徒事空言，无益于躬行。为此，他批评当时只尚空谈性理而不重实行的空疏学风，说："近见学者不知洒扫之节而口谈天理，计欲盗名而用以欺人，反为人所中伤，害及他人。"③ 并希望当时的学界泰斗李退溪能纠正这种学而不用、言而无行的弊病。

曹南冥曾有诗云："秋江疏雨可垂纶，春入山薇亦不贫。要把丹心苏此世，谁回白日照吾身。临溪炼镜光无垢，卧月吟诗兴有神。待得庭梅开满树，一枝分寄远游人。"（《用徐花潭敬德韵》）他要"丹心苏世""白日照身"，而他所谓的"丹心""白日"就是"敬义夹持"的"敬"，而"苏世""照身"就是"敬义夹持"的"义"。在这种"敬义夹持"的哲学精神中，他弘扬的是重智、崇业、尚行的价值观念；批评的是蹈

---

① （南宋）朱熹：《二程语录》卷十一，商务印书馆1936年版，第155页。

② （朝鲜）曹植著，（韩）梁基正校注：《南冥集校注》，上海古籍出版社2014年版，第169页。

③ （朝鲜）曹植著，（韩）梁基正校注：《南冥集校注》，上海古籍出版社2014年版，第437页。

空、袭虚、尚浮的价值意识。不难看出，曹南冥的价值追求具有实学特色，这显然与张载关学"经世致用"的精神是一致的。它对于医治今天华而不实、学而不用、言而不行的浮躁作风，不啻是一剂良药。

六　张载学术生命的再现

西北大学龚杰教授的《张载评传》一书，作为中国思想家评传丛书之一，由南京大学出版社出版。这部专著，以其笃实严谨、体大思精、史论结合、考释相兼的学术品格，为中国哲学史、思想史研究的学术之林，增添了一棵枝繁叶茂的新株。

（一）张载学术背景的全新展示

关于张载的学术渊源，长期以来学术界沿袭王夫之的观点，视张载之学为易学。这种看法，影响极为深远，几成定论。而《张载评传》却别开生面，提出张载之学源于"四书"，张载是北宋新兴的"四书学"的创始人的新见解。在该书作者看来，"四书学"的兴起乃是北宋初期文化格局的重要特征，也是学术思想发展的重要趋势。对此，该书以丰富翔实的资料为依据，进行了严谨清晰的论证。首先，它分析了宋初复兴儒家文化，把儒学作为加强中央集权和稳定社会秩序的精神支柱的文化政策。从统治者的国策上说明了重"四书"的时代风尚的形成。其次，它探讨了佛、道二教与儒学合流，向儒学靠拢，实现佛、道的儒学化的学术趋势，以及佛、道以"四书"中的"性与天道"问题作为与儒学融会的结合点的时代潮流。再次，它论述了儒学面对多元文化格局对自身进行调整、改造，建立新儒学体系的学术建构历程，以及在这一历程中，"四书"日渐受到推崇的历史命运，从儒学的自身发展，说明了"四书学"形成的必然性。

如果说文化学术背景的展示，还只是对思想家活动的外在环境的探讨的话，那么，对作为主体的传主本人的学术取向和思想特征的研究，则显得更为重要。该书在论述了文化学术大环境大趋势之后，专设一节，系统深入地论述了张载的"四书"观和"四书学"，指出：张载和二程率先把"四书"并提，并认为《论语》《孟子》《中庸》《大学》是儒家的真传，是学者为人、为学、为政的根本。张载正是从这些认识出发，才把"四书"作为自己的学术思想的依据。

张载之学是"易学"还是"四书学"，乃是一个学术问题，《评传》作者的看法虽属一家之言，但是，提出这一观点，并对其所进行持之有效、言之成理的论证，对研究张载思想乃至宋代理学无疑是一个推进，具有重要的学术价值。

（二）张载思想体系的系统建构

张载作为北宋时期伟大的思想家、哲学家，他的学术思想内容丰富、视野广博。如何理解和建构他的思想体系，不但是一部学术评传必须回答的重要问题，而且还应该成为评传的主体部分。《张载评传》以"性与天道"作为张子之学的主题，准确地把握了张载思想的纲领，也把握了宋代理学的共同论题。儒学从先秦至汉唐，都是以政治、伦理思想为其基本内容的，与道家比较，其本体论相当淡薄，与佛家比较，其人性论相对粗疏。迨至宋儒，才自觉地认识到，要发展儒学，必须重建儒学，要重建儒学，必须首先实现主题转换。于是，才从《论语》《孟子》《大学》《中庸》诸典中拈出了"性与天道"的命题，作为儒学的纲领，作为建构儒家本体论和人性论的基础，于是"义理之学"大兴。对此张载有十分清醒的认识，他不但指出孔子"性与天道"思想的重要性和深刻性，而且，还抓住这一命题来阐释《周易》，曰："《易》乃是性与天道""不见《易》则何以知天道，不知天道则何以悟性？"由于这一主题的确立，张载才成为理学的奠基人之一，张载思想才具有了时代特色。

然而，同为理学，张载自有其独特的个性，其思想自有其独特的体系，对此，《张载评传》以张载自己的论述来概括和建构张载的思想体系。"为天地立心，为生民立道，为去圣继绝学，为万世开太平"乃是张载对自己学术使命的自觉认识和高度概括，它体现了一个哲学家崇高的学术追求和人生理想。张载一生的学术活动都是对这一人生理想的实践，张载全部的学术思想都是对这一学术宗旨的展开。因此，以此为框架来建构张载的思想体系是恰当的，更是深刻的，它体现了《张载评传》的作者对张载学术使命和学术思想的内在一致性、张载人生理想和学术成果的高度统一性的深刻认识和精到把握。

（三）张载思想影响的纵横考察

关于张载与关学的关系。书中考证和论述了张载创立关学时期的从学弟子们的著述和思想及其所形成的关学学派的特点。接着研究了张载逝世后关学后继者们如吕大临、吕大钧等对张载思想的坚持、发挥与修正，深刻揭示了关学后学在气、一物两体、性论、礼论等方面与张载思想的关联。由于作者从大量史料中进行发掘，以翔实的资料为据，来呈现关学的本来面貌，其探赜索隐之功，实堪赞佩。

关于关学与洛学的关系。书中辨析和研究了北宋时期关学与洛学两大学派及两派创始人张载与二程的关系，揭示了两派之间相互排斥又相互融合的错综复杂的情况，并从哲学理论的高度比较了两派的异同。值得注意的是，该书在探讨"关系"时，着力澄清了二程弟子和朱熹关于张载问学二程、关学源于洛学的成说，还原了二者相互独立又相互联系的历史事实。

关于关学与闽学的关系。书中通过朱熹对张载著作的选辑、注释与增益以及朱熹对张载思想的总结，探讨了张载对朱熹闽学的影响。明确指出，关学是闽学的重要理论来源之一，并认为"理一分殊"是朱熹评价张载思想的纲领，凡是符合所谓"理一分殊"的就赞成，反之，则予以批评。根据这种看法，作者对朱熹在伦理观、人性论上如何肯定、继承和发展张载的思想，而在宇宙论、认识论上又如何批评和反对张载的思想，作了具体而深入的分析和评论。

关于关学与反理学的关系。书中对起源于南宋盛于明清的反理学思想如何取舍张载思想作了系统阐述，并以罗钦顺、王廷相，特别是王夫之为代表，具体分析了他们继承和发展张载的气本体、批评和扬弃张载的伦理学的思想观点和运思路径。指出王夫之继承和发展张载的最大特点是"把对张载思想的总结与对'异端'思想的批评紧密结合"，并在这一结合中创造性地建立了自己的哲学体系。

（四）张载学术研究的深入辨析

对张载思想及关学的研究在张载逝世后就开始了，宋至明清，注释、阐发、评论张载及其著作的学者代不乏人。新中国成立后，对张载哲学的研究更是取得了重大进展，出现了一批高水平的学术成果，提出了许多独到的学术见解。《张载评传》一书，在认真吸取这些学术成果的同时，对不少学术观点进行了辨析，提出了自己的看法。这些看法，不但言之成理，而且富有新意。

据笔者初步阅读所见，书中这类属于学术争论的辨析颇多，例如，张载之学出于《周易》还是出于"四书"；张载的"一物两体"中的"一物"是指"气"，或指"统一物"还是指"物质的感应性能"；张载所说的"仇必和而解"是矛盾调和论还是对立面"总还是处在外在统一体中"；张载的"德性之知"是一种先验知识还是仅在同人的道德修养相结合时才具有某些先验性，而在穷物理、穷物性时指的是思维的能动作用；"天地之性"是超乎"气质之性"之外的人性还是存在于"气质之性"之中的人性；张载思想的主流是批评佛、道还是"尽用佛、老"而不自知"或"来自佛教"；张载在政治上是改革派还是与保守派站在一起，抑或介于改革派与保守派之间，等等。这些问题，有的是对张载学术渊源的认识，有的属于对张载思想观点、哲学范畴的解释，有的涉及对张载政治倾向的评判，还有的关乎对关学学术范围的界定。无论是微观问题还是宏观问题，作者都本着实事求是的态度，在史料的基础上，运用史实与理论相结合、历史与逻辑相统一的方法进行了深入的辨析，提出了独到的见解。

第二章　关学哲理研究

哲学精神具体体现于哲学思想和哲人人格两个方面，而哲学思想是哲学精神的首要载体。深蕴于关学哲学思想中的使命意识、创新气质、价值取向、和谐追求、用世精神和理想境界，正是其哲学精神的重要内容。这些精神特质，在张载哲学中有着充分而集中的体现，在其后学的哲学思想中，得到了承传和弘扬。

一　张载"立心立命"的使命意识

作为中国思想史上的一代大师，张载是一位典型的、真正的哲学家。其典型性在于，他不但建构了一个有特色的哲学体系，而且他对自己哲学的使命有着自觉的认识。在中外哲学史上，凡是能自觉意识到自己哲学使命的哲人，才是一个真正的哲学家。

张载在自己哲学生涯中，一方面以"濯去旧见，以来新意"的创新精神和"当自立说"的自立勇气，"穷神化，一天人，立大本，斥异学"，不断深化自己的哲学理论，建构气一元论的哲学体系；另一方面则反复体认哲学的功能和使命，使自己的理论探索有一个远大的方向和崇高的宗旨。自觉的哲学使命意识和创新的哲学理论体系的内在统一，是张载作为一个杰出哲学家的突出特点。

张载晚年把自己的哲学理论集中凝结在《正蒙》一书中，同时也用"为天地立心，为生民立命，为往圣继绝学，为万世开太平"概括自己一生所追求的哲学使命。这四句话被后人称为"横渠四句教"。此"四句教"一般依据的是黄宗羲、黄百家父子编纂的《宋元学案》,黄百家在《宋元学案》卷十七"横渠学案"的按语中写道:"先生少喜谈兵,本跅弛豪纵士也。初受裁于范文正,遂翻然知性命之求,又出入于佛老者累年。继切磋于二程子,得归吾道之正。其精思力践,毅然以圣人之诣为必可至,三代之治为必可复。尝语云:'为天地立心,为生民立命,为往圣继绝学,为万世开太平。'自任之重如此。"① 这四句话是张载一生为学的宗旨和归宿。

(一)　为天地立心

所谓"为天地立心",就是通过哲学揭示宇宙的本质和规律,达到对宇宙规律的真理性把握和深刻性理解。何谓"天地之心"?《礼记·礼运》曰:"人者,天地之心。"张载在《诗书》一篇中写道:"天无心,心都在人之心。"② 天地本来是没有心的,但人是天地所生,人有意识、有意志、有思想、有灵明,在天地之间为万物之灵。人能通过自己的知觉灵明认识天地,实乃天地的自我认识、自觉灵明。所以人的心可以说就是天地之心。因此为天地立心实质是为天地立人,就是通过智慧启迪,充分发挥人的知觉灵明来认识和理解宇宙的本质和规律。人如果能把自己的知觉灵明、认识能力、思维水平发展到最高程度,达到对天地间的事物和规律的正确、深入的理解,这时"人心"与"天心"相合一,这就是"为天地立心"。因此,张载提出"为天地立心",就是要揭示宇宙的本质和规律,使人心"合天心"。

张载哲学阐发的"太虚即气""万象皆气""天地变化,二端而已""神,天德;化,天道"等唯物论、矛盾论、变化论思想,就是对天地宇宙的本质和规律的深刻揭示和理解,就是在实现"为天地立心"的哲学使命。他为天地所"立的心",从路线上看,是唯物主义的"气本论",从方法论上说是辩证法的,这与二程、朱熹从"理本论"出发、

---

① (清)黄宗羲:《宋元学案》第一册,中华书局1986年版,第664页。
② (宋)张载:《经学理窟·诗书》,载《张载集》,中华书局1978年版,第256页。

陆九渊从"心本论"出发，为天地立心，很不相同。可见，张载不但提出了"为天地立心"的哲学使命，而且通过一生"精思力践"的探索，创建了颇具特色的哲学体系，实现了自己的使命。

（二）为生民立命

所谓"为生民立命"，就是为人们提供一个做人准则和人生价值目标。"为生民立命"一语在《张载集》中原文是"为生民立道"，《宋元学案》中引为"为生民立命"，"命""道"都是指人生准则和人生价值目标。"为生民立命"就是用哲学向人们昭示人生之道，为人们提供一个做人准则和价值目标。张载认为，"为生民立命"是哲学的一个崇高使命。德国著名诗人诺瓦利斯曾说："哲学原就是怀着一种乡愁的冲动到处去寻找家园。"冯友兰先生也说："哲学可以给人一个'安身立命之地'就是说，可以给人一种精神境界，人可以在其中'心安理得'地生活下去。"张载的"为生民立道"，也就是给人寻找一个"精神家园"，为人生找到一处"安身立命之地"。他的《西铭》对人的精神家园即"立命"之地作了全面描绘："乾称父，坤称母，予兹藐焉，乃混然中处。故天地之塞，吾其体；天地之帅，吾其性。民，吾同胞；物，吾与也。"他认为宇宙好比一个大家庭，乾坤是其中的父母，人好比其中的儿女，这个大家庭的每个成员，都应该以他人为同胞，以万物为朋友，乐天知命，和睦相处。而要达到这种境界，每个成员就应该担负作为一个人的责任和义务，做到"立必俱立，知必周知，爱必兼爱，成不独成"。在张载看来，"乾父坤母""民胞物与"，就是人生最崇高的价值目标，最美好的精神境界；而人在有生之年尽其作为宇宙的成员和社会的成员所应负的责任和义务，则是人之为人的最高准则。这里我们不去讨论张载为生民所立的"命""道"是否合情合理，是否尽善尽美，只是想说明，张载是在自觉地通过他的哲学活动，为实现"为生民立命"的哲学使命而努力。

（三）为往圣继绝学

所谓"为往圣继绝学"，就是继承和发扬被异端思想所中衰了的儒家学说的基本精神。张载认为，千百年来，由孔孟创立的儒家圣人之学，自两汉以下，历经魏晋、南北朝、隋唐，以至五代，千百年间，由于受到佛教、道家的冲击而中衰不彰，一直未能善续先秦儒家的学脉，致使"学绝道丧"。其生命之光、哲学之慧、治世之道，都未能开显。特别是佛氏影响尤烈，"自古波、淫、邪、遁之词，翕然并兴，一出于佛氏之门者千五百年"①。他的使命就是要继承和发扬被异端思想所中衰了的儒家学说，"唱此绝学，亦辄欲成一次第"②。的确，在张载以前，针对佛教教义，从哲学思想上进行批判的，实少其人。张载是第一个从理论的高度批判佛教主观唯心主义的哲学家。更为可贵的是，他通过批判佛教弘扬儒学要义的历史使命感是自觉的，而且是经过他自己在探索道路上的曲折反复才形成的。史载：青年张载接受范仲淹的劝告读《中庸》，"犹以为未足，又访诸释、老，累年究极其说，知无所得，反而求之六经"③。经过这一反复，张载深切体会到自佛教炽传中国以后，"儒者未容窥圣学门墙，已为引取，沦胥其间，指为大道"，结果造成"人伦所以不察，庶物所以不明，治所以忽，德所以乱，异言满耳，上无礼以防其伪，下无学以稽其弊"④，于是他决心通过自己的哲学活动与之"较是非，计得失"⑤。他批判了佛教"一切唯心""万法唯识""以山河大地为见病"的主观唯心主义；批判了佛教"死生流转"的"轮回"迷信；批判了佛教"梦幻人世""以人生为幻妄"的消极人生观，并深刻指出佛教既不"知天"，也不"知人"；既未"穷理"，也未"悟道"。针对佛教的种种谬误，张载继承和发展了中国哲学中"以气为本"的传统，

---

① （清）王夫之：《张子正蒙注·乾称下》，上海古籍出版社2000年版，第239页。
② （宋）张载：《语录下》，载《张载集》，中华书局1978年版，第329页。
③ （宋）张载：《宋史·张载传》，载《张载集》，中华书局1978年版，第385—386页。
④ （宋）张载：《正蒙·乾称篇》，载《张载集》，中华书局1978年版，第64页。
⑤ （宋）张载：《与吕微仲书》，载《张载集》，中华书局1978年版，第351页。

并在此基础上高扬了传统儒学"乐且不忧"的人生观，"以爱己之心爱人则尽仁"的道德观，和"一天人、合内外"的价值理想以及"不语怪力乱神"的现实理性，从而实现了他"立大本，斥异学"，"为往圣继绝学"的哲学使命。也正由于此，司马光称赞他："中年更折节，六籍事精研。羲农讫周孔，上下皆贯穿。造次循绳墨，儒行无少愆。师道久废阙，模范几无传。先生力振起，不绝尚联绵。……当令洙泗风，郁郁满秦川。"① 王夫之赞叹道："往圣之传，非张子其孰与归！"② 张载所继的"绝学"虽然是指以孔孟为宗的传统儒学，但他所表现的传承文化的使命意识，在错误思潮面前，"独立不惧，精一自信""正立其间，与之较是非，计得失"③ 的哲学精神，至今仍闪耀着灼灼光辉。

（四）为万世开太平

所谓"为万世开太平"，就是为社会指出前进的方向，为人类指明实现美好社会理想的途径。中国古代的儒家哲人主张"内圣外王"之道，具体地说，就是通过格物、致知、诚意、正心、修身的"内圣"之道，开出齐家、治国、平天下的"外王之道"，最后达到"止于至善"的理想境界。张载继承了儒家这一传统，明确地把"为万世开太平"即展示美好的社会理想作为哲学的崇高使命之一。张载所追求的社会理想，基本上仍然是儒家的"大同""仁政"和"礼治"。由于张载所处的时代——北宋社会已暴露出种种弊端，一些有志之士力主改革，张载也是其中之一。但与坚持现实主义路线的王安石不同，张载着眼于社会的一些根本问题的解决，他所提出的措施是理想主义的。他主张以儒家"三代"为学习的榜样，实行礼治，推行"井田"，其中最重要的是通过"井田制"解决土地所有制问题。他说："论治人先务，未始不以经界为急"。他认为井田制有两大优越性，一是"足民"；二是"均平"。他说：

---

① （宋）司马光：《子厚先生哀辞》，载《张载集》，中华书局 1978 年版，第 388 页。
② （清）王夫之：《张子正蒙注·序论》，上海古籍出版社 2000 年版，第 82 页。
③ （清）王夫之：《张子正蒙注·乾称篇》，上海古籍出版社 2000 年版，第 230 页。

"为政在乎足民"①"治天下不由井地，终无由得平。周道止是均平。"②在张载看来，达到"足民""均平"，天下就会长治久安，万世太平。此外，张载还主张恢复"三代"宗法及宗子制度，以达到"管摄天下心，收宗族，厚风俗，使人不忘本"的目的。不难看出，尽管张载提出的实现"天下太平"的具体方案和途径是陈旧的，但他追求的"足民""均平""厚风俗"的社会目标，却是合理的，它"为万世开太平"的哲学使命更是十分崇高的。这表明，同历史上其他哲学家一样，张载没有也不可能摆脱历史局限，为社会描绘出一幅光辉灿烂的未来图景。尽管如此，我们也不能否定张载为追求"万世太平"的理想所从事的哲学努力。因为，提出"为万世开太平"的哲学使命，其本身就具有重大的意义。

总之，"为天地立心，为生民立命，为往圣继绝学，为万世开太平"③这四句名言，是张载关于哲学使命的自觉意识，也是张载哲学体系的最高宗旨。冯友兰先生说："明白了这四句话，也就懂得《西铭》了。"其实，理解了这四句话，对张载哲学的基本精神也就把握了。

张载不但提出了崇高的哲学使命，而且还为完成和实现这一使命确立了方法论原则，这集中表现在他的"大心说"中。他说："大其心则能体天下之物，物有未体，则心为有外。世人之心，止于见闻之狭。圣人尽性，不以闻见梏其心，其视天下无一物非我，孟子谓尽心则知性知天以此。天大无外，故有外之心不足以合天心。见闻之知，乃物交而知，非德性所知；德性所知，不萌于见闻。"④就是说，要把握宇宙的本质和变化规律，"穷神知化""体天下之物""为天地立心"，就必须充分发挥和扩充人心的作用，打破人心与天地事物的隔阂，消除主体与客体之间的对立，使心与天地万物同其广大，同样无限，妙合无间。此之谓

①（宋）张载：《正蒙·有司篇》，载《张载集》，中华书局1978年版，第47页。
②（宋）张载：《经学理窟》，载《张载集》，中华书局1978年版，第248页。
③（宋）张载：《张子语录·中》，民国23年（1934年）。
④（宋）张载：《正蒙·大心篇》，载《张载集》，中华书局1978年版，第24页。

"大其心"。他指出，做到"大其心"的关键有三：一是"不以见闻梏其心"，即摆脱有限的感性知识对心灵的束缚；二是"不以嗜欲累其心"，即排除有害的私欲嗜好对心灵的侵蚀；三是"非思虑聪明可求"①，即不局限于一般的理性认识。他把这种"大其心"的认识方法称为"德性之知"。尽管张载并未否定"见闻之知"（感性认识）和"思虑之知"（理性认识）的作用，但他更强调"德性之知"的超越性和道德性。由此可见，张载所主张的哲学认识方法是以道德为基础的既超越感性认识又高于一般理性认识的认识方法，它不但具有超越性和道德性的特征，还具有某些先验性、神秘性色彩。但如果我们扬弃了张载的"德性之知"的先验性、神秘性等因素，那么具有超越性、道德性的"德性之知"则相当于我们所说的哲学素质、哲学认识了。一般的人都能够从感性认识飞跃到理性认识，但要从理性认识再进行一次飞跃，达到哲学认识，这只有哲学家或有哲学素养的人才可以做到。张载所要求的就是通过"大其心"的功夫，而达到"德性之知"的认识层次和精神境界。如果一个人不能"大其心"而是"小其心"，那么他只能是累于私欲，囿于见闻的"井底之蛙"，他绝不会具有哲学家的气质和见识，当然也不会向自己提出"为天地立心，为生民立命，为往圣继绝学，为万世开太平"的崇高使命了。

总之，张载"四为"的哲学使命意识和"大心"的哲学认识方法，是历史上一个真正哲学家对哲学价值和哲学素质的深刻认识和精辟概括。它不但是张载哲学的崇高宗旨，也可以看作是儒者的集体文化纲领，也可以说是知识分子的共同使命和担当，至今仍具有重大意义。在现代，要做一个好的哲学工作者就必须把自己从狭窄的经验见闻中解放出来，从狭隘的个人私利中超越出来，"不以见闻梏其心""不以嗜欲累其心"。从而使自己具有十分宽广的视野，博大精深的知识，旷达开阔的胸襟，面向未来的气度和高度的理论思维能力。还必须通过自己的理论活动，

---

① （宋）张载：《正蒙·乾称篇》，载《张载集》，中华书局1978年版，第66页。

去不断发现真理，深刻认识自然界和人类社会的发展规律，并用自己的理论成果帮助人们树立科学的世界观和人生观，提高道德情操和精神境界，明确历史前进的方向，担负为祖国繁荣，为人民幸福，为人类解放而奋斗的责任。这就是当今一个哲学工作者、一个知识分子应具有的素质和应肩负的使命，也是张载的哲学使命感和哲学方法论给予我们的有益启示。

二 张载"勇于造道"的哲学创建

清初王夫之说："张子之学，上承孔孟之志，下救来兹之失，如皎日丽天，无幽不烛，圣人复起，未有能易焉者也。"① 全祖望评价云："横渠先生勇于造道"。纵观中国哲学史，审视张载所处的坐标位置及其深远影响，可以说，王夫之、全祖望的评价并非过誉溢美之词。

秉承"四为"的哲学使命，张载进行了艰苦卓绝的哲学探索和哲学创建。

（一）创新气学

张载在中国哲学史上创建了比较完整的气一元论哲学体系，把气学发展到哲学的新阶段。

"气"是中国古代哲学用以表示物质存在的基本范畴。西周末年的伯阳父最早提出了气的概念，战国时代，孟子、管子、庄子、荀子都讲气，他们认为气是构成一切有形之物、有生之物的原始材料，是生和知的基础。他们或者以气与志、气与心相对，以说明气的物质性；或者以气与生、气与物相联，以表明气的基本性。这虽然已经意识到了气是物质性存在，但还没有把气视为世界的本原，也未以气为哲学的基本范畴。两汉以至隋唐，气的观念有所发展，《淮南子》《周易乾凿度》《论衡》

① （清）王夫之：《张子正蒙注·序论》，上海古籍出版社 2000 年版，第 81 页。

（王充）、《天论》（刘禹锡）都对气作了较多的论述，特别是东汉的王充，在其巨著《论衡》中，提出了"天地，含气之自然也"的杰出命题，确立了唯物主义自然观，给天人感应的神秘主义思潮以沉重打击。两汉隋唐时期，气论的基本特点是以气为天地生成的基质，用气说明宇宙万物的形成演变。所以，尽管哲学家们对先秦的气论有很大发展，但依然没有超出宇宙构成论和生成论的范围。张载在前代哲学的基础上，"旋随新叶起新知"，以"古今无两"的"学问思辨之功"和"勇于造道"的创造精神，提出了比较细致、系统的气论，建立了较完整的气一元论哲学体系。张载气一元论哲学体系的理论要点是：（1）气是最高的物质存在。不一定有形可见的东西是气，凡有运动、静止，有广度、深度的象，都是气。所谓"凡可状，皆有也，凡有，皆象也，凡象，皆气也"①。（2）气的变化是有规律的。张载说："天地之气，虽聚散、攻取百涂，然其为理也顺而不妄。"②（3）气是宇宙统一的本原。"神，天德，化，天道，德其体，道其用。一于气而已"③；"知虚空即气，则有无、隐显、神化、性命通一无二"④。（4）气是哲学体系的逻辑起点。张载由气出发，建立了自己的范畴系列，构筑了自己的哲学体系。"由太虚，有天之名；由气化，有道之名；合虚与气，有性之名；合性与知觉，有心之名。"⑤ 本体论、运动论、人性论、认识论，都是气范畴的逻辑展开。这样，张载就通过对气的客观物质性、运动规律性、宇宙本原性的明确规定，把气论从宇宙构成论和宇宙生成论发展为本体论，并在气范畴的基础上建构了自己的哲学体系，形成了与二程的理本论、陆九渊的心本论鼎足而立的唯物主义气本论哲学体系，开创了朴素唯物主义哲学的新阶段。

　　张载的气一元论本体论哲学是中国封建社会后期唯物主义哲学发展

---

①　（宋）张载：《正蒙·乾称篇》，载《张载集》，中华书局 1978 年版，第 63 页。

②　（宋）张载：《正蒙·太和篇》，载《张载集》，中华书局 1978 年版，第 7 页。

③　（宋）张载：《正蒙·神化篇》，载《张载集》，中华书局 1978 年版，第 15 页。

④　（宋）张载：《正蒙·太和篇》，载《张载集》，中华书局 1978 年版，第 8 页。

⑤　（宋）张载：《正蒙·太和篇》，载《张载集》，中华书局 1978 年版，第 9 页。

的重大成果，对后代产生了深远影响。明代的王廷相进一步发展了张载的气一元论，详细论述了气是第一性的、理是第二性的理论，他推崇张载"太虚即气"的学说，认为"横渠此论，阐造化之秘，明人性之源，开示后学之功大矣"①。尤其是明清之际的唯物主义哲学家王夫之极力推崇张载，一再宣称是张载气一元论的继承者，说自己平生的志向是"希张横渠之正学"。别的唯物主义哲学家如罗钦顺等，事实上也受到张载哲学的影响。从对后代的启迪来看，张载是宋元明清时代唯物主义气一元论哲学的开创者。正由于此，他也受到理学中唯心主义者的批评和攻击。

（二）批判佛学

张载是中国哲学史上第一个从思维与存在关系的哲学理论高度批判佛教唯心主义的哲学家。佛教从东汉时传入中国以后，一方面与中国固有的思想、文化相融合；另一方面又与中国传统的儒、道哲学相矛盾。东汉以后的思想史，儒、释、道的相反相成是一个十分重要的内容线索。张载以前的许多思想家都对佛教进行过批判，这种批判基本上是从三个层次上进行的，第一个层次是社会批判，主要批判佛教对社会经济的破坏和对政治秩序的扰乱。例如，唐初的傅奕指斥佛教"游手游食""以逃租赋""不惮科禁，轻犯宪章"的严重危害，宋初的李觏列举了佛教使"男不知耕""女不知蚕""坐逃徭役，弗给公上""民财以殚，国用以耗"等"十害"，视佛教为必须铲除的社会肿瘤。第二个层次是道德批判，主要批判佛教对儒家传统伦理道德的背离。例如，唐代韩愈认为，佛教"必弃而君臣，去而父子，禁而相生养之道"，是根本不谈仁义道德的，所以主张以儒家的"道统"，对抗佛教的"祖统"。宋代的孙复、石介、欧阳修等人批佛教，也立足于封建道德。第三个层次是思想理论批判，着重批判佛教的思想理论观点。对佛教思想理论的批判是深层结

---

① （明）王廷相：《横渠理气辨》，载《王廷相集》，中华书局 1989 年版，第 603 页。

构上的批判，有一个发展过程。魏晋南北朝时期反佛的思想家们主要针对佛教的因果报应论和神不灭论展开批判，孙盛、戴逵、何承天、郭祖深、范缜、刘峻、朱世卿等人，都是进行这种批判的杰出思想家，尤其是范缜的《神灭论》，在理论上的贡献十分突出，他以"形神相即""形质神用"的命题，唯物地说明了人的精神现象与物质形体的关系，达到魏晋南北朝时期对佛教理论批判的最高水平。隋唐时期，佛教由于得到官方的支持而盛行，其宗教理论也进一步精致，在这种形势下，虽然有傅奕、韩愈等人慷慨激烈的反佛言论，但他们着重从经济、政治和伦理道德方面用力，对佛教的理论批判相对薄弱，即使涉及一些理论问题，也多是反对因果报应、生死轮回的旧话重提。可见，在宋代以前，对佛教的思想理论批判，特别是世界观批判，无论从广度言，还是从深度言，都是很不够的。张载正是在这样的历史条件下，把对佛教的理论批判提到了新的水平，真正从哲学世界观的高度，剖析了佛教的理论核心。

张载从气一元论出发，主要从三个方面批判了佛教的唯心主义世界观。他指出：（1）佛教的"一切唯心"论完全颠倒了物质和精神的本末关系，是主观唯心主义。张载说，佛教"以心法起灭天地""以六根之微因缘天地"，以为天地日月都是依赖人的感觉、知觉而存在的，这种"以小缘大""以末缘本"的观点，颠倒了天地与人心的大小、本末关系，实质上是以主观精神决定客观物质的唯心主义路线。（2）佛教的"一切皆空"论根本割裂了有无、隐显、性形的统一关系，陷入客观唯心论。张载指出，佛教认为"万象为太虚中所见之物"，并"诬世界乾坤为幻化""溺其志于虚空之大"而"梦幻人世"。其错误在于"不识所谓有无混一之常"，以为"物与虚不相资，形自形，性自性，形性、天人不相待而有"。在张载看来，"虚空即气"，没有什么绝对的虚空，虚与气、有与无、隐与显、性与形，都统一于气。如果像佛教那样把万象说成是太虚中的幻影，就必然割裂有与无、虚与气、隐与显、性与形的联系，从而否认山河大地的实在性，走向客观唯心主义，与道家宣扬的"有生于无"如出一辙。（3）佛教的"神不灭"论和

"轮回"说鼓吹有脱离物质肉体的灵魂存在，违背了唯物主义原则。张载说："浮屠明鬼，谓有识之死，受生循环，遂厌苦求免，可谓知鬼乎？""今浮屠极论要归，必谓死生转流，非得道不免，谓之悟道可乎？"① 张载认为："鬼神者，二气之良能也。"鬼神只是阴阳二气屈伸作用，气伸为神，气屈为鬼，二者并不是独立的精神。人的灵魂也不过是"生而不离，死而游散"的气而已，根本不能脱离物质实体而独立存在，更不能"死生转流"，轮回循环。佛家既然违背了唯物主义，所以不"知鬼"，不"悟道"，是彻头彻尾的"惑者"。

张载的上述批判，始终坚持了气一元论的立场，抓住了思维与存在关系这一根本问题，确实是既有力又精深，达到了很高的思维水平，在发挥唯物主义哲学的战斗性方面，树立了杰出的典范。后代不少批佛的哲学家如罗钦顺、王廷相、王夫之等人，都肯定了张载彻底批佛的理论贡献，并从张载哲学中汲取了丰富营养和宝贵经验。正如王夫之所云："横渠早年尽抉佛老之藏，识破后更无丝毫粘染。一诚之理，壁立万仞。"②"使张子之学晓然大明，以正童蒙之志于始，则浮屠生死之狂惑不折而自摧"。③

（三）奠基理学

张载是宋代理学的杰出奠基人。理学（或称道学）是北宋兴起的学术思潮，是儒家学说的新形态。理学的基本特征是使儒学哲理化，为儒家的伦理道德提供一个本体论的依据。理学形成于北宋，成熟于南宋，盛行于明代，成为封建社会后期的统治思想，占据着学术思想的主流地位。在漫长的七百年间，学者辈出，成果累累，产生了极其深远的社会影响。

在理学发展史上，张载处于相当重要的地位，他是理学的奠基人之

---

① （宋）张载：《正蒙·乾称篇》，载《张载集》，中华书局 1978 年版，第 63—64 页。
② （清）王夫之：《读四书大全说》卷十，中华书局 1975 年版，第 693 页。
③ （宋）张载：《张子正蒙注·序论》，载《张载集》，中华书局 1978 年版，第 409 页。

一。学术界认为，"宋初三先生"胡瑗、孙复、石介是理学的先驱，而周敦颐和张载则是理学的真正奠基者。张载作为理学奠基人的主要贡献是：（1）提出了理学的一系列基本范畴和命题包括"理气""理欲""神化""一两""体用""性命""心性""诚明""理一分殊""天地之性""气质之性""德性之知""见闻之知""天人合一"等，成为后来程、朱等人完成理学体系的基础。（2）建构了理学的基本框架。理学的宇宙论、本体论、人性论、认识论、方法论等基本组成部分，张载哲学都论述了，虽然他在这些领域中所持观点和致思方式与程、朱有异，但问题已经提出，规模已经形成。（3）确立了理学"民胞物与"的价值理想。张载在《西铭》中提出了"天地之塞，吾其体；天地之帅，吾其性。民，吾同胞；物，吾与也"的理想人生境界，二程之后的理学家，几乎无不推崇备至，认为其"言纯而思备""深发圣人之微意""真孟子以后所未有也"，并都以此作为理学所追求的价值理想。正由于张载为理学奠定了基础，所以深得以后理学家和统治者的推崇，二程把他与孟子、韩愈相比，朱熹称其学为"精义入神"，说"横渠所说，多有孔孟所未说底"。朱熹编理学史《伊洛渊源录》把张载与周敦颐、邵雍、二程并列，在《近思录》中也选用了张载的许多言论。历代统治者也给张载以很高的荣誉，宋理宗封他为眉伯，"从祀孔子庙庭"。元代赵复立周敦颐祠，以张载与程、朱配祀。明清两代，张载的著作一直被统治者视为理学经典，作为开科取士的必读书，并先后汇入御纂的《性理大全》和《性理精义》。由此足见张载在理学中的重要地位和深远影响。

（四）创立关学

张载是作为宋代理学四大学派之一的关学的创立者和宗师。张载作为理学奠基人、作为著名理学家，既有理学共有的哲学思路和理论内容，又有自己鲜明的学派特色。首先，他主张以气为本体，和程、朱的理本论，陆（九渊）、王（阳明）的心本论，大异其趣。其次，在人性论、认识论、方法论等方面也与程、朱、陆、王有许多差异。再次，张载的学风也有别于理学他派，于是，就成为与周敦颐代表的濂学、二程代表的洛学、朱熹代表的闽学并立的关学学派。张载学无师承，他的哲学是自己经过几十年探求、体会出来的。他自称"学贵心悟，守旧无功"。朱熹也说："横渠之学，是苦心得之"。

从张载哲学及其关学形成和发展的总体来看，它在中国理学史和哲学思想史上具有显著的个性和独特的品格。"关学始终葆其'躬行礼教'、力排二氏（佛道）的'崇儒'宗旨。它以'气本''气化'之学和'精思''实学'之风，同朱学、王学相依相离，鼎足而立，为宋明理学写下了独放异彩的篇章。"① 张载哲学在关中地区影响很大，从学者甚众，一时门生如云，声势颇大，以他为领袖的关学学派就形成了，此后，一直延续到明清之际。所以，张载是关学的创立者。这种独特个性，一方面具有固守传统礼教的局限；另一方面又有重视自然科学成果、关心社会现实问题、不尚空谈、力主实践、善于博取、勇于创造的优势。对中国哲学尤其是关中地区思想文化的发展产生了重大影响。"关学"与二程创立的"洛学"，是北宋影响最大的两个学术派别，全祖望指出："关学之盛，不下洛学。"② 陈亮说："濂溪周先生奋乎百世之下，穷太极之蕴，以见圣人之心，盖天民之先觉者也。手为《太极图》，以授二程先生。前辈以为二程之学，后更光大，而所从来不诬矣。横渠张先生崛起关西，究心于龙德正中之地，深思力行而自得之；视二程为外兄弟之子，而相与讲切，无所不尽。世以孟子比横渠，而谓二程为颜子，其学问之渊源，顾其苟然者！"③ 后世学者多认为"关学"与"洛学"是同时兴起、并列而立的重要学派。张载在关中聚集弟子讲学论道，推行礼教，试行井田，他"学古力行，为关中士人宗师，世称为横渠先生"④。司马光在《子厚先生哀辞》中云："当令洙泗风，郁郁满秦川。先生倘

① 陈俊民：《张载哲学思想及关学学派》，人民出版社 1986 年版，第 32—33 页。
② （清）黄宗羲：《宋元学案》卷三十一《吕范诸儒学案》。
③ 《陈亮集》卷十四《伊洛正源书序》。
④ （元）脱脱等：《宋史·张载传》，载《张载集》，中华书局 1978 年版，第 387 页。

有知，无憾归重泉。"张伯行在《张横渠集序》中说："其（张载）学当时盛传于关中，虽自成一家之言，然与二程昆弟首推气质之说，以明性善之本然，而汉、唐以下诸儒纷议之惑泯焉。其有功性教，夫岂浅小哉！"足见"关学"之盛，影响之大。

张载的哲学创新内容是十分丰富的，对中国哲学史和关中思想文化史的贡献是多方面的，以上所论，仅就其大端言之，但亦足以表明张载哲学及其关学在历史上的重要地位。他创立"气本""气化"论哲学体系；批判佛道唯心主义世界观；开辟儒学哲学化的道路，为宋明理学举行奠基礼和建立关学学派，这些历史功绩将在中华民族的智慧发展史上永放光辉。他培育的求实力践、博学精思、批判创新等优良学风，也将对当代关中文化学术的发展注入活力。他奉行和倡导的"为天地立心，为生民立命，为往圣继绝学，为万世开太平"的哲人使命精神，更是集中表现了中国传统哲学的精神特质，值得我们广大哲学工作者经过新的转化而发扬光大！

三 张载"精义存神"的哲学智慧

张载是我国古代杰出的哲学家、思想家，颇有独创性。他丰富而深邃的哲学思想在中国哲学的发展史上占有重要的地位，并对以后中国哲学的发展产生了重大的影响。张载作为宋代理学的奠基人，作为宋代四大学派之一——关学的创始者，提出了理学的一系列基本范畴和命题，建构了理学的基本框架。二程之后的理学家，几乎无不推崇备至，认为其"言纯而思备""深发圣人之微意""真孟子以后所未有也"，王夫之在《张子正蒙注·序论》中说："张子之学，无非《易》也，即无非《诗》之志，《书》之事，《礼》之节，《乐》之和，《春秋》之大法也，《论》《孟》之要归也。……张子言无非《易》，立天、立地、立人，反经研几，精义存神，以纲维三才，贞生而安死，则往圣之传，非张子其孰与归！""呜呼！孟子之功不在禹下，张子之功，又岂非疏瀹水之歧流，引万派而归墟，使斯人去昏垫而履平康之坦道哉！是匠者之绳墨，射者之彀率也，虽力之未逮，养之未熟，见为登天之难不可企及，而至于是则可至焉，不志于是未有能至者也，养蒙以是为圣功之所自定，而邪说之淫蛊不足以乱之矣。"由此足见，张载哲学蕴涵着丰富而深刻的智慧。

张载哲学智慧的主要内容：

（一）"太虚即气"的本体智慧

在宇宙观上，张载把"太虚"视为宇宙的本体，认为宇宙万物的始基是气，万物都由气生成。他说："凡可状，皆有也；凡有，皆象也；凡象，皆气也。"[①] "太虚无形，气之本体，其聚其散，变化之客形尔。""太虚不能无气，气不能不聚而为万物，万物不能不散而为太虚。"[②] 张载的气本论是关于世界的物质统一性和物质永恒性的唯物论思想，是对中国唯物主义哲学的重要献，并对后世唯物主义哲学发展有很大的影响。后代的罗钦顺、王廷相、王夫之都继承和弘扬了张载的气本论。熊十力先生明确提出："他（张载）底形而上学，是主张气为实体的，也可叫做气一元论。我尝说他是儒家底唯物论派……船山宗气一元论，推衍其说，以为神者气之灵，理者气之理，确是子厚先生底本旨……他们这唯物论，却不主张机械论，此又异于西洋唯物论者矣。"[③] 张岱年先生在1936 年发表的《哲学上一个可能的综合》一文中说："宋以后哲学中，唯物论表现为唯气论，唯气论成立于张横渠……唯气论其实即是唯物论。"[④] 他在《中国哲学大纲》中也说："张子以太虚为气之原始……张子的本根论，确实可以说是一种唯物论。"[⑤] 张载气本论的智慧在于，在肯定世界实在性的基础上为儒家的道德价值提供坚实依据，为人的价值生

---

① （宋）张载：《正蒙·乾称篇》，载《张载集》，中华书局 1978 年版，第 63 页。
② （宋）张载：《正蒙·太和篇》，载《张载集》，中华书局 1978 年版，第 7 页。
③ 《熊十力全集》第 1 卷，湖北教育出版社 2001 年版，第 626 页。
④ 《张岱年文集》第 1 卷，河北人民出版社 1996 年版，第 272 页。
⑤ 《中国哲学大纲》，商务印书馆 2015 年版，第 123 页。

活注入切实的力量。张载自许他的本体智慧是"无动摇"的"至实"①，王夫之赞美张载的本体智慧是"一诚之理，壁立万仞"。

（二）"闻见之知"与"德性之知"的认识智慧

张载一方面认为人的知识是由耳目闻见接触外界事物取得的，他称这种知识为"闻见之知"；另一方面又认为耳目闻见不能穷尽天下万物之理，于是便提出了一种超越耳目闻见的知识，他称这种知识为"德性之知"。张载主张从物到感觉和思想的认识路线。

（三）"一物两体"的辩证智慧

宇宙万物都是由阴阳二气聚合而成的，因此都有阴阳二端对立。正是由于这种阴阳二端的对立、结合，才使事物变化不已，神妙莫测。他在《正蒙·太和篇》中说："两不立，则一不可见；一不可见，则两之用息。"②"有象斯有对，对必反其为；有反斯有仇，仇必和而解。"③

张载"一物两体"的发展观，对宋元明清的"一分为二""合一而一"的辩证法具有时代性的影响，许多哲学家都对此作了说明、发挥，方以智的"合一而一"观显然从中汲取了智慧。

（四）由"气质之性"回归"天地之性"的修养智慧

在人性论上，张载提出了"天地之性"与"气质之性"的人性学说，创立了人性二元论。"天地之性"是先天的，纯善的，是体现天理的。每个人生下来之后，具有各自不同的身体条件、生理特点、生活欲望等，这种禀气而生与每个人不同特点结合起来的本性，张载称之为"气质之性"。"气质之性"是有善有恶的，是恶的来源。他说："形而后有气质之性，善反之则天地之性存焉。故气质之性，君子有弗

---

① （宋）张载：《张子语录中》，载《张载集》，中华书局1978年版，第324页。
② （宋）张载：《正蒙·太和篇》，载《张载集》，中华书局1978年版，第9页。
③ （宋）张载：《正蒙·太和篇》，载《张载集》，中华书局1978年版，第10页。

性者焉。"① 为了恢复先天的善性，就要去掉物欲之蔽，变化气质之性，
返回本然的善性。人如果能够变化气质之性，恢复天地之性，就可以为
善，成为圣贤君子。因此，张载强调变化气质之性，返回到天地之性。
张载认为，必须通过克己存心、养心的功夫，即克制物欲之蔽，做到虚
心、诚心，才可以变恶为善，只有虚心学习、修养心性，才可以变化气
质，成为圣贤。张载"人性二元"论对后继者的影响尤深，他们以此作
为道德规范、政治论理的思想基础，并作了阐释、论证。

（五）"太和所谓道"的和谐智慧

张载的代表著作《正蒙》首篇为《太和篇》，其首句为"太和所谓
道"，把古代的和谐思想提高到规律高度，认为和谐是宇宙根本法则，
并进而提出"天人合一存乎诚""万物一体""仇必和而解""和乐，道
之端乎"等重要命题，特别是"民胞物与"（《正蒙·乾称篇》："乾称
父，坤称母，予慈貌焉，乃混然中处。故天地之塞，吾其体；天地之帅，
吾其性。民吾同胞，物吾与也。"②）的伟大思想和崇高理想。

（六）"通天下志"的价值智慧

张载哲学还蕴含着深刻的普适价值智慧。普适价值是人类共同认可、
共同追求的价值，它并不是某种特殊文化价值（例如西方文化价值）的
普适化，而是贯通于不同民族、不同国家的特殊价值之中的共同性价值，
是异中之同、殊中之共。张载对天理的规定体现了他对普适价值标准的
深刻理解。他说："所谓天理也者，能悦诸心，能通天下之志之理也。
能使天下悦且通，则天下必归焉。"③ 又云："一人私见固不足尽，至于
众人之心同一则却是义理，总之则却是天。"④ "悦天下心""通天下志"

① （宋）张载：《正蒙·诚明篇》，载《张载集》，中华书局1978年版，第23页。
② （宋）张载：《正蒙·乾称篇》，载《张载集》，中华书局1978年版，第62页。
③ （宋）张载：《正蒙·诚明篇》，载《张载集》，中华书局1978年版，第23页。
④ （宋）张载：《经学理窟·诗书篇》，载《张载集》，中华书局1978年版，第256页。

"众人之心同一"正是普适价值的本质特征。

在张载看来，"天理"就是普适价值。张载认为普适价值之所以可能，根源于人类的共同本性。他说：天地之性是人的共性，气质之性是人的殊性，而天地之性正是普适价值的根据。"性者万物之一源，非有我之得私也。惟大人为能尽其道，是故立必俱立，知必周知，爱必兼爱，成不独成。"①天地之性不是某一个体所独有的，乃是所有人的共同本源，而这就决定了人们不应该局限于仅以一己私意为取向的狭隘的价值视野，而应该具备关怀万物、关爱他人的宏大价值情怀，做到"立必俱立，知必周知，爱必兼爱，成不独成。"②正是由于天地之性是普遍性的，所以以此为形上前提，就会为普适价值建立根据，所谓"至于命（'天命之谓性'——引者注），然后能成己成物，不失其道"③。

以"天地之性"为根据，以"悦心通志"为标准的普适价值，其核心内容是什么呢？就是"民胞物与"的崇高道德。张载云："乾称父，坤称母；予兹藐焉，乃混然中处。故天地之塞，吾其体；天地之帅，吾其性。民，吾同胞；物，吾与也。"④既然人与我、物与人，都生在天地之间，都秉有天地之性，所以每个人都应该以万民为同胞，以万物为朋友。这种道德价值源于天地之性，又能"悦天下心""通天下志"，因此是普适价值。

对于实现普适价值，张载也有所思考，他认为首先要有"大心体物"的自觉精神。"大其心，则能体天下之物，物有未体，则心为有外。世人之心，止于见闻之狭；圣人尽性，不以见闻梏其心，其视天下无一物非我，孟子谓尽心则知性知天以此。天大无外，故有外之心，不足以合天心。"⑤就是说要超越个体狭隘的见闻和私心，弘大其心境体察万

---

① （宋）张载：《正蒙·诚明篇》，载《张载集》，中华书局1978年版，第21页。
② （宋）张载：《正蒙·诚明篇》，载《张载集》，中华书局1978年版，第21页。
③ （宋）张载：《正蒙·诚明篇》，载《张载集》，中华书局1978年版，第22页。
④ （宋）张载：《正蒙·乾称篇》，载《张载集》，中华书局1978年版，第62页。
⑤ （宋）张载：《正蒙·大心篇》，载《张载集》，中华书局1978年版，第24页。

物、承载万物、关爱万物，与天心合一，就能达到"体物未尝遗"①"视天下无一物非我"的普适价值境界。

由此可见，张载以人性与天性、人道与天道、人心与天心合一的运思方式，论述了普适价值的可能性和现实性。

"太虚即气""一物两体""两种认识""两种人性""太和谓道""通天下志"都是张载精思独创的哲学智慧的结晶，它既显示了张载哲学既有创新开拓的精神，又有深邃精微的思致；既有浑厚严谨的风格，又有恢宏博大的气象。这些思想对中国古代哲学的发展作出了划时代的杰出贡献，为中华民族的智慧宝库增添了宝贵的资源，在中国哲学史上占有重要的地位。可以说，张载的哲学决定了宋元明清时期中国哲学的发展方向。

由于张载哲学思想的丰富内容和历史贡献，因此受到后世学者的推尊、称赞，这其中尤以中国唯物主义和辩证法的集大成者王夫之为最。王夫之把张载思想奉为儒学正宗、道学真传。他说："横渠学问思辨之功，古今无两，其言物理也，特精于诸老先生，而曰'想孔子也大段辛苦来'，可谓片言居要。"②又说："张子之学，上承孔、孟之志，下救来兹之失，如皎日丽天，无幽不烛，圣人复起，木有能易焉者也。"在王夫之看来，张载的思想学说，是通天地、贯古今、一天人的穷神、知化、达天德之蕴、救世论之弊、启世人之智的"正学"。基于这种认识，王夫之终身研究、发展张载的思想，以张载思想为宗，建立自己的博大精深的思想体系。王夫之在隐居生活中，依然潜心研究张载的思想，"杜门著书，神契张载（正蒙）之说，演为（思问录）内外二篇"。（《国史儒林传》）王夫之的儿子王敔说："自潜修以来，启瓮牖，秉孤灯，读十三经、二十一史及张（载）朱（熹）遗书，玩索研究，虽饥寒交迫，生死当前而不变。"③王夫之全面总结、阐释、发展了张载的思想，特别是

---

① （宋）张载：《正蒙·诚明篇》，载《张载集》，中华书局1978年版，第22页。
② （清）王夫之：《读四书大全说》卷七《论语·季氏篇》。
③ 张岂之：《侯外序著作与思想研究》第22卷，附录三。

推崇、服膺《正蒙》一书，所以余廷灿说，王夫之"其学深博无涯涘，而原本渊源，尤神契《正蒙》一书，于清虚一大之旨，阴阳法象之状，往来原反之故，靡不有以显微抉幽，析其奥窔"（《船山先生传》）。且王夫之直到临终前自题的墓志铭中还说："抱刘越石之孤忠，而命无从致。希张横渠之正学，而力不能企。幸全归于兹丘，固衔恤以永世。"（《船山先生传》）从王夫之的思想中，可以足证张载思想的历史贡献和重要影响。

四　张载"太虚"之气的价值意蕴

张载是北宋时期杰出的唯物主义哲学家，他在哲学史上的突出贡献是建构了气一元论的本体论。张载认为宇宙万物的本质是气，"凡可状，皆有也；凡有，皆象也；凡象，皆气也"[1]，而无形的"太虚"乃是气的本然状态，"太虚无形，气之本体"[2]。张载以"太虚之气"为世界本原的本体论哲学，与程、朱的理本论，陆、王的心本论迥然有别，具有鲜明的唯物主义特征，在宋明哲学史上独树一帜，独成一家，对后世产生了深远的影响。然而，它作为中国传统哲学本体论的一种形态。仍然具有中国哲学将本体与价值相融通、相统一的共性。张载的"太虚"本体中蕴含着丰富的价值品性，体现着深厚的价值意义。

（一）"太虚"的价值品性

张载坚持气一元论的唯物主义自然观，提出太虚之气是宇宙万物的本原和本体。气作为宇宙的本体，它是宇宙间一切事物产生的根源，也是构成一切事物的原质。他说："太虚不能无气，气不能不聚而为万物，万物不能不散而为太虚。"[3] 作为宇宙本体的太虚，它的基本特征是：

---

[1] （宋）张载：《正蒙·乾称篇》，载《张载集》，中华书局1978年版，第63页。
[2] （宋）张载：《正蒙·太和篇》，载《张载集》，中华书局1978年版，第7页。
[3] （宋）张载：《正蒙·太和篇》，载《张载集》，中华书局1978年版，第7页。

（1）无形而有气。"太虚"的形态是无形的，但是性质是实有的气，"知太虚即气，则无无"。因此，太虚是有无虚实的统一，"有无虚实通为一物者，性也"①。（2）变化而有理。"太虚无形，气之本体，其聚其散，变化之客形尔"；"天地之气，虽聚散、攻取百涂，然其为理也顺而不妄"②。（3）必然而永恒。太虚之气有聚有散，"循是出入，是皆不得已而然也"；"聚亦吾体，散亦吾体，知死之不亡者，可与言性矣"③。总之，"太虚者，气之体"。它是"至虚之实"的物质存在，是"至静之动"的变化实体；"天"是它的存在状态（"由太虚，有天之名"），"道"是它的变化过程（"由气化，有道之名"）。因此，它是"虚实、动静之机，阴阳、刚柔之始"，天地间"万品之流形，山川之融结"都是它凝聚的产物。

然而，作为宇宙本体的"太虚"，虽然是客观的物质存在，却蕴含着丰富的价值品性。在张载看来，"太虚"的主要价值品性是：

1. "至诚"

张载说："至诚，天性也。"④"天所以长久不已之道，乃所谓诚"⑤。"诚"作为儒家哲学的重要范畴，其原意是真实无妄、笃实无伪。自先秦《中庸》《孟子》以来，它就有本体和价值、实然和应然双重含义。就本体和实然之义言，它是指本体、规律、万物的实存性；就价值和应然之义言，它是指道义、品德的笃实性。张载赋予太虚以"至诚"的品性，指的就是太虚及其规律的真实性和笃实性，也兼有本体属性和价值品性双重含义。就价值品性而言，诚与伪是对立的。张载认为，"太虚"是"诚有是物"而不是"伪实不有"，因而具有至高无上的笃实品质。后来，王夫之在《张子正蒙注》中解释"诚"时，虽然强调了诚的本体

---

① （宋）张载：《正蒙·乾称篇》，载《张载集》，中华书局 1978 年版，第 63 页。
② （宋）张载：《正蒙·太和篇》，载《张载集》，中华书局 1978 年版，第 7 页。
③ （宋）张载：《正蒙·太和篇》，载《张载集》，中华书局 1978 年版，第 7 页。
④ （宋）张载：《正蒙·乾称篇》，载《张载集》，中华书局 1978 年版，第 63 页。
⑤ （宋）张载：《正蒙·诚明篇》，载《张载集》，中华书局 1978 年版，第 21 页。

实在性含义，认为"诚，以言其实有也"①，但也注意到张载从价值品性上言诚的致思趋向，指出，"诚者，天理之实然，无人为之伪也"②。由太虚的"至诚"品性，张载还引申出天道的"信"的品德，他说："天不言而信，神不怒而威；诚故信，无私故威。"③ 正由于"太虚"（天）具有诚、信的价值品性，所以才能不断地发挥生成万物、增益万物的功能，所谓"益物必诚，如天之生物，日进日息"④。而且，由于天以自己的诚信之德不断增益万物，所以天地间才能"富有""日新"。"富有，广大不御之盛与！日新，悠久无疆之道与！"⑤

2. "至善"

张载不但认为太虚有"至诚"之性，而且还认为太虚有"至善"之德。他说："天地以虚为德，至善者虚也。"⑥ "至善"即至高无上的善，这种善的核心内涵不是别的，正是历代儒家所倡导的仁、礼、忠、恕等美好道德。张载明确指出："虚者，仁之原""虚则生仁""忠恕者与仁俱生"⑦。又说："天之生物便有尊卑大小之象，人顺之而已，此所以为礼也"，礼是"天叙天秩，如何可变"⑧。"至善"的核心内容虽然是道德，但却不局限于道德，在张载看来，"至善"也指太虚完善无缺、圆满自足的品性。他说："太虚者，天之实也，万物取足于太虚，人亦出于太虚，太虚者，心之实也。"⑨ 就是说，"太虚"是天、物、人、心的本原，它包容着宇宙间一切存在的源头，是绝对完满的"足"。王夫之注释云："阴阳二气充满太虚，此外更无他物，亦无间隙，天之象，地之形，皆其所范围也。"⑩

---

① （清）王夫之：《张子正蒙注·天道篇》，上海古籍出版社2000年版，第113页。
② （清）王夫之：《张子正蒙注·天道篇》，上海古籍出版社2000年版，第141页。
③ （宋）张载：《正蒙·天道篇》，载《张载集》，中华书局1978年版，第14页。
④ （宋）张载：《正蒙·乾称篇》，载《张载集》，中华书局1978年版，第66页。
⑤ （宋）张载：《正蒙·天道篇》，载《张载集》，中华书局1978年版，第14页。
⑥ （宋）张载：《张子语录·语录中》，载《张载集》，中华书局1978年版，第326页。
⑦ （宋）张载：《张子语录·语录中》，载《张载集》，中华书局1978年版，第325页。
⑧ （宋）张载：《经学理窟·礼乐》，载《张载集》，中华书局1978年版，第264页。
⑨ （宋）张载：《张子语录·语录中》，载《张载集》，中华书局1978年版，第324页。
⑩ （清）王夫之：《张子正蒙注·太和篇》，上海古籍出版社2000年版，第90页。

3. "太和"

"太和"指太虚之气的和谐状态，因为这种和谐是宇宙的最高和谐，也是宇宙间一切万物和谐的根源，所以称为"太和"。张载说："太和所谓道，中涵浮沉、升降、动静、相感之性，是生絪缊相荡、胜负、屈伸之始。……散殊而可象为气，清通而不可象为神。不如野马、絪缊，不足谓之太和。"① 可见，他所谓的"太和"，是指太虚中阴阳二气矛盾运动、合同不悖、浑沦无间的和谐状态。在张载看来，这种和谐状态，既是阴阳二气的和谐，又是阴阳二气所引起的一切矛盾运动的和谐；既是本体自身的和谐，又是体与用即"气"与"神"的和谐；既是本体内在的和谐，又是由本体所生成的万物的和谐。王夫之在《张子正蒙注》中说："太和，和之至也。阴阳异撰，而其絪缊于太虚之中，合同而不相悖害，浑沦无间，和之至矣。未有形器之先，本无不和；既有形器之后，其和不失，故曰太和"；又说："太和之中，有气有神。……阴与阳和，气与神和，是谓太和。"② 正由于这种和谐是至高至极的，因此，张载认为它是一种美好、崇高的价值境界。人只有认识和把握了这种和谐，才算懂得了宇宙的法则，把握了《周易》的精髓，达到了崇高的智慧境界，"语道者知此，谓之知道；学《易》者见此，谓之见《易》。不如是，虽周公才美，其智不足称也已"③。

张载虽然崇尚和谐，但并不否定矛盾对立面之间的排斥、反抗和斗争，也不否认矛盾对立和斗争的价值。他只是认为：第一，矛盾对立面之间的斗争并不离开矛盾对立面的统一，所谓"两不立则一不可见，一不可见则两之用息"④；第二，矛盾对立面的差异、对立和斗争，最终要归结为和谐统一。所谓"有象斯有对，对必反其为；有反斯有仇，仇必和而解"⑤。由此看来，张载是在承认矛盾斗争价值的同时，崇尚和谐

---

① （宋）张载：《正蒙·太和篇》，载《张载集》，中华书局 1978 年版，第 7 页。
② （清）王夫之：《张子正蒙注·太和篇》，上海古籍出版社 2000 年版，第 85—86 页。
③ （宋）张载：《正蒙·太和篇》，载《张载集》，中华书局 1978 年版，第 7 页。
④ （宋）张载：《正蒙·太和篇》，载《张载集》，中华书局 1978 年版，第 9 页。
⑤ （宋）张载：《正蒙·太和篇》，载《张载集》，中华书局 1978 年版，第 10 页。

的。他认为矛盾对立面的排斥、斗争与和谐、统一二者都有价值，但和谐的价值高于斗争，是万物运动发展的理想状态。

张载的"太和"价值观，从渊源上说，是对《周易》价值观的继承和发展。《周易》乾卦的《彖辞》云："乾道变化，各正性命，保合太和，乃利贞。"意谓天道的变化使万物各具正性正命，只有保持高度的和谐才有益于万物生长。张载发展了这一思想，从太虚本体和谐状态的高度，弘扬了和谐价值的至高无上性，并在其中寄托了自己崇高的价值理想。

4. "神化"

"神化"是对太虚之气清通湛一和阴阳二气矛盾统一的变化机制的描绘。他说："太虚为清，清则无碍，无碍故神"，"凡气清则通，昏则壅，清极则神"①；"虚明照鉴，神之明也"② ——这是以清通虚明为"神"；又说："气有阴阳，推行有渐为化，合而不测为神"③，"一物两体，气也。一故神（自注：两在故不测），两故化（自注：推行于一）"④ ——这是以阴阳二气的统一为"神"、以阴阳二气相互推荡产生变化为"化"。总之，"神"与"化"指的是太虚中阴阳二气既清通虚明又矛盾统一的微妙变化机制。所以张载说："神者，太虚妙应之目。"⑤在张载看来，太虚之气这种清通无碍的特性、阴阳不测的神妙和阴阳推荡的变化，不但是自然的规律，而且是至高无上的价值。他发挥《易·系辞》"穷神知化，德之盛也"的价值意识，提出"神，天德；化，天道"⑥。明确地赋予"神化"以价值意味。根据这一观点，张载把太虚之气变化而形成的物质性成果，都视为"糟粕煨烬"。他说："凡天地法

---

① （宋）张载：《正蒙·太和篇》，载《张载集》，中华书局1978年版，第9页。
② （宋）张载：《正蒙·神化篇》，载《张载集》，中华书局1978年版，第16页。
③ （宋）张载：《正蒙·神化篇》，载《张载集》，中华书局1978年版，第16页。
④ （宋）张载：《正蒙·参两篇》，载《张载集》，中华书局1978年版，第10页。
⑤ （宋）张载：《正蒙·太和篇》，载《张载集》，中华书局1978年版，第9页。
⑥ （宋）张载：《正蒙·神化篇》，载《张载集》，中华书局1978年版，第15页。

象，皆神化之糟粕尔"；"万品之流形，山川之融结，糟粕煨烬，无非教也"①。以"神化"形容太虚，以"糟粕"比拟万物，显然包含着价值评定的意蕴。也就是说，"清通"而"神妙"的太虚，其价值地位是高于"昏壅"而"偏滞"的万物的（"偏滞于昼夜阴阳者物也"）。

张载不但以"神化"来规定太虚的价值品德，还进而以"神化"来形容太虚的价值功能。他说，"神化"表现了太虚充塞宇宙万物之间的普遍作用，"无远近幽深，利用出入，神之充塞无间也"②；表现了太虚中阴阳矛盾对天下万物的推动作用，"天下之动，神鼓之也"③；表现了太虚对宇宙万物的无限包容和终极统一的作用，"神无方，易无体，大且一而已尔"④。总之，"神化"是太虚本来具有的伟大功能，"神化者，天之良能，非人能"⑤。

如果说，价值品德（清通虚明、阴阳矛盾统一引起变化）是"神化"之"体"，那么，价值功能（鼓天下之动）则是"神化"之"用"。太虚之"神化"价值存在于体用统一之中，它是体用兼有的价值品格。

从张载赋予太虚的价值品性来看，"至诚"可谓是太虚之"真"，"至善"可谓是太虚之"善"，"太和"可谓是太虚之"美"，而"神化"则可谓是对真、善、美的综合概括。这样一来，作为宇宙本体的"太虚"，不但具有客观实在的"实然"属性，而且具有真、善、美兼备的"应然"品格。它是本体与价值、实然与应然的统一体。就太虚是客观实在的"气"而言，张载的本体论与老子的"道本论"，程、朱的"理本论"、陆、王的"心本论"，是判然有别的，然而，就太虚具有真、善、美的价值品性而言，张载的运思方式与他们并无二致，都把本体与价值相融通，将实然与应然相统一。关于中国传统哲学本体论的这种特征，笔者曾在《论中国哲学价值思维的融通性》（《新华文摘》1998 年

---

① （宋）张载：《正蒙·太和篇》，载《张载集》，中华书局 1978 年版，第 8 页。
② （宋）张载：《正蒙·神化篇》，载《张载集》，中华书局 1978 年版，第 16 页。
③ （宋）张载：《正蒙·神化篇》，载《张载集》，中华书局 1978 年版，第 16 页。
④ （宋）张载：《正蒙·神化篇》，载《张载集》，中华书局 1978 年版，第 16 页。
⑤ （宋）张载：《正蒙·神化篇》，载《张载集》，中华书局 1978 年版，第 17 页。

第 7 期）一文中作过系统论述，不再赘述。

（二）"太虚"价值品性的人文意义

"太虚"既然具有"至诚""至善""太和""神化"等价值品性，那么这些价值品性是如何体现于宇宙万物的本性之中，特别是如何体现于人的价值理想之中呢？或者说，太虚的价值品性对于人有什么重要意义呢？对此，张载在他的哲学中作了相当充分的论述。其实，他之所以要赋予太虚以价值意蕴，正是为了确立人的价值理念，建构人的价值理想。在张载看来，太虚价值品性的人文意义主要在于：

1. "太虚"是人性价值的渊源

张载把人性分为"天地之性"和"气质之性"二重结构，他说："形而后有气质之性，善反之，则天地之性存焉。"①"天地之性"是人与宇宙万物共同的本性，就人而言，乃是人人共存的本性。天地之性的特征是纯善、至善，"性于人无不善"②。"气质之性"是人的形体由于禀气有正、偏之别和后天习俗不同而具有的自然本性。气质之性的特征是善恶混。"人之刚柔、缓急、有才与不才，气之偏也。……性未成则善恶混。""故气质之性，君子有弗性者焉。"③ 可见，张载认为天地之性是具有至善价值的人性，而气质之性则是价值与非价值相混的人性。人只有"强学以胜其气习"，"善反"以复归性源，就能实现人性的至善价值。

那么，人的本原善性即"天地之性"是从何而来的呢？张载明确指出，天地之性渊源于太虚之气。他说："合虚与气，有性之名"，又说太虚"至静无感，性之渊源"④。太虚可称之为"天"，"所谓性即天道也"⑤。他还以水、冰为喻，来说明天地之性渊源于太虚，"天性在人，

---

① （宋）张载：《正蒙·诚明篇》，载《张载集》，中华书局 1978 年版，第 23 页。
② （宋）张载：《正蒙·诚明篇》，载《张载集》，中华书局 1978 年版，第 22 页。
③ （宋）张载：《正蒙·诚明篇》，载《张载集》，中华书局 1978 年版，第 23 页。
④ （宋）张载：《正蒙·太和篇》，载《张载集》，中华书局 1978 年版，第 7 页。
⑤ （宋）张载：《正蒙·乾称篇》，载《张载集》，中华书局 1978 年版，第 63 页。

正犹水性之在冰，凝释虽异，为物一也"①。正由于人的天地之性来源于太虚，因此太虚的至善本性就决定了人的天地之性的至善价值。所谓"至善者虚也"，"性于人无不善"。可见，在张载看来，人之性就其本原而言，也就是太虚之性，人性的至善价值归根结底，来源于太虚的至善品性。

然而，太虚作为宇宙万物的本体，其至善品性应该为人与物所共有，何以只有人才能体现这种至善的价值呢？张载回答说，诚然"性者万物之一源，非有我之得私也"②，但人与物是有区别的。物蔽塞不通，因而，虽也具有太虚所赋的善性，却无法呈现；人有自我觉悟，能"通蔽开塞"，所以能够"达于天道"，即能够"尽性"——把来自于太虚的善性充分呈现出来。

通过以上论证，张载就设定了太虚对于人性价值的渊源地位，也规定了人的天地之性的"至善"价值。

2. "太虚"是道德价值的根据

作为儒家哲人，张载崇尚的道德也是传统的仁、义、诚、礼、孝、忠、恕等等。他认为，这些道德乃是最有价值的道德；是"至善"人性的具体内容。既然人的"至善"的天地之性渊源于太虚，那么作为至善内涵的一系列道德范畴也无不根据于太虚即根据于天。他明确指出，仁和忠恕之德都源于太虚，"虚者，仁之原，忠恕者与仁俱生"③；至诚之德也以天（太虚）为根据，"至诚，天性也"④，"天所以长久不已之道，乃所谓诚"；仁义之德也渊源于天性，"天地人一，阴阳其气，刚柔其形，仁义其性"；礼乃"天地之体自然而有"，是"天秩天序"的表现；孝是天的"诚"在人间的表现，也是天对人的要求，"仁人孝子所事天诚身，不过不已于仁孝而已"⑤。总之，一切道德价值都是渊源于太虚，都是以天为根据的。

① （宋）张载：《正蒙·诚明篇》，载《张载集》，中华书局 1978 年版，第 22 页。
② （宋）张载：《正蒙·诚明篇》，载《张载集》，中华书局 1978 年版，第 21 页。
③ （宋）张载：《张子语录·语录中》，载《张载集》，中华书局 1978 年版，第 325 页。
④ （宋）张载：《正蒙·乾称篇》，载《张载集》，中华书局 1978 年版，第 63 页。
⑤ （宋）张载：《正蒙·诚明篇》，载《张载集》，中华书局 1978 年版，第 21 页。

道德本是人的行为规范，乃是人处理人际关系应该遵守的"应然"之则。张载把仁义忠恕等德都说成源于"太虚"，说成"天性"，就给这些"应然"原则找到了必然性的根据。从而，把"应然"原则"实然"化、"必然"化了。这与程、朱将仁义礼智提到了"天理"的高度有异曲同工之妙，都是通过把道德本体化来论证儒家道德的天然合理性，尽管二者所说的本体并不相同。

值得注意的是，张载虽然通过太虚的价值品性来论证人的道德价值，为弘扬儒家仁义道德寻求本体论的根据，但是他在崇尚道德价值的时候，并未完全否定人欲的价值，因而还没有陷入程、朱学派"存天理灭人欲"的道德绝对主义。他说："湛一，气之本；攻取，气之欲。口腹于饮食，鼻舌于臭味，皆攻取之性也。"① 又说："饮食男女皆性也，是乌可灭？"② 尽管这种从"气之欲"推导"人之欲"，与从"气之本"推导"人之德"，在论证方式上毫无二致，但其肯定人欲的价值观念，无疑是比较通达、开明之见。

3. "太虚"是人格价值的标准

张载同历代儒者一样，也把"圣人""君子"作为理想的人格形象。但他却把圣人、君子这种人格价值的标准提到了宇宙本体"太虚"的高度。在他看来，只有认同和符合太虚价值品性的人，即达到与天性同一境界的人，才是圣人、君子。

（1）太虚有"至诚"的价值品性，因此，人只有达到了"至诚"，才能尽天性、顺天理，从而达到君子、圣人人格的标准。他说："人能至诚则性尽而神可穷矣"③，"至诚则顺理而利，伪则不循理而害"；"不诚不庄，可谓之尽性穷理乎？性之德也未尝伪且慢，故知不免乎伪慢者，未尝知其性也""故君子诚之为贵"④。"圣者，至诚得天之谓。"⑤

---

① （宋）张载：《正蒙·诚明篇》，载《张载集》，中华书局1978年版，第22页。
② （宋）张载：《正蒙·乾称篇》，载《张载集》，中华书局1978年版，第63页。
③ （宋）张载：《正蒙·乾称篇》，载《张载集》，中华书局1978年版，第63页。
④ （宋）张载：《正蒙·诚明篇》，载《张载集》，中华书局1978年版，第24页。
⑤ （宋）张载：《正蒙·太和篇》，载《张载集》，中华书局1978年版，第9页。

（2）太虚有"至善"的价值品性，因此，人只有继承这种至善的品性，不以"气质之性"为性，才能回归到天地之性的至善，形成君子人格。他说："性于人无不善，系其善反不善反而已""善反之，则天地之性存焉"。"故亹亹而继善者，斯为善矣"；"故气质之性，君子有弗性者焉"①。

（3）太虚有"太和"的价值品性，因此，君子、圣人应该以和为端，以和为贵，具有兼爱天下、泛爱万物的崇高品德；达到以宏大宽容之心体察万物的精神境界。他说："和乐，道之端乎！和则可大，乐则可久，天地之性，久大而已矣。"②"惟大人为能尽其道，是故立必俱立，知必周知，爱必兼爱，成不独成"③；"大其心则能体天下物，……圣人尽性，不以见闻梏其心，其视天下无一物非我"④。"体物体身，道之本也，身而体道，其为人也大矣。"⑤

（4）太虚有"神化"的价值品性，因此，圣人应该德合阴阳，智义兼用，顺时而化，与天地同流，鼓天下之动。他认为，这种神而化、大而化的境界，只有圣人人格才会勉力达到。他说："气有阴阳，推行有渐为化，合一不测为神。其在人也，智义利用，则神化之事备矣。德盛者，穷神则智不足道，知化则义不足云。天之化也运诸气，人之化也顺夫时……《中庸》曰'至诚为能化'，孟子曰'大而化之'，皆以其德合阴阳，与天地同流而无不通也。"又说："得圣人之任者皆可勉而至……大几圣矣，化则位乎天德矣。"⑥

由此可见，太虚的"至诚""至善""太和""神化"等品性乃是君子人格和圣人人格的价值标准，也是人们应该努力实施的价值目标。在张载看来，人能在养成这些价值品性上下功夫、去行动，就是君子人格；而如

---

① （宋）张载：《正蒙·诚明篇》，载《张载集》，中华书局 1978 年版，第 23 页。
② （宋）张载：《正蒙·诚明篇》，载《张载集》，中华书局 1978 年版，第 24 页。
③ （宋）张载：《正蒙·诚明篇》，载《张载集》，中华书局 1978 年版，第 21 页。
④ （宋）张载：《正蒙·大心篇》，载《张载集》，中华书局 1978 年版，第 24 页。
⑤ （宋）张载：《正蒙·诚明篇》，载《张载集》，中华书局 1978 年版，第 25 页。
⑥ （宋）张载：《正蒙·神化篇》，载《张载集》，中华书局 1978 年版，第 17 页。

果达到了这些价值标准，实现了这些价值品性，就成为圣人人格了。他说："君子之道，成身成性以为功者也；未至于圣，皆行而未成之地尔"；"大能成性之谓圣。"①

4."太虚"是理想境界的蓝本

张载的"太虚"是一个至诚、至善的和谐本体世界，它既真且善且美，集一切美好价值之大成，因而，也是人间一切美好价值的总根源。所以，要在人间建构一个理想的价值世界，就必须以也只能以"太虚"所体现的价值范式为蓝本。以张载之见，人间的理想价值境界具有两个最基本的特征，一曰"天人合一"，二曰"民胞物与"，而这两个特征都是取法于"太虚"的。

（1）天人合一。张载认为，天与人的本原都是太虚之气，天与人同出于气，太虚之气的品性是天人、万物的共同渊源，因此，"天性"与"人性"在本质是同一的。虽然，从自然观上言之，"天与人，有交胜之理"②，但是，就价值观而言，"天人一物"③"天人之本无二"④。这样，他就从"性者，万物之一源"⑤和"天地人一，阴阳其气，刚柔其形，仁义其性"⑥的前提，推导出了"天人合一"的价值目标。

张载不但从天人"共性"上推导出了天人应该合一，而且还从"性"的具体内容上论证了天人合一的价值理想特征。在他看来，至诚、至善、太和既然是"天性"的具体价值内涵，因此天人合一的境界也应该是至诚、至善、太和的境界。他说："性与天道合一存乎诚"⑦，"儒者则因明致诚，因诚致明，故天人合一"⑧。这就是说，天人合一是一种"诚明"的境界；他又说：天性于人"无不善"，故"继善者，斯为善

---

① （宋）张载：《正蒙·中正篇》，载《张载集》，中华书局 1978 年版，第 27 页。
② （宋）张载：《正蒙·太和篇》，载《张载集》，中华书局 1978 年版，第 10 页。
③ （宋）张载：《正蒙·乾称篇》，载《张载集》，中华书局 1978 年版，第 64 页。
④ （宋）张载：《正蒙·诚明篇》，载《张载集》，中华书局 1978 年版，第 21 页。
⑤ （宋）张载：《正蒙·诚明篇》，载《张载集》，中华书局 1978 年版，第 21 页。
⑥ （宋）张载：《横渠易说·说卦》，载《张载集》，中华书局 1978 年版，第 235 页。
⑦ （宋）张载：《正蒙·诚明篇》，载《张载集》，中华书局 1978 年版，第 20 页。
⑧ （宋）张载：《正蒙·乾称篇》，载《张载集》，中华书局 1978 年版，第 65 页。

矣”，天人都以“仁义”为性，故天人合一也是一种“至善”的境界；他还说：“太和所谓道”，而人“莫不性诸道”。人既然以“天地之塞”为“体”，以“天地之帅”为“性”，因此天人合一当然是“乾称父，坤称母；予兹藐焉，乃混然中处”的和谐境界。

（2）民胞物与。天人合一体现的是天与人的和谐关系，“民胞物与”体现的是人与人、人与物的和谐关系。“民胞物与”作为一种理想境界也基于太虚的价值品性。由于太虚的价值品性是任何人、任何物所俱存的，因此，从本原上说，人与人、人与物是平等的。既然天下所有的人、所有的物都有共同的价值基元，所以，每个人都应该把民众看作自己的同胞兄弟，把万物看作自己的朋友同伴，爱一切人，爱一切物。具体到人与人的相爱，张载指出：“大君者，吾父母宗子；其大臣，宗子之家相也。尊高年，所以长其长；慈孤弱，所以幼吾幼。圣其合德，贤其秀也。凡天下疲癃残疾、茕独鳏寡，皆吾兄弟之颠连而无告者也。”① 张载认为，只有建立这种相爱而和谐的社会关系，才是对至诚、至善的“天性”的充分体现，“人能至诚，则性尽而神可穷也”②；才是对“太和”“神化”之“天道”的完全继承，“知化则善述其事，穷神则善继其志”③。

“民胞物与”、泛爱万物的价值理想虽然蕴含着某种平等追求，体现了对穷苦百姓的关爱，但这种平等、关爱仍然是以封建的宗法等级为条件、为界限的，而且，在张载看来，这种宗法等级秩序和尊卑上下关系，也是由“天理”“天秩”决定的，“天子建国，诸侯建宗，亦天理也”④；“天之生物便有尊卑大小之象，人顺之而已”⑤。于是，“民胞物与”的兼爱理想和尊卑上下的等级秩序都渊源于“太虚”，都是“太虚”之天的价值世界在人间的摹本。

---

① （宋）张载：《正蒙·乾称篇》，载《张载集》，中华书局1978年版，第62页。
② （宋）张载：《正蒙·乾称篇》，载《张载集》，中华书局1978年版，第63页。
③ （宋）张载：《正蒙·乾称篇》，载《张载集》，中华书局1978年版，第62页。
④ （宋）张载：《经学理窟·宗法》，载《张载集》，中华书局1978年版，第259页。
⑤ （宋）张载：《经学理窟·礼乐》，载《张载集》，中华书局1978年版，第264页。

（三）"太虚"价值理想的实现

张载不仅以太虚的价值品性为根据、为范式，建构了他的人性价值、道德价值、人格价值和理想境界价值的观念体系，而且还具体设计了实现这一价值体系的途径和方式。张载认为，实现太虚体现的价值理想的根本在于使人成为价值主体，即成为价值的承担者。而要使人成为价值主体，关键是改变人的气质之性，使现存的人性向天地之性复归；只要人复归到自己的本性——天地之性，就能与宇宙本体认同，也就能把太虚至诚、至善、太和、神化的价值在人间实现，从而使现实的人间也成为一个至诚、至善、太和、神化的美好价值世界。张载把向天地之性的复归叫作"反之本""善反之"，又叫作"尽性""穷理""尽道"。他说："形而后有气质之性，善反之则天地之性存焉"；"尽其性能尽人物之性，至于命者亦至人物之命，莫不性诸道，命诸天。……至于命，然后能成己成物，不失其道。"①

那么，怎样才能变化气质以复归天地之性呢？张载指出，其途径包括寡欲、为学、大心、守礼、行实等环节。

1. "寡欲"

张载认为，天地之性体现的"天之理""天之道"，而气质之性的内容则是"人之欲"。人性的这种二重性，决定了人的两个相反的发展趋势，即"上达反天理，下达徇人欲者与"②。而且，反天理是光明之道，徇人欲是黑暗之途，"烛天理，如向明，万象无所隐；穷人欲，如专顾影间，区区一物之中尔"③。因此，要变化气质、复归天地之性，首先必须克制人欲。克制人欲不是要灭人欲，因为"饮食男女皆性也，是乌可灭？"④ 而是要寡欲。张载说："仁之唯成久矣，人人失其所好，盖人人

---

① （宋）张载：《正蒙·诚明篇》，载《张载集》，中华书局 1978 年版，第 22—23 页。
② （宋）张载：《正蒙·诚明篇》，载《张载集》，中华书局 1978 年版，第 22 页。
③ （宋）张载：《正蒙·大心篇》，载《张载集》，中华书局 1978 年版，第 26 页。
④ （宋）张载：《正蒙·乾称篇》，载《张载集》，中华书局 1978 年版，第 63 页。

有利欲之心，与学正相背驰，故学者要寡欲。"① 寡欲就是"以理义战退私己"②，做到"知德者属厌（即满足）而已，不以嗜欲累其心"③。张载认为，只有通过克己、寡欲，才能变化气质之性，复归天地之性，"惟其能克己则为能变，化却习俗之气性"④，最终达到圣人的人格境界，"圣人无私无我，故功高天下。而无一介累于其心"⑤。

2. "为学"

寡欲只是变化气质以"成性"的基本前提，要真正成为价值主体，还必须通过"为学"，从认识上体认天理、天性，以增强变化气质的自觉性。张载指出："为学大益，在自求变化气质。"⑥"为学"的实质内容是"穷理尽性"，他说："穷理即是学也，所观所求皆学也"⑦，"穷理多，如此可尽物之性"。在"为学"的方式上，张载强调了三点：一曰"渐"，即循序渐进，由浅入深，积少成多，由多返约。他说："穷理亦当有渐，见物多，穷理多，从此就约，尽人之性，尽物性"⑧；二曰"悟"，即彻底领悟，把握实质，得其精髓，洞达天道。他说："人有见一物而悟者，有终身而悟之者。"⑨ 三曰"静"，即虚心宁静，涤除杂念。他说："虚者，止善之本也，若实则无由纳善矣"⑩；"敦笃虚静者仁之本，不轻妄则是敦厚也，无所系阁昏塞则是虚静也"⑪。因此，"始学者要静以入德，至成德亦只是静"⑫；"变化气质与虚心相表里"⑬。"渐"指方法言；"悟"指目的言，"静"指态度言，三者结合，乃是张载所主

① （宋）张载：《经学理窟·学大原上》，载《张载集》，中华书局1978年版，第281页。
② （宋）张载：《横渠易说·下经》，载《张载集》，中华书局1978年版，第130页。
③ （宋）张载：《正蒙·诚明篇》，载《张载集》，中华书局1978年版，第22页。
④ （宋）张载：《经学理窟·学大原上》，载《张载集》，中华书局1978年版，第281页。
⑤ （宋）张载：《性理拾遗》，载《张载集》，中华书局1978年版，第375页。
⑥ （宋）张载：《张子语录·语录中》，载《张载集》，中华书局1978年版，第321页。
⑦ （宋）张载：《张子语录·语录下》，载《张载集》，中华书局1978年版，第330页。
⑧ （宋）张载：《横渠易说·说卦》，载《张载集》，中华书局1978年版，第235页。
⑨ （宋）张载：《张子语录·语录上》，载《张载集》，中华书局1978年版，第313页。
⑩ （宋）张载：《张子语录·语录上》，载《张载集》，中华书局1978年版，第307页。
⑪ （宋）张载：《近思录拾遗》，载《张载集》，中华书局1978年版，第377页。
⑫ （宋）张载：《经学理窟·学大原上》，载《张载集》，中华书局1978年版，第284页。
⑬ （宋）张载：《经学理窟·义理》，载《张载集》，中华书局1978年版，第274页。

张的"为学"之方。

3. "大心"

变化气质，返归天性，不仅是一个"穷理尽性"的为学过程，同时，还是充分发挥自身具有的德性之知，以直接观照天地之性的心灵扩充、良心展开过程。张载把这一过程称为"大其心"。他说："大其心，则能体天下物；物有未体，则心为有外。世人之心，止于闻见之狭；圣人尽性，不以见闻梏其心，其视天下，无一物非我。孟子谓尽心则知性知天以此。天大无外，故有外之心，不足以合天心。"① 所谓"大其心"，就是把自己先天具有的德性之知予以充分发挥、扩展，从而把自己的心灵从狭隘的见闻中解放出来，从一己的嗜欲之中超越出来，达到与无限本体、无限天道的合一。以张载之见，常人的心灵受见闻、嗜欲的束缚，变得十分狭隘，其中充满了"成心"，"成心者，私意也"② 。这种"成心"遮蔽了人本来具有的"天德良知"（"德性所知"），从而也阻隔了天性与人性的贯通。因此，他认为，要与天性、天道合一，即回归天地之性，就必须"大其心"。"大其心"则能"体天下物"，则能"视天下无一物非我"，则能"尽天下万物之性"，而"体天下物"正是"天性""天道""天心"的本质特征和价值功能。所以说，"大其心"才能"合天心"。由此看来，张载所谓的"大其心"既是对天下万物的认识过程，更是对自我心灵的解放过程。它是对孟子"尽其心"的继承和发展。

如果说，"为学"遵循的是"穷理尽性"的路线，那么"大心"则遵循的是"尽性穷理"的路线，前者是通过认识的深化进而开启向本性的复归，后者是通过心灵的扩充进而达到对天理的认同。二者相成互动，最终实现"天人合一"的价值境界和"成圣"的人格理想。张载说："自明诚，由穷理而尽性也；自诚明，由尽性而穷理也。"③ 又说："儒者

---

① （宋）张载：《正蒙·大心篇》，载《张载集》，中华书局1978年版，第24页。
② （宋）张载：《正蒙·大心篇》，载《张载集》，中华书局1978年版，第25页。
③ （宋）张载：《正蒙·诚明篇》，载《张载集》，中华书局1978年版，第21页。

则因明致诚，因诚致明，故天人合一，致学而可以成圣，得天而未始遗人。"①

4. "守礼"

"为学"（"穷理尽性"）和"大心"（"尽性穷理"）两条路径，虽然一个重在提高认识，一个重在开放心灵，但二者都还是主体自身内在精神的发展。要实现价值理想，在张载看来，仅靠内在功夫还是不够的，还要遵守外在的规范和制度。于是，他提出"守礼"的原则。他说："知及之而不以礼性之，非己有也，故知礼成性而道义出，如天地设位而易行"②；又说："能守礼已不畔道也。"③ 为什么"知礼""守礼"是实现价值理想的重要途径呢？张载所谓的"礼"，不仅指道德规范，还包括纲常原则、社会制度等等。张载认为：第一，礼本出于性，因此守礼就能保持天地之性。"礼所以持性，善本出于性。持性，反本也。凡未成性，须礼以持之"④；"礼即天地之德也，如颜子者，方勉勉于非礼勿言，非礼勿动。勉勉者，勉勉以成性也"⑤。第二，礼是事业的保障，守礼可以成就事业以推广价值。礼可以"滋养人德性，又使人有常业，守得定，又可学便可行，又可集得义"⑥；"非知，德不崇；非礼，业不广"⑦。正是由于礼可"持性"，又能"守业"，所以就能使气质之性返归天地之性，从而实现人生的价值，"使动作皆中礼，则气质自然会好"⑧。

5. "行实"

"守礼"能"使人有常业"，而常业的建树必然求实、行实。由此，张载把实现价值理想的最终环节归结在"行实"上。张载所主张的

---

① （宋）张载：《正蒙·乾称篇》，载《张载集》，中华书局1978年版，第65页。
② （宋）张载：《横渠易说·系辞上》，载《张载集》，中华书局1978年版，第191页。
③ （宋）张载：《经学理窟·礼乐》，载《张载集》，中华书局1978年版，第264页。
④ （宋）张载：《经学理窟·礼乐》，载《张载集》，中华书局1978年版，第264页。
⑤ （宋）张载：《经学理窟·礼乐》，载《张载集》，中华书局1978年版，第264页。
⑥ （宋）张载：《经学理窟·学大原上》，载《张载集》，中华书局1978年版，第279页。
⑦ （宋）张载：《横渠易说·系辞上》，载《张载集》，中华书局1978年版，第191页。
⑧ （宋）张载：《经学理窟·气质》，载《张载集》，中华书局1978年版，第265页。

"实"，包括"实行"和"实事"两个方面。"实行"指人的实际行动，重在强调知行结合的作风，"实事"指行为的实际效用，重在强调学用统一的效果。张载说："大人之事则在思勉力行。"① "力行"的意义在于能够使"所闻""所知"通过实际行动而发扬光大，落到实处。"尊其所闻则高明，行其所知则光大，凡未理会至实处，如空中立，终不曾踏着实地"②；又说："学贵于有用""须行实事"③。"实事"的意义在于能够把所学的知识、所设计的价值目标通过实践而转化为实际事物，"人之事在行，不行则无诚，不诚则无物，故须行实事。"④ 在张载看来，"力行实事"，是圣人人格的实际标志，只有如此，才能达到圣人人格。他说："惟圣人践形为实之至。"⑤ "践形"乃是"实行"和"实事"的统一。

张载强调"行实事"，把"实行"和"实事"看作实现价值的根本途径和达到圣人人格的最高标志，这与程颐所云"学也者，使人求于内也，不求于内而求于外，非圣人之学"（《二程遗书》卷二十五）的脱离实际学风，形成了鲜明的对比，充分表现了关学的务实学风和践履精神。更为可贵的是，张载所倡导的"实事"，其内涵是"天下公利"，特别是"民利"。他认为，仁义道德与物质利益有内在的统一性，天下公利即义之所在，他说："义，公天下之利。"⑥ 而且，他明确指出，利于个人、利于国君都算不上"利"（公利），只有利于民才是真正的"利"（公利），也才是"义"。"利，利于民则可谓利。利于身利于国皆非利也。利之言利，犹言美之为美。利诚难言，不可一概而言。"⑦ 根据这一原则，他提出"为政者在乎足民"的治世原则。由此可见，张载"行实

---

① （宋）张载：《横渠易说·系辞下》，载《张载集》，中华书局 1978 年版，第 217 页。
② （宋）张载：《经学理窟·义理》，载《张载集》，中华书局 1978 年版，第 272 页。
③ （宋）张载：《张子语录·语录中》，载《张载集》，中华书局 1978 年版，第 325 页。
④ （宋）张载：《张子语录·语录中》，载《张载集》，中华书局 1978 年版，第 325 页。
⑤ （宋）张载：《张子语录·语录中》，载《张载集》，中华书局 1978 年版，第 325 页。
⑥ （宋）张载：《横渠易说·上经》，载《张载集》，中华书局 1978 年版，第 72 页。
⑦ （宋）张载：《性理拾遗》，载《张载集》，中华书局 1978 年版，第 375 页。

事"的具体内容完全在于"利民""足民"。尽管张载在个人道德修养上主张"寡私欲""忘荣利",有贬低个人物质利益的片面性,但在社会价值实现上强调"利民""足民",却是难能可贵、值得赞赏的。

总之,张载的价值实现论是一个由寡欲、为学、大心、守礼、行实诸环节构成的完整系统。在这一系统中,"寡欲"是前提,"为学""大心"是基础,"守礼"是保障,"行实"是归宿。它是一个由内到外、由知到行、由学到用的逻辑演进过程。通过这一演进过程,"气质自然会好""天性自然能存"("善反之则天地之性存焉"),从而就会达到"与天同德""天人合一""民胞物与"的崇高价值理想境界。张载解释孔子"三十"至"七十"的修养过程时说:"三十器于礼,非强立之谓也;四十精义致用,时措而不疑;五十穷理尽性,至天之命,然不可自谓之至,故曰知;六十尽人物之性,声入心通;七十与天同德,不思不勉,从容中道。"① 这里的个人修养过程虽然与我们上述的逻辑演进过程并非完全对应,但它却包括了上述逻辑链条的主要环节,"器于礼"——"守礼","精义致用"——"行实","穷理尽性"——"为学","尽人物之性"——"大心","与天同德"即是价值的实现。这充分表明,张载的价值实现论体现了儒家重视价值自觉性、弘扬主体能动性、强调现实实践性的鲜明特征。如果剔除张载在太虚价值品性预设上的先验性,在太虚价值人文意义阐发上的道德至上性,在价值实现上的封建性(礼)和神秘性(大心)等局限,张载的价值观念至今仍蕴含着可供我们汲取的宝贵资源。

五 张载"太和谓道"的和谐思想

张载的哲学不但内涵丰富笃实,见解精湛渊深,而且风格浑厚严谨,气象恢宏博大。对传统儒家和谐思想的阐发,是张载哲学的重要内涵和

---

① (宋)张载:《正蒙·三十篇》,载《张载集》,中华书局 1978 年版,第 40 页。

突出贡献。张载的和谐思想主要包括以下内涵：

（一）"太和谓道"宇宙和谐观

张载《正蒙》以《太和》篇冠首。"太和"是中国古老的哲学观念，"太和"一词出于《周易·象传》对乾卦功能的赞颂："乾道变化，各正性命，保合太和，乃利贞。"意谓"乾道变化"使宇宙万物"各正性命"，由此而形成了至高无上的和谐。张载继承发展了《周易》的和谐思想，他以"太虚"为宇宙本体，而以"太和"指太虚之气的和谐状态。在他看来，太虚之气的和谐是宇宙的最高和谐，也是一切万物和谐的根源，所以称为"太和"。张载不但将"太和"本体化，而且将"太和"法则化。提出了"太和所谓道"的重大命题。他说："太和所谓道，中涵浮沉、升降、动静、相感之性，是生絪缊、相荡、胜负、屈伸之始。……散殊而可象为气，清通而不可象为神。不如野马、絪缊，不足谓之太和。"①

张载所谓的"太和"，是指太虚中阴阳二气矛盾运动、合同不悖、浑沦无间的和谐状态。在张载看来，这种和谐状态既是阴阳二气的和谐，又是阴阳二气所引起的一切矛盾运动的和谐；既是本体自身的和谐，又是体与用即"气"与"神"的和谐；既是本体内在的和谐，又是由本体所生成的万物的和谐。王夫之在《张子正蒙注》中解释说："太和，和之至也。阴阳异撰，而其絪缊于太虚之中，合同而不相悖害，浑沦无间，和之至矣。未有形器之先，本无不和；既有形器之后，其和不失，故曰太和"；又说："太和之中，有气有神，……阴与阳和，气与神和，是谓太和。"②正由于这种和谐是至高至极的，因此，张载认为它是一种美好、崇高的价值境界。人只有认识和把握了这种和谐，才算懂得了宇宙的法则，把握了《周易》的精髓，达到了崇高的智慧境界。他说："语道者知此，谓之知道；学《易》者见此，谓之见《易》。不如是，虽周公才美，其智不足称

---

① （宋）张载：《正蒙·太和篇》，载《张载集》，中华书局1978年版，第7页。
② （清）王夫之：《张子正蒙注·太和篇》，上海古籍出版社2000年版，第85—86页。

也已。"① 又云："天之所以为天而化生万物者，太和也，阴阳也，聚散之神也。圣人，体此者也"。在他看来，"太和"是天化生万物的基本法则，也是圣人应该体现的境界。可见，"太和"既是张载对太虚本体状态的描绘，又是张载追求的最高理想境界，所以他称"太和"为"道"。称"太和"为"道"就从本体和价值的统一上赋予了"太和"以崇高的地位。冯友兰说："张载认为，一个社会的正常状态是'和'，宇宙的正常状态也是'和'，这个'和'，称为'太和'。"②

（二）"民胞物与"的社会和谐观

张载不但阐发了宇宙和谐思想，而且主张社会和谐。他在《西铭》中提出了一个美好的理想社会蓝图，这一蓝图的基本特征就是和谐。张载的社会和谐包括人与自然的和谐和人与人的和谐两个层次，二者集中凝结在"民胞物与"的命题上。"民胞物与"不是一种事实认知，而是一种价值构建。然而，为什么人与人应该是同胞，人与物应该是朋友呢？张载从哲学高度进行了深刻论证。他说："乾称父，坤称母；予兹藐焉，乃混然中处。故天地之塞，吾其体；天地之帅，吾其性。民，吾同胞；物，吾与也。"③ 就是说，天地是我们的父母，人与万物皆天地所生，皆秉承天地之气、天地之性而成，因此人与人、人与物，有其共同的本原。所以，人与人应该是同胞关系，人与物应该是朋友关系。正由于张载关于人际和谐、天人和谐、人物和谐的社会理想是从本体论的高度进行论证的，所以，"民胞物与"未流于一种道德伦理教条，而成为是一种基于本体论的价值构建。"由吾同胞之必友爱，交与之必信睦，则于民必仁，于物必爱之理，亦生心而不容已矣。"④ 其思想深度和理论高度都超出了自先秦以来儒家关于社会和谐的观念。正由于此，"民胞物与"思想面世后，受到当时和后代儒家学者的高度赞誉，产生了深远影响。程

---

① （宋）张载：《正蒙·太和篇》，载《张载集》，中华书局 1978 年版，第 7 页。
② 冯友兰：《中国现代哲学史》，广东人民出版社 1999 年版，第 253 页。
③ （宋）张载：《正蒙·乾称篇》，载《张载集》，中华书局 1978 年版，第 62 页。
④ （清）王夫之：《张子正蒙注·乾称篇》，上海古籍出版社 2000 年版，第 231—232 页。

颢云："《订顽》（《西铭》）之言，极醇无杂。秦汉以来，学者所未到。"① 又云："子厚有如此笔力，他人无缘做得；孟子以后未有人及此。得此文字，省多少言语。"又云："《订顽》一篇，意极完备，乃仁之体也。"② 朱熹曰："《西铭》首论天地万物与我同体之意，固极宏大。"（《文集》卷四十九，《答廖季硕第一书》页二十九下）王夫之云："窃尝沉潜体玩而见其立义之精。……真孟子以后所未有也。"③ "民胞物与"几乎成为宋明以降儒家学者一致认同和共同追求的人生境界和社会理想。

尽管张载所设计的具体社会方案中有着浓厚的宗法制色彩，但其"民胞物与"崇高理想所蕴含的平等意识和和谐精神至今仍有其现实意义。

（三）"和乐为端"的人生和谐观

张载关于人生和谐的思想也甚为丰富，颇具特色。其基本观念是"和乐为端"。他认为保持和谐的心境与乐观的精神是人生之道的开端。他说："和乐，道之端乎！"他认为人如果能做到"和""乐"就会使人生既宏大又长久，而长久、宏大正是天地之性的本质特征。所谓"和则可大，乐则可久；天地之性，久大而已矣"④。在张载看来，和谐的人生、乐观的人生是符合天地之性的人生境界。那么，怎样达到"和乐为端"呢？张载提出了四点重要的人生准则：

一曰除恶达善的道德原则。他认为天地之性是阳主阴从，人生应该发挥德性的作用，通过学习修养除掉恶性达到至善。"领恶而全好者，其必由学乎！"⑤

二曰真诚庄重的人生态度。他认为真诚庄重是"性之德"，人应该认识和遵循人性之理，克服虚伪、傲慢，采取真诚庄重的人生态度。

---

① （宋）程颢、程颐：《二程遗书》第一册，中华书局1981年版，第37页。
② （宋）程颢、程颐：《二程遗书》第一册，中华书局1981年版，第15页。
③ （清）王夫之：《张子正蒙注·乾称篇》，上海古籍出版社2000年版，第230页。
④ （宋）张载：《正蒙·诚明篇》，载《张载集》，中华书局1978年版，第24页。
⑤ （宋）张载：《正蒙·诚明篇》，载《张载集》，中华书局1978年版，第24页。

"不诚不庄，可谓之尽性穷理乎？性之德也未尝伪且慢，故知不免乎伪慢者，来尝知其性也。"①

三曰正直顺理处事准则。他认为人应该符合"正命"，而只有活得正直，顺应天理，才会在处事的过程中无论逢吉、逢凶，都能达到正命。反之，如果不正直、不顺理，无论是得福还是免祸都是邪僻的、不正当的。"生直理顺，则吉凶莫非正也。不直其生者，非幸福于回，则免难于苟也。"②

四曰顺应自然的生死观念。张载认为人生无论是处富贵还是处贫贱，都应利用环境提升、修炼自己；无论活着还是死去，都应顺从自然法则，平静安宁。他说："富贵福泽，将厚吾之生也；贫贱忧戚，庸玉汝于成也。存，吾顺事；没，吾宁也。"③

张载提出的这些人生准则都是"修身、立命、存心、养性之功，皆吾生所不容已之事"。他认为这些准则的贯彻，就是"和乐"人生的实现。而和乐人生的实现就是与天地之道的合一。王夫之在《张子正蒙注》中对张载的"和乐为端"人生观与天地之道的合一的思想进行了深入阐发，他说："和者于物不逆，乐者于心不厌，端，所自出之始也。道本人物之同得而得我心之悦者，故君子学以致道，必平其气，而欣于有得，乃可与适道。"又说："和乐者，适道之初心，而及其至也，则与天地同其久大矣。"④

（四）"仇必和解"的矛盾和谐观

张载虽然崇尚和谐，但并不否定矛盾对立面之间的排斥、反抗和斗争，也不否认矛盾对立和斗争的存在意义。然而张载对矛盾辩证法有自己的独特理解。他认为：第一，矛盾对立面之间的斗争并不离开矛盾对

---

① （宋）张载：《正蒙·诚明篇》，载《张载集》，中华书局 1978 年版，第 24 页。
② （宋）张载：《正蒙·诚明篇》，载《张载集》，中华书局 1978 年版，第 24 页。
③ （宋）张载：《正蒙·乾称篇》，载《张载集》，中华书局 1978 年版，第 24 页。
④ （清）王夫之：《张子正蒙注·诚明篇》，上海古籍出版社 2000 年版，第 140—141 页。

立面的统一，所谓"两不立则一不可见，一不可见则两之用息"①；第二，世间的万事万物存在着种种矛盾，矛盾对立面之间存在差异、对立和斗争。所谓"有象斯有对，对必反其为；有反斯有仇"②。第三，对立和斗争终归会通过和谐统一而化解，实现和谐统一的理想状态，所谓"仇必和而解"。由此看来，张载是在承认矛盾斗争的同时，更崇尚和谐统一。他认为矛盾对立面的排斥、斗争与和谐、统一二者都有价值，但和谐统一的价值高于排斥和斗争，和谐是万物运动发展的理想状态。

王夫之认为张载"仇必和而解"的观点把握了宇宙运动的规律和人与自然关系的本质。"以气化言之，阴阳各成其象，则相为对，刚柔、寒温、生杀，必相反而相为仇；乃其究也，互以相成，无终相敌之理，而解散仍返于太虚。以在人之性情言之，已成形则与物为对，而利于物者损于己，利于己者损于物，必相反而仇；然终不能不取物以自益也，和而解矣。气化性情，其机一也。"③冯友兰先生在他晚年著的《中国现代哲学史》一书中说："'仇必和而解'是客观的辩证法。不管人们的意愿如何，现代社会，特别是国际社会，是按照这个客观辩证法发展的。"④

总之，"和"是张载哲学的重要范畴。张载的和谐思想丰富而系统，博大而精深。它以"太和所谓道"为本体论根据，以"民胞物与"为社会理想，以"和乐道之端"为人生境界，以"仇必和而解"为思维方式，建构了本体论与价值论相统一、世界观与方法论相贯通、社会理想与人生理想相结合的独特的和谐哲学体系，把先秦儒家的和谐思想发展到新的高度，使儒家的和谐思想达到了本体论与价值论融会贯通的圆融境界，从而为中华智慧宝库作出了重大贡献，为现代中国建设和谐社会提供了宝贵资源，为21世纪人类追求和谐价值提供了深邃的哲学智慧。

---

① （宋）张载：《正蒙·太和篇》，载《张载集》，中华书局1978年版，第9页。
② （宋）张载：《正蒙·太和篇》，载《张载集》，中华书局1978年版，第10页。
③ （清）王夫之：《张子正蒙注·太和篇》，上海古籍出版社2000年版，第97—98页。
④ 冯友兰：《中国现代哲学史》，广东人民出版社1999年版，第253页。

其哲理值得我们深入研究，其精华值得我们继承弘扬。

六 张载"民胞物与"的理想境界

儒家价值观的普适性是指儒家价值观所具有的普遍适用的性质。就是说，儒家的一些价值观念如"仁者爱人""义而后取""己所不欲，勿施于人""己欲立而立人，己欲达而达人""仁民爱物"等，无论对于古代还是现代、中国还是世界，都具有其普遍的适用性。儒家价值观有无普适性乃是儒家观念能否继承、能否推广的根据。如果儒家价值观没有任何普适性，只适于"古"而不适于"今"，只适于"中"而无适于"外"，那么我们谈论儒家思想的现代意义、继承发展、"古为今用"；谈论儒家思想的全球意义、走向世界、"中为洋用"，都不过是"无中生有"或"缘木求鱼"。儒家价值观具有普适性，它的现代价值、全球价值才有讨论和实现的前提。早在 20 世纪 50 年代末，冯友兰先生就在《光明日报》（1957 年 1 月 8 日）上发表的《中国哲学遗产的继承问题》一文中提出了"抽象继承法"。而"抽象继承法"的核心观点就是中国传统哲学的一些命题既有抽象意义又有具体意义，也即是我们所说的普适性与特殊性的关系问题。本文拟通过对张载"民胞物与"理想的分析，探讨儒家价值观的普适性。

张载哲学既有浑厚严谨的风格，又有恢宏博大的气象，"民胞物与"理想的提出就是其哲学精神的集中体现。"民胞物与"是张载在《西铭》（又名《订顽》）一文中提出的。《西铭》面世后，受到当时和后代儒家学者的高度赞誉，产生了深远影响。"民胞物与"不是一种事实认知，而是一种价值构建。作为一位"善于造道"的哲人，张载构建的"民胞物与"价值理想，表现了宏大而深刻的理论思维，从而使这一理想具有十分重要的普适性涵义。

（一）"民胞物与"理想的观念综合

《西铭》是从儒家经典中摘录文句，编纂、改写而成的，几乎每一句都有原典依据。张载以"民胞物与"为轴心，利用这些典籍中的文句，写成了一篇浑然一体的文章。他所依据的典籍包括《周易》《诗经》《中庸》《论语》《孟子》《左传》《礼记》《颜氏家训》等。由此可以看出，《西铭》一文具有文献综合的特征。然而，文献资料的综合仅仅是形式。其中深蕴的是思想观念的综合性。这种综合是以儒家思想为主干，汲取、借鉴其他学派而形成的。其主要内容包括：

（1）对《周易》《中庸》的天人合一观念的继承。《周易》云："夫大人者，与天地合其德"；又云："乾，天也，故称乎父；坤，地也，故称乎母。"（《周易·说卦传》）又云："穷神知化，德之盛也。"①《中庸》云："天命之谓性，率性之谓道"；又云："夫孝者，善继人之志，善述人之事者也。"这些天人合一的重要观念乃是张载建构"民胞物与"理想的形而上学渊源。

（2）对儒家的"仁民爱物"思想的发展。仁爱思想是儒家伦理道德的核心，孔子主张"仁者爱人"，强调"泛爱众"。孟子曾用精练的语言对儒家的"仁爱"思想做了如下概括："君子之于物也，爱之而弗仁；于民也，仁之而弗亲。亲亲而仁民，仁民而爱物。"（《孟子·尽心上》）在"仁民"方面，孟子提出"老吾老，以及人之老；幼吾幼，以及人之幼"，并主张对鳏、寡、独、孤等"天下之穷民而无告者"应予以关怀。"民胞物与"直接继承孔、孟"仁民爱物"的思想，并把"仁民爱物"的道德要求提升到了"民胞物与"的伦理价值高度，使道德论命题转化为价值论命题。

（3）对墨子"兼爱"说的汲取。程颐、朱熹都认为张载在《西铭》中明确划清了儒家与墨家的界限，程云：《西铭》"岂墨氏之比哉？"② 朱曰：《西铭》"不流于兼爱之弊"③。这种看法是很不全面的。诚然，张载在仁爱观上坚持了儒家"推己及人""爱有差等"的立场，但他却并不

① （宋）张载：《横渠易说·系辞传下》，载《张载集》，中华书局1978年版，第217页。
② （宋）程颐：《答杨时论西铭书》，载《国学名篇鉴赏辞典》，上海辞书出版社编，第868页。
③ （宋）张载撰，（宋）朱熹解：《西铭》，载《张载集》，中华书局1978年版，第410页。

排斥墨家的"兼爱"说。他明确主张"立必俱立，知必周知，爱必兼爱，成不独成"①。即使在《西铭》中，他从乾父坤母推出民胞物与的运思路径，内在地包含着人应该平等地、普遍地、相互地爱这一思想，而这种思想正是墨家"兼爱"说的本义。在张载看来，从宇宙论、天道观的层面上人应该奉行"无差等"的"兼爱"，而从社会、政治的层面上人应该实行"有差等"的"仁爱"。张载企图将二者调和起来。如果用程、朱理学的概念来解释，"无差等"的"兼爱"是"理一"，"有差等"的"仁爱"是"分殊"。所以，张载不但没有排斥而且汲取了墨家的思想。

（4）对道家"天地与我并生，万物与我为一"的天人观的借鉴。张载不仅汲取墨家思想，而且对道家也有所借鉴，这突出表现在借鉴道家的天人观上。老子说："人法地，地法天，天法道，道法自然。"（《老子》第二十五章）庄子曰："天地与我并生，万物与我为一。"（《庄子·齐物论》）都具有天人合一的深刻含义。尽管老、庄"自然无为""有生于无"的观念为张载所不取，但他们的天人合一思想张载并未否定，而是有所借鉴。例如，他说："天性在人""性与天道合一""性与天道，不见乎小大之别也。"又说"我体物未尝遗，物体我知其不遗也。"② 这与庄子"天地与我并生，万物与我为一"的思想显然有相通之处。特别是"民胞物与"与《庄子·天地篇》中的"爱人利物之谓仁"更有着价值观念的一致性。

张载理论渊源的综合性表明，"民胞物与"是综合吸取了以儒家为主体的诸多传统哲学精神而构建的。而这种理论渊源的综合性又为其价值思维的融会贯通特征奠定了历史文献基础，也为其理想的恢宏高远境界提供了丰厚的思想资源和精神营养。

（二）"民胞物与"理想的融通思维特征

"民胞物与"作为一种价值理想，不但在理论渊源、文献选取上具

---

① （宋）张载：《正蒙·诚明篇》，载《张载集》，中华书局1978年版，第21页。
② （宋）张载：《正蒙·诚明篇》，载《张载集》，中华书局1978年版，第22页。

有综合性，而且在价值构建的思维方式上具有融通性。价值思维的融通性就是把天道与人道、道德与伦理、敬天与孝亲、社会理想与人生价值融会贯通，形成一个统一的价值理想境界。

1. 天道与人道的融通

本体论与价值论的融通是中国传统哲学的基本特征，这一特征在张载哲学中体现得尤为鲜明。他提出的"民胞物与"理想，其内涵是"人道"，即人应该以广大民众为同胞兄弟、以世间万物为朋友同伴。这显然是一种价值理念，属于"应然"论域。但张载却不是简单地直接地从应然层面立论，而是从天道（本体论）入手进行哲理性论证，为其提供必然性根据。其运思路径是：首先，他指出天地是人的父母，人秉承天地之气而成体，秉承天地之性而成性，人融合天地之气、性而处于天地之间，因此人与天地是浑然一体的。所谓"乾称父，坤称母；予兹藐焉，乃混然中处。故天地之塞，吾其体；天地之帅，吾其性。"接着，他从天人合一推论出人与人、人与物之间的共性。他说：既然人、物都是天地所生，在这一点上当然人与人、人与物、物与物在本性上是共同的，所谓"性者万物之一源"。进而，他从人、物的共性推论出人与人、人与物在本性上的平等地位。最后，他才得出人与人之间应该是同胞兄弟关系、人与物之间应该是同伴朋友关系的结论。由此不难看出，张载是由"天道论"推出"共性论"，再依次推出"平等论"，最后推出"民胞物与论"。由于"天"——"太虚"在张载哲学中是一个具有本体论涵义的命题（"由太虚，有天之名"），所以，这一推论过程充分体现了张载以本体论论证价值论、将本体论与价值论相贯通的运思路径。

然而，这只是其价值思维的第一个逻辑环节，在提出民胞物与理想之后，张载又将此价值的实现升华到与天合一的高度。在他看来，人一旦实行了民胞物与的原则，也就达到了与天合德的境界。所谓"圣，其合德；贤，其秀也。"所谓"存，吾顺事；没，吾宁也"就是说，当人们实践了民胞物与，那么，人的人格、德性、生存、死亡，就都达到了顺应天命、与天合一的状态。所以，程颢说："《订顽》立心，便达得天德。"① 王夫之说:"希圣友贤,成身以顺亲,即所以顺天。"②

于是,天道既是民胞物与的根据又是民胞物与的升华;民胞物与既是天人合一的落实又是天人合一的体现。本体境界与价值理想达到了高度的融会贯通。

2. 伦理与道德的融通

伦理与道德既有联系又有区别。以联系言,二者都是处理人际关系的准则,在这一点上二者可谓是"异词同义";以区别言,伦理着重指的是人与人之间的关系状态和这种关系应体现的原则,而道德指的是一个个体人在处理人际关系时应遵守的规范,二者的含义是有差异的。张载的"民胞物与"的本身意蕴是伦理价值,它指的是人与人之间应该建立一种同胞兄弟关系,人与物之间应该形成一种同伴朋友关系。而这种伦理关系要通过个体的道德来体现。于是,张载提出:人应该奉行"仁爱"(包括爱人和爱物)这一道德规范,以此规范来处理人人关系和人物关系;人应该奉行"孝敬"这一道德规范,以此规范来处理父子关系。为了具体化、楷模化"孝"这一道德规范,张载列举了古代的几个代表人物,如大禹、颍考叔、帝舜、申生、曾参和尹伯奇,这些人物实践的道德核心是一个孝字。由于在儒家思想中,仁德与孝德二者有内在的统一性。孔子云:"孝弟也者,其为仁之本与!"即孝德是仁德的根基。所以,张载通过孝德的阐发以弘扬仁德。孝德和仁德是个体处理伦理关系的道德规范,而民胞物与是通过仁德、孝德的实行而建立的伦理关系。就是说,一个人如果做到了仁、孝,就表明他是以民为胞、以物为友的,反之,一个人如果以民为胞、以物为友,他必然在道德上奉行仁和孝。由此可见,在"民胞物与"理想中,张载把"民胞物与"的伦理价值与"仁、孝"的道德价值统一了起来,而且在这种统一中,张载把伦理价值放在主导地位,以伦理价值为目标而统摄道德价值,以道德价值为载体而体现伦理价值,从而提高了伦理价值的地位。黑格尔曾经

---

① (宋)程颢、程颐:《二程遗书》第一册,中华书局1981年版,第77页。
② (清)王夫之:《张子正蒙注·乾称篇上》,上海古籍出版社2000年版,第231页。

指出，道德是主观的，而伦理是在它的概念中的抽象的客观意志和同样抽象的个人主观意志的统一。由此，他认为伦理高于道德。美国哲学家哈贝马斯也认为，义务、正义则是与道德联系在一起的，而善是与伦理联系在一起的，伦理的价值层次比道德高。以此观之，张载以"民胞物与"的伦理统摄仁、孝道德，以实现伦理与道德的统一，是十分深刻的见解。

3. 敬天与孝亲的融通

"民胞物与"不但蕴涵着伦理与道德的统一，而且在道德领域中，其思维也甚为深邃、恢宏，别有会心。这突出表现在他把敬天与孝亲相贯通。孝在儒家的道德谱系中本是侍奉父母之德，它似乎与实现"民胞物与"的伦理价值并无直接联系。然而，在张载看来，事父之道就是事天之道，如果能如以孝事父那样也以孝事天，即"述天之事""继天之志"（"知化则善述其事，穷神则善继其志"），那么，就必定会遵循源于天道的"民胞物与"价值原则。于是，敬天与孝亲就成了实现"民胞物与"的道德条件，二者在"民胞物与"的价值理想中融为一体。也就是说，人对天的尊敬和人对人的关爱是统一的，正如王夫之所云："守身以敬亲而事天，则悦亲而乐天，无小大之异也。"① 敬天与孝亲的融通，使"民胞物与"的价值境界超出了家庭伦理的层次，也超出了人类社会的范围，而达到了人与天地万物、人类与自然、人与整个宇宙和谐相处的境界。

4. 社会理想与人生价值的融通

"民胞物与"的理想既是美好社会的构建原则，也是美好人生的设计原则。"民胞物与"的社会化秩序和社会性关系的基本原则是礼制与仁德，具体内涵是："大君者，吾父母宗子；其大臣，宗子之家相也。尊高年，所以长其长；慈孤弱，所以幼其幼；圣，其合德；贤，其秀也。凡天下疲癃残疾、茕独鳏寡，皆吾兄弟之颠连而无告者也。"这种社会

---

① （清）王夫之：《张子正蒙注·乾称篇上》，上海古籍出版社 2000 年版，第 231 页。

虽然也有尊卑等级的差异，但其关系的实质是同胞兄弟关系。因此，它具有内在的平等性与和谐性，体现了浓厚的人文精神。它实际上是家庭秩序和关系的放大。按照儒家家国一体的价值逻辑，治国基于齐家，齐家基于修身。修身、齐家、治国、平天下的价值实现在逻辑次序上是递进的，而在价值本质上是同一的。既然"民胞物与"是社会原则，当然也是人生原则。就人生价值而言，"民胞物与"的基本价值准则是为仁与合天，具体内容包含三个方面：一是仁者爱人，所谓"尊高年""慈孤弱"、怜"疲癃残疾、茕独鳏寡"。二是孝亲为本，如大禹、颍考叔、帝舜、申生、曾参和尹伯奇那样奉行孝道。三是养性合天，即"存心养性""不愧屋漏""述天之事""继天之志""于时保之""乐且不忧"，特别是要以顺天修己的态度对待人生处境，"富贵福泽，将厚吾之生也；贫贱忧戚，庸玉汝于成也。"以顺应天道的方式对待生死，"存，吾顺事；没，吾宁也。"可见，"民胞物与"体现了社会理想与人生价值的融通。而这种融通消解了个体与社会群体的价值隔膜，实现了群与己在核心价值上的认同。

（三）"民胞物与"理想的普适意义

通过融通性思维，张载所构建的"民胞物与"理想蕴涵着深刻而丰富的价值内容。这些价值虽然有其局限性，但其核心精神却具有超越民族、超越历史的普遍性，此即其普适意义。特别是对当今时代而言，其普适意义显得尤为重要。

1. 张载对普适价值的认识

张载对我们今天所说的普适价值或价值普适性有较为自觉的意识。这种意识包括：（1）普适价值的特征。普适价值是人类共同认可、共同追求的价值，它并不是某种特殊文化价值（例如西方文化价值）的普适化，而是贯通于不同民族、不同国家的特殊价值之中的共同性价值，是异中之同、殊中之共。张载对天理的规定体现了他对普适价值标准的深刻理解。他说："所谓天理也者，能悦诸心，能通天下之志之理也。能使天下悦且通，则天下必归焉。"① 又云："一人私见固不足尽，至于众人之心同一则却是义理，总之则却是天。"② "悦天下心""通天下志""众人之心同一"的价值，亦即天下人都喜悦的、都赞同的、都追求的价值，这正是普适价值的本质特征。在张载看来，"天理"就是普适价值。（2）普适价值的功能。张载说：天理"能使天下悦且通，则天下必归焉"③。就是说，"悦天心""通天志"的普适价值具有凝聚人心、统一志向的功能。（3）普适价值的根据。张载认为普适价值之所以可能，根源于人类的共同本性。他说：天地之性是人的共性，气质之性是人的殊性，而天地之性正是普适价值的根据。"天性在人，正犹水性之在冰，凝释虽异，为物一也。"④ "性者万物之一源，非有我之得私也。惟大人为能尽其道，是故立必俱立，知必周知，爱必兼爱，成不独成。"⑤ 天地之性不是某一个体所独有的，乃是所有人的共同本源，而这就决定了人们不应该局限于仅以一己私意为取向的狭隘的价值视野，而应该具备关怀万物、关爱他人的宏大价值情怀，做到"立必俱立，知必周知，爱必兼爱，成不独成"⑥。正是由于天地之性是普遍性的，所以以此为形上前提，就会为普适价值建立根据。

2. "民胞物与"理想的普适价值内涵

以"天地之性"为根据，以"悦心通志"为标准的普适价值，其内容是什么呢？就是"民胞物与"的崇高理想。既然我与人、人与物，都是天地父母所生，都秉有天地之性，所以每个人都应该以万民为同胞，以万物为朋友。这种价值理想源于天地之性，又能"悦天下之心""通天下之志"，因此是普适价值。

"民胞物与"理想作为普适价值，其人性基础是平等的天地之性，

---

① （宋）张载：《正蒙·诚明篇》，载《张载集》，中华书局1978年版，第23页。
② （宋）张载：《经学理窟·诗书》，载《张载集》，中华书局1978年版，第256页。
③ （宋）张载：《正蒙·诚明篇》，载《张载集》，中华书局1978年版，第23页。
④ （宋）张载：《正蒙·诚明篇》，载《张载集》，中华书局1978年版，第22页。
⑤ （宋）张载：《正蒙·诚明篇》，载《张载集》，中华书局1978年版，第21页。
⑥ （宋）张载：《正蒙·诚明篇》，载《张载集》，中华书局1978年版，第21页。

其核心内涵是人与自然的和谐、人与人的和谐以及人的内心和谐，其道德支柱是爱（包括爱人、爱物、孝亲、敬天），其最高境界是天人合一。可以说平等、博爱、和谐是"民胞物与"理想中三大价值。而这三大价值在当今时代无疑是有普适意义的。当然，在张载"民胞物与"的价值观念中也包含一些局限性，主要是等级观念、宗法思想和顺命意识。张载是把平等博爱与等级仁爱、宗法秩序与社会和谐、立命精神和顺命意识调和在一个价值体系之中。今天，我们要扬弃这种价值体系中等级性、宗法性和消极顺命的糟粕，吸取其平等、博爱、和谐等普遍性的精华，并赋予其现代性的内容，使其实现向现代价值的转化。

3. "民胞物与"理想的现代意义

概括言之，"民胞物与"理想的现代意义在于，它所蕴涵的普适价值能为当今时代建立人与自然的和谐关系、建立人与人的和谐关系以及建立人内心的和谐关系提供价值资源和思想借鉴。

孔子提出"己所不欲，勿施于人"的道德要求，显然是以人有相同欲望的认识为前提的。孟子则明确提出了"饮食男女，人之大欲存焉""人同此心，心同此理""（仁义礼智四端）人皆有之"的人欲、人性共同论。这些观念就是张载"悦天下之心""通天下之志""天地之性"的思想来源。张载以及儒家论述价值普适性的思路与西方诠释学的"精神同质论"颇有相似之处。诠释学家阿斯特认为，我们之所以能够理解古人的精神和生命，是因为我们的精神和生命与古人的精神和生命是同质的。他说："如果我们的精神在其自身和在根本上并不与古代的精神相同一，以致只能暂时地和相对地理解这个对它是陌生的精神，那么我们将既不理解一般的古代，也不理解一部艺术作品和文本。"① 后来狄尔泰在 1900 年发表了更加明确的论断："诠释者的个性和他的作者的个性不是作为两个不可比较的事实相对而存在的：两者都是在普遍的人性基础上形成的，并且这种普遍的人性使得人们彼此间讲话和理解的共同性有

---

① ［德］G. 弗里德里希·阿斯特撰：《语法学、诠释学和批评学的基本原理》，载洪汉鼎选篇《理解与解释——诠释学经典文选》，东方出版社 2001 年版，第 2—3 页。

了可能。"① 虽然西方诠释学的"普遍人性"与儒家的"共性""同欲"论存在着一定的差别，但二者又有共同点，就是古人和今人都是属于人类这个大的范畴，有着共同的心理结构，所以精神上可以沟通，价值上可以普适。

七 张载"经世致用"的实学取向

称张横渠（张载）之学为"实学"，始见于明代王廷相之论。王廷相说："《正蒙》，横渠之实学也。致知本于精思，力行本于守礼。精思故达天而不疑，守礼故知化而有渐。"王廷相之所以将横渠之学定为实学，缘于他对实学的理解。王廷相之言"实学"，约有两处，一曰："夫何近岁以来，为之士者，专尚弥文，罔崇实学，求之伦理，昧于躬行；稽诸圣谟，疏于体验；古之儒术，一切尽废；文士之藻翰，远迩大同。已愧于明经行修之科，安望有内圣外王之业？"又曰："夫'六经'之论述，非文之经，则武之纬，而孔子夹谷之会，立谈之斯儒者之实学也。"（《慎言》）由此看来，王廷相认为实学有以下特征：一是躬行伦理；二是体验圣谟；三是崇尚儒学；四是文武兼备。而他称横渠《正蒙》为实学也是基于横渠之学有"致知""力行"的特征。不难看出，王廷相实质上是从学术的价值取向上界定实学和横渠之学的。按照这一思维进路分析横渠之学，可以发现它在价值取向上具有几个方面的特色。

（一）经世致用的儒学宗旨

张载生于1020年，青年时代就有经世致用、建功立业的远大抱负。当时西夏常对西部边境侵扰，宋仁宗康定元年（1040）初，西夏入侵，庆历四年（1044）十月议和。朝廷向西夏"赐"绢、银和茶叶等大量物资。这对"少喜谈兵"的年轻张载刺激极大，他打算联合精兵术的郴县

---

① ［德］威廉·狄尔泰：《诠释学的起源》，载洪汉鼎选编《理解与解释——诠释学经典文选》，东方出版社2001年版，第90页。

人焦寅组织民团去夺回被西夏侵占的洮西失地，并向当时任陕西经略安抚副使、主持西北防务的范仲淹上书《边议九条》，陈述自己的边防建议。范仲淹在延州（今延安）军府召见了张载，一方面赞扬了他建设边防的主张和收复失地的志向；另一方面劝告他读《中庸》，研究儒家经典，弘扬名教。张载听从了范的劝告，回家刻苦攻读《中庸》，后又遍读佛学、道家之书，当觉得这些书籍都不能实现自己的宏伟抱负时，又回到儒家学说上来，经过十多年的苦读深思，逐渐建立起自己的学说体系。吕大临在《横渠先生行状》一文中记述道："因（范仲淹）劝读《中庸》。先生读其书，虽爱之，犹未为足也，于是又访诸释老之书，累年尽究其说，知无所得，反而求诸《六经》。"这一治学经历表明张载的学术价值取向是经世致用的儒学宗旨，对佛老的空寂之学进行了反思和批判。

张载对佛老的批判虽然立足于"太虚即气"的本体论，但其宗旨则是"体用合一"的价值论。他指出，老子"有生于无"的自然之论和佛教"幻化世界"的唯心之论有四大弊端。

第一，"知体而昧用"。他说佛老"略知体虚空为性，不知本天道为用"[1]，又说："释氏妄意天性，而不知范围天用，反以六根之微因缘天地。明不能尽，则诬天地日月为幻妄，蔽其用于一身之小，溺其志于虚空之大，所以语大语小，流遁失中。"[2] 就是说，佛老"知体昧用"，割裂了体用关系，致使"体用殊绝"。

第二，"得天而遗人"。他说佛老认为"物与虚不相资，形自形，性自性，形性、天人不相待而有"[3]；在天人统一中"辄生取舍"，其结果是"得天而遗人"[4]。

第三，"诚而恶明"。他说："释氏语实际，乃知道者所谓诚也，天

---

① （宋）张载：《正蒙·太和篇》，载《张载集》，中华书局1978年版，第8页。
② （宋）张载：《正蒙·大心篇》，载《张载集》，中华书局1978年版，第26页。
③ （宋）张载：《正蒙·太和篇》，载《张载集》，中华书局1978年版，第8页。
④ （宋）张载：《正蒙·乾称篇》，载《张载集》，中华书局1978年版，第65页。

德也。其语到实际，则以人生为幻妄，有为为疣赘，以世界为阴浊，遂厌而不有，遗而弗存。就使得之，乃诚而恶明者也。"①

第四，"否定有为"。他指出：佛老"不识有无混一之常"，空谈天道性命，"入德之途，不知择术而求"，以为"圣人可不修而至，大道可不学而知""以有为为疣赘"，完全否定了人生的积极有为。

而这四大弊端造成的严重社会恶果是"人伦所以不察，庶物所以不明，治所以忽，德所以乱，异言满耳，上无礼以防其伪，下无学以稽其弊"②。

由此可见，张载认为佛老"离用言体""遗人说天""诚而不明""无而不有"的学说取向完全背离了儒家"体用统一""天人合一""诚明贯通""有无混一"的学术路线，而其要害是违背了"经世致用"的价值宗旨。所以对佛老的批判实质是对儒家"经世致用"学术宗旨的坚守。

（二）躬行礼教的实践取向

张载对儒家"经世致用"学术宗旨的坚守，不仅表现为理论上对这一价值取向的阐发，还表现为他"躬行礼教"的亲自实践。

张载极为重视《周礼》，他认为《周礼》体现了儒家的实学精神。他说："《周礼》是的当之书""学得《周礼》，他日有为却做得些实事。"③

张载的礼学，一方面是理论研究；另一方面是社会实践。以理论言，他提出周礼对治世有重大意义。他说宗法制的意义在于："管摄天下人心，收宗族，厚风俗，使人不忘本，须是明谱系世族与立宗子法。宗法不立，则人不知统系来处。……宗法若立，则人人各知来处，朝廷大有所益。"④ 井田制的意义在于："治天下不由井地，终无由得平。周道止

---

① （宋）张载：《正蒙·乾称篇》，载《张载集》，中华书局1978年版，第65页。
② （宋）张载：《正蒙·乾称篇》，载《张载集》，中华书局1978年版，第64页。
③ （宋）张载：《经学理窟·周礼》，载《张载集》，中华书局1978年版，第248页。
④ （宋）张载：《经学理窟·宗法》，载《张载集》，中华书局1978年版，第258—259页。

是均平。"①

以实践言，他着力进行"周礼"的社会实验。张载中进士后，先后任祁州（今河北安国）司法参军，云岩（今陕西宜川境内）令、著作佐郎、签书渭州（今甘肃平凉）军事判官等职。吕大临在《横渠先生行状》中记载，张载为云岩县令时，办事认真，政令严明，"政事大抵以敦本善俗为先"，推行德政礼教，重视道德教育，提倡尊老爱幼的社会风尚。每月初一召集乡里老人到县衙聚会，常设酒食款待，席间询问民间疾苦，提出训诫子女的道理和要求。县衙的规定和告示，每次都召集乡老，反复叮咛到会的人，让他们转告乡民，因此，他发出的教告，即使不识字的人和儿童都没有不知道的。在渭州，他深受环庆路经略使蔡挺的尊重和信任，军府大小之事，都要向他咨询。他曾说服蔡挺在大灾之年取军资数万救济灾民，并创"兵将法"，推广边防军民联合训练作战，还提出罢除戍兵（中央军）换防，招募当地人取代等建议。此时他还撰写了《经原路经略司论边事状》和《经略司边事划一》等文。

居眉县时，他还与弟子在自己的家乡横渠镇大胆进行了井田制的试验，虽至逝世时也未取得成果，但充分体现了他躬行践履的求实精神。通过实践，张载总结出了一些重要的为政原则，如"为政者在乎足民"②"利于民则为利，利于身利于国皆非利也"③"为政不以德，人不附且劳，为政必以身倡之"④ 等。

基于躬行礼制的实践价值取向，张载明确反对空谈义理的治学路径。他说："世人取释氏销碍入空，学者舍恶趋善以为化，直可为始学遣累者薄乎云尔，岂天道神化所同语也哉？"⑤

张载躬行礼制的求实精神，为关学的实学传统奠定了基础。张载的学生吕大忠、吕大钧、吕大临都"务为实践之学，取古礼，绎其义，陈

① （宋）张载：《经学理窟·周礼》，载《张载集》，中华书局1978年版，第248页。
② （宋）张载：《正蒙·有司篇》，载《张载集》，中华书局1978年版，第47页。
③ （宋）张载：《张子语录·语录中》，载《张载集》，中华书局1978年版，第323页。
④ （宋）张载：《正蒙·有司篇》，载《张载集》，中华书局1978年版，第47页。
⑤ （宋）张载：《正蒙·神化篇》，载《张载集》，中华书局1978年版，第219页。

其数，而力行之"①。明代以后，关中学人如薛敬之、吕柟、冯从吾、李颙等，都继承和弘扬了张载躬行践履的优良传统。

王廷相将张载归于实学的一个重要原因在于张载"力行本于守礼"，而《明儒学案》则将其概括为关学的重要特征，说："关学世所渊源，皆以躬行礼教为本。"

（三）感物精思的认识方式

张载的实学价值取向在认识方式上也有其表现。

首先，他承认"物"和"理"对于人的客观性，说："今盈天地之间者皆物也""万物皆有理""理不在人，皆在物"②。就是说"理"是客观事物自身的理，它是不依赖于人心而独立存在于客观事物之中的。

其次，他认为外在事物是认识的基本前提，人的认识是对外在世界的认识。"感亦须待有物，有物则有感，无物则何所感！""人本无心，因物为心。"③

最后，他认为人们要获得知识应通过感官接触外物。他说："有识有知，物交之客感尔。"④"人谓己有知，由耳目有受也。""见闻之知，乃物交而知。"⑤

张载在认识方式上，虽然肯定了感性认识的价值，但也揭示了其局限性。他说："今盈天地之间者皆物也，如只据己之闻见，所接几何？安能尽天下之物？"⑥ 因此他更强调超越感性认识的"德性之知"，大力弘扬"大心体物""穷神知化"这种理性思维方式的重要意义。

由于认识论上的价值取向特征，一方面，张载比较重视探讨自然科

---

① （清）黄宗羲：《宋元学案·吕范诸儒学案》，载《四部备要》卷三十一，中华书局1936年版。

② （宋）张载：《张子语录·语录上》，载《张载集》，中华书局1978年版，第313页。

③ （宋）张载：《张子语录·语录上》，载《张载集》，中华书局1978年版，第313页。

④ （宋）张载：《正蒙·太和篇》，载《张载集》，中华书局1978年版，第7页。

⑤ （宋）张载：《正蒙·大心篇》，载《张载集》，中华书局1978年版，第24页。

⑥ （宋）张载：《张子语录·语录下》，载《张载集》，中华书局1978年版，第333页。

学和实际问题，注意研究天文、医学、兵法和礼制，例如，在天文学方面他就发展了西汉以来的"地动说"；另一方面，他养成了一种刻苦考索的深思精神。吕大临《横渠先生行状》记述张载的深思精神云："（先生）终日危坐一室，左右简编，俯而读，仰而思，有得则识之，或中夜起坐，取烛以书，其志道精思，未始须臾息，亦未尝须臾忘也。"程颐谈到张载这种考索精神时说："以大概气象言之，则有苦心极力之象，而无宽裕温和之气，非明睿所照，而考索至此，故意屡偏而言多窒。"虽为批评之语，然亦反映了张载的思考精神。

张载感物致知、精思苦索的认识取向与洛学专注内心修养、涵泳义理，提倡瞑目而坐、凌空而思的运思方式形成了鲜明对比。

张载坚持感物致知、精思苦索的认识方式，正是儒家所倡导的"格物穷理""学思统一"的认识传统，而这种传统的内在核心全在于求实、致用。张载在注解《周易·系辞传下》时强调"精义入神须从此去，预则事无不备，备则用利，用利则身安。凡人应物无节，则往往自失，故要在利用安身，盖以养德也。……'精义入神以致用'谓贯穿天下义理，有以待之，故可致用。"又说："吾学既得于心，则修其辞命，辞无差，然后断事。断事无失，吾乃沛然。精义入神者，豫而已矣。"① 可见，"用利身安""断事无失"乃是张载致知、精思的终极目标。而这一目标的实现，在他看来，才是真正的"精义入神"。由此就不难理解刘玑为什么认为《正蒙》一书"凡造化人事，自始学以至成德，《大学》之所谓'格物致知'，《孟子》之所谓'尽心知性'，无不备于此矣"② 。也不难理解王廷相为什么把"致知本于精思"作为张载实学的重要标志了。

（四）"立心立命"的学术使命

张载在治学和教育上也体现着实学的价值取向，这主要表现为以下几点：

---

① （宋）吕大临：《横渠先生行状》，载《张载集》，中华书局 1978 年版，第 7 页。
② （宋）张载：《正蒙会稿序》，载《张载集》，中华书局 1978 年版，第 406 页。

一是学为圣人。张载认为治学的意义并非局限于求知，而其根本宗旨在于修德育人，培育圣人人格。他说："然而得博学于文以求义理，则亦动其心乎？夫思虚不违；是心而已，'尺蠖之屈，以求伸也；利用安身，以崇德也'；此交相养之道。夫屈者所以求伸也，勤学所以修身也，博文所以崇德也，惟博文则可以力致。"① 又说："学者当须立人之性，仁者人也，当辨其人之所谓人。学者学所以为人。"② "充其德性则为上智，安于见闻则为下愚。"③ 张载讲学，对弟子"每告以智礼成性变化气质之道，学必如圣人而后已"。并特别强调："知人而不知天，求为贤人而不求为圣人，此秦汉以来学者大蔽也。"④

二是学做实事。他认为学做圣人并非只在内心做修身养性工夫，而是要学会做事。他说："学者欲其进，须钦其事，钦其事则有立，有立则有成，未有不钦而能立，不立则安可望有成？"就是说学者能"钦其事"才可望有立有成。他之所以重视学习周礼正是为了"做实事"。他说"学得《周礼》，他日有为却做得些实事。"⑤ "钦其事""做实事"，都是实学学风的重要取向。

三是承担使命。张载认为治学要有自觉的使命意识，应追求和实现治学的崇高理想。他明确提出"为天地立心，为生民立命，为往圣继绝学，为万世开太平"这一伟大使命和崇高理想。那么，这一学术使命的价值内涵是什么呢？所谓"为天地立心"即通过治学和教育培养伟大人格。《礼记·礼运篇》云："人者，天地之心也。"张载说："天无心，心都在人之心。"⑥ "为天地立心"实质是为天地"立人"；所谓"为生民立命"，首先是通过治学和教育让当政者明白和实现百姓的生存之道，

① （宋）张载：《横渠易说·系辞下》，载《张载集》，中华书局1978年版，第215页。
② （宋）张载：《张子语录·语录中》，载《张载集》，中华书局1978年版，第321页。
③ （宋）张载：《张子语录·语录上》，载《张载集》，中华书局1978年版，第307页。
④ （宋）张载：《张载集》，中华书局1978年版，第396页。
⑤ （宋）张载：《经学理窟·周礼》，载《张载集》，中华书局1978年版，第248页。
⑥ （宋）张载：《经学理窟·诗书》，载《张载集》，中华书局1978年版，第256页。

张载说："故为政者在乎足民，使无所不足。不见可欲而盗必息矣。"① 又说："利于民则可谓利，利于身、利于国皆非利也。"② 生存条件乃 "民命"之所系，所以是"立命"的首要内容。同时也要让百姓明白人 性之道和人伦之道。《中庸》云："天命之谓性，率性之谓道。"张载说： "人伦，道之大原也。"③ 可见"为生民立命"实质是为"生民"立生存 之道和人伦之道。所谓"为往圣继绝学"，就是通过治学和教育继承和 弘扬被佛老冲击而濒于中绝的儒家的经世致用之学。所谓"为万世开太 平"，就是通过治学、教育和实践开辟通往万世太平盛世的道路。可见， "横渠四句"蕴涵着深刻的实学价值取向，而并非空洞虚幻的追求目标。 顾炎武说："天生豪杰，必有所任，如人主于其臣，授之官而与以职。 今日者拯斯人于涂炭，为万世开太平，此吾辈之任也。仁以为己任，死 而后已。"李二曲在为弟子所口授的《授受纪要》中强调要像张载四句 所说的那样立志做人，那样"立身要有德业，用世要有功业。……志不 如此，便不成志；学不如此，便不成学；做人不如此，便不成人。"按 照张载名言去治事，才是"天下第一等事"。朱轼在康熙五十八年本 《张子全书·序》中引用了张载四句名言之后感慨地说："卓哉张子，其 诸光辉而近于化者欤！若其所从人，则循循下学。"由此可见，张载提 倡的"为天地立心，为生民立命，为往圣继绝学，为万世开太平"，实 际上已经成为明清儒者所共同认可并立志为之奋斗的实学目标和所追求 价值理想。

　　学为圣人、学做实事和承担"为天地立心，为生民立命，为往圣继 绝学，为万世开太平"的使命构成了张载求真务实的学术价值理想的基 本内容。

　　"实学"一词，出现于唐代（据学者考证，其最早见于《旧唐书· 杨绾传》），后世学人亦多用之。从总体历史角度考察，"实学"的提出

---

① （宋）张载：《正蒙·有司篇》，载《张载集》，中华书局 1978 年版，第 47 页。
② （宋）张载：《张子语录·语录中》，载《张载集》，中华书局 1978 年版，第 321 页。
③ （宋）张载：《张子语录·语录中》，载《张载集》，中华书局 1978 年版，第 321 页。

有两方面的针对性：一是针对一些知识分子"争尚文辞"的浮华之风；二是针对释老之学"空虚玄妙"的虚无之论。前者可以唐代宗广德元年（763）礼部侍郎杨绾的上书为代表。杨绾批评当时文人"争尚文辞，互相矜炫""祖习既深，奔竞为务"，同时也批评"明经比试帖经，殊非古义，皆诵帖括，冀图侥幸"，因而请求并停明经、进士科，按照古代察举孝廉的办法，选拔那些"有孝友信义廉耻之行，加以经业，才堪策试者"。其奏疏说："取《左传》《公羊》《谷梁》《礼记》《周礼》《仪礼》《尚书》《毛诗》《周易》，任通一经，务取深义奥旨，通诸家之义……其策皆问古今理体及当时要务，取堪行用者……所冀数年之间，人伦一变，既归实学，当识大猷，居家者必修德业，从政者皆知廉耻，浮竞自止，敦庞自劝，教人之本，实在兹焉。"（《旧唐书·杨绾传》）后者可以朱熹的言论为代表。朱熹云："尝窃病近世学者不知圣门实学之根本次第，而溺于老、佛之说，无致知之功，无力行之实，而常妄意天地万物人伦日用之外别有一物，空虚玄妙，不可测度，其心悬然惟侥幸于一见此物，以为极致。"（《朱子文集》卷三《答汪太初》）

针对这两种价值倾向，实学倡导者们提出的学术价值取向是：在坚持儒家"体用贯通"和"天人合一"的理论原则的基础上，确立和实现以修德、治世为内涵的经世致用的学术宗旨。而横渠之学的价值取向正体现了这种精神，所以"横渠之学，乃实学也"。因此，笔者认为称张载之学为"实学"，不是指它有独到的学术理论体系，也不是指它是个独特的学派，更不是指它是一个独立的学科，而是指它的学术价值取向的特征。这种价值取向既体现了张载关学的鲜明特色，又包涵着唐以来倡导"实学"者的共同价值追求，表现了一种独特的治学价值观。因此，横渠实学实质上是一种学术价值观。

八　李二曲建立价值主体的思想

李二曲是明末清初的重要思想家。他以"坚苦力学"的精神，"拔地倚天”的气概，博览百家，得其会通，形成了自己独特的学术思想。李二曲学说的宗旨，不在于对客体的认知，也不在于对本体的探究，而是着力于主体的建立。李二曲所建立的主体，不是认识主体，也不仅仅是道德主体，而是价值主体。所谓价值主体，就是崇高的社会价值和人生价值的承担者、体现者和创造者。李二曲不主张作为主体的人成为一个“欲物物而究之”的“博物”家，也不主张其成为一个“总为一己之进修”的道德家，更不希望其成为一个“所志惟在于名利”或“志在一身一家”的庸人。而是要将人培养成一个“志在世道生民”“以天下为己任”，身关“生民休戚”“世运否泰”的“士君子”或“大人”。李二曲的全部思想学说都是围绕着这一宗旨而展开的。所以，建立价值主体是李二曲思想的轴心，也是李二曲思想的特色和贡献所在，当然也是我们今天弘扬李二曲思想精华的根本着眼点。

（一）建立价值主体的意义

李二曲生当明末清初之际，阶级斗争和民族矛盾十分尖锐，由此而引起的朝代交替、政权更迭使世局剧烈动荡；连年不断的战争，使老百姓处于水深火热之中。面对这种严峻的社会危机，作为一个具有坚贞的民族气节和强烈的社会责任感的知识分子，李二曲不但自己于“饥寒清苦之中，靡不规画”①，而且深感需要一大批知识分子，承担历史重任，拯救社会危机，“开物成务，康济时艰”。然而，当时的知识界、士君子却缺乏这种责任意识和主体精神，不能成为“一道德而砥狂澜”“深心世道志切拯救”的中流砥柱。李二曲认为当时士林衰颓的主要表现是：

（1）道德精神不振。他说：“若夫今日吾人通病，在于昧义命，鲜羞恶，而礼义廉耻之大闲，多荡而不可问。”②

（2）虚荣意识严重。他指出：“古人为学之初便有大志愿、大期许，故学成德就，事业光明俊伟，是以谓之大人。今之有大志愿、大期许者，

---

①　（清）李颙撰，陈俊民点校：《二曲集》卷十二，中华书局1996年版，第103页。

②　（清）李颙撰，陈俊民点校：《二曲集》卷十，中华书局1996年版，第76页。

不过尊荣极人世之盛。……以期令闻广誉于天下而已。"①

（3）学术宗旨不正。他认为："今学术不明，士自词章记诵外，茫不知学问为何事。"② "所习惟在词章，所志惟在名利，其源已非，流弊又何所底止！此其以学术杀天下后世尤酷，比之洪水猛兽，尤为何如也？"③

（4）治学作风不实。他说："能经纶万物而参天地，谓之儒；务经纶之业而欲与天地参，谓之学。儒而不如此，便是俗儒，学而不如此，便是俗学。" "徇华废实，吾教中之异端也，教外之异端，其害浅；教内之异端，其害深。"④

士林的这些流弊，不仅仅是知识分子的个人修养、个人学风问题，而且是社会价值主体的萎缩和失落问题。李二曲深刻地指出"儒学明晦，不止系士风盛衰，实关系生民休戚、世运否泰"。就是说，知识分子是价值主体，如果不矫正上述流弊，重建价值主体，社会就将失去价值的承担者，"世道生民究无所赖"⑤，而失去了价值主体，就不能"康济时艰。"为此，李二曲认为，为了完成"康济时艰"的重任，使"生民之利""世运否泰"的价值有人承担，当务之急在于重建价值主体。

由此可见，明清之际的动乱之势，明代灭亡的国家之痛，民间疾苦的痛痒之情，士风衰颓的沉痛之感，使李二曲深深地感到重建价值主体的必要性。在他看来，重建价值主体的根本意义就在于"康济时艰"，挽救社会危机，使生民利济，世运安泰。李二曲不但把儒学知识分子视为社会的道德良心，而且视为"关系生民休戚、世运否泰"的价值主体，视为"生民有所赖"的历史主人，这固然未脱出圣贤史观——英雄史观的范围，但他对于知识分子社会作用的重视和对知识分子承担社会价值的期许，无疑对于我们有启迪意义。

---

① （清）李颙撰，陈俊民点校：《二曲集》卷二十九，中华书局1996年版，第404页。
② （清）李颙撰，陈俊民点校：《二曲集》卷十六，中华书局1996年版，第153页。
③ （清）李颙撰，陈俊民点校：《二曲集》卷十二，中华书局1996年版，第105页。
④ （清）李颙撰，陈俊民点校：《二曲集》卷十四，中华书局1996年版，第120页。
⑤ （清）李颙撰，陈俊民点校：《二曲集》卷十四，中华书局1996年版，第120页。

（二）建立价值主体的目标

适应形势的需要，李二曲不但提出了建立价值主体的重大任务，而且确定了建立价值主体的明确目标，即对价值主体的品格要求。在他看来，作为社会价值的承担者、体现者和创造者，应该具备如下品格：

1. "天下己任"的使命意识

李二曲提出，作为一个知识分子、一个士君子，即一个价值主体，首先应该具有"开物成务、康济时艰""以天下为己任"的责任感和使命感，他说："天地民物，本吾一体，痛痒不容不关，故学须开物成务，康济时艰。"① 他主张知识分子应该以范仲淹为楷模，"以天下为己任"。他说："范文正公自秀才时，便以天下为己任。虽与古人欲明明德于天下者，德性作用与气魄作用不同，然志在世道生民，与吾人志在一身一家者，自不可同日而语。"② 他还提出知识分子应以张载的使命意识为自己的抱负，他说："吾辈须为天地立心，为生民立命，穷则阐往圣之绝诣以正人心，达则开万世之太平以泽斯世，岂可自私自隘其襟期。"③ 李二曲认为，要成为一个具有"天下己任"的使命感的主体，第一必须增强自我与宇宙一体化的自觉性，要认识到"宇宙内事，皆己分内事。古之欲明明德于天下者，是尽己分内事"④；第二必须树立"志在世道生民"的大志愿，"古人为学初便有大志愿、大期许，故学成德就，事业光明俊伟，是之谓大人"。这个"大志愿""大期许"就是"志在世道生民"。如果仅以个人的"尊荣""广誉"为志愿，那么"世道生民究无所赖"⑤。

2. "足食知礼"的社会理想

李二曲关于怎样的社会才是有价值的社会、一个价值主体应该为什

---

① （清）李颙撰，陈俊民点校：《二曲集》卷四十五，中华书局 1996 年版，第 561 页。
② （清）李颙撰，陈俊民点校：《二曲集》卷二十九，中华书局 1996 年版，第 405 页。
③ （清）李颙撰，陈俊民点校：《二曲集》卷二十八，中华书局 1996 年版，第 368 页。
④ （清）李颙撰，陈俊民点校：《二曲集》卷二十九，中华书局 1996 年版，第 403 页。
⑤ （清）李颙撰，陈俊民点校：《二曲集》卷二十九，中华书局 1996 年版，第 403 页。

么样的社会理想而努力奋斗的论述不甚具体，但是，关于一个好的社会具备的基本特征，他还是有明确看法的。李二曲在《四书反身录·孟子续录》中谈到孟子的仁政思想时说："民有恒产，然后可望其有恒心。故明君将欲兴学校以教民，必先有以制民之产。所以言者，衣食足然后可望其知礼义也。后世言治者，动曰兴学校，却全不讲为民制恒产。不知恒产不制，而责民以恒心，是犹役馁夫负重，驱赢马致远，纵勉强一时，究之半途而废耳。"这里，虽然谈的是具体的治世之道而不是盛世之美，但其中却蕴含着他对理想社会的基本看法，这就是"衣食足""知礼义"。即一方面，要有丰富的物质生活资料以满足人民的生存生活需要；另一方面，要有良好的道德风尚。在这两方面中，李二曲认为"衣食足"是基础。"仓廪实而知礼节，衣食足而知荣辱"是先秦法家管仲的思想，李二曲将其吸取过来，与孟子的仁政思想相结合，形成了他关于理想社会的基本看法，虽无新解，却有深意，它是针对当时的统治者不重视制民之产以解决人民的衣食温饱问题，而却"责民以恒心"这种价值取向的失误而发的。李二曲反复指出价值主体应"志在世道生民"。"衣食足"正是"生民"问题，而"知礼义"则有关"世道"。可见，"志在世道生民"就是为"足食知礼"的理想而奋斗。

3. "理欲两忘"的人生境界

价值主体既是社会、历史价值的承担者、创造者，又是人生价值的体现者、承载者。宋明理学家无论是心学派还是理学派，关于人生价值问题，莫不以"存天理，灭人欲"为主旨。为了矫正这种偏颇，与李二曲同时而稍早的王夫之提出"理寓欲中"。李二曲继承和发展了这种思想，在理欲问题上，主张通过"存理灭欲"的矛盾斗争而达到"理欲两忘"的"至善"境界。他说，理欲矛盾起于"念"，"念起而后有理欲之分，善与恶对，是与非对，正与邪对，人禽之关，于是乎判"。既然理欲矛盾是善恶对立，是人禽之别，他便要求人们"慎几微之发，严理欲之辨"。然而，李二曲认为，"存理克欲"，还不是最高的人生境界，因为在这种境界中充满着"二分"和"对立"的矛盾斗争。只有通过这种矛盾和斗争并进而超越这种矛盾和斗争，才能达到"至善"境界，这就是"理欲两忘"之境。他说："存理克欲，克而又克，以至于无欲之可克；存而又存，以至于无理之可存。理欲两忘，纤念不起，犹镜之照不迎不随，夫是之谓绝学，夫是之谓大德敦化"。在这种境界中，理欲的矛盾对立已经不存在了，人已达到了"无念之念""至一无二""不与物对"的"化境"，所以它才是最高的人生境界，"此之谓止，此之谓至善"。在李二曲看来，人们若处于理欲的矛盾对立之中，仍是一种"见相一立，执着未化"的"半境"，只有超越对立，达到"理欲两忘"，才是"知体本全"①。这就是李二曲为价值主体所设计的人生境界，这种境界是儒家"理"境和道家"忘"境的融合，其内容是儒家的而其层次是道家的。尽管达到这种境界绝非易事，但确定这一理想对促使人的精神境界的提高颇有意义。

4. "实实体究"的求实精神

针对当时士林"徇华废实"的颓风，李二曲提出，作为价值主体的知识分子应该具有一种"实实体究，务求有用"的求实精神。他说："行步要脚踏实地，慎勿凭虚蹈空，若低视言行，而高谈性命，便是凭空蹈虚，究非实际。"又说，孔子的弟子们都以实用之学而自信，也皆以实用之学而成功，所以才真正发挥了儒者的济世作用。他们"兵农礼乐，大以成大，小以成小，平居各有以自信"。今日的儒者，也应该继承和发扬这种求实传统，如果不是"超然于世务之外，潇洒自得"地去做隐士，"便应将经世事宜，实实体究，务求有用"，或兵、农、礼乐"三者咸兼"，或"仅有其一"。这样，"一旦见知于世，庶有以自效，使斯世见儒者作用，斯民被儒者膏泽，方不枉读书一场"。而如果对"生民之休戚，兵赋之机宜，礼乐之修废，风化之淳漓，漠不关心"，只会"寻章摘句，以文字求知"；那么，"一登仕途，所学非所用，所用非所学"，不但自己困惑，而且"国家不得收养士之效，生民不得蒙至治之

---

① （清）李颙撰，陈俊民点校：《二曲集》卷二，中华书局1996年版，第14页。

泽也"①。李二曲还将求实精神作为人才评价的标准，他说："重实行不重见闻，论人品不论材艺。夫君子多识前言往行，原为畜德，多材多艺，贵推己及人有补于世。若多闻多识，不见之实行以畜德，人品不足，而材艺过人，徒擅美炫长，无补于世。以之夸闾里而骄流俗可也，乌足齿于士君子之林乎？"② 可见，李二曲具有一个"关系生民休戚"的价值主体应该具备的基本品格。如果不具备这种品格，就不配做士人、入士林，更谈不到承担时代赋予的"康济时艰"的重任。

总之，"天下己任"的使命意识、"足食知礼"的社会理想、"理欲两忘"的人生境界和"实实体究"的求实精神，就是李二曲所要求于价值主体的基本品格，而铸造这样的儒者、士君子就是他为自己建立价值主体所设定的目标。这些品格要求虽然有着鲜明的时代烙印，但也蕴含着优良人才和高尚人格所应具备的共同因素。

（三）建立价值主体的途径

李二曲建立价值主体思想的重点是探讨建立价值主体的途径和道路。对此，他先后提出过"悔过自新"和"明体适用"两条路径。从思想演变的角度来看，两条路径标志着他思想的发展，后者比前者更为成熟、深刻；从逻辑结构的角度来看，前者是后者的一个逻辑环节，二者都有其独立的意义。下面，着重从逻辑角度予以论述。

1. "悔过自新"以"立本"

"悔过自新"是李二曲思想的重要内容。从直观意义上说，"悔过自新"是一个道德修养问题，即要人通过"检身心过失"而改过自新，养成高尚的道德品质。然而，从建立价值主体的高度来看，其意义远不止此，而是要通过"悔过自新"的反思路径，确立"立身之基"，懂得人生和社会的"最上道理"。他说，"检身心过失"只是对"未尝学问之人"的要求，对于志存经世的学者，则是"必须于起心动念处，潜体密

---

① （清）李颙：《四书反身录·下论语·先进篇》，清康熙思砚斋刻本。
② （清）李颙撰，陈俊民点校：《二曲集》卷十五，中华书局1996年版，第136—137页。

诣，苟有一念未纯于理，即是过，即当悔而去之"①。就是说，悔过的目的在于"纯于理"。李二曲说的"理"是什么呢？他说："义命廉耻，此四字乃吾人立身之基，一有缺焉则基倾矣。在今日，不必谈玄说妙，只要于此著脚，便是孔孟门下人。"② 可见，李二曲所谓的"理"，就是"义命廉耻"。李二曲还把"悔过自新"的"新"解释为"复性"，说："新者，复其故之谓也。"③ 中年之后，他明确地把"悔过自新"叫作"存心复性"。由此不难看出，"理"—"义命廉耻"—"性"是三而一的东西，其实质就是人的至善本性。他认为，人的本性"本至善无恶，至粹无瑕"④，但由于"气质所蔽，情欲所牵，习欲所囿，时势所移，知诱物化，旋失厥初"，因此，必须通过"悔过自新"才能复归到本性之初。一言以蔽之，"悔过自新"就是通过反思路径复归到以"义命廉耻"为内容的至善本性，使人有"立身之基"。

李二曲认为，通过"悔过自新"使人有"立身之基""立身之本"乃是建立价值主体的基础。因为：其一，"立本"才能保持人生价值。李二曲说："论士于今日，勿先言才，且先言守，盖有耻方有守也。论学于今日，不专在究深极微、高谈性命，只要全其羞恶之良，不失此一点耻心耳。不失此耻心，斯心为真心，人为真人，学为真学。道德经济咸本于心，一真自无所不真，犹水有源，木有根。耻心若失，则心非真心，心一不真，则人为假人，学为假学。道德经济不本于心，一假自无不假，犹水无源，木无根。"⑤ 这就是说，人的本性（"耻心"）乃是人生价值的根源。其二，"立本"才能承载社会价值。李二曲说："经纶天下之大经，由于立天下之大本，本者何？即心中一念灵明，固有天良是也。"⑥ "有了本不愁末，平天下传言，先慎乎德，言理财用人以义为

① （清）李颙撰，陈俊民点校：《二曲集》卷一，中华书局1996年版，第5页。
② （清）李颙撰，陈俊民点校：《二曲集》卷十，中华书局1996年版，第76页。
③ （清）李颙撰，陈俊民点校：《二曲集》卷一，中华书局1996年版，第5页。
④ （清）李颙撰，陈俊民点校：《二曲集》卷一，中华书局1996年版，第3页。
⑤ （清）李颙撰，陈俊民点校：《二曲集》卷三十八，中华书局1996年版，第497页。
⑥ （清）李颙撰，陈俊民点校：《二曲集》卷三十，中华书局1996年版，第424页。

利，以端出治之本。本立则纲纪制度、礼乐兵刑因事自见。若本之不立，纵纪纲制度、礼乐兵刑一一详备，徒粉饰太平耳。"① 就是说，"良知"之本是一切社会价值的根据和标准。其三，"立本"才能快速产生功效。李二曲说：通过"悔过自新"以立本"庶当下便有依据，所谓心不妄用，功不杂施，丹府一粒，点铁成金也"②。由此可见，李二曲把悔过自新以"立基""立本"作为建立价值主体的基本途径。

正是由于"悔过自新"对于建立价值主体有如此重大的意义，所以他将其视为儒家学说的精髓。他说："古今名儒倡道救世者非一……虽各家宗旨不同，要之总不出'悔过自新'四字，总是开人以悔过自新的门路。"③ 也正由于复归"义命廉耻"本性是建立价值主体的奠基工程，所以他将"力扶义命、力振廉耻"视为建立价值主体的当务之急，他说："苟有真正大君子，深心世道志切拯救者，所宜力扶义命，力振廉耻。使义命明而廉耻兴，则大闲藉以不逾，纲常赖以不毁，乃所以救世而济时也。当务之急莫切于此。"④ 李二曲以"悔过自新""立其大本"来建立价值主体的思想，其渊源显然来自孟子的"先立乎大者"、《中庸》的"反身而诚"、陆九渊的"以心为本"和王阳明的"致良知"。其哲学路线是唯心的，其主体能动精神却是积极的。

2. "明体适用"以"正学"

如果说，"悔过自新"的内省、反思路径对于建立价值主体是奠基工程的话，那么"明体适用"就是综合工程，是上下一体、内外结合、本末兼顾的综合途径。什么是"明体适用"呢？他说："穷理致知，反之于内，则识心悟性，实修实证；达之于外，则开物成务，康济群生，夫是之谓'明体适用'。"⑤ 对于"体""用"，他的规定是"明道存心以

---

① （清）李颙撰，陈俊民点校：《二曲集》卷二十九，中华书局1996年版，第413页。
② （清）李颙撰，陈俊民点校：《二曲集》卷一，中华书局1996年版，第3页。
③ （清）李颙撰，陈俊民点校：《二曲集》卷一，中华书局1996年版，第3页。
④ （清）李颙撰，陈俊民点校：《二曲集》卷十，中华书局1996年版，第76页。
⑤ （清）李颙撰，陈俊民点校：《二曲集》卷十四，中华书局1996年版，第120页。

为体，经世宰物以为用"①。由此看来，"明体适用"包括"明体"和"适用"两个方面。所谓"明体"就是以对宇宙规律的认识（"穷理致知"）为指导，去深刻体认人的本性、本心（"识心悟性"）；所谓"适用"，就是以对宇宙法则和人的本性的认识为指导，去变革事物、治理社会、经世济民（"开物成务""康济群生""经世宰物"）。在他看来，"明体""适用"两个方面应该是统一的，"盖以有天德，自然有王道"，"明体"主导"适用"，"适用"表现"明体"，"体用兼赅"，不可偏执。其实，"明体"与"适用"的关系，就是他在"悔过自新"说中所讲的以"耻心""良知"为本，以"礼乐兵刑"为末的本末关系。然而，在"悔过自新"说中他强调的是"本"；在"明体适用"说中他强调的是"用"。

"明体适用"对于建立价值主体的意义在于，它通过"正学"，即端正学术方向和治学原则，把主体塑造成价值的承担者、体现者和创造者。具体地说：

第一，坚持"明体适用"，才能创造济世利民的社会价值。李二曲说，学术问题不仅是关系"士风盛衰"的学风问题，还是关系"生民休戚、世运否泰"的社会问题。如果学术方向明确端正（"儒学明"），知识分子都去研习"明体适用之正业"，那么"处也有守，出也有为"，就能创造社会价值，使"生民蒙其利济，而世运宁有不泰"；如果迷失学术方向（"儒学晦"），知识分子都去学习"辞章记诵之末技"，那么"处也无守，出也无为"，什么价值也创造不出，使"生民毫无所赖，而世运宁有不否"②。可见，坚持"明体适用"的治学原则乃是从事社会价值创造的前提条件。

第二，遵循"明体适用"，才能实现"德功合一"的人生价值。他说："立身要有德业，用世要有功业。德业须如颜、曾、思、孟、周、程、张、朱；功业须如伊、傅、周、召、诸葛、阳明，方有体用，不堕

---

① （清）李颙撰，陈俊民点校：《二曲集》卷十六，中华书局 1996 年版，第 149 页。
② （清）李颙撰，陈俊民点校：《二曲集》卷十四，中华书局 1996 年版，第 120 页。

一偏。"① 可见，德业、功业是人生价值的双轮，它只能靠"明体适用"去推动。

第三，贯彻"明体适用"，才能弘扬"体用兼赅"的学术价值。他认为，儒学的本质就是"体用兼赅"，儒学的价值就在于"明体适用"。他说："儒者之学，'明体适用'之学也"②；"明体不适于用，便是腐儒；适用而不本于明体，便是霸儒；既不明体又不适用，徒泪没于辞章记诵之末，便是俗儒。"③ 只有将明体、适用统一起来，"勇猛振奋，自拔习俗，勇为体用之学，潜心返观，深造默成以立体，通达治理，酌古准今以致用"，才能弘扬儒学的真价值、真精神，才能成为真正的大丈夫，"体用兼赅，斯不愧须眉"④。

第四，力振"明体适用"，才能矫正"徇华废实"的俗学流弊。他指出，儒学固然有体用兼赅、经世致用的真精神，但自"秦汉以来，此学不明，醇厚者梏于章句，俊爽者流于浮词"⑤，优良的传统遭到了破坏。沿至清初，其弊更烈，文人学士"所习惟在词章，所志惟在名利，其源已非，流弊又何所底止！"⑥ 他认为，这种"徇华废实"的俗学流弊，危害甚为严重，不但败坏了学风，而且遮蔽了儒学的真精神、真传统，使"圣贤立言觉世之苦心，支离于繁说，埋没于训诂，其来非一日矣。是六经、四书，不厄于嬴秦之烈火，实厄于俗学之口耳"⑦。面对这种无异于焚书坑儒的严峻危机，李二曲提出，只有重振"明体适用"的精神，才能"清源端本""矫正流弊"，拯救儒学危机，并进而使士君子"勇猛振奋，自拔习俗"。从表面的意义看来，矫正俗学流弊，回归到"明体适用"的真精神，不过是为了解决正学术、正学风问题。然而，

---

① （清）李颙撰，陈俊民点校：《二曲集》卷十五，中华书局1996年版，第136页。
② （清）李颙撰，陈俊民点校：《二曲集》卷十四，中华书局1996年版，第120页。
③ （清）李颙撰，陈俊民点校：《二曲集》卷二十九，中华书局1996年版，第401页。
④ （清）李颙撰，陈俊民点校：《二曲集》卷二十九，中华书局1996年版，第401页。
⑤ （清）李颙撰，陈俊民点校：《二曲集》卷十四，中华书局1996年版，第120页。
⑥ （清）李颙撰，陈俊民点校：《二曲集》卷十二，中华书局1996年版，第105页。
⑦ （清）李颙撰，陈俊民点校：《二曲集》卷十五，中华书局1996年版，第125页。

在李二曲看来，这是关系到价值主体建立的重大问题，因为"学术"是"人心"的表现，"人心"由"学术"来塑造，"天下之治乱，由人心之邪正，人心之邪正，由学术之明晦，学术之明晦，由当事之好尚。所好在正学，则正学明，正学明则人心正，人心正则治化淳。所好在词章，则正学晦，正学晦则人心不正，人心不正则治化不兴"①。所以，正学术、正学风的根本意义在于建立价值主体（"人心正"），实现价值目标（"治化淳"）。

"明体适用"是建立价值主体的综合途径。它所蕴含的思想和体现的精神是深刻而丰富的。李二曲说："有体有用，天德王道，一以贯之矣。"又说："内外本末，一以贯之。"今天，我们如果从价值论角度看，"明体"重在求真，"适用"重在求善，"明体适用"体现了真理和价值的统一；从认识论角度看，"明体"以知为主，"适用"以行为主，"明体适用"体现了理论和实践的统一；从伦理学角度看，"明体"旨在立德，"适用"旨在立业，"明体适用"体现了道德与功业的统一；从心理学角度看，"明体"主于立志，"适用"主于立功，"明体适用"体现了动机和效果的统一；如果用传统儒学的概念来表述，"明体"旨在"内圣"，"适用"旨在"外王"，"明体适用"体现了"内圣"与"外王"的统一。"明体适用"的这种综合统一的特征，比"悔过自新"着重在内省、反思和心性上用力，显得更为全面深刻，它事实上已把"悔过自新"以"立本"的思想作为一个环节包括于其中了。

总之，李二曲试图通过"悔过自新"和"明体适用"两个互相渗透的路径，从"立本"和"正学"两个方面，建立价值主体。使知识分子成为"为天地立心，为生民立命，为往圣继绝学，为万世开太平"的价值担当者和承载者，从而去完成"康济时艰"的时代重任，去实现"足食知礼"的社会理想。但是，由于其理论和时代的局限，李二曲要儒者所"明"的"体"，其内容仍然是封建的伦理道德，所"适"的"用"，

---

① （清）李颙撰，陈俊民点校：《二曲集》卷十二，中华书局1996年版，第105页。

其内容仍然是带有封建性的社会物事；而且，在当时的历史条件下，知识分子也很难去"经世宰物"，只有蜗居于书斋中去"明道存心"。所以，他建立价值主体的理想在当时没有实现，也不可能实现。然而，他为建立价值主体所进行的理论探讨，所表现的执着精神，至今仍然是值得我们批判继承的宝贵思想遗产。

九　李因笃经世致用的价值追求

李因笃（1631—1692 年），字天生，陕西富平人，与李颙、李柏并称"关中三李"，是清初关中的著名学者和诗人，其人"以文学名海内，而慷慨有豪侠气"①，其学虽不及二曲精深，但因其"发愤读六经及濂、洛、关、闽诸大儒书""深于经学"②，故其思想成就颇多特色，亦颇有意义。从价值取向上言之，李因笃的基本价值观念是"经世致用"。江藩在《宋学渊源记》称李因笃"闭户读经史，为有用之学"，的确抓住了其为学的宗旨。李氏经世致用的价值追求，具体表现为三大观念：

（一）"天子学圣"的尚真政治观

天子必学，学必为圣人，是李因笃提出的重要观点。这一观点，不仅具有教育思想的含义，更重要的是体现了独特的政治理念。他说："愚读史至三代以前，而后知古之学与古之所以王也。古无不学之天子，无天子学而不为圣人。"③ 这显然是从"学"与"王"即教育与政治两个方面提出"天子学圣"主张的。那么，李氏提出这一主张的价值意义何在呢？首先，他认为，只有天子必学、学必为圣才可以把握治国之方的关键，认识治国之道的根本。所谓"明效法，切日讲学之事也，非学无以要其成也。严侍从，敦节俭，厚风俗，信功令，不尽学之事也，非

---

① 井岳秀：《关中三李年谱·序》，（清）吴怀清《关中三李年谱》卷首，默存斋版。
② 佚名编，王钟翰校：《清史列传·李因笃传》，中华书局 1981 年版，第 5303 页。
③ （清）李因笃：《圣学》，《受祺堂文集》卷一。

学无以悉其故也"①。"要其成""悉其故"正是学的目的所在。其次，他指出，天子必学、学必为圣又可以统一天下人们的言论，防止处士挟私害公，众言淆乱破道。他说："自天子不学而学之统在下，在下则不尊，故处士得挟私以害公。自天子学不皆圣人而学之失在言，在言则不一，故百家得丛起而破道"②。就是说，天子学圣，才会形成国家统一的言论标准和社会认同的意识形态。最后，他提出，天子学圣可以在最高领导者身上实现道与法、制行与立说的统一，从而使天下人有正确的言行规范。"天子而必学，则道与法皆自上操之，而天下之型乃端。天子必学为圣人，则制行与立说皆自上教之，而天下之视履不惑。"③ 所谓道与法、制行与立说的统一，其精神实质乃是客观规律与治世法则、真理认识与行政决策的统一，因为在中国儒家学说中，"道"所体现的正是一种反映宇宙法则的真理，以及以这种真理为依据的价值理想。李因笃把道与法、立说与制行相对而言，显然是在强调，君主的治世法规、制度行政都必须遵循于"道"、符合于"理"（立说），即以符合规律、符合真理为准则。由此看来，尽管李因笃对于天子必学、学必为圣的意义从提高认识、统一言论、道法统一三个方面作了阐发，但他的核心思想乃是崇尚"道"、弘扬"道"，即崇尚和弘扬"真"的价值。他所说的要天子通过学习以认识治法之"故"，"故"正是指道，他所谓的要天子学为圣人以克服天下言论不一，也是为了防止百家"破道"。李因笃之所以要强调"道"——真理的价值，显然针对的是"虽有其位，苟无其德"④ 或虽有治法，却违治道的"无道"昏君。他尖锐地指出："不有天子而学为圣人者，将何以持其终哉。"⑤ 就是说，不能把道与法相统一的统治者，是不会长久的。

---

① （清）李因笃：《圣学》，《受祺堂文集》卷一。
② （清）李因笃：《圣学》，《受祺堂文集》卷一。
③ （清）李因笃：《圣学》，《受祺堂文集》卷一。
④ （清）李因笃：《圣学》，《受祺堂文集》卷一。
⑤ （清）李因笃：《圣学》，《受祺堂文集》卷一。

（二）"取人以人"的重行人才观

人才价值观是李因笃价值观念中的重要内容，也鲜明地体现了他经世致用的价值追求。李因笃认为，长期以来人才选拔上存在着两大弊端：一曰"以言取人"，"唐宋以后，取人以言"①，造成了深远的消极影响；二曰"固守资格"，他认为唐宋以后虽有科举之法，且法制日严，然而却弊病丛生，其原因在于"先王创为一代之法，以新天下之耳目，而后人至沿为资格，以阻贤才登进之路""夫资格者，弊之所由集也"②。重空言和重资格的共同偏颇在于不重视人的实行和实功，结果造成了言行脱节、名实不符的社会风气，选拔了有言无行、有名无实的平庸之辈，对治国治世毫无意义。他说："今夫天下忠孝廉节利害臧否之故，能言之不必能行之也，况其不能言之乎？历法、屯田、河海、盐茶、兵刑之数，能言之不必其可行之也，何况之所言，又人人之尝言者乎？"③ 他举例说："试观甲辰之役，所得士百有余人，其文具在，冢宰曾采一语以通铨法之穷，司徒曾借一箸以择仰屋之叹，有之乎否乎？"④ 在他看来，言而无用、言而不行的人，无论其言在于说道德，还是在于论世务，都将无益于世。

针对这种"取人以言"的人才价值标准，李因笃明确提出"取人以人"的人才价值观。所谓"取人以人"，诚然包括多方面的内涵，但他突出强调的是行、用、实，即实际的德行、才能和事功。他说："其言诚不足用，则取之者何心？"又说："经明行修者，其实也；贤良方正者，其名也。夫求之以实而应之以名者有之矣，未有上以名求而下以实应者也。"为了选取有真才实学的可用人才，李因笃主张把古代的科贡与选举二法结合起来，优势互补、缺陷相抵，特别是在科贡考试中无论

---

① （清）李因笃：《用人》，《受祺堂文集》卷二。
② （清）李因笃：《圣学》，《受祺堂文集》卷一。
③ （清）李因笃：《圣学》，《受祺堂文集》卷一。
④ （清）李因笃：《圣学》，《受祺堂文集》卷一。

是试之以"论"还是试之以"策"，都应重视考察其人是否有"处事临民"之才，其言是否有"见诸施行"之实。这种"取人以人"的人才观，表现了李因笃重行即重视人的实践能力的价值取向。

（三）"理学以经学为本"的求实学术观

李因笃在学术上的突出贡献是对经学的研究和成就，顾炎武赞他如东汉经学家"康成（郑玄）、子慎（服虔）之辈"，江琬称他为与顾炎武并肩的当世"经学修明者"（《亭林文集》卷六《广师》篇）。《清史稿·儒林传》称"因笃深于经学"。李因笃的经学成就是与他的学术价值观有密切联系的，可以说，他的经学成就是在他的学术价值观的指导下取得的。

李因笃学术价值观的集中表现是提出了理学以经学为本重要思想。他说："断未有不深于经学，而能以理学名世者也"；"经学不纯""终不得列理学一席"[1]。根据对经学与理学关系的这种理解，他认为，汉唐诸儒，尽管"天资卓迈，出处较然"者甚多，但终不得称为理学，其原因在于他们"经学未纯"；而宋儒朱熹之所以称为理学大师，原因在于他其学以经学为木，以《四书集注》为主，而其书"尽善尽美，无可遗议"[2]。

所谓"经学"，即阐发先秦儒家经典文本的学术，它的基本特征是通过阐发儒家经典中的经世致用之道以引古筹今、明道救世，它所体现的是一种崇实贵用的实学精神。李因笃提出理学以经学为本，正是要弘扬求实的学术价值观，以区别和扭转宋明理学空谈心性、脱离实际，不讲实用的空虚学风。李因笃明确指出了当时的儒者受此空虚学风影响的严重弊端，"窃观当世儒者，亦有留心斯道，高谈孔、朱如某某其人，然皆摭拾语录妄称性命之皆，而不知从事经学"[3]。其实，借用推崇经学

---

① （清）李因笃：《与孙少宰》，《续刻受祺堂文集》卷三。
② （清）李因笃：《圣学》，《受祺堂文集》卷一。
③ （清）李因笃：《圣学》，《受祺堂文集》卷一。

来提倡经世致用的实学，是清初大儒扭转学术方向的重要主张，顾炎武也明确提出"理学，经学也"的学术命题。他说："古之所谓理学，经学也"①；又说："古今安得别有所谓理学者？经学即理学也。自有舍经学以言理学者，而邪说以起。不知舍经学则其所谓理学者，禅学也。"②李因笃的观点与顾炎武是完全一致的。

李因笃不但在学术思想上倡导求实，而且，在学术实践中也充分贯彻了求实精神。他写的关于漕运、效祀、圣学、荒政、治河、史法、天文、历法、盐政、钱法、乐律、屯田、用人等方面的文章，都是考证源流、针对时弊、引古筹今的经世致用之作。

总之，李因笃的经世致用价值观的主要内涵是贵真、重行、求实。这种观念，一方面表现了明清之际的学术精神；另一方面也继承了关学的优良传统。关学自张载创建以降，学术思想曾几经变化，但尚真、崇实、主行、贵用的价值追求一脉相承。经世致用、开物成务的实学精神，是关学700年来培育的优良学风，它不但在宋明理学中独具特色，也在整个中国的思想史、学术史上放射着光彩。在倡导实事求是的今天，这种精神仍然是值得继承发扬的。

---

① （清）顾炎武：《与施愚山书》，《亭林文集》卷三。
② （清）全祖望著，黄云眉选注：《鲒埼亭集选注·亭林先生（顾炎武）神道表》，商务印书馆2018年版，第101页。

第三章　关学人物研究

"糟粕所传非粹美，丹青难写是精神。"关学哲理的精神宗旨、精神气象，庄严而博大；关学哲人的精神情操、精神境界，崇高而宏伟。可绘以图像，而非丹青所能尽现；可叙以文字，亦非言词所能尽述。然而何不赞之以诗？诗者，可言文之所未言，亦可现画之所难绘也。此《关学精神诗赞》所由作也！此作之意，非在于阐释哲学思想，而旨在弘扬人品精神。故仿苏仲翔先生《风流人物无双谱》之例，选取关学代表学者 34 人，作赞诗 34 首。关学宗师张横渠先生以七律赞之，其他皆赞之以七绝。每首诗后，附之以文，文非全面之传记，而重在阐发诗中所赞之精神内涵。其诗虽浅，其情尚深。故不揣诗文之浅陋，聊以寄对关学之一往深情！

一　张载

（一）赞诗

巍峨太白雪凌空，一代鸿儒启正蒙。
天地立心情浩荡，虚空即气道峥嵘。
泱泱关学燃新火，济济英才继素风。
共仰横渠真境界，民胞物与性天通。

（二）诗解

此诗全面赞颂了关学宗师张载的人格气象、哲学著述、学术使命、气本哲理、学派创建、教育贡献、价值理想和学术境界。

巍峨太白雪凌空：太白山位于秦岭北麓，眉县、太白县、周至县三县境内，海拔 37672 米，是我国著名的秦岭山脉的主峰，也是青藏高原以东第一高峰，以鹤立鸡群之势冠列秦岭群峰之首。自古以来，太白山就以高、寒、险、奇、富饶、神秘的特点闻名于世、称雄华中。山顶积雪终年不化，即便是三伏盛夏，仍然白雪皑皑、银光四射，景色格外壮观。"太白积雪"被誉为关中八景之一。北魏郦道元《水经注》里采录的古老传说中就有记载："太白山南连武功山，于诸山最为秀杰，冬夏积雪，望之皑然。"张载的故乡眉县横渠镇就在太白山北麓。此句以太白山的巍峨高洁比喻张载人格及其哲学的雄伟崇高气象。

一代鸿儒启正蒙：张载的哲学代表作为《正蒙》，约成书于熙宁九年（1076）。《蒙》是《周易》的一个卦名，该卦象辞中有"蒙以养正"语。蒙，即蒙昧未明；正，即正道、周正。意即从蒙童起就应加以正确的培养。张载说："养其蒙使正者，圣人之功也。"书名由此而来。张载《正蒙》一书为其晚年定论之作，是他的哲学思想的理论精华，历来注释者不少。

天地立心情浩荡：张载以"为天地立心，为生民立命，为往圣继绝学，为万世开太平"为自己的学术使命。《尚书》曰"人者，天地之心"，所以，张载所谓"为天地立心"，就是培育优秀人才、培养文化精英，使其能通晓宇宙法则、天地大道，成为天地的心灵，从而使自己的认识成为天地的自我认识，实现天人合一。此句诗谓张载"为天地立心"的崇高使命意识体现了一代哲人宏大广远的感情和精神世界。

虚空即气道峥嵘：张载哲学以气为本，他提出"太虚即气"的宏伟命题，把古代的气学提到了本体论的高度，从而使他的哲学之道在宋明理学中，与程朱的理本论、陆王的心本论鼎足而三，别为一派，不同凡响。

泱泱关学燃新火：张载讲学关中，创立关学，弟子甚众，学术甚盛，在两宋时代，成为与周敦颐的濂学、二程的洛学、朱熹的闽学并列的四大学派。南宋末年，"濂洛关闽""周程张朱"已成为人们称谓宋代道学的口头语。此句意谓张载点燃了学术新火，创立了泱泱关学。

济济英才继素风：张载创立关学，培养了许多优秀弟子。张载晚年在《诗上尧夫先生兼寄伯淳正叔》一诗中抒发了他讲学关中的寂寞心境："先生高卧洛城中，洛邑簪缨幸所同。顾我七年清渭上，并游无侣又春风。"邵雍得诗后曾以《和凤翔横渠张子厚学士》诗予以勉励："秦甸山河半域中，精英孕育古今同。古来贤杰知多少，何代无人振素风。"诗中赞扬张载培养了许多贤杰之士，并预期后代关学的继承者们会弘扬其精神。张载的主要弟子有蓝田吕大忠（生卒年不详，字晋伯）、吕大均（1030—1082，字和叔）、吕大临（1042—1090，字与叔），人称"蓝田三吕"。旬邑人范育（生卒年不详，字巽之），武功人苏昞（？—约1102至1106期间，字季明）、长安人李复（1052—1128，字履中，人称潏水先生）、游师雄、薛昌朝等。受学于张载的有种师道、潘拯、田腴、邵彦明、张舜民等。受学于张载的外地学者有晁说之、蔡发等。宋以后的元、明、清时代，关学学者薪火相传，形成丰富的学术成果，培育了独特的关学精神，为中国学术史、哲学史作出了重大贡献，更对陶冶关中人以至陕西人的思维方式、价值观念、人格精神产生了深远的影响。尽管关学在传衍过程中，学术观点屡有变化，但其学术精神却大体有其前后的一贯性特征，可谓英才济济，素风永继。

共仰横渠真境界：尽管关学后继者们的学术观点不一定与张载一致，但他们都共同尊崇张载为关学宗师，共同仰慕张载的精神、志趣和学术境界。

民胞物与性天通：张载哲学的纲领是"横渠四句"——"为天地立心，为生民立命，为往圣继绝学，为万世开太平"，而其价值理想是"民胞物与"——"民，吾同胞；物，吾与也。"其人性论是人性与天理相通。在中国哲学史上，张载首次明确提出"天人合一"的命题，独到地论述了人的"气质之性"向"天地之性"提升的理论，为宋明理学的人性论奠定了基础。康熙皇帝为张载祠题的匾额是"学达性天"，就是说张载的学说达到了人性与天道（天理）合一的崇高境界。

（三）传略

张载（1020—1077），字子厚，是宋明理学的奠基人，关学的创立者。他的名和字取义于《周易·坤卦》："厚德载物"。祖籍大梁（今开封），徙家郿县（今陕西眉县）横渠镇，曾在横渠书院讲学，人称横渠先生。张载"少喜谈兵"，并联合焦寅（陕西彬县人）组织民团练兵，欲夺回被西夏侵占的洮西失地。二十一岁时向当时任陕西经略安抚副使、主持西北防务的范仲淹上书《边议九条》。范仲淹在延州（今延安）召见了他，认为他可成大器，劝他道："儒者自有名教可乐，何事于兵。"勉励他读《中庸》。张载听从了范仲淹的劝告，回家刻苦攻读，读《中庸》后，犹以为未足，又访诸释、老，累年究极其说，知无所得，反而求之"六经"。经过十多年的勤学苦思，逐渐形成了自己的思想体系。仁宗嘉祐二年（1057），张载赴汴京（开封）应考，时值欧阳修主考，张载与苏轼、苏辙兄弟同登进士。待诏之际，在开封相国寺尝坐虎皮讲《易》，听者甚众。一夕，二程至，与论《易》，次日语人曰："比见二程，深明《易》道，吾所弗及，汝辈可师之。"撤座辍讲。与二程语道学之要，涣然自信曰："吾道自足，何事旁求。"于是尽弃异学，淳如也。张载中进士后，先后任祁州（今河北安国）司法参军、云岩（今陕西宜川境内）县令、著作佐郎、签书渭州（今甘肃平凉）军事判官等职。从政时，政令严明，"敦本善俗"，推行德政，重视礼教。宋神宗熙宁二年（1069）御史中丞吕公著（晦叔）向宋神宗推荐张载，宋神宗召见张载问他治国为政的方法，对曰："为政不法三代者，终苟道也。"帝悦，以为崇文院校书。因拒绝参与新政，引起了王安石的反感，不久被派往浙东明州（今浙江省宁波）审理苗振贪污案，宋神宗熙宁三年（1070），案件办毕回朝。此时张载之弟张戬（时任监察御史）因反对变法，与王安石发生冲突，被贬至公安县，张载于是以病为由辞官回到横

渠。熙宁十年（1077）秦凤路（今甘肃天水）守帅吕大防以"张载之
学，善法圣人之遗意，其术略可措之以复古"举荐于朝。宋神宗诏张载
回京，让其任同知太常礼院。时因赞同实行婚冠丧祭之礼，而遭礼官反
对，加之肺病日重，于是辞职回家。行至临潼，与世长辞，享年五十八
岁。门人私谥曰诚明。南宋嘉定十三年（1220）宋宁宗赐谥"明公"，
宋理宗淳祐元年（1241），赐封郿伯，从祀孔庙，封先贤，奉祀孔庙西
庑第 38 位。明世宗嘉靖九年（1530）改称先儒张子。在历史上，张载
与周敦颐、邵雍、程颐、程颢合称"北宋五子"，他创立的"关学"与
周敦颐的"濂学"、二程的"洛学"、朱熹的"闽学"并称为"濂、洛、
关、闽"四大理学学派。张载学古力行，笃志好礼，为关中士人宗师，
被后代学人尊称为横渠先生。

　　张载在千年积雪、巍峨的太白山下的横渠镇建构了他自己的思想体
系。三十八岁前在这里苦读深思，五十一岁辞官"谒告西归，居于横渠
故居"后，在这里创立横渠书院，收徒讲学著书，并推行恢复古礼和井
田制两项实践。其时，他"终日危坐一室，左右简编，俯而读，仰而
思。有得则识之，或中夜起坐，取烛以书"，写下了大量著作，其代表
作为《正蒙》一书。关于"正蒙"的含义，王夫之释曰："谓之《正
蒙》者，养蒙以圣功之正也。圣功久矣，大矣，而正之惟其始。蒙者，
知之始也。"① 因张载的思想凝聚于《正蒙》，故王夫之称张载的学说为
"正学"。

　　张载的学术使命是"为天地立心，为生民立命，为往圣继绝学，为
万世开太平"。所谓"为天地立心"，就是培育优秀人才、培养文化精
英，使其能通晓宇宙法则、天地大道，成为天地的心灵。天地本无心，
"人者，天地之心"。天人合一，人的认识就是天地的自我认识。所谓
"为生民立命"就是为老百姓确立一个正确的人生观、价值观，使人有
一个精神家园，有一个安身立命之所。所谓"为往圣继绝学"，"往圣"

---

① （清）王夫之：《张子正蒙注·序论》，上海古籍出版社 2000 年版，第 79 页。

也称"去圣"，指历史上的圣人，具体指孔子和孟子。儒家所谓圣人，其实就是指人格典范和精神领袖。"绝学"指中断了的学术传统，也就是所谓"道统"。宋代理学家认为，儒家学统自孟子之后便"学绝道丧"，完全中断了，所以要努力加以恢复。张载继承"绝学"，就是继承弘扬儒家濒临中断的圣人之学，善续先秦儒家的学脉，使其生命之光、智慧之光重新开显。所谓"为万世开太平"，就是开出永恒延续的太平盛世，亦即天下为公的仁政王道、大同社会。

张载哲学思想的核心是"气本论"。他认为宇宙的本原是气，他说："太虚无形，气之本体。"气有聚散而无生灭，气聚则有形而见形成万物，气散则无形可见化为太虚。"知虚空即气，则有无、隐显，神化、性命，通一无二，顾聚散、出入、形不形，能推本所从来，则深于《易》者也。"① 张载以"太虚即气""虚空即气"为基础建立了自己独创的哲学体系和范畴序列："由太虚，有天之名；由气化，有道之名；合虚与气，有性之名；合性与知觉，有心之名。"② 于是张载哲学的恢宏气象和厚重风格形成了。

张载在横渠书院收徒讲学，传授阐释他的哲学思想，影响了一批学习者，形成了关学学派。在横渠书院东西门墙上书《贬愚》《订顽》以告诫学生。先后著《正蒙》《横渠易说》《东铭》《西铭》《经学理窟》《横渠中庸解》《礼乐说》《论语说》《祭礼》《孟子说》等书，其弟子也笔录了《张子语录》。其间，他在《老大吟》诗中表达了自己讲学的愉悦心情："老大心思久退消，倒巾终日面岧峣。六年无限诗书乐，一种难忘是本朝。"在《诗上尧夫先生兼寄伯淳正叔》诗中抒发了自己的寂寞心境和老病苦况："先生高卧洛城中，洛邑簪缨幸所同。顾我七年清渭上，并游无侣又春风。""病肺支离恰十春，病深樽俎久埃尘。人怜旧病新年减，不道新添别病深。"邵雍得诗后曾以《和凤翔横渠张子厚学士》一诗予以勉励："秦甸山河半域中，精英孕育古今同。古来贤杰知

① （清）王夫之：《张子正蒙注·太和篇》，上海古籍出版社 2000 年版，第 89 页。
② （清）王夫之：《张子正蒙注·太和篇》，上海古籍出版社 2000 年版，第 94 页。

多少，何代无人振素风。"自宋神宗熙宁三年（1070）归眉至熙宁九年（1076），张载居横渠讲学七载，培养了一批承继了他的思想和精神的学生，形成了关学学派。

张载的崇高理想和精神境界集中于"民胞物与"思想。他在《西铭》（又名《订顽》）中说："乾称父，坤称母；予兹藐焉，乃混然中处。故天地之塞，吾其体；天地之帅，吾其性。民，吾同胞；物，吾与也。"乾坤是天地的代称，天地是万物和人的父母，天、地、人三者混合，处于宇宙之中。因为三者都是"气"聚而成的物，所以，人性与天道是相通的，人性与物性是一致的。因此，人类是"我"的同胞，万物是"我"的朋友。程颐尝言："《西铭》明理一而分殊，扩前圣所未发，与孟子性善养气之论同功，自孟子后盖未之见。"朱熹赞曰："早悦孙、吴，晚逃佛老，勇撤皋比，一变至道。精思力践，妙契疾书。《订顽》之训，示我广居。"清代武澄在《张子全书序》中云："横渠之心，能视天地万物为吾父母同胞。"可谓是对张载精神境界的精确把握。

二 苏昞

（一）赞诗

> 德行纯茂布衣身，师拜横渠第一人。
> 合璧联珠明道旨，《正蒙》长耀慧光新。

（二）诗解

这首诗是对张载弟子苏昞的咏赞。赞扬苏昞纯茂的品德和求学的精神，特别是赞扬苏昞对编辑张载的代表著作《正蒙》所做出的卓著贡献。

德行纯茂布衣身：苏昞德行纯茂，强学笃志，不求仕进，行年四十，仍为布衣。后经吕大忠推荐，自布衣召为太常博士。

师拜横渠第一人：苏昞与同乡游师雄是拜师张载最早的弟子，从张载学习最久，为门人之秀，广受秦地学人的称赞。元祐末，吕大忠向朝廷推荐苏昞时说："京兆府处事苏昞，……从故崇文校书张载学，为门人之秀，秦之贤士大夫亦多称之。"

合璧联珠明道旨：张载在横渠镇治学、讲学期间，苦读深思，"终日危坐一室，左右简编，俯而读，仰而思，有得则识之。或中夜起坐，取烛以书"，建构自己的思想体系，写下了大量著作。其代表作为《正蒙》。《正蒙》一书其实是一部思想札记的汇集。张载自言曰："吾为此书，譬之树株，根本枝叶，莫不悉备。充荣之者，其在人功而已。又如晬盘示儿，愿取者何如耳！"就是说，它犹如树之根、株、枝、叶，需要加工成有内在联系的有机体，使其生机充荣。又如盛有纸、笔、刀、剪的晬盘，供人选取。《正蒙》书成后，张载以之示苏昞，期望他能完成编纂工作。苏昞最理解张载哲学理论的宗旨和思路，故能将张载的思想札记式的著作合璧联珠，"会归义例，略效《论语》《孟子》，篇次章句，以类相从，为十七篇"[①]，"以推明夫子之道"。

《正蒙》长耀慧光新：经过苏昞的编辑，张载的《正蒙》一书，既便于阅读，又易于理解，从而促使《正蒙》的智慧光芒长耀长新。

（三）传略

苏昞（生卒年不详），字季明，陕西武功人。苏昞与同乡游师雄师从张载最久。熙宁九年，张载过洛阳，与二程论学，苏昞录二程、张三子语，编为《洛阳议论》，后收于《二程全书》之中。张载著《正蒙》，常自言曰："吾为此书，譬之树株，根本枝叶，莫不悉备。充荣之者，其在人功而已。又如晬盘示儿，百物具在，顾取者何如耳！"《正蒙》书成后，出示苏昞。苏昞"自谓最知大旨"，遂将张载的"枯株晬盘"式的思想札记，合璧联珠，依次编排，"会归义例，略效《论语》《孟子》，

---

① 《张载集》，中华书局 1978 年版，第 3 页。

篇次章句，以类相从，为十七篇"，"以推明夫子之道"。张载去世后，苏昞为了完成学业，转学于二程。元祐末，吕大忠向朝廷推荐苏昞，曰："臣某伏见京兆府处事苏昞，德行纯茂，强学笃志，行年四十，不求仕进，从故崇文校书张载学，为门人之秀，秦之贤士大夫亦多称之。如蒙朝廷擢用，俾充学宫之选，必能尽其素学，以副朝廷乐育之意。"乃自布衣召为太常博士。

三　范育

（一）赞诗

正心诚意言治道，参圣潜心赞《正蒙》。
一序湛然深蕴在，天行地载水流东。

（二）诗解

此诗咏述张载的弟子范育关于以正心诚意治国的儒家思想，咏赞范育在《正蒙序》中对《正蒙》一书之精神境界的高度评价和思想精华的精辟概括。

正心诚意言治道：范育师从张载，后被推荐为崇文院校书郎及监察御史里行。曾向宋神宗进言，用《大学》"诚意""正心"以治天下国家，并向朝廷举荐张载等数人。

参圣潜心赞《正蒙》：此句谓范育在《正蒙序》中对《正蒙》一书之精神品格和智慧境界的高度赞赏。他说，张子"寓于太白之阴，横渠之阳，潜心天地，参圣学之源，著《正蒙》书数万言"。又说，《正蒙》"有'六经'之所未载，圣人之所未言，……言若是乎其极矣，道若是乎其至矣。圣人复起，无有间乎斯文矣"。

一序湛然深蕴在：范育所撰的序言，文风清澈优美，阐发了《正蒙》一书蕴涵的深刻哲理。

天行地载水流东：范育指出，《正蒙》"立乎大中至正之矩"，深刻阐发了"天之所以运，地之所以载，日月之所以明，鬼神之所以幽，风云之所以变，江河之所以流，物理以辨，人伦以正"的普遍法则。

（三）传略

范育（生卒年不详），字巽之，邠州三水（今陕西省旬邑）人。曾为北宋秦凤路及熙河路安抚使，累官至光禄卿、枢密都承旨。其父范祥官至转运副使、度支员外郎。

范育以进士之名出任泾阳县县令，但以养亲为由告假回乡。后被推荐为崇文院校书郎及监察御史里行。神宗喻之曰："《书》称'圣馋说殄行'，此朕任御史意也。"范育请用《大学》"诚意""正心"以治天下国家，因荐张载等数人。元祐初，召为太常少卿，改光禄卿，出知熙州（今甘肃临洮）。范育从二程、张载三先生学。伊川尝曰："与范巽之语，闻而多碍者，先入也。"横渠尝诘范育曰："吾辈不如古人，病源何在？"范育请问，横渠曰："此非难悟，设此语者，欲学者存之不忘，庶游心深久，有一日脱然如大寐得醒耳。"

横渠《正蒙》成，范育为《正蒙》作序，言张子"寓于太白之阴，横渠之阳，潜心天地，参圣学之源……著《正蒙》书数万言而未出也……"。"惟夫子之为此书也，有'六经'之所未载，圣人之所未言……道一而已。……语上极乎高明，语下涉乎形器，语大至于无间，语小入于无朕，一有窒而不通，则于理为妄。故《正蒙》之言，高者抑之，卑者举之，虚者实之，碍者通之，众者一之，合者散之。要之立乎大中至正之矩。天之所以运，地之所以载，日月之所以明，鬼神之所以幽，风云之所以变，江河之所以流，物理以辨，人伦以正。造端者微，成能者著，知德者崇，就业者广，本末上下贯乎一道，过乎此者淫遁之狂言也，不及乎此者邪波之卑说也。推而放诸有形而准，推而放诸无形而准，推而放诸至动而准，推而放诸至静而准，无不包矣，无不尽矣，无大可过矣，无细可遗矣，言若是乎其极矣，道若是乎其至矣，圣人复起，无有间乎斯文矣。"(《范育正蒙序》,见吕祖谦《皇朝文鉴》卷九十)其笃信师说而善发其蕴如此。

范育因西夏攻入环庆路被宋神宗赵顼诏往巡视边疆,及后进言认为荔原堡之役,夏人虽然追奔但亦不过境,北宋不应轻举妄动。之后又出使河东,论及韩绛修筑啰兀城。范育因不服丧而被罢去御史职位,转任检正中书户房但坚决推辞而出任韩城县知县。曾被诏往鄜延路议画地界,范育认为"保疆不如持约,持约不如敦信"。到熙宁九年(1076),交趾与北宋发生宋越熙宁战争,赵禼被任命为安南行营经略使、招讨使,以中官李宪为副将,率领九名大将前往征讨。赵禼与李宪不和,建议罢免李宪。赵顼问可有替代者,赵禼推荐老将郭逵,于是以郭逵为宣抚使,赵禼副之,及以兵十万伐交趾。但在战场上,郭逵与赵禼意见多有不同,行及长沙更有士兵病死,范育上疏此事但赵顼不听。之后出任河中府知州加集贤院直学士,又出使凤翔县,以龙图阁直学士身份镇守秦州。熙宁年间,宰相王安石曾建议遣使往诸道及立边境封沟,所以派遣吕大忠及范育前往观察。宋哲宗赵煦元祐初,被召为太常寺少卿,后改光禄卿、枢密都承旨。之后出使熙州做知州。此时有议论认为要放弃质孤堡及胜如堡,而范育力争认为熙河路以兰州为要塞,此两堡乃兰州之障蔽,如果放弃两堡兰州就会有危险。另外又请在李诺平及汝遮川修筑城池,但一直不获答复。再转任给事中及户部侍郎。

出任熙河路安抚使期间范育进言,认为唃厮啰国第三代赞普阿里骨残酷暴虐而且有病,而湟州邈川吐蕃大首领温溪心八族打算内附,所以可以计划将其归纳,但翰林学士、中书侍郎范百禄则认为既然阿里骨没有过犯,而温溪心虚实未知,无挑衅而动,非上策。最后赵煦听从了范百禄之见解。

范育死后,南宋高宗赵构采纳范育不放弃质孤堡、胜如堡以及在李诺平及汝遮川修筑城池之建议,而追赠范育为宝文阁学士。

四　吕大忠

（一）赞诗

笃实刚强品有辉，屈辽护国见风威。

老而好学勤修己，肃听圣言思所归。

（二）诗解

此诗赞张载弟子吕大忠笃实坚毅的崇高品质，勇敢御敌的爱国行动和老而好学、勤于修身、以圣人为楷模的精神。

笃实刚强品有辉：吕大忠忠厚笃实，坚强刚毅，为人耿直，言行一致，是一位有光辉品格的人。

屈辽护国见风威：宋神宗熙宁年间（1068—1077）辽国要求北宋割代州（今山西代县）以北地域，吕大忠奉命出知代州、石州（今山西离石），多次与辽使谈判，据理力争，使辽方理屈词穷，维护了朝廷的尊严，保卫了领土的安全，表现了坚贞威严的国士之风。

老而好学勤修己：吕大忠拜张载为师，在其门下求学时，大力弘扬张载"经世致用""躬行礼教"的宗旨。张载逝后，吕大忠仍不满自己的学问，遂又东投洛阳二程门下完成学业。程颐称赞他"老而好学，理会直是到底"。吕大忠知秦州时，州判马涓是科举状元，常以"状元"自称，吕大忠对马涓说："状元是科举考试及第，而未任官职时的称呼，既已为判官，则不可以此自称。"并说："今科举之学既已无用，则应勉力于修身为自己之学。"马涓深佩其言。

肃听圣言思所归：吕大忠知秦州时，经常带州判官马涓去拜会当时在秦州任学官的著名学者谢上蔡，每次听谢上蔡讲述《论语》时，吕大忠都正襟敛容，严肃认真听讲。马涓不解，吕大忠对他说："圣人之言尽在此书中，我们应怀有敬畏之心，深思人生的志向和归宿，故不敢不保持严肃庄重的态度。"

(三) 传略

吕大忠 (1020—?), 字进伯, 京兆蓝田人。蓝田吕氏"一门礼义", 为时人所赞美。吕大忠与其弟吕大防、吕大钧、吕大临在当时很有名望, 被称为"吕氏四贤"。吕大忠为皇祐进士, 初为陕西华阴县尉, 后任山西晋城县令。时间不长, 由永兴路提督义勇升秘书丞, 兼任定国军的军事判官。后来迁任河北路转运判官等职。宋哲宗元祐二年 (1087), 任陕西转运副使期间, 将《石台孝经》《开成石经》及碑石移至西安碑林, 后进宝文阁待制。宋哲宗绍圣二年 (1095), 被升为宝文阁直学士, 知渭州 (今甘肃省平凉) 等职。晚年, 由于其弟吕大防被新党排挤, 吕大忠也遭到牵连, 从知同州 (今陕西大荔县) 降为待制, 致仕病故。死后以学士官职将其葬于蓝田。著有《辋川集》五卷、《奏议》十卷 (《郡斋读书志》卷一九), 已佚。《宋史》卷三四〇有传。

吕大忠为人耿直, 言行一致。熙宁元年 (1068), 宋神宗即位, 为了富国强兵, 委王安石以宰相重任, 让其主持变法。此时, 辽国要求北宋割代州 (今山西代县) 以北地域。王安石为了变法顺利, 便派出多人出使邻国议和。吕大忠和范育接到使命, 权衡再三, 认为不妥。吕大忠便写了奏章, 着重指出此时和邻国议和的确不好把握, 处理不当反会损坏国家利益。因此, 他认为此时不可主动前去议和。后来和刘忱一起被派往辽国商议代州 (今山西代县) 以北的领土划分之事。这时吕大忠之父吕贲病逝, 吕大忠随即赶回蓝田奔丧。丧期未满即被召任知代州。辽使来到代州不坐为他们安排的次席却占主席位置, 吕大忠见此情景愤然大怒, 将次席搬移到长城以北。辽使无奈, 只得听从吕大忠的安排。在领土划分问题上, 辽使提出, 只要把代州割让给辽国, 辽国就不再侵犯宋朝, 从此两国和平共处。神宗准备同意此条件, 吕大忠站出来说: "彼遣一使来, 即与地五百里, 若使魏王英弼来求关南, 则何如?"神宗不大高兴, 问道: "卿是何言也?"刘忱说: "吕大忠的意见关乎国家大事，此事陛下一定要三思而行。"当时的文武大臣一时也都拿不出好方案，就将此事暂搁下来，最后宋辽两国以分水岭为界。

程颐称："吕进伯可爱，老而好学，理会直是到底。"① 在他知秦州时，州判是科举状元马涓。一开始马涓常以"状元"自称，吕大忠见状后对马涓说："状元之者，及第未除官之称也，既为判官则不可，今科举之学既无用，修身为自己之学，不可不勉。"劝解马涓不要留恋于科举牌子，应从实际出发，采用经世致用的办法修身养性，不断提高治国之道。他常常教导马涓勤政受民的方法和道理。马涓十分感激，虚心拜吕大忠为师。吕大忠还带马涓去拜会当时在秦州任学官的著名学者谢上蔡，每次听谢上蔡讲述《论语》时，吕大忠都要正襟敛容，马涓开始不解，吕大忠对他说："圣人之言在焉，吾不敢不肃。"后来马涓被朝廷重用，他很感激地说："吕公教我之恩也。"

吕大忠在其弟的影响下，也投在张载门下求学，弘扬张载的"经世致用""躬行礼教为本"等宗旨。张载殁后，吕大忠仍不满自己的学问，遂又东投洛阳二程门下完成学业。

五　吕大钧

（一）赞诗

同年钦悦拜横渠，学子纷纷趋所归。
乡约编成民俗化，通经致用取精微。

（二）诗解

此诗赞美了吕大钧以同年身份拜张载为师的谦逊品德，赞颂了他编写《吕氏乡约》，优化关中民俗的杰出贡献及其对张载"通经致用"学

---

① （宋）程颢、程颐：《二程遗书》，上海古籍出版社 2020 年版，第 87 页。

风的弘扬。

同年钦悦拜横渠：吕大钧与张载为北宋嘉祐二年（1059）的同年进士，但十分钦佩张载的渊博学识、崇高人品。于是与他的兄弟吕大忠、吕大临同拜张载为师。

学子纷纷趋所归：吕大钧与他的兄弟吕大忠、吕大临同拜张载为师，带动了关中学者奔向张门求学之风。史云："横渠（即张载）倡道于关中，寂寥无有和者。先生（吕大钧）与横渠为同年友，心悦而好之，遂执弟子礼，于是学者靡然知所趋向。"

乡约编成民俗化：吕大钧的最大贡献就是在同胞兄弟的支持和共同努力下编写了《吕氏乡约》（《吕氏乡约》是中国历史上第一部成文的村规民约），由此在关中创建了中国最早的乡村自治制度。《吕氏乡约》提出同约人要"德业相劝""过失相规""礼俗相交""患难相恤"。经过在其家乡蓝田以及关中地区推行，对美化关中风俗起到了实际功效。

通经致用取精微：张载关学的特点之一就是重视"礼"，强调"通经致用""躬行礼教"。吕大钧兄弟将关学这个特点发扬光大。《吕氏乡约》集中体现了关学"通经致用、取精用弘"这一优良学风。

（三）传略

吕大钧（1029—1080），字和叔，陕西蓝田县人，为关学代表性人物。吕大钧与张载为北宋嘉祐二年（1059）同年进士，得知张载学识渊博，便拜张载为师。张载最初在关中开始讲学时，首和者为吕大忠、吕大钧、吕大临兄弟。三吕相继都尊张载为师，由此带动了关中学者奔向张门求学之风。史载"横渠（即张载）倡道于关中，寂寥无有和者。先生（吕大钧）与横渠为同年友，心悦而好之，遂执弟子礼，于是学者靡然知所趋向"，使"关学郁郁满秦川"，形成了"关学之盛，不下洛学"的局面。吕大钧曾授秦州（今甘肃天水）司里参军，任延州（今陕西延安）监折博务、三原（今属陕西咸阳）知县、侯官（今福建福州）知县等职，卒于任上，享年五十二岁。著作有《四书注》《诚德集》等。

张载关学的特点之一就是重视"礼"，强调"通经致用""躬行礼教"。吕大钧将关学这个特点发扬光大。他为人质厚刚正，重视礼仪，最大的贡献就是改变以往"礼不下庶人"的传统，在同胞兄弟的支持和共同努力下，编写了《吕氏乡约》《乡义》等。《吕氏乡约》提出同约人要"德业相劝，过失相规，礼俗相交，患难相恤"，经过推行，扭转了汉魏以来佛学盛行造成儒家礼教衰败的混乱局面，对优化关中风俗起到了实际功效。《吕氏乡约》是中国历史上第一部成文的村规民约，在关中创建了中国最早的乡村自治制度。

六　吕大临

（一）赞诗

性格刚强涵养深，千兵万马壮斯文。

程门立雪心何念？固守横渠到洛滨。

（二）诗解

此诗赞吕大临刚强的性格、深厚的涵养和雄伟壮美的文风。特别是赞许他在张载逝世后转至洛阳向二程学习的勤学乐道精神，以及坚守横渠先生思想精华和关学优秀精神的崇高志趣。

性格刚强涵养深：吕大临性格刚强、涵养深厚、学识渊博。吕氏兄弟四人皆及第，唯独吕大临气质刚强，尊横渠先生教诲，"不留恋科举"，更无心仕途，一生追求学术研究，在四吕中学术贡献最为突出。

千兵万马壮斯文：吕大临文章写得很好，风格独特，个性鲜明，功力深厚，气势雄壮，时人誉为有千军万马之势。

程门立雪心何念："程门立雪"的典故出自《二程语录·侯子雅言》："游（酢）、杨（时）初见伊川，伊川瞑目而坐，二人侍立，既觉，顾谓曰：'贤辈尚在此乎？日既晚，且休矣。'及出门，门外之雪深一尺。"又《宋史杨时传》载：杨时和游酢"一日见（程）颐，颐偶瞑坐，时与游酢侍立不去，颐既觉，则门外雪深一尺矣"。后人以"程门立雪"比喻求学心切和对有学问长者的尊敬。此句借此典故形容吕大临向二程求学的谦逊态度。

固守横渠到洛滨：张载讲学于眉县横渠镇，人称为横渠先生。此句谓吕大临虽然去洛水之滨向二程问学，但仍坚守张载的思想精华和治学精神，不放弃关学的基本思想宗旨，不背其师，成为关学最有力的捍卫者。对此，二程一再申明："吕与叔守横渠学甚固，每横渠无说处皆相从，才有说了，便不肯回。"正是这种不背叛师教的精神，使关学不断发展，不断发扬。

（三）传略

吕大临（1044—1091），字与叔，号芸阁。关学的领袖和思想支柱是张载，关学的政治经济支柱则是蓝田诸吕，这正是关学得以形成、发展的重要原因。再加之吕氏兄弟自身也有学术成就，故明清之际的著名思想家黄宗羲在《宋元学案》中称"吕氏为关中学派蓝田系"。在四吕中，又以吕大临的学术贡献最为突出。

兄弟四人皆及第，唯独吕大临气质刚强，尊横渠先生教诲，"不留恋科举"，更无心仕途，一生追求学术研究。先投张载，后投二程求学，最后以门荫得太学博士，秘书省正字。称"不敢掩祖宗之德"。追随张载，潜心研究"六经"，尤深于"三礼"（《仪礼》《周礼》《礼记》）的精研与实践。晚年重视对青铜器的收集与研究，对金石之学也有贡献，是张载弟子中对"关学"发展贡献最大、"守横渠学甚固"之人。元祐六年（1091），范祖禹以其学行和人品出众，向朝廷举荐他为太学博士讲官，但还没来得及上任，他就去世了，时年仅四十八岁。

吕大临虽然拜张载为师，但对二程也十分推崇。宋英宗治平三年（1066），张载应西北的最高行政长官——长安京兆尹王乐道之邀到长安讲学。其间，著名理学家程颢、程颐兄弟也来关中讲学。吕大临听后觉得他们的学说很有见地，大为叹服。张载去世之后，他便奔洛阳拜程颐为师。在此期间，他记录、汇集二程语录，著成《东见录》，对后世学者研究"洛学"提供了很多难得的第一手资料。吕大临虽转师二程，并成为程门高足，却不放弃关学的基本思想宗旨，不背其师，成为关学最有力的捍卫者。对此，二程一再申明："吕与叔守横渠学甚固，每横渠无说处皆相从，才有说了，便不肯回。"二程还说："关中学者，以今日观之，师死而遂背之，却未见其人，只是更不复讲。"正是这种不背叛师之教的精神，使关学不断发展，不断发扬。

无论是师从张载，还是后来改随二程，吕大临均享有极高的声誉。作为张载门下的高足，因其学识文采出众，张载之弟张戬将女儿嫁给吕大临，其妻对人说"吾得颜回为婿矣"，足见其对吕大临的器重。改随二程后，在当时众多的二程门徒中，吕大临因其渊博的学识与谢良佐、游酢、杨时三人一起被时人称为"程门四先生"。曾赋诗曰："学如元凯方成癖，文似相如始类俳。独立孔门无一事，只输颜子得心斋。"伊川赞之曰："古之学者，唯务养性情，其它则不学。今为文者，专务章句，悦人耳目，非俳优而何！此诗可谓得本矣。"又曰："和叔任道担当，其风力甚劲。然深潜缜密有所不逮与叔。"又曰："与叔六月中自缑氏来，燕居中必见其俨然危坐，可谓敦笃矣。"南宋著名理学家朱熹认为吕大临的学术成就高于当时与他并称的诸家，"于程子门人中最取吕大临"，并把他与程颐相提并论。朱熹非常看重吕大临，认为自己假如"只如吕年"，即指活到吕大临那样的岁数，也不见得能达到吕大临那样高的学术成就。

吕大临的文章写得很有特色，而且功力深厚，气势雄壮，时人誉为有千军万马之势。他为怀念张载和程颢两位先师而写的《横渠先生行状》和《哀词》，行文婉约有致，沉痛之情溢于文中，读后令人确有思念之感。只有144个字的《克己铭》，用词典雅，正气溢于言表，确是不可多得的佳作。

吕大临的德行、学问、才能均为上乘，所以他逝世后，许多人都哀悼其不幸早逝。苏轼晚年游蓝田时,有《挽吕与叔学士》诗曰:"言中谋猷行中经,关西人物数清英。欲过叔度留终日,未识鲁山空此生。论议凋零三益友,功名分付二难兄。老来尚有忧时叹,此涕无从何处倾。"吕大临的早逝,其师程颐更是十分悲痛,直到大临逝世后三年,程颐"因阅故编"《雍行录》,回忆往昔"关西学者相从"的情景,乃"思与叔之不幸早死,为之泣下",这既反映了程颐的真情,也说明了吕大临在当时学界的声名和地位。

作为关学的杰出代表,吕大临"固守横渠"的学术志趣主要在于:一方面与诸兄一起大力支持推动关学的传播和发展;另一方面又积极躬行和发展张载的思想学说,并多有创新。他始终坚持张载的"气"为人和万物本原的气一元论,沿着张载的思维路径,继续论证了"天人合一""天下一人""万物一体"的学说,体现了关学"仁民爱物"的宽阔胸怀和救世精神,同时又根据张载"一物两体"的辩证思想,在《易章句》《老子注》等著作中,提出了自己"一体二用""生生不穷""与时消息""随时识事"的辩证法思想以及认识事物的变化规律,适应事物变化形势,因势利导,不断变革图新的发展观。他认为,如果"执一不变",就会遭遇凶险。

吕大临一生著述甚丰,主要著作有《礼记解》《大学解》《吕氏家礼》《考古图》十卷、《易章句》一卷、《大学说》一卷、《礼记传》十六卷、《论语解》十卷、《孟子讲义》十四卷、《玉溪先生集》二十八卷,又与其兄吕大防合著《家祭仪》一卷。

七 李复

(一) 赞诗

少年壮志喜言兵,老赴危城共死生。

不负师门孤诣在,时闻笔下有雷声。

（二）诗解

此诗赞张载弟子李复年少时喜欢兵法，心怀保家卫国的雄心壮志；年迈时勇赴危城，敢于担当，与百姓坚守御敌，不怕牺牲的献身精神。并赞扬他不负师门、不违师教，坚持关学宗旨，勇于探索的优良学风和人格节操。

少年壮志喜言兵：李复少年时，身处时有西夏、金人侵扰的年代，胸怀保卫家国的雄心壮志，喜谈军事，好学兵法。

老赴危城共死生：李复年老时，秦州（今天水地区）一带被金军占领，秦州已成空城，而李复不顾年高多病，仍请求赴秦州守卫，朝廷即命他为秦州经略使，奔赴危城守卫。但终因寡不敌众而城池陷落，李复和众多百姓一同被杀害。

不负师门孤诣在：李复投身张载门下求教，勤奋博览，学有所成，且坚守师门，不违师教。张载去世后，苏昞、范育、蓝田三吕皆投奔洛阳二程门下求学，唯李复坚守师教，独守关学。

时闻笔下有雷声：李复一生乐读书，勤著述，写了不少著作。由于当时百姓对"日食""月食""雷电"等现象颇感神秘，多有迷信，李复便写了《论月食》《震雷记》等文章予以解说。探索未知、解惑释疑的精神化为了笔下的震雷之声。

（三）传略

李复（1052—1128），陕西长安县人，号潏水先生，求学于张载门下，宋神宗熙宁十年（1077）考中进士，历任熙河转运使、集贤殿修撰、秦州经略使等职。李复的青少年时代，正是西夏、金人经常侵扰边境，战争不断的年代，关中以北已是前线。这对李复刺激很大，他自负"奇气""喜言兵事"，于书无所不读。

李复在任熙河（今甘肃合作镇至临洮县一带）转运使时，多次整治边防，积极备战，而军政大权被那些腐夫之辈把持，李复以抗议不合而

"作废"。李复晚年，秦州（今天水地区）一带已被金军占领，秦州实际上已成空城，这时李复已年高多病，但仍要求赴秦州守城，朝廷即命他为秦州经略使，但终因寡不敌众而致城陷，李复和众多百姓一同被杀害。

李复投师于张载门下，受其影响，对"天文地理""易经""律吕""礼乐""郊社""兵法"均有很深的研究。张载于李复考中进士的那一年去世，其时，苏昞、范育、蓝田三吕便投奔洛阳二程门下求学。李复虽与三吕、苏昞、范育有交往，但却不负师门，独守关学。

李复一生乐读书，勤著述，喜吟咏，善作诗，写了不少著作。可惜散佚甚多，流传的只有《潏水集》16卷。其中有大量诗篇，其《同君俞自牛头寺至兴教院又会文师》诗云："杜曲樊川旧化城，东西相峙两牛鸣。岩前宝塔藏遗烬，殿里长灯续旧明。万法分流皆有相，一心息妄自无生。丛林是处经行遍，会向东山记姓名。"由于当时百姓对"日食""月食""雷电"等现象颇感神秘，多有迷信，李复便写了《论月食》《震雷记》等文章予以解说。

八　杨奂

（一）赞诗

华章神笔现良才，一梦紫阳灵境开。

盐政十年清若水，关西夫子赋归来。

（二）诗解

此诗赞述金末元初学者杨奂少年聪慧、天性至孝的禀赋和德性，及其梦游紫阳阁的神异经历。并赞扬他任盐税官期间清正廉洁的作风和晚年辞官归里，隐居著书的清高品格。

华章神笔现良才：杨奂母尝梦东南日光射其身，旁一神人以笔授之，已而生杨奂，父振以为文明之象，因名曰奂。

一梦紫阳灵境开：杨奂幼年时，梦游紫阳阁，见其风景趣异，后因以自号"紫阳"。长师乡先生吴荣叔，才华迥出伦辈，读书厌科举之俗学，决心为濂洛诸儒之理学。金末，尝作《万言策》指陈时病，辞旨剀切，皆人所不敢言者。

盐政十年清若水：杨奂曾授河南路征收课税所长官，兼廉访使。在官十年，清正廉洁、公正无私。受到盐商和百姓的赞许。

关西夫子赋归来：元初，世祖召杨奂参议京兆宣抚司事，杨奂多次上书请归田。归隐后筑堂曰"归来"。创紫阳阁（即清风阁），教授著书不倦。人称紫阳先生。尝避兵河朔，河朔士大夫想闻其风采，求见者应接不暇。逝后，元好问为其撰神道碑，称为"关西夫子"。江汉赵复序其集，称："其志其学粹然一出于正，即其文可以得其为人"。

（三）传略

杨奂（1186—1255），字焕然，号紫阳，乾州奉天人。传说他母亲程氏曾经梦见东南方的阳光照在自己的身上，旁边一位神人将笔交给自己，不久杨奂就出生了，他的父亲认为这是文德辉耀的象征，因此给他取名为奂。

杨奂天性至孝，年十一丧母，哀毁如成人。未冠，梦游紫阳阁，景趣异，后因以自号。长师乡先生吴荣叔，迥出伦辈，读书厌科举之学，遂以濂、洛诸儒自期待。金末，尝作《万言策》，指陈时病，辞旨剀切，皆人所不敢言者，诣阙欲上之，不果。元初，隐居讲道授徒，抵鄠县柳塘，门生百余人。创紫阳阁（即清风阁），称紫阳先生。尝避兵河朔，河朔士大夫想闻其风采，求见者应接不暇。东平严实闻其名，数问其行藏，然终不一诣。

岁戊戌，考试各道进士。杨奂就试于东平，中诗赋、策论第一，随监试官北上，拜见中书令耶律楚材，楚材上奏推荐杨奂，任命他为河南路征收课税所长官兼廉访使。杨奂即将就任，对耶律楚材说："我没有什么才能，误蒙破格任用，以一介书生来管理财赋，已不是我所擅长，更何况河南经过战乱灾荒之后，百姓所剩无几，老子所谓治理大国应像烹调小鱼那样小心谨慎的比喻，正合于今日，如果着急而频加扰动，一定会乱。希望你给我一段时间，使得我能够安抚平息战争的创伤，作为为朝廷爱护恩养百姓的一点帮助。"耶律楚材非常赞许他。杨奂一到任，即招来当时的名士与他们商议，政事法令一概简略便宜处理。巡视河南辖境以内，亲自询问盐务每月赋税多少、难易情况。有人以增加盐税进言，杨奂责备他说："盘剥百姓，欺瞒朝廷，你想要我这样做吗？"于是他减去原税额的四分之一，官府百姓两相便利，不过一个月，政事已经整顿完毕。当时舆论一致认为，这是以往的赋税所长官从未做到过的。在任十年，请求退休。

壬子，元世祖在潜邸，召杨奂参议京兆宣抚司的事务，杨奂多次上书请求告老回乡，所请获准，筑堂曰"归来"，以为佚老之所，教授著书不倦。乙卯，年迈病重，处理后事就像平时办事一样从容，谕子弟孝悌、力田，以廉慎自保，戒家人无事二家。齐礁，引觞斛大噱，命门人员择载笔留诗三章，举杯大笑，怡然而逝，享年七十岁。赐予谥号文宪。

杨奂博览群书，长于记忆，做文章务必去除陈词滥调，以因袭古人为耻辱。朝廷中诸位高德重者，都降低辈分与他交往。关中地区虽然号称人才众多，但名声没有超过杨奂的。杨奂不经营产业，家中财产不足十金，却喜好周济他人。别人有一点困难，虽然自己财力不足，仍然尽力而为。别人有一点小善，就委婉称赞，唯恐他的名字不被人所知。如果别人有小过失，必定竭力劝阻，而不顾忌别人的怨恨。翰林学士姚燧早孤，育于世父枢，枢督教甚急，杨奂驰书止之曰："燧，令器也，长自有分，何以急为！"乃以女妻之。燧后为名儒，其学得于杨奂为多。元好问撰神道碑，称其为"关西夫子"。江汉赵复序其集，称："其志其学粹然一出于正，即其文可以得其为人"，其见重如此。

所著有：《还山前后集》百卷，《天兴近槛》三卷，《韩子》十卷，《概言》二十五卷，《砚纂》八卷，《北见记》三卷，《正统书》六十卷。

九　杨天德

（一）赞诗

桑榆日近道终闻，谈笑歌吟诵读勤。

有守有为无愧怍，藐然势利等浮云。

（二）诗解

此诗赞颂金代关学学者杨天德终生好学，乐于闻道，至老年仍诵读不辍的勤学精神，以及坚持操守、忠于使命、卫国爱民，视势利如浮云的崇高人格。

桑榆日近道终闻：《太平御览》卷三引《淮南子》："日西垂，景在树端，谓之桑榆。"意谓日落时，光照桑榆树端，因以指日暮。后以"桑榆"比喻晚年、垂老之年。此句云杨天德至晚年时终于荣幸地领悟到自己闻道了。他说："吾晚年幸闻道，死无恨矣！"

谈笑歌吟诵读勤：杨天德一生勤学，晚年特别喜读《大学解》及程颐、程颢的著述。眼睛昏花看不见时，让其子给其读诵，从早到晚听之以自乐。及有疾，亲友往问之，谈笑歌咏不衰。

有守有为无愧怍：许衡在墓志铭中赞杨天德："出也有为，死生以之；处也有守，不变于时。"即为官用世时敢于担当，勇于作为，不顾生命危险；引退闲居时，坚守道德节操，不随波逐流。无愧怍于古今天地。

藐然势利等浮云：杨天德一生以求学闻道为乐，以节操品德为重，视势利富贵若浮云一般。

（三）传略

杨天德（生卒年不详），字君美，高陵人，肄业太学，登金宣宗兴定二年（1218）进士第，释褐补博州聊城丞。未及赴，辟陕西行台掾，迁转运司支度判官。京城不守，流寓宋、鲁间十年，而归西安。

杨天德自读书入仕，至于晚年，风节矫矫，始终不变。任隆德县（今宁夏六盘山区）令时，被元兵围困，冒死完成请援使命。解围后，建立治县规约，医治战争创伤，打击豪强恶霸，县民因此得到安居。庆阳被围时，任安北（今内蒙古巴彦淖尔市东南部）县令，因公忠勤，主帅使之兼禄事并镇抚军民，同时又兼理府事。日夜操劳，尽智毕力。守城拒敌一年多，居民饿死殆尽。奉命调进京师时，公叹息说："既不能救民之死，又不能掩盖其尸骨而去，我不忍心呀！"战乱中竟留任一月多，收葬全部兵民尸骨。其爱民之心可鉴。战乱后士大夫多不能自守节操，而杨天德于势利如浮云。

晚年杨天德特别喜读《大学解》及程颐、程颢的著述。眼睛昏花看不见时，让其子给其读诵，从早到晚听之以自乐。尝语人曰："吾少时精力夺于课试，殊不省有此，今而后知吾道之传为有在也。"埋没篆刻中，几不复见天日。及有疾，亲友往问之，谈笑歌咏不衰，曰："吾晚年幸闻道，死无恨矣！"卒年七十九岁。

许衡志其墓铭曰："出也有为，死生以之。处也有守，不变于时。日临桑榆，学喜有得，其知益精，其行益力。吾道之公，异端之私，了然胸中，东西毫厘。内私外公，息邪距诐，俯仰古今，可以无愧。受全于天，复归其全，尚固有幽藏，无穷岁年。"子恭懿，益昌其家学，为名儒。

十　杨恭懿

（一）赞诗

避乱佣耕未废书，礼犹四皓入皇都。

天枢人极融经史，山斗秦川一代儒！

（二）诗解

此诗赞颂元代关学学者杨恭懿勤奋苦读的刻苦学习精神和融通经史、贯通天人的学识、智慧，及其在元代的重要影响和在关学史上的崇高地位。

避乱佣耕未废书： 杨恭懿自少读书强记，日数千言。于艰难逃乱之日，间关险阻之际，未尝怠弛其业，废书辍读。年十七侍父西归，家贫，假室以居。仍力学博综，于书无不究心。

礼犹四皓入皇都： 杨恭懿以其渊博学识而赫然名动一时，朝廷屡召其入朝议事，皆不就。至元十一年，太子下教中书，以汉惠帝聘商山四皓的礼仪再聘之，丞相安童遣郎中张元智为书致命，不得已，乃至京师，帝遣国王和童劳其远来。

天枢人极融经史： 杨恭懿勤于读书，志于用世，贯通天枢人极，融通经学史学，以鉴观古昔兴亡之事，探究万世治安之本，为朝廷修订历法，并谏议重经史之学，皆得君主赞许。

山斗秦川一代儒： 学士姚燧撰碑铭称颂杨恭懿曰："乾乾其行，艮艮其守。师古丧祭，如礼不苟，三纲之沦，我条自手。推得其类，无倦诲诱，学者宗之，西土山斗。"[1] 意谓他知行合一，坚守情操，尊古礼，维三纲。学者尊崇其为秦川一代大儒，关学的泰山北斗。

（三）传略

杨恭懿（1224—1294），字元甫，号潜斋，陕西高陵人。幼年"力学强记，日数千言"[2]。他的父亲杨天德在南宋末期考中进士，被任为博州聊城县令，还未到任，金人完颜氏便大举进犯关中。童年的他只得随

---

① （明）宋濂、王祎等撰：《元史·列传第五十一》，台湾商务印书馆 2010 年版，第 23—1879 页。

② （明）宋濂等撰：《元史·卷一百六十四·列传第五十一·杨恭懿》，中华书局 1976 年版，第 3841 页。

父逃避战乱。即使在逃避战乱的时日，他也读书不辍，未废学业。十七岁时，他和父亲回到高陵，因家贫无田，于郊假室以居，乡邻或继其匮，皆谢不取，靠出卖劳力为生，且有暇即学，无书不读，尤潜心于《易》《礼》《春秋》。二十四岁时，始得朱熹《四书集注》《小学》《太极图说解》《近思录》诸书，诵其言而唯其意。读《四书集注》后不禁感叹道："人伦日用之常，天道性命之妙，皆萃此书矣。今入德有其门，进道有其涂矣，吾何独不可及前修踵武哉。"从此，他"穷理以致其知，反躬以践其实，动静云为，一乎持敬，行之以刚健，居之以悠久，日就月将，俟其成功于潜斋之下。自任益重，前习尽变，不事浮末矣"，立志以继承儒家学说为使命。父亲逝世后，杨恭懿按丧礼克尽孝道。宣抚司、行省召他掌书记之职，恭懿辞不就任。他子承父业，走上了且学且教、且述且作的人生道路。由于杨恭懿名闻遐迩，陕西地方官署多次召他入仕，他都断然拒绝，矢志不移地坚持居家讲学，淡泊名利、甘于清贫，保持了一介儒生孤傲的清高与气节。

　　元世祖至元七年（1270），杨恭懿与好友许衡同受朝廷诏晋，他坚辞不就。许衡应诏后先任国子祭酒，后擢中书左丞，常在右丞相安童面前称颂杨恭懿的才德，使其声名远播。至元十年（1273），世祖忽必烈派遣耶律申敬上门召杨恭懿进京，杨恭懿却以病推辞，引起朝野轰动。至元十一年（1274），太子令中书省仿汉惠帝以谦卑言辞、舒适车辆聘请"商山四皓"之礼聘请杨恭懿，丞相也遣郎中张元智致信劝说，这才至京师入见皇帝。世祖遣国王和童盛情欢迎，继又亲自详细询问其家乡、氏族、师承以及子孙等各方面情况，关怀备至。忽必烈亲自接见杨恭懿时，与他探讨许衡提出的"实行汉法""崇文尊儒"等建议，二人相谈甚投机，他也为世祖的诚意所感动。世祖授杨恭懿为集贤院学士（掌理秘书图书等事）。至元十二年（1275）正月，侍读学士徒单公履奏请开科取士，世祖令杨恭懿参与筹划。杨恭懿提出，"明诏有谓：士不治经学孔孟之道，日为赋诗空文。斯言诚万世治安之本。今欲取士，宜敕有司，举有行检、通经史之士，使无投牒自售，试以经义、论策。夫既从事实学，则士风还淳，民俗趋厚，国家得才矣"。世祖赞赏这一意见。当时朝廷正要北征，恭懿便回家乡去了。

至元十六年（1279）杨恭懿又奉诏入京，世祖命他和许衡、郭守敬、王恂等人编制《授时历》。十七年（1280）二月，恭懿上书陈述修改历法的情形，说明旧的历法已不精确，现又创立新的《辛巳历》，比起旧历来要精确些，但还须每年做一次修正，经三十年后就差不多很精确了。又上《合朔议》，陈述自秦以来修改历法的经过，最后说："臣等更造新历，一依前贤定论，推算皆改从实。今十九年历，自八月后，四月并大，实日月合朔之数也。"意谓：更造新历，是依据过去历法家们的定论，考察观测天象的运行情况，自至元十九年八月后，完全符合日月运行的日数。修历法时，他们查考遍从秦以前《古六历》到南宋《统天历》的四十多部历书，参阅古制，昼夜测验，历时五年，终于创立了新历。其法以 365.2425 天为一岁，与近代观测值 365.2422 天仅差 26 秒，精度与公历相当。此法从至元十八年（1281）开始实施，比西方采用公历早了三百多年。他们"改历"完毕后，接受世祖召见，文武大臣均列排下跪，世祖却命杨恭懿和许衡不必跪拜，说杨恭懿是凡"年少者皆受学汝者"，可"皆座共其说"。世祖授为集贤学士兼太史院事。

杨恭懿任集贤院学士时，兼太史院事（掌管天文观测和推算节气历法的官吏），后来改任崇文馆大学士（掌管国家最高学府的教授），他长期专注地从事弘扬孔、孟之道的讲学、著述。至元二十九年（1292 年），已经六十八岁的杨恭懿先后被太学属馆、中书省诏晋，他均因年事已高、不便赴任推辞，并称病告辞，归还故乡。晚年，杨恭懿仍然以儒汉文化传承的使命意识，悉心教导儿子杨寅继承家学，讲习儒家理学，弘扬关学精神。两年之后，至元三十一年（1294 年）杨恭懿在故居户牖之下寿终正寝，享年七十岁，留有《潜斋遗稿》若干卷传世。杨恭懿去世后，大学者姚燧为他撰写了神道碑，大学者萧维斗为他撰写了墓志铭，铭曰：

维天生贤，匪使自有。俾拯丞民，为责已厚。公于明命，实肩

实负。乾乾其行，艮艮其守。师古丧祭，如礼不苟。三纲之沦，我
条自手。推得其类，无倦诲诱。学者宗之，西土山斗。鸢飞鱼跃，
潜斋自蔀。

杨恭懿的墓在高陵张卜乡张卜村，与其父杨天德、其子杨寅墓呈
"品"字形排列。

十一　萧维斗

（一）赞诗

耻向高官献谀言，群书伴我坐云轩。

终南捷径临窗下，无奈先生不仕元。

（二）诗解

此诗赞宋末元初关学学者萧维斗特立独行、清高脱俗的节操、博览
群书、乐于求道的学识和隐居不仕、教育英才的崇高精神。

耻向高官献谀言： 萧维斗幼勤学，性耿直，以向达官贵人谄媚逢迎、
进献谀言为耻，以特立独行、清高脱俗为荣。做府史时，因与上官语不
合，即引退读书于终南山。

群书伴我坐云轩： 萧维斗隐居终南山30年，博览群书，于天文、地
理、律历、算术，靡不研究，著作甚多，门下受业者甚众，声名闻于
秦中。

终南捷径临窗下： 《新唐书·卢藏用传》记载，卢藏用想入朝做官，
就隐居在京城长安附近终南山，希望得到征召。后果然被召去当了大官。
司马承祯也曾被召，想归山。卢指着终南山说："此中大有嘉（佳）处，
何必在远。"承祯缓缓地说："以仆视之，仕宦之捷径耳。"后以"终南
捷径"比喻最近便的升官门路。此处借此典故，说明萧维斗隐居终南

山，做官捷径就在窗前。

无奈先生不仕元：尽管做官捷径就在窗前，但萧维斗先生誓不去朝廷做官，决不向元朝称臣，终身保持着隐居不仕、孤标傲世的崇高精神。元世祖、元武宗屡召不就。年七十八，以寿终于家。刘致在为其所作《谥议》中称："盖志意修则轻富贵，道义重则轻王公，蝉蜕尘埃之中，遨游万物之表，不事王侯，高尚其事者以之。"

（三）传略

萧维斗（生卒年不详），号勤斋，奉元（今西安市）人，元代振兴秦中关学的重要学者。幼勤学，性耿直，做府史时，因与上官语不合，即引退读书于终南山。

萧维斗隐居终南山 30 年，博览群书，"天文、地理、律历、算术，靡不研究"，声名闻于秦中，门下受业者甚众。其著作有《三礼说》《小学标题驳论》《九州岛岛志》及《勤斋集》等，大都散佚，《四库全书》收有《勤斋集》八卷，有文四十二篇、诗二百六十一首、词四首。他的弟子很多，著名者有第五居仁、吕思诚、字术鲁翀。侯均谓元有天下百年，唯萧维斗为识字人。学者及门下受业者甚众，乡里孚化，称之曰萧先生。乡人有自城暮归者，途遇寇，诡曰："我萧先生也"，寇惊愕释去。尝出，遇一妇人失金钗于道旁，疑萧维斗拾之，谓曰："殊无他人，独公居后耳。"萧维斗令随至门，取家钗以偿，其妇后得所遗钗，愧谢之。

萧维斗重气节，誓不仕元。元世祖忽必烈屡召不就。世祖初分藩在秦，用平章咸宁王野仙荐，征侍藩邸，以疾辞，授陕西儒学提举，不赴。省县大臣即其家具宴为贺，遣一从使先往。萧维斗方灌园，从使不知其为萧维斗也，使饮其马，即应不拒。及冠带迎客，从使见，有惧色，萧维斗殊不为意。后累授集贤直学士、国子司业，改集贤侍读学士，皆不赴。元武宗初，征拜太子右谕德。不得已，扶病至京师，入观东宫，书《酒诰》为献，以朝廷时尚酒故也。寻以病请去，或问其故，则曰："在

礼，东宫东面，师傅西面，此礼今可行乎?"俄除集贤学士、国子祭酒、
谕德如故，故辞归。年七十八，以寿终于家，谥贞敏。刘致在为其所作
《谥议》中称："行甚高，履实践，教人必自小学，始为文辞，立意精
深，言近旨远，以洙、泗为本，濂洛考亭为据。关辅之士翕然宗之，称
为醇儒。"又云："圣王之治天下也，必有所不召之臣。盖志意修则轻富
贵，道义重则轻王公，蝉蜕尘埃之中，翱游万物之表，不事王侯，高尚
其事者以之。《传》曰:'举逸民，天下之民归心焉。'故必蒲车、旌帛，
侧席以俟其至，冀以励俗兴化，犹或长往而不返，亦有既至而不屈，则
'束帛戋戋，贲于丘园'者，治天下者以之也。于吾元得二人焉，曰容
城刘因，京兆萧维斗。士君子之趣向不同，期各得所志而已。彼不求人
知而知之，不希世用而用之，至上彻帝聪，鹤书天出，薛罗动色，严户
腾辉，犹坚卧不起。不得已焉始一至，卒不饶其节，不隳所守而去，亦
可谓得所志也已。方之于古，则严光、周党之流亚欤! 虽其道不周于用，
而廉顽立懦、励俗兴化之功亦已多矣。且其累征而不起，堑出而即归，
不既'贞'乎? 以勤自居，其好古好学之心，不既'敏'乎? 按《谥
法》'清白守节曰贞，好古不怠曰敏'，请谥曰'贞敏'。"诏从之。

十二 王恕

（一）赞诗

刚正清严五十年，惩贪赈济靖风烟。
果然圣学精华在，政合民心道合天。

（二）诗解

此诗赞明代关学学者王恕为官清严刚正的崇高品质，以及惩处贪官、
赈济灾民、平息叛乱的卓著政绩。进而赞许他把儒学内在精神运用于治
世实践，追求政治合于民心、人道合于天道的理想境界。

刚正清严五十年：王恕在近五十年的为官生涯中，一直保持刚正不阿，清廉严谨，疾恶如仇的品格，深受世人赞许。当时民谣曰："两京十二部，独有一王恕。"

惩贪赈济靖风烟：他惩办贪官、赈济灾民，也平息了多次叛乱。成化元年（1465），荆襄爆发流民起义，朝廷提升王恕为右副都御史安抚治理流民问题。正逢王恕的母亲去世，朝廷下诏只准他奔丧两个月就要回职办公，王恕推辞但未获允准。他与尚书白圭共同平定大盗刘通起义，又攻破其党徒石龙。他严格约束部下不准滥杀人，使流民各归其业。

果然圣学精华在：王恕把儒学精华，运用于治世实践，他一生的政治生涯，切实体现了儒学的内在精神。邹智赞王恕曰："恭惟明公学本六经，志在三代。德足以镇山岳，量足以涵河海，忠足以贯金石，气足以凌雪霜，威足以镇华夷。可谓天下第一人矣。"（《钦定四库全书·立斋遗书卷四》）

政合民心道合天：王恕所体现的儒学精华就是，尽力使政治合于民心、人道合于天道，并不断追求这种天人合一的理想境界。

（三）传略

王恕（1416—1508），字宗贯，号介庵、石渠，陕西三原人。明朝成化、弘治间名臣。王恕于明英宗正统十三年（1448）考中进士，被选为庶吉士。后授任大理左评事，升任左寺副。曾上疏条陈关于刑罚不当的六件事，都经朝廷议定而得到推行。后调任扬州知府，不待朝廷答复就发粮救济饥民，又兴办资政书院来培养读书人。

明英宗天顺四年（1460），王恕因政绩突出，被越级提升为江西右布政使，在任内平定赣州寇乱。明宪宗朱见深即位后，下诏命大臣严格考核天下官员，罢免了河南左布政使侯臣等十三人，而以王恕接替侯臣。明宪宗成化元年（1465），第一次荆襄流民起义爆发，朝廷提升王恕为右副都御史安抚治理流民问题。当时正逢王恕的母亲去世，朝廷下诏只准他奔丧两个月就要回职办公，王恕推辞但未获允准。他与尚书白圭共同平定大盗刘通起义，又攻破其党徒石龙。他严格约束部下不准滥杀人，使流民各归其业。又调任河南巡抚，因功升任左副都御史，不久调升南京刑部右侍郎。因父亲去世离职，丧服期满后，以原职总督河道。疏通高邮、邵伯等湖，修雷公，上、下句城，陈公四水塘的水闸。当时由于发生了灾异，朝廷广求消灾之策。宪宗为此免去山东一年的租税，京城周围地区也对租税有许多减免。不久，王恕改任南京户部左侍郎。

　　成化十二年（1476），大学士商辂等认为云南距京城万里，西边控制诸夷，南接交趾，而镇守太监钱能贪得无厌，便商议派遣有威望的大臣为巡抚镇守云南，于是改王恕为左副都御史前往，到云南后即升为右都御史。当初，钱能派指挥郭景到京师奏事，称安南捕盗兵擅自进入云南边境，宪宗立即命令郭景去送诏书以示告诫约束。按旧制出使安南必须从广西走，而郭景径直从云南前往安南。钱能托郭景送给安南王黎灏玉带、宝绦、蟒衣等珍奇诸物。黎灏遣将率兵护送郭景回来，即要开辟从安南到云南的通道。郭景害怕有后患，假称先行以告诉守关者，因此脱身回来，他扬言安南寇来了，关卡戒严。黔国公沐琮派人告谕安南将军，安南军才返回。而诸臣害怕钱能，隐瞒不向朝廷奏报。钱能又多次派遣郭景以及指挥卢安、苏本等勾结干崖、孟密等土司，接受其无数金银珠宝。王恕查访到这些情况，派骑兵去抓郭景，郭景畏罪自杀，王恕接着弹劾钱能私通外国，按罪当斩。宪宗下诏派刑部郎中潘蕃去处理。钱能又在这中间，以驿车向宪宗进献黄鹦鹉。王恕要求禁绝行贿，并将钱能贪婪残暴罪行全部揭发出来，他说："以前交趾由于镇守官员任用不当，致使一方陷没，现在这件事的危害性就更甚。陛下怎能为顾惜一个钱能，而不以安定边境为重。"钱能十分恐惧，急忙托宪宗身边所宠幸的人向宪宗要求召还王恕。而当时商辂、项忠等正直之士都由于与汪直意见不合被罢免，朝廷于是改任王恕掌管南京都察院，协助守备处理机要事务，弹劾钱能的事立即化解，潘蕃将调查钱能受贿的事据实报上，宪宗却搁置不问。

　　王恕在云南任职共九个月，威名远播境外，自黔国公沐琮以下都谨慎地服从政令。王恕一共二十次上疏，正直的名声震撼天下。当时，安南国接纳江西一位姓王的叛人作为谋主，偷偷地派遣间谍进入临安，又在蒙自铸造兵器，准备伺机偷袭云南。王恕要求增设副使二名，用以加强边备，他们的阴谋没有得逞。

王恕到南京任职数月后，升任南京兵部尚书，仍兼协助守备处理机要事务。他选拔部属时严禁熟人说情，与他共事的人都不高兴。而钱能回来后屡次在宪宗面前进谗言。宪宗对王恕多次直言相劝也不满意，就命王恕兼右副都御史巡抚南畿。按旧制，对应天、镇江、太平、宁国、广德的官田征收租额的一半，民田田租全免。后来，民田大都归于豪门，而官田拖累贫民。王恕就酌量减少官田亏损，稍稍增加民田负担。常州当时有额外多征的粮米，他就奏报朝廷以六万石大米补夏季田税缺额，又补其他府户口盐钞税六百万贯，公私两便。所辖区域发生水灾，他奏免秋粮六十余万石。四处救济借贷，救活了二百多万人。江南每年向内府输送白熟粳糯米十七万余石，送交各府部糙粳米四万四千余石，百姓很多因此破产，而光禄寺一概供应给厨子、工匠。此外宦官横征暴敛，各地输送上的贡物，负责收贡物的官员一概都超额索取。织造丝绸以及采花捕鸟的人，道路上络绎不绝。王恕先后向朝廷陈述其害，意见都不被采纳。

宦官王敬携同妖人千户王臣南行收罗药物、珍玩，所到之处骚扰不安，县令很多被侮辱。王敬一行到了苏州，召诸生写妖书，诸生群情激愤。王敬奏告诸生违抗命令。王恕急忙上疏说："正值灾年，应该遣使赈济，王敬反而横蛮地索取珍玩。以前唐太宗暗示梁州献名鹰，唐明皇命令益州织半臂褙子的异服，献琵琶杆拨子、镂牙盒子这些东西，李大亮、苏颋拒不奉诏。臣尽管比不上他们，却敬慕李大亮这样的人。"接着他把王敬等的罪状全都一一列出。王敬也诬奏王恕，并牵涉逮捕了常州知府孙仁。王恕上书直言救孙仁，三次上疏弹劾王敬。正碰上宦官尚铭也揭发王敬的罪状，宪宗于是将王敬等逮捕下狱，罚其党徒十九人戍边充军，而在街市将王敬斩首示众，将其首级送到南京。

　　成化二十年（1484），宪宗又改任王恕为南京兵部尚书。此时钱能也守备南京，对人说："王公，是天界之人，我恭敬侍奉而已。"王恕坦诚待他，钱能终于收敛了许多。当时林俊被下狱，王恕上疏说："天地只有一坛，祖宗只有一庙，而佛却有千余座寺。修建一寺，移民有数百家，花费国库几十万两银子，这是很不应当的。林俊说得对，不应该判罪。"宪宗见到奏疏后不高兴。

　　王恕先后应诏陈述政事二十一次，提出建议三十九次，都极力阻止权贵宠臣的胡作非为，天下人倾心敬仰他，每当政事遇到不合理的情况，必定有人说："王公怎么不说呢？"要不就说："王公的奏疏马上到了。"不久，王恕的疏文果然到了。当时歌谣说："两京十二部（指北京、南京的六部），独有一王恕。"权贵宠臣都对他十分嫉恨，宪宗也对他颇感厌烦。

　　成化二十二年（1486），宪宗起用传奉官，王恕进谏更加深切，宪宗愈加不高兴。王恕之前已加职太子少保，时逢南京兵部侍郎马显上疏请求辞官，宪宗忽然在批文上附上王恕以太子少保退休，朝野群臣得知后大为惊骇。王恕多次任巡抚，从侍郎到尚书，都在留都南京。由于喜欢直言以对，终十九法待在朝廷。

　　他回到家乡后，名望更高，廷臣不断向上推荐他，工部主事王纯把王恕比作西汉的汲黯，以至受到杖责，被降为思南府推官。

　　直到明孝宗朱祐樘即位后，才采纳廷臣的举荐，召王恕入朝任吏部尚书，不久加职太子太保。先前，朝内外弹劾内阁大学士刘吉的官员，必定举荐王恕，刘吉因此大为怨恨王恕。凡是王恕所推举的，他必定暗中阻挠。明孝宗弘治元年（1488）闰正月，言官弹劾两广总督宋旻、漕运总督丘霬等三十七人应该降职免职，这其中有很多向来有名望的官员。刘吉竟然直接领旨予以批准，奏章不下到吏部。王恕因为不能行使其职权，上疏请求离去，孝宗不准。陕西缺巡抚，王恕推荐河南布政使萧祯。孝宗下诏另外推选，王恕坚持上奏说："陛下不因为臣不成器，任臣就职吏部。如果臣所举荐无效，是臣的罪过。现在陛下怎么知道萧祯不才而回绝？想必是左右近臣意有所属。臣不能指望以顺风倒来保住官位。陛下既认为萧祯不值任用，则是认为臣不值任用，希望放臣回乡以保全臣这把老骨头。"孝宗终于任用萧祯。

当时言官多称王恕辛苦并且年老，不适合担任繁重的职务，应该安置在内阁参与一些大政要事，最后，南京御史吴泰等又说这件事。孝宗说："朕采用蹇义、王直先例，任王恕在吏部为官，王恕有建议，未曾不听，何必入阁呢？"王恕曾经侍奉孝宗开御前讲席，见孝宗苦于暑热，请求依照旧例在寒冬酷暑期间暂停御前讲席，仍然将讲义呈进宫中。进士董杰、御史汤鼐、给事中韩重等于是交错上奏章驳斥，王恕以有罪请求解职，孝宗好言劝阻。王恕上言道："臣承蒙国家厚恩，日夜思报。人们见陛下委任臣职位过重，就期望臣更甚，希望臣要尽取朝政重新安排，像宋代司马光那样。且不说臣的才能远不及司马光，即按当今时势而言也不是元祐年间。况且六卿分职，各有所辖，臣岂敢越权行事。但是董杰等责备臣，臣无法逃罪，只请求允准返乡。"孝宗又好言慰留。王恕感激孝宗对他的器重，更加全身心投入处理国事。王恕正要因病休假，听说孝宗提升很多宦官，甚至赐蟒衣、庄田，王恕全在疏中恳切地劝谏。宦官黄顺要求起复匠官潘俊以供役使。王恕说不能因小臣破坏制度。黄顺坚持再上奏章，竟获孝宗批准。

刘吉已对王恕怀恨在心，他陷害寿州知州刘概以及言官周纮、张黻、汤鼐、姜绾等，王恕直言上疏极力相救，刘吉因此更加恨他，就伙同与其关系密切的魏璋等一起排挤王恕。王恕先后举荐罗明、熊怀、强珍、陈寿、丘鼐、白思明等，刘吉都暗示魏璋等阻挠。王恕知道其志不能实行，接连上奏章要求离去。孝宗总是安慰挽留他，并且因他年老，特批准免去午朝，遇到大风雪，早朝也免。

徽王朱见沛求归德州的田土，已得孝宗批准。王恕说皇室宗亲不应为争夺尺寸土地，而使百姓失业，孝宗婉转地予以答复。卢沟桥修成，宦官李兴要求提升文思院副使潘俊等官员。王恕说："营造是日常工作，怎能记功？成化末年才有此事，陛下初政时所幸已革除裁汰，为什么又实行？况且修建皇陵大工程也未听说升职，其他的人援引此例也求升职，将以何词回绝呢？"孝宗采纳王恕的意见。事后，修京城河的桥，孝宗又批准李兴请求授给四人官职，答应赐五人帽子和腰带。王恕上疏劝谏，孝宗不听，王恕第二次上疏规劝说："臣主管考察任免官员，理当尽言。而再次上疏不能改变陛下的视听，陛下认为既然已批准的不能改变。事情要求恰当，如果不恰当，就是改变十次又有何害？否则流弊就不可挽救。"孝宗回答已知道了。王恕先后因为灾异分列七件事，由于星象异变陈述二十件事，都切中时弊。外戚、寿宁伯张峦要求赐勋号、诰敕。王恕说："钱、王两太后在宫中为皇后数十年，钱承宗、王源才求得爵位。现在皇后才立三年，张峦已经封伯爵，陡然有这个请求，对陛下圣德有影响，不应批准。"通政经历高禄是张峦的妹夫，越级升为本司参议。王恕说："天下之官位是留给天下才学之士的，勿徇私情封贵戚，造成不良影响。"宫中传旨让御医徐生超依次递补为院判，王恕请求从考绩最上等的官员中选拔。其意见不被接受。文华殿中书舍人杜昌等凭借关系增加俸禄，御医王玉自己要求晋升官职，都因王恕极力争辩而作罢。

　　当时，刘吉已被罢免，而丘濬入阁，他与王恕不合。当初，丘濬任礼部尚书掌管詹事府，与王恕同为太子太保。王恕为六卿首领，位在丘濬上。到丘濬进入内阁，王恕以吏部尚书职不谦让，丘濬因此不高兴。王恕考察天下众官，被他贬退而丘濬调来圣旨又留用的有九十多人。王恕屡次争辩达不到目的，他就力求罢免自己的官职，没得到孝宗的批准。太医院判刘文泰曾经到丘濬家求取升任官职，后被王恕所阻止，刘文泰对王恕恨之入骨。王恕辞官居乡时期，曾经托人为他写传记，雕版印行。丘濬对刘文泰说王恕为自己沽名钓誉诽谤君王，皇帝知道了罪名不小。刘文泰听了心动，于是自己起草奏章，让被除名的都御史吴祯润色，攻击王恕扰乱选官法则，并且在传记中自比伊尹、周公，将官员奏疏扣留下来，一概说宫中不回复，以此造成先帝拒谏的影响，无做人臣的礼节，想从中制造奇祸。王恕认为此奏出于丘濬旨意，就上奏章分辩道："臣做传记在成化二十年（1484），二十二年（1486）辞官在家，并非对先帝有意见。况且传中所载都是以显示先帝纳谏的美德，何名彰扬过失？刘文泰是无赖小人，此必是善写文章心怀阴谋的人幕后策划的。"孝宗将刘文泰下到锦衣狱，经审讯得到实情，有关部门请求逮捕丘濬，王恕及吴祯公堂对质。孝宗内心不满意王恕，就将刘文泰贬为御医，责备王恕沽名钓誉，焚毁雕版，不问丘濬的罪。王恕第二次上疏要求处理，得不到同意，就极力要求离职。孝宗听凭他乘驿车归乡，不赐敕书，月粮、岁役也减少很多。朝廷官员因此看不起丘濬。等到丘濬去世，刘文泰前往吊丧，丘濬妻子大声呵斥他出去，她说："由于你的缘故，使相公与王公关系不好，背上不义的名声，还吊什么丧！"

明武宗朱厚照即位后，派官员送敕书慰问王恕，赏赐他羊、酒，增加粮食役奴，并且告诉王恕无所隐瞒地直话直说。王恕陈述多件重要的政事，武宗好言嘉勉。

明武宗正德三年（1508）四月，王恕去世，享年九十三岁。王恕平日饭量超过一般人，等到他去世的那天时少吃了一些。王恕闭户独坐，突然有像雷一样的声音，白气弥漫，家人上前看后，发现他已经瞑目了。讣告传到宫中，武宗为他停朝一天，追赠王恕特进左柱国、太师，赐谥号端毅。

王恕其学大抵推之事为之际，重在自得，不尚空谈，并注重气节。王氏认为，古之学者皆以言行为学，故无求饱求安者，志在敏事慎言；就有道而正之，正其所言、所行之是非，是者行之，非者改之。将学与行紧密结合为一体。在自然观方面，王恕倾向于有神论、泛神论，谓"鬼神之谓德"能生长万物，福善祸淫，其感无以复加。鬼神视而弗见，听而弗闻，无形无声，但其以物为体，无物不有，如门有门神，灶有灶神，木主为鬼神之所栖。鬼神有感必应，故使人敬畏而致祭祀。但他又指出，所谓对鬼神祭之"如在""言非实有也"，其言前后矛盾。关于心性问题，王恕认为，性乃天之所命，人之所受，性即天理之流行，因而性是善的，顺理而善者为性之本，不顺理而恶者非性之本。他不同意"已然之迹便是性"的说法，认为已然之迹已经有善有恶，故不能称为性。王氏言性，排除了"气质之性"，而将其归结为纯善的天理之性。他认为性之理"甚微"，故当"尽心而穷究之"。"尽心"在"知性"之前，为"知性"的途径，所以他提出朱熹《四书集注》言"知性乃能尽心"为"不无颠倒"。关于"天理""人欲"关系，王恕持对立论，认为天理人欲相为消长，有天理即无人欲，有人欲即无天理。在经济思想方面，王恕批驳了企图恢复井田制的主张，认为井田之法令不可行。王恕于儒家经典及传注，每有新解。认为《论语·子罕》篇颜渊怅然叹曰："仰之弥高，钻之弥坚，瞻之在前，忽焉在后"，系颜渊"言己不定见，非圣道之有高坚前后也"。谓朱熹《四书集注》以为系颜渊深知孔子之道无穷尽、无方体而叹之为"非是"。认为《春秋》系孔子根据左丘明所作鲁史而撰写，非左丘明据孔子所修《春秋》而作传。

王恕晚年回归故里，致力于理学研究，成为"三原学派"的创始人；支持幼子王承裕首创弘道书院，为西北诸省培养了众多人才。

王恕有《王端毅公奏议》十五卷、《历代名臣谏议录》一百二十四卷、《玩易意见》两卷、《介庵秦稿》等；年八十四时著《石渠意见》四卷、年八十六时著《拾遗》两卷；年八十八时著《补阙》两卷，又有《河漕通志》。《皇明经世文编》亦收录有《王端毅公文集》一卷。

王恕墓位于陕西省咸阳市三原县城关镇从仁堡村，于 1991 年 8 月被公布为县（区）级重点文物保护单位。

十三　王承裕

（一）赞诗

月明风响赋歌吟，赞化参天弘道心。
十载林居唯一事，栽桃培李作甘霖。

（二）诗解

此诗赞明代关学学者王承裕幼年聪慧好学的优秀品质，突出赞美他创建弘道书院，制订治学准则、教育宗旨的崇高教育理念和弘扬儒学的执着精神，及其晚年退休，归家办学，继承关学，培养人才的杰出贡献。

月明风响赋歌吟： 王承裕七八岁时所作的《屋隙诗》中有"风来梁上响，月到枕边明"的佳句。又作先圣孔子木牌位，朝夕拜之，春秋丁日，具香果，斋而祭之。

赞化参天弘道心： 王承裕明孝宗弘治八年（1495）创建"弘道书院"。书院以"父子亲、君臣义、夫妇别、长幼序、朋友信"为治学准则，以"博学、审问、慎思、明辨、笃行"为检验标准，把"赞化育、参天地"视为弘道之极功，并依据白鹿洞书院教条订立学规20条，以约束诸生。"赞化育、参天地"一语出于《中庸》："唯天下至诚，为能尽其性；能尽其性，则能尽人之性；能尽人之性，则能尽物之性；能尽物之性，则可以赞天地之化育；可以赞天地之化育，则可以与天地参矣。"意思是说：只有天下极真诚的人才能充分发挥他的本性；能充分发挥他的本性，就能充分发挥众人的本性；能充分发挥众人的本性，就能充分发挥万物的本性；能充分发挥万物的本性，就可以帮助天地培育生命；能帮助天地培育生命，就可以与天地并列为三了。

十载林居唯一事： 自明世宗嘉靖八年（1529）致仕至嘉靖十七年（1538）去世，王承裕林居10年，唯以读书教人为事。

栽桃培李作甘霖： 王承裕授徒甚众，其佼佼者有马理、秦伟、郝世家、雒昂、张原、李伸、赵瀛、秦宁、王佩、李结等。当时称其济美，有范忠宣继文正公之风。

（三）传略

王承裕（1465—1538），字天宇，号平川，明朝大臣，陕西省三原县光远里（今三原县北城）人。吏部尚书王恕的幼子。王恕任河南左布政使时生于官邸，此后，一直与父亲生活在一起。七八岁时所作的《屋隙诗》中即有"风来梁上响，月到枕边明"的佳句。又作先圣孔子木牌位，朝夕拜之，春秋丁日，具香果，斋而祭之。乃为《斋铭》曰："齐不齐，谨当谨，万物安，百神统。圣贤我，古来吻。齐不齐，谨当谨。"十四五岁时，在南京随莆田县萧先生读书，萧先生令其连续侍立三日，一无所授。回家后对父亲说："萧先生待儿如此，是认为我不值得教么？"王恕说："好啊！值得教啊！这才真正是你的老师！"由此越发尊敬老师，喜欢读书，日有所进。十七八岁时即著《进修笔录》一书，经崇仁县吴宣作序，流传于世。二十岁时又著《太极动静图说》。明宪宗成化二十二年（1486）乡试中举。

成化二十三年（1487），孝宗即位，王恕拜为吏部尚书，王承裕随父进京，得以与当时名流交往，由此见闻益广，学业猛进。明孝宗弘治六年（1493）举进士。适逢父亲受到排挤，致仕归里，王承裕遂告假回家，侍养父亲。在此期间，他开门授徒。起初借僧舍为讲堂，题名"弘道书屋"。弘治八年（1495），因求学者日众，僧舍不能容纳，众议募捐，于是，借永清坊普照寺废院创建了"弘道书院"。书院以"父子亲、君臣义、夫妇别、长幼序、朋友信"为治学准则，以"博学、审问、慎思、明辨、笃行"为检验标准，把"赞化育、参天地"视为弘道之极功，并依据白鹿洞书院教条订立学规20条，以约束诸生。书院有考经堂，藏书逾千卷，王承裕亲自授课，其讲学"宗程（程颢、程颐）、朱（朱熹）以为阶梯，祖孔（孔子）、颜（颜回）以为标准"。师道自居甚严，弟子咸知敬学，故自树而成名者甚重。礼部主事王云凤曾为其作《弘道书院记》以述其事。

过了几年，孝宗授王承裕兵科给事中。在任期间，他出京治理山东、河南屯田，减登州、莱州二府粮额为三亩征一斗，归还了青州、彰德二府早先钦赐给王府的360余顷军田；两次出使藩国，馈赠一无所受；有《时政》《先务》等疏，皆切中时弊。武宗即位后，升任吏科给事中。明武宗正德元年（1506），太监刘瑾专权，群臣多出其门，王承裕上疏请求进用君子、斥退小人，冒犯了刘瑾，罚王承裕出粟300石，输送边疆。正德三年（1508年）父亲去世，王承裕回家守孝，孝满时，刘瑾已经伏诛，遂以原官迁太仆寺少卿，后为太仆寺卿，调南京太常寺卿。

正德十四年（1519），宁王朱宸濠在致仕都御史李士实、举人刘养正的策划下起兵谋夺帝位。他们从南昌出鄱阳湖，声言直取南京。在南京的大臣分城守卫，王承裕与家人诀别，守通济门。城内有人藏匿兵器，图谋为叛军内应，此事被王承裕发觉，处以极刑，城内随之安定。正德十六年（1521），世宗即位，论御贼功，王承裕受到白金文绮的赏赐。明世宗嘉靖二年（1523），迁南京户部右侍郎，提督仓场，不久又回户部，为世宗所器重，赐给其父兴献王朱祐杬御书"清平正直"四字。嘉靖六年（1527）升任南京户部尚书。其间，清理逋税 170 万石，积累羡银 48000 余两。在职 3 年，于嘉靖八年（1529）致仕。

自嘉靖八年（1529）致仕至嘉靖十七年（1538）去世，王承裕林居 10 年，唯以读书教人为事。授徒甚众，其佼佼者有马理、秦伟、郝世家、雒昂、张原、李伸、赵瀛、秦宁、王佩、李结等。当时称其济美，有范忠宣继文正公之风。嘉靖十七年（1538）去世。终年七十四岁。赠太子少保，谥康僖。著作有《进修笔录》《太极动静图说》《论语近说》《论语蒙读》《谈录漫语》《星轺集》《辛巳集》《考经堂集》《庚寅集》《谏垣奏草》《草堂语录》《三泉堂漫录》《厚乡录》《童子吟稿》《婚礼用中》等书，所述有《横渠遗书》《太师端毅公遗事》等书行世。

十四 马理

（一）赞诗

> 曾参三省范吾身，修到中华第一人。
> 廷杖狱刑经历遍，文光灿烂耀东邻。

（二）诗解

此诗咏赞明代关学学者马理严于律己修身，养成高尚人格，受到广泛赞美的崇高精神，颂扬他不畏权贵之威、不避刑狱之冤，敢于为国计民生谏言的刚正品格。

曾参三省范吾身：马理注重学用统一、知行合一，时时处处仿效古代圣贤，常常以曾子的"三省"、颜回的"四勿"严格规范自身，进退举止，极力追随古时的礼仪，有关学宗师张载的风范，深受名士王承裕的器重。

修到中华第一人：马理人格高尚、名声斐然，朝鲜的使者来京，也要拜访马理和关学另一名大家吕柟，并称赞说："伯循（马理），仲木（吕柟）属中国第一人才。"

廷杖狱刑经历遍：马理为官时，曾多次直面劝谏武宗、世宗，为此多次遭廷杖处罚，并获罪入狱，但他仍以国家大事为己任，从不顾个人安危。

文光灿烂耀东邻：马理著述丰硕，德望崇高，才华出众，学识文章在世时已闻名全国，广传天下。马理七十岁时归隐商山书院，经常着山乡贫民的服装，鹤发童颜，看起来如同神仙一般，仰慕者、拜访者、求诗文者很多。他所著《送康太史奉母还关中序》一文，被传抄国外，朝鲜国将此文作为范文，在学士中广为传诵。

（三）传略

马理（1474—1556），字伯循，号溪田，三原（今陕西三原县）人。明孝宗弘治十年（1497）举人，明武宗正德甲戌年（1514）进士。曾任吏部稽勋司主事、稽勋员外郎、南京通政司右通政、稽考功郎中光禄卿等职。弘治年间就学于三原弘道书院，其学识和文章闻名全国。1556年，卒于关中大地震，时年八十三岁。

马理年幼聪明好学，举止文雅，十四岁时就成为当地很有名的诸生，二十岁时适逢王恕受到排挤，致仕归里，其子王承裕遂以进士身份，告假回家，侍奉父亲。父子创办弘道书院，讲学授徒，马理即就学于弘道书院。学习期间他博览群书和儒家经典，注重言行如一，时时处处仿效古代圣贤，常常以曾子的"三省"、颜回的"四勿"严格规范自身，进退举止，极力追随古时的礼仪，有关学宗师张载的风范，深受康僖公王承裕的器重。

马理在礼仪方面师承张载，但在学术上更接近程、朱。他非常重视学习研究古代的礼仪，认真揣摩、体会。对于婚、丧、嫁、娶之礼，他熔张载、司马光、朱熹和《大明礼集》思想为一炉，折中用之。杨遂庵到关中监学，见到马理和康海（德涵）、吕柟（仲木），惊叹道："康德涵的文采，马、吕的博学，真是旷世少有。"后来，马理来到京城，和许多学者一起讲学。如陈云逵、吕仲木、崔仲凫、何粹夫、罗整庵等人。自此，他的学说更趋成熟，弟子甚多。为了支持他讲学，督学唐渔石还为他建造了十分精美的嵯峨园林，并亲写题记，认为他真正继承了关学、洛学的思想精髓。马理七十岁时归隐商山书院，经常着山乡贫民的服装，鹤发童颜，看起来如同神仙一般，仰慕者、拜访者、求诗文者很多。由于马理的名声斐然，就连朝鲜的使者来京，也要拜访马理和关学另一名大家吕柟，并称赞说："伯循，仲木属中国第一人才"。

马理为官时，曾多次直面劝谏武宗、世宗，为此多次遭廷杖处罚，并获罪入狱，但他仍以国家大事为己任，从不顾个人安危。

马理的德望才华、学识文章在世时已闻名全国，广传天下。所著《送康太史奉母还关中序》一文，被传抄国外，朝鲜国将此文作范文传诵。他的著述丰硕，主要有《四书注疏》《周易赞义》《尚书疏义》《诗经删义》《周礼注解》《春秋修义》《陕西通志》等。

十五　薛敬之

（一）赞诗

晨鸡一唱候师门，忧患凝成祭虎文。
千古圣贤心主宰，平生俯首拜泉云。①

---

① 泉指周小泉，云指陈云逵。

（二）诗解

此诗咏赞明代关学学者薛敬之少年时代尊师重道、勤奋好学的优良品德；任官职期间勤政爱民，关心百姓疾苦，为民除害的忧患意识。咏述他敬仰周小泉、陈云逵的人品学识，贯通程朱、陆王之学，强调心的主宰作用的学风特征。

晨鸡一唱候师门：薛敬之少年时拜理学大师周惠（号小泉）为师。每天闻鸡而起，到周家门前等候开门。进门后扫洒设座，跪而请教，执礼甚恭……从此，就有了"周门候启"的典故。

忧患凝成祭虎文：明宪宗成化二十一年（1485），薛敬之被提拔为山西应州知州。在应州任上，他鼓励民众耕稼纺绩。应州南山有虎患，他仿唐代韩愈任潮州刺史时写《祭鳄鱼文》，为百姓除患，写《祭虎文》。文曰："吾无虐政于民，而虎何居食吾赤子？"旬日，虎溃于壑。肖家塞北，瀑水涌出于中田，势汹，若将溺人。先生祭之曰："是将没吾民乎？恶在其为民父母也！"痛自刻责。忽瀑水如鸣雷下泄，人得不溺。有狐狸精为妖，民惊恐。先生祝神明，狐死，不为妖。应州有井，水黄且咸，不可人食。忽一日，复为白水，其味甘。百姓们认为这些都是薛先生善政的征验。

千古圣贤心主宰：薛敬之重视心的主宰作用。他说："心乘气以管摄万物，而自为气之主，犹天地乘气以生养万物，而亦自为气之主。"又曰："人皆是气，气中灵底便是心。"又云："千古圣贤，非是天生底，只是明得此心分晓。"

平生俯首拜泉云：薛敬之一生敬仰两位老师，谨执弟子礼。一是周小泉；一是陈云逵。其弟子吕柟志其墓曰："初先生致仕家居，以事入长安，柟或遇于长安开元寺，因叩先生。先生曰：'兰州军周惠者字廷芳（号小泉），躬行孝弟，其学近于伊、洛，吾执弟子礼事之。吾入太学时，道经陕州，陈云逵忠信狷介，凡事皆持敬遇之，吾以为友。凡吾所以有今日者，多此二人力也。'"

（三）传略

薛敬之（1435—1508），字显思，号思庵，陕西渭南人。他天生姿容秀美，生五岁，爱读书，十一岁时，解属文赋诗。稍长，言动必称古道、则先贤。年龄稍长，拜理学大师周惠（号小泉）为师。每天闻鸡而起，到周家门前等候开门。进门后扫洒设座，跪而请教，执礼甚恭……从此，就有了"周门候启"的典故。明代宗景泰七年（1456），获籍邑诸生，居止端严，不同流俗，乡闾惊骇，称之曰："薛道学。"为文说理而华，每为督学使者所赏鉴。应试省闱至十有二次，竟不售。明宪宗成化二年（1466）以积廪充贡入太学。太学生接其言论，咸为叹服，都惊呼"关西又出了个横渠"。在太学里，他与开创江门学派的广东新会人陈献章齐名。

薛敬之在太学期间，父母相继去世，闻听噩耗，悲痛欲绝，赤脚哭号奔丧。当时积雪盈尺，泥泞遍道，因此落下了终生脚疾。薛敬之的母亲爱吃韭菜，母亲去世后，他终生不忍食韭。

成化二十一年（1485），薛敬之被提拔为山西应州知州。在应州任上，他鼓励民众耕稼纺绩。春耕生产时，他亲自到田间视察。有家庭困难者，就送给他们种子。民贫不能婚丧者，给予资助，买母畜数十，送与孤独，令其豢养繁殖。不三四岁，应州积粟四万余石，干蔬万余斤。随即，遇上荒年。应州民众免于饿死，还有三百余家逃荒者返回，皆予衣食，修葺其屋。又立义冢，埋葬死于道者。获盗贼，不轻贷，故道不拾遗。尤重学政，常为穷学生提供灯油纸笔。他倡导在应州修建儒学明伦堂，并亲笔撰写了上梁文。

应州南山有虎患，他仿唐代韩愈任潮州刺史时写《祭鳄鱼文》为百姓除患的方式，写《祭虎文》。文曰："吾无虐政于民，而虎何居食吾赤子？"旬日，虎溃于壑。肖家塞北，瀑水涌出于中田，势汹，若将溺人。先生祭之曰："是将没吾民乎？恶在其为民父母也！"痛自刻责。忽瀑水如鸣雷下泄，人得不溺。有狐狸精为妖，民惊恐。先生祝神明，狐死，不为妖。应州有井，水黄且咸，不可人食。忽一日，复为白水，其味甘。百姓们说这些都是薛敬之善政的征验。

明孝宗弘治三年（1490），薛敬之亲自主持修缮应州木塔，并欣然提笔，写下"玩海、望嵩、挂月、拱辰"四匾额，分别悬挂在木塔第五层的东西南北四面。该塔是世界现存最古老、最高大的木结构塔式建筑。

应州人感激薛敬之的善政，为其立有生祠，感其恩德，祈祷长寿。还立有《应守薛君政德碑记》石碑，以彰政绩。孝宗弘治九年（1496），薛敬之迁金华同知（副官之名）。东南学者陈聪等数十人登门求教。在金华为官二年，即辞职回家。十年后，明武宗正德三年（1508）二月二十七日，薛敬之卒于家，终年七十又四。

薛敬之不仅政声斐然，而且学有盛绩。一生嗜道若饴，老而弥笃。且好与人讲，遇人无问人省解不，即为说道，人或不悦听说，亦不置。又好静坐思索，凡有所得，如横渠法，即以札记。薛敬之之学以程、朱之学为主，又兼通王、陆二家学说，此可视为明代关学继三原学派之后的又一重要阶段。他虽注重"理气"，但又认为"一身皆是气，惟心无气"，"心乘气以管摄万物，而自为气之主，犹天地乘气以生养万物，而亦自为气之主"，认为宇宙遵循"无极—太极—天地—五行—四时—人"的演化过程。所著有《思庵野录》《道学纂统》《洙泗言学录》《尔雅变音》《田畸百咏集》《归来稿》，及演作《定心性说》诸书。

其卒也，弟子吕柟志其墓曰："初先生致仕家居，以事入长安，柟或遇于长安开元寺，因叩先生。先生曰：'兰州军周惠者字廷芳（号小泉），躬行孝弟，其学近于伊、洛，吾执弟子礼事之。吾入太学时，道经陕州，陈云逵忠信狷介，凡事皆持敬遇之，吾以为友。凡吾所以有今日者，多此二人力也。'柟谒先生者再四，见先生年已七十，日夜读书不释卷。听其论议，皆可警策惰志，则亦今日之博学好古，死而后已者也。"

附　薛敬之《思庵野录》

心乘气以管摄万物，而自为气之主，犹天地乘气以生养万物，而亦自为气之主。

一身皆是气，惟心无气。随气而为浮沉出入者，是心也。人皆是气，气中灵底便是心。故朱子曰："心者，气之精爽。"

心本是个虚灵明透底物事，所以都照管得到。一有私欲，便却昏蔽了，连本体亦自昧塞，如何能照管得物？

学者始学，须要识得此心是何物，此气是何物，心主得气是如何，气役动心是如何，方好着力进里面去。

千古圣贤，非是天生底，只是明得此心分晓。

天地间凡有盛衰强弱者，皆气也，而理无盛衰强弱之异。先儒谓"至诚贯金石"，则理足以驭气矣。

心便是官人，性便是个印信，情便是那文书，命便是那文书上说的物事，文书或写得好歹，说得利害紧慢，便唤作才。这一弄事物，不是气怎么做的？便唤气。故心、性、情、命、才、气本同一滚的事，更何异？

德无个大小，且指一物始根，便是大德；发生条达，千枝万柯，都是那根上出来，便是小德。

接事多，自能令气触动心，敬则不能为之累，否则鲜不为之累。

心之存，则海水之不波；不存，则沙苑之扬灰。

仁则是心求仁，非一方也。但心有所存主处，便是求仁。观诸孔门问答，可见师之教、弟子之学，都只是寻讨个正当底心，心外无余事。

《太极图》明此性之全体，《西铭》状此性之大用。

"寂然不动，感而遂通天下之故"，标贴出个心之体用来。程子因而就说个"体用一源，显微无间"，包括这两句。

"有朋自远方来"，与"天下归仁"之旨同。

"活泼泼地"只是活动，指鸢鱼也。便见得理气，说得面前活动，如颜子"卓尔"，孟子"跃如"模样。

天地无万物，非天地也；人心无万事，非人心也。天地无物而自不能不物物，人心无事而自不能不事事。而今天下只是一个名利关住扎了，壅住多少俊才，可胜叹哉！气化然也。

气化人事，不可岐而二之，须相参而究之，然后可以知天道消息，世道隆替。

因天地而定乾坤，因高卑而位贵贱，因动静而断刚柔，因方类物群而生吉凶，因天象地形而见变化。此圣人原《易》之张本以示人，故曰"《易》与天地准"。

《太极图》虽说理，亦不曾离了气。先儒解"太极"二字最好，谓"象数未形，而其理已具之称，形器已具，而其理无朕之目"。"象数未形"一句，说了理，"形器已具"一句，却是说了气，恁看气理何曾断隔了。

雨旸燠寒，风之有无，见得天无心处。风雷变化，气使然也。

天本无心，以人为心，圣人本无心，以天处心。其未至于圣人者，可不尽希天之学乎！何谓希天？曰："自敬始。"

凡所作为动心，只是操存之心未笃，笃则心定，外物不能夺，虽有所为，亦不能动。

在天之风霜雨露者，阴阳之质；在地之草木水石者，刚柔质也；在人之父子君臣者，仁义之质。阴阳一刚柔也，刚柔一仁义也。阴阳气也，离那质不得；刚柔质也，离那气不得；仁义性也，离那气质不得。未有无气之质，未有无质之气，亦未有无气质之性。偶观杏实，会得一本万殊道理。当时种得只是一本，如今结了百千万个，不亦殊乎？一本万殊，万殊一本，有甚时了期，就见得天命不已气象出来。

古来用智，莫过大禹，观治水一事，只把一江一河，便分割天地。

尧、舜之世，以德相尚，故无谶纬术数之可言。汉、唐以下，伪学日滋，故有谶纬术数之事。

古人之论处家，有曰义，有曰忍。盖忍字无涯涘，义字有正救，独用忍不得。独用义亦不得，上下名分不得不用义，出入日用不得不用忍。义与忍相济，而后处家之道备矣。

孔门优游涵泳，只是调护个德性好。凡问政、问仁、问士、问礼与行，不过令气质不走作，掘得活水出来。

夜气与浩然之气不同，彼以全体言，此以生息言。但"浩然"章主于气，"牛山"章主于性，学者互相考之，有以知性气之不相离也。

天高地下，万物流行，分明个礼乐自然。

十六　吕柟

（一）赞诗

九载南都正学风，柳湾精舍鹭峰东。
五经行后方能熟，铁汉英名满域中。

（二）诗解

此诗咏赞明代关学著名学者吕柟"以格物为穷理"，"以克己为功夫"的学术思想，和学以致用、重视躬行的优良学风，以及不畏权贵、直言敢谏、刚正不阿、清正爱民的优良品德和崇高人格。

九载南都正学风：吕柟于明世宗嘉靖丁亥年（1527），转为南都吏部考功郎中，先后升南京宗人府经历，尚宾司卿，太常寺少卿，国子监祭酒，累官至南京礼部右侍郎。任职南京的九年中，吕柟就学术观点和学风问题与当时的著名学者进行了频繁的学术交流和辩论，对纠正当地华而不实、知而不行的不良风气发挥了重要作用。

柳湾精舍鹭峰东：吕柟任职南京九年期间，在柳湾精舍、鹭峰东所等书院多次讲学，与学者进行了频繁的学术交流，《泾野子内篇》中的《柳湾精舍语》《鹭峰东所语》即是这一时期讲学的记录。明嘉靖己亥年（1539），他上疏请归，同年五月致仕，时年六十岁。返归故里随即讲学于北泉精舍。

五经行后方能熟：吕柟为学注重躬行实践，强调"即事即学，即学即事"，提倡广见博闻。指出："天下无一事非理，无一物非道""天理不在人事之外，外人事而求天理，空焉亦矣"。要认识和把握天理必须躬行实践。"学者虽读尽天下之书，有高天下之文，使不能体验见之躬行，于身心何益，于世道何补？"弟子问："五经四书熟后，再看何书？"吕柟答曰："行后方能熟，虽不治他书可也。"《关学编》论吕柟云："盖先生之学，重躬行，不事口耳。"

铁汉英名满域中：吕柟嘉靖二年（1523）担任会试考官，选拔了一大批人才充实朝廷。嘉靖三年（1524）四月，他以十三事自呈，表达"大礼未正，引为己罪"之意，实质是委婉批评明世宗违背礼制，结果触犯龙威，与邹守益一起下狱。一时直声震天下，世人有"真铁汉"之称。

（三）传略

吕柟（1479—1542），原字大栋，后改字仲木，号泾野，学者称泾野先生，陕西高陵人，师事薛敬之。十七八岁时，以学识广博而被选入正学书院。明武宗正德三年（1508），他二十九岁，举南宫第六人，擢进士第一，授翰林院编修。然而，时值阉党刘瑾把持朝政，正直之士不为其所容。适逢西夏扰乱边境，他上疏请皇上入宫御经筵，亲理政事，结果遭刘瑾嫉恨，遂与何瑭一起引退，在官仅两年。正德九年（1514），吕柟三十六岁。刘瑾伏诛，他官复原职，然不久又遇上乾清宫受火灾，他应诏上书呈六事，又多次上书劝皇上举直措诸枉，皆不被采纳，于是便再次引疾而归。第一次引退之后，他在家乡营造了东郭别墅，每日聚徒讲学其间，四方学者慕名而云集。别墅容纳不下，随即又筑东林书屋，讲学的规模和影响越来越大，"几与阳明氏中分其盛，一时笃行好学之士，多出其门"。明世宗嘉靖元年（1522），吕柟又官复原职。次年担任会试考官，选拔了一大批人才充实朝廷。嘉靖三年（1524）四月，他以十三事自呈，表达"大礼未正，引为己罪"之意，实质是委婉批评明世宗违背礼制，结果触犯龙威，与邹守益一起下狱。一时直声震天下，时人有"真铁汉"之称。不久，吕柟谪为解州判官，而邹守益则谪为广德判官，在京为官也仅两年。主政解州期间，他"恤茕独，减丁役，劝农桑，兴水利，筑堤护临池，行《吕氏乡约》及《文公家礼》"。为政之余，筑解梁书院以讲学，今本《泾野子内篇》中的《端溪问答》《解梁书院语》即是这一时期的讲学记录。丁亥年（1527），他转为南都吏部考功郎中。自此以后，吕柟才逐渐走出仕途的阴霾，先后升南京宗人府经历，尚宝司卿，太常寺少卿，国子监祭酒，累官至南京礼部右侍郎。任职南京的九年中，吕柟与当时的著名学者进行了频繁的学术交流和辩论，《泾野子内篇》中的《柳湾精舍语》《鹫峰东所语》即是这一时期讲学的记录。己亥年（1539），他上疏请归，同年五月致仕，时年六十岁。返归故里随即讲学于北泉精舍，这也是吕柟一生中的最后四年讲学。嘉靖二十一年（1542），吕柟卒于家，享年六十四。《明史》称其"仕三十余年，家无长物，终身未尝有惰容。时天下言学者，不归王守仁，则归湛若水，独守程、朱不变者，惟柟与罗钦顺云"。朝鲜国曾奏请其文为式。

吕柟为学注重躬行实践，"以格物为穷理"，强调"即事即学，即学即事"（《泾野子内篇·鹫峰东所语》）。提倡广见博闻，认为"四方上下山川草木皆书册"（《端溪问答》）。针对科举弊端，他提出"安贫改过"。安贫即不为科举陷溺，以务实为本；改过为脱去旧习，做"克己功夫"。主张教人"因人变化"，依其资质高低、学问深浅而异，不可一概而教。针对当时学者以读书、究心草木鸟兽等客观事物为"格物穷理"的认识，吕柟认为，所谓"格物"的"物"并不是"泛然不切于身"的东西，而是"凡身之所到，事之所接，念虑之所起，皆是物，皆是要格的。盖无一处非物，其功无一时可止息得的。"

既然如此，那么"格物"所要穷究的"理"究竟存在于何处呢？吕柟指出："天下无一事非理，无一物非道，如《诗》云：'洒扫庭内，惟民之章。'夫洒是播水于地，扫是运帚于地，至微细的事，而可为民之章。故虽执御之微，一贯之道便在是也。"在形而下的事物之中就蕴涵着所以然之理,"一"即存在于"多"之中,故谓:"天理不在人事之外,外人事而求天理,空焉亦矣。"通过日用人事就能认识和把握那超越的所以然之理。而要认识和把握天理,吕柟认为,必须躬行实践。"学者虽读尽天下之书,有高天下之文,使不能体验见之躬行,于身心何益,于世道何补?"胡大器初谒吕柟于柳湾精舍时,问曰:"书册浩繁,可常读者安在?"吕柟曰:"当先精通其大者。但看书必要体贴见之于行可。若只为博览记诵,安能不患其浩繁耶!"① 又问:"五经四书熟后,再看何书?"吕先生曰:"行后方能熟,虽不治他书可也。"②

《关学编》论吕柟云:"盖先生之学,以立志为先,慎独为要,忠信为本,格物为功,而一准之以礼。重躬行,不事口耳。平居端严恪毅力,接人则和易可亲,至义理所执,则硿然兢烈,置死生利害弗顾也。尝访王心斋艮于泰州,赵玉泉初于黎城。每遇同志,虽深夜必往访,苟非其人,即一刺不轻投。教人因材造就,总之以安贫改过为言,不为玄虚高远之论。门人侍数十年,未尝见有偷语惰容。论者谓关中之学自横渠张子后,惟先生为集大成云。"

吕柟著述宏富,有《周易说翼》《尚书说要》《毛诗说序》《礼问内外篇》《春秋说志》《四书因问》《史约》《小学释》《宋四子钞释》《寒暑经图解》《史馆献纳》《南省秦藁》《泾野诗文集》《泾野子内篇》《泾野集》等。

十七 韩邦奇

(一) 赞诗

道继横渠气节昂,单车奋入叛兵场。

济民拯乱归来后,《志乐》书成九鹤翔。

---

① (明)吕柟:《泾野子内篇》卷七,西北大学出版社 2015 年版,第 42 页。
② (明)吕柟:《泾野子内篇》卷七,西北大学出版社 2015 年版,第 44 页。

（二） 诗解

此诗咏赞明代关学学者韩邦奇立志继承张载学说思想与精神的宏远志向，单车奋入叛兵，平息叛乱的英勇精神，勤政廉洁、拯乱济民的高尚官德，以及晚年潜心治学的卓越成就。

道继横渠气节昂： 韩邦奇青年时即"有志圣学"，其学术思想植根于张载关学，其人格精神刚直、诚信、重气节、重操守，门人白璧曰：先生"论道体乃独取张横渠。少负气节，既乃不欲为奇节异行，而识度汪然，涵养宏深，持守坚定，躬行心得，中正明达，则又一薛敬轩也"。

单车奋入叛兵场： 明世宗嘉靖二年（1523），朝廷批准巡抚大同都御史张文锦在大同镇城以北九十里增筑五堡，作为大同镇城的藩篱。嘉靖三年（1524）五堡筑成。张文锦试图迁徙大同镇兵卒屯驻五堡引起军户暴乱，张文锦遇害，时势危机，朝廷下诏韩邦奇出任山西左参议，分守大同。韩邦奇闻命即行，将入城，去二舍许，叛乱者使二人露兵刃迎，且欲毁参将宅以慑之。韩邦奇奋然单车入城，时诸司无官镇，人闻韩邦奇入，皆感激泣下，人心少安。

济民拯乱归来后： 韩邦奇为官干练清正，刚直不阿，政声颇佳。他不但政绩突出，而且关爱百姓，反对官府搜刮民财。任山西巡抚期间，以忧国忧民、兼济天下为己任，出疆入塞，察敌情、修城堡、忙备战，并亲自入部伍，安抚士兵，保家卫国，以尽天职。在他执政的十多年间，山西边关安稳，百姓无虑。七十岁时，即嘉靖二十八年（1549），因年事已高，前后五次乞请辞官告老还乡，方被恩准。

《志乐》书成九鹤翔： 韩邦奇回归故里后，不惜衰朽之躯，即致力于学术研究，开始了聚徒讲学的生涯。他批阅儒家经典、关学遗著，探讨义理，钻研"象数"之学，重拾年轻时就颇有成就的律吕和乐理之学。先后撰成多部著作。尤其是对乐理音律有高深造诣，著《苑洛志乐》《律吕新书直解》两书，备受推崇，奠定了他作为明朝著名作曲家和音乐理论家的地位。传说《苑洛志乐》始刻之日，九鹤飞舞于庭。

（三）传略

韩邦奇（1479—1556），字汝节，号苑洛，今陕西大荔县人。其父韩绍宗官至福建按察副史，学识人品为当世所推崇。韩邦奇受益于家学和乃父的影响，年少时博闻强记，聪颖过人。青年时即"有志圣学"，并善诗、词、歌、赋，通晓音律，多才多艺，时人称奇。其哲学思想植根于张载关学，其人格精神刚直、诚信、重气节、重操守，其治学风格以经世致用、忧国忧民、力践务实为旨归。门人白璧曰："先生天禀高明，学问精到，明于数学，胸次洒落，大类邵尧夫，而论道体乃独取张横渠。少负气节，既乃不欲为奇节异行，而识度汪然，涵养宏深，持守坚定，躬行心得，中正明达，则又一薛敬轩也。"

明武宗正德三年（1508），韩邦奇考中进士，从此步入仕途，历经武宗和世宗两朝。先后任吏部考功主事（负责地方官吏政绩考核事宜的官员），又迁吏部员外郎（尚书省各司置员外郎一人，为中央官吏中的要职）、外放为浙江按察司佥事（按察司长官的下属，负责省下辖道司法的官吏），中间曾因诗致罪被革职。又被明世宗起用，先任山西巡抚，后入朝升任兵部尚书（六部之一，掌管全国武官的选用和兵籍、军械、军令的长官），后因年事已高告老还乡。

韩邦奇为官干练清正，刚直不阿，政声颇佳。他做吏部员外郎时，受命考察都御史政绩。都御史以庸常贪财货之心度他，并以送小帙（红包）暗示巴结逢迎之意，期望韩邦奇"上天言好事"。韩邦奇当场厉声指责，使得都御史及属下官员张皇失措，再不敢生邪佞之心。正德九年（1514），韩邦奇被外放到浙江任按察司佥事。他看到本为江南富庶之地的浙江，因朝廷横征暴敛，宦官搜刮民财，生民不堪重负。时在严州（今浙江建德市东北一带）的韩邦奇目睹宦官媚上压下，强征富阳春江一带的渔产及茶叶，致使民不聊生，家破人亡，愤而用民歌体创作《富春谣》一诗。诗中写道："富阳江之富，富阳江之茶，鱼肥卖我子，茶香破我家。采茶妇，捕鱼夫，官府拷掠无完肤……山摧茶亦死，江枯鱼始无。呜呼！山难摧，江难枯，我民不可苏！"正是因这首歌谣，被搜刮民财的宦官王堂罗织罪名，奏言皇帝，指控韩邦奇"沮格上供，作歌怨谤"。武宗震怒，韩邦奇被逮捕入京，打入牢狱。诸多朝臣上书营救，均被驳回，最终韩邦奇被削官为民，押解回陕西老家。

虽历经坎坷，但韩邦奇声名远扬，四方学者纷至沓来，云集门下，抚慰之余，共同探讨理学。韩邦奇又开始了八年之久的讲学著述生涯。杨爵就是在这个时期投学其门下的高足弟子之一。正德十六年（1521），明武宗朱厚照驾崩，明世宗朱厚熜即位，改年号为嘉靖，嘉靖二年（1523），朝廷批准巡抚大同都御史张文锦在大同镇城以北九十里增筑五堡，作为大同镇城的藩篱。嘉靖三年（1524）五堡筑成。张文锦试图迁徙大同镇兵卒屯驻五堡，引起军户暴乱，张文锦遇害，时势危急，朝廷下诏韩邦奇出任山西左参议，分守大同。韩邦奇闻命即行，将入城，去二舍许，叛乱者使二人露刃迎，且欲毁参将宅以慑之。韩邦奇奋然单车入城，时诸司无官镇，人闻韩邦奇入，皆感激泣下，人心少安。既而巡抚蔡天佑至代州，韩邦奇亲率将领，盛装戎服，谒见蔡天佑于代州。蔡天佑惊曰："公何为如此？"韩邦奇曰："某岂过于奉上者，大同变后，巡抚之威削甚，大同人只知有某耳，不身先降礼，何以帅众？"蔡天佑叹服。直到嘉靖八年（1529），年届半百时，韩邦奇被诏晋为山西巡抚。此时，大明衰局已定，而韩邦奇依然以忧国忧民、兼济天下为己任，出疆入塞，察敌情、修城堡、忙备战，并亲自入部伍，安抚士兵，保家卫国，以尽天职。在他执政的十多年间，山西边关安稳，百姓无虑。嘉靖二十三年（1544），因宰相周用的赏识，调任韩邦奇总理全国河道，不久又擢升南京都察院右都御史（巡按州县，考察官吏政绩的官员），旋即升迁为南京兵部尚书（掌管军政事务的宰相）。嘉靖二十八年（1549），因年事已高（七十一岁），韩邦奇前后五次乞请辞官告老还乡，方被恩准。回归故里，韩邦奇不惜衰朽之躯，即致力于学术研究，开始了聚徒讲学的诗书生涯。时值王阳明"心学"被定于一尊，理学思辨鼎盛发展，学界出现了又一个活跃期。韩邦奇也积极参与其间，批阅儒家经典、关学遗著，探讨义理，钻研"象数"之学，还积毕生南北宦游之经验，考究地理之学，重拾年轻时就颇有成就的律吕和乐理之学。这一时期，他先后撰成《性理三解》《易占经维》《律吕新书直解》等专著。特别应该指出的是，他关于乐理音律的造诣颇高，《苑洛志乐》《律吕新书直解》两书，至今备受推崇，奠定了他作为明朝著名作曲家和音乐理论家的地位。嘉靖三十五年（1556），韩邦奇于古稀之年罹难于关中大地震，享年七十七岁。其主要著作有：《苑洛集》《苑洛志乐》《性理三解》《禹贡详略》《易占经纬》《律吕新书直解》。《明儒学案》云："先生著述，其大者为《志乐》一书。方其始刻之日，九鹤飞舞于庭。"

十八　南大吉

（一）赞诗

> 莹莹一镜拒尘侵，始悟良知是圣心。
> 汲得哲泉东越水，秦川更涌慧波深。

（二）诗解

此诗咏赞明代关学学者南大吉在任绍兴府知府时，虚心向王阳明求教，努力体悟王学精华的学习精神。并赞扬他深入掌握阳明心学的哲理内涵，大力向关中地区传播王学的学术贡献，及其对关学的深远影响。

莹莹一镜拒尘侵：南大吉任绍兴府知府时，与在绍兴讲学的王阳明过从甚密，一日谓王阳明曰："与有其过而悔，不若先言之，使其不至于过也。"王曰："人言不如自悔之真。"又笑谢而去。居数日，又谓王阳明曰："身过可免，心过奈何？"王阳明曰："昔镜未开，可以藏垢，今镜明矣，一尘之落，自难住脚，此正入圣之机也。勉之！"大吉谢别而去。

始悟良知是圣心：嘉靖二年（1523），南大吉以部郎出任绍兴府知府，其时王阳明讲学于城中，四方负笈来学者，至于寺观不容。一日南大吉至讲学处，请教于阳明先生曰："大吉临政多过，先生何无一言？"阳明曰："何过？"大吉历数其事。阳明先生曰："吾言之矣。"大吉曰："无之。"阳明先生曰："然则何以知之？"大吉曰："良知自知之。"阳明曰："良知独非我言乎？"大吉笑谢而去。过从日多，因悟人心自有圣贤，奚必他求？久之乃深悟王阳明的良知说。①

汲得哲泉东越水：南大吉在绍兴建稽山书院，创尊经阁，并刻王阳明之《传习录》，风示远近，身亲讲习。与王阳明分别后南大吉致书，唯以不得闻道为恨。阳明叹曰："此非真有朝闻夕死之志者不能也。"由于南大吉虚心学习王学，体悟王学的良知说的精髓，领会了阳明心学的哲理内涵。

秦川更涌慧波深：当时由于豪强及朝廷诽谤王学，殃及南大吉，竟由是以罢官而归。绍兴士民垂涕若失父母。南大吉回乡后，建造书院（酒西草堂）以教四方来学之士，教学以继承周公之德、横渠之道为宗旨，以弘扬阳明之学为主体。为王学传入关中作出了突出贡献。

（三）传略

南大吉（1487—1541），字元善，号瑞泉，明代陕西渭南人。明武宗正德庚午中举人，辛未（正德六年，1511）中进士，历官户部主事员外郎郎中，嘉靖二年（1523），以部郎出任绍兴府知府，锄奸兴利，政尚严猛，善任事，不避嫌怨。属吏有被诬者，必为洗雪；郡有大盗，素为郡要所庇，悉置之法；有学士侵吞王右军、谢太傅故地，悉剖归其主；运河被势家所侵，责令疏而复之。又尝浚郡河，开上灶溪，筑坡塘以备旱涝。修禹庙，立大禹陵碑，题写雄浑有力的"大禹陵"三字，兴建

---

① 参见（清）黄宗羲《明儒学案》（修订本），中华书局 2008 年版。

碑亭。

其时王阳明讲学于城中，四方负笈来学者，至于寺观不容。南大吉初犹未信，观摩既久，因悟人心自有圣贤，奚必他求？久之乃深悟，一日请教于王阳明曰："大吉临政多过，先生何无一言？"王阳明曰："何过？"大吉历数其事。王阳明曰："吾言之矣。"南大吉曰："无之。"王阳明曰："然则何以知之？"南大吉曰："良知自知之。"王阳明曰："良知独非我言乎？"南大吉笑谢而去。居数日，数过加密，谓王阳明曰："与有其过而悔，不若先言之，使其不至于过也。"王阳明曰："人言不如自悔之真。"又笑谢而去。居数日，谓王阳明曰："身过可免，心过奈何？"王阳明曰："昔镜未开，可以藏垢，今镜明矣，一尘之落，自难住脚，此正入圣之机也。勉之！"南大吉谢别而去。乃建稽山书院，创尊经阁，令八邑才俊讲读其中，并刻王阳明之《传习录》，风示远近，身亲讲习，而王阳明之门人益进。入觐以考察罢官。南大吉治郡以循良重一时，而执政者方恶王阳明之学，因王阳明以及南大吉也。南大吉致书王阳明，唯以不得闻道为恨，无一语及于得丧荣辱之间。王阳明叹曰："此非真有朝闻夕死之志者不能也。"由于触动了豪强利益，遭其报复，腾谤京师，竟由是以罢官而归。绍兴士民垂涕若失父母。回乡后，建造书院（渭西草堂）以教四方来学之士，教学以继承周公之德、横渠之道为宗旨，以弘扬阳明之学为主体。其示门人诗云："昔我在英龄，驾车词赋场。朝夕工步骤，追踪班与杨。中岁遇达人，授我大道方。归来三秦地，坠绪何茫茫。前访周公迹，后窃横渠芳。愿言偕数子，教学此相将。"出其门者大多数位至方岳、文行名世，与人和而有容，当官任事则毅然有执。嘉靖辛丑卒，年五十五。墓志由陕西绥德马汝翼撰，墓碑为三原马理撰。

南大吉著作有《绍兴志》《少陵纯音》《瑞泉集》等。还编撰了渭南历史上第一部县志——《渭南志》。

十九 杨爵

（一）赞诗

贫屋燃薪照读书，十年冤狱血模糊。

皇天着意玉成我，耿耿丹心共月孤。

（二）诗解

此诗赞颂明代关学学者杨爵在贫寒家境中发愤读书的勤奋苦学精神，以及其一生清正廉洁、坚韧耿直、直言敢谏、刚正不阿、忠正不渝、宁死不屈的崇高人格和在艰难困苦环境中自觉磨砺自己的道德境界。

贫屋燃薪照读书： 杨爵自幼家境贫寒，二十岁时才开始读书，家贫无烛，燃薪代烛夜读。白天到田间耕作，带上书抽暇诵读。

十年冤狱血模糊： 杨爵青年时兄长为县吏，得罪了知县，被误囚狱中。杨爵申诉，被一并关押。杨爵狱中上书，辞意激烈，邑令见而惊之曰："奇士也"，立即释放了他。杨爵三十七岁中进士，后屡任官职。明世宗嘉靖十九年（1540）秋，任河南道监察御史。其时，嘉靖帝宠信方士秘术，滥造寺观雷坛，横征暴敛，时达十年之久，无人敢谏。杨爵睹时事崩坏，不胜扼腕。上《隆治道疏》数千言，愤慨痛陈"任用非人、兴作未已、朝讲不亲、信用方术、阻抑言路"五事。皇帝震怒，立即下令将他入狱拷打，用了各种酷刑，打得血肉模糊，昏死一夜才苏醒过来。锦衣卫奏请把他送往法司定罪，嘉靖帝不允，命令严加看管，不准家人送饭。还命锦衣卫监察其言行，五日一奏。伤痛折磨，饥寒交迫，杨爵多次濒于死亡，但他仍泰然自若。

皇天着意玉成我： 杨爵入狱后，工部员外郎刘魁、给事中周怡，皆以言事同系于狱，与杨爵关押一处。三人互相劝勉，读书和诗，互相切磋，论学不辍。杨爵虽身系狱中，仍学而不已，置生死于度外，他常念横渠、程朱等先贤语录，读《西铭》、"四书"等书，以张载之言"贫贱忧戚，玉汝于成"自勉自励，并云"今日患难，安知非皇天玉我进修之地乎？"

耿耿丹心共月孤：杨爵年轻时即立志"做天下第一等人，为天下第一等事"。一生忠肝义胆，坚韧耿直，直言敢谏，宁死不屈。临终前自志其墓："平生欲做天下第一等人而志不逮，欲为天下第一等事而力不及。"逝世后，乡人送匾赞曰："十年忧喜风中烛，万古清香雪里梅。"后被冯从吾誉为"直节精忠，有光斯道"。

（三）传略

杨爵（1493—1549），字伯修（明史亦作伯珍），号斛山，陕西富平人。杨爵自幼家境贫寒，无力供其求学，二十岁时才开始读书，家贫无烛，燃薪代烛夜读。白天到田间耕作，也总是带上书抽暇诵读。他常以"人当以圣贤为师，一切不禀古昔，何所称宇宙间"① 自勉。其间，他的兄长做县吏，得罪了知县，被误囚狱中。杨爵申诉，被一并关押。杨爵狱中上书，辞意激烈，邑令见而惊之曰"奇士也"，立即释放了他，并资助他学习的费用。杨爵更加奋发，立志"做天下第一等人，为天下第一等事"。他二十八岁时从朝邑韩邦奇学，学识与品行过人。韩先生赞曰："从宿学老儒者，莫能过也！"与同学杨椒山被后人并称为"韩门二杨"。

明世宗嘉靖八年（1529）杨爵三十七岁考中进士，被授予行人的职务。任职期间，清正廉洁，刚正不阿，奉使藩国，考察地方，拒不收受馈赠及贿赂。当时，明世宗初登基，崇尚礼仪，重用言官，杨爵向皇上进言："臣奉使湖广，睹民多菜色，挈筐操刃，割道殍食之。假令周公制作，尽复于今，何补老羸饥寒之众！"奏书呈上后，得到皇上重视。嘉靖十一年（1532），选为山东道监察御史。此时嘉靖帝大兴"礼议"

---

① 参见（明）冯从吾《关学编》，中华书局1987年版，第54页。

之狱，权臣当道，朝政黑暗，杖杀言官。杨爵上疏无效，便告官归家奉母。不久老母去世，他守服三年。其间，布衣蔬食，勤苦劳作。从嘉靖十四年（1535）至嘉靖十九年（1540），杨爵在家乡收徒讲学，从事教育活动。他以张载关学为核心，传授儒家经典。

嘉靖十九年（1540）秋，杨爵以荐起河南道监察御史。其时，嘉靖帝宠信方士秘术，滥造寺观雷坛，横征暴敛，时达十年之久，无人敢谏。杨爵睹时事崩坏，不胜扼腕。于辛丑（嘉靖二十年，1541）春二月初四日，他上《隆治道疏》，娓娓数千言，愤慨痛陈"任用非人、兴作未已、朝讲不亲、信用方术、阻抑言路"五事。皇帝震怒，立即下令把他入狱拷打，用了各种酷刑，打得血肉模糊，昏死一夜才苏醒过来。锦衣卫奏请把他送往法司定罪，嘉靖帝不允，命令严加看管，不准家人送饭。还命锦衣卫监察其言行，五日一奏。伤痛折磨，饥寒交迫，杨爵多次濒于死亡，但他仍泰然自若。不久主事周天佑、御史浦铉因为救助杨爵，先后被杖死狱中，从此没有人再敢去救他。随后，工部员外郎刘魁、给事中周怡皆以言事同系于狱，与杨爵关押一处。三人互相劝勉，读书和诗，互相切磋，论学不辍。杨爵虽身系狱中，仍学而不已，置生死于度外，他常念横渠、程朱等先贤语录，读《西铭》、"四书"等书，以张载之言"贫贱忧戚，玉汝于成"自勉自励，并云："今日患难，安知非皇天玉我进修之地乎？"

杨爵狱中历五年未释。至嘉靖二十四年（1545）八月，传说有神降于乩坛。帝感其言，立释三人出狱。未逾月，尚书熊浃疏言乩仙之妄。帝怒曰："我固知释爵，诸妄言归过者纷至矣。"复令东厂追捕之。杨爵抵家甫十日，校尉至。与供麦饭毕，即就道。尉曰："盍处置家事？"爵立屏前呼妇曰："朝廷逮我，我去矣。"竟去不顾，左右观者为之泣下。从此，复与刘魁、周怡同系镇抚狱中三年。桎梏加严，饮食屡绝，几濒于死。嘉靖二十六年（1547）十一月，宫中大高玄殿失火，嘉靖帝惊慌祈祷，恍惚听见火中有呼杨爵等三人是忠臣的声音，于是传诏立即把三人释放。杨爵归家后，疏粥敝屣，远避权贵，重新办学授徒。居家二年，嘉靖二十八年（1549），一日晨起，大鸟集于舍。杨爵说："当年伯起死时的祥瑞又到了。"果然三天后去世。终年五十七岁。临终前自志其墓："平生欲做天下第一等人而志不逮，欲为天下第一等事而力不及。"穆宗隆庆初年昭雪，遗诏赠光禄寺少卿。万历二十年（1592），朝廷赐予他"忠介"的谥号。杨爵忠肝义胆，坚韧耿直，乡人送匾赞曰："十年忧喜风中烛，万古清香雪里梅。"后被冯从吾誉为"直节精忠，有光斯道"。

二十　王之士

（一）赞诗

养心定气绝尘缘，粝食蒿床自适然。

乡约重开风俗美，"蓝田日暖玉生烟"。

（二）诗解

此诗咏赞明代关学学者王之士绝意仕进、养心定气的淡泊情怀和艰朴节俭、安贫乐道、教育人才的精神境界，赞扬他重订乡约，教化乡里，美化民俗的卓越贡献。

养心定气绝尘缘：王之士三十二岁乡试中举，后屡试不第，遂绝意仕途，潜心理学。其治学以修身养性定气为旨，作《养心图》《定气说》。居家九年修身养性，闭门不出。

粝食蒿床自适然：王之士在家乡蓝田收徒聚众讲学，以粗粝为食，以蒿草为床，素朴节俭，约己厚人，一时有"蓝田四吕复出"之誉，慕名前来学经问道者甚众。

乡约重开风俗美：为移风易俗教化乡里，王之士继承蓝田吕氏兄弟制订乡约，以美化风俗的优良传统，倡导重新订立《乡约十二条》，规劝履行，并率族人先行立模。为美化蓝田以至关中风俗起了积极作用。

"蓝田日暖玉生烟"：唐李商隐《锦瑟》诗云："锦瑟无端五十弦，一弦一柱思华年。庄生晓梦迷蝴蝶，望帝春心托杜鹃。沧海月明珠有泪，蓝田日暖玉生烟。此情可待成追忆，只是当时已惘然。"此处借用李商隐诗句，用"蓝田日暖，良玉生烟"的意象，赞美王之士制订乡约，对移风易俗、美化民风的积极影响。

（三）传略

王之士（1527—1590），字欲立，号秦关。西安府蓝田（今陕西蓝田）人。明代学者。出身书香世家，其父王旌任代郡教授，深通理学，王之士幼承家训。明世宗嘉靖三十八年（1559），乡试中举，后屡试不第，遂绝意仕途，潜心理学，终成学者。其治学以修身养性定气为旨，作《养心图》《定气说》，始则九年闭门不出，后收徒聚众讲学，以粗粝为食，以蒿草为床，素朴节俭，约己厚人，一时有"蓝田四吕复出"之誉，慕名前来学经问道者甚众。为移风易俗教化乡里，其倡导订立《乡约十二条》，规劝履行，并率族人先行立模。明神宗万历七年（1579），赴京讲学，一时轰动京城。后又应邀去南方讲学，因南京国子祭酒赵用贤之荐授国子监博士。其著作有《理学续言》《信学私言》《大易图象卷》《道学考源录》《易传》《正世要言》《正俗乡约》《正学筌蹄》《阙里瞻思》《关洛集》《京途集》《南游稿》。所述有《先师遗训》《先君遗训》《皇明四大家要言》《性理类言》《续孟录》等。

二十一　冯从吾

（一）赞诗

　　　　　　著书讲学鬓飞霜，关学源流谱史章。
　　　　　　凛凛直声天下震，雪中松柏火中钢。

（二）诗解

此诗咏赞明代关学学者冯从吾毕生致力于治学著书、讲学授徒，创建关中书院，撰著《关学编》的卓越学术贡献；并赞颂其清正廉洁、刚正不阿、忠正坚毅的崇高人格和道德风范。对冯从吾的学问、人格、道德、操守和高风亮节给予了高度评价。

著书讲学鬓飞霜：冯从吾一生着力于治学著书、讲学授徒。晚年辞官归里，回到长安后，闭门谢客，专心致力于学术活动。先是在西安南门里的宝庆寺讲学，听众多达几千人，连陕西地方官也来听讲。明神宗万历三十七年（1609），陕西布政使汪可受、按察使李天麟等遵从冯从吾的意愿，在宝庆寺东侧建关中书院。聘冯从吾、周淑远等名流为主讲。一时"同志川至云集"，从学者达五千余人，盛况空前，冯从吾被誉为"关西夫子"。他特意撰写一篇短文，名为《谕俗》："千讲万讲不过要大家做好人，存好心，行好事，三句尽之矣。"时人评其曰："出则真御史，直声震天下；退则名大儒，书怀一瓣香。"

关学源流谱史章：冯从吾一生著述颇丰，传世的《关学编》对学术发展特别是关学发展源流进行记述，是历史上第一部关学史著作。《关学编》全书共分四卷，按时代先后次序编排，汇集了历代陕西理学家三十七人，首列秦孔子弟子四人，次宋代九人，次金代一人，次元代八人，终以明代十五人，分别立传，每传内容主要介绍其人理学事略、学术思想及著作，是研究探索宋、明理学，特别是关学史的重要经典文献。

凛凛直声天下震：冯从吾任御史期间，严肃法纪，刚正不阿，坚决与违法乱纪者斗争。多次上疏劝谏皇上亲贤臣，远小人。明神宗朱翊钧中年以后，沉湎酒色，不理朝政，日趋昏庸，大权旁落，内忧外患接踵而来，人民生活苦不堪言。冯从吾为此忧心忡忡，冒死直谏。直言不讳地指责神宗"欢饮长夜""晏眠终日""朝政废弛""杖毙臣下"。劝神宗"勿以天变为不足畏，勿以人言为不足恤，勿以目前之晏安为可恃，勿以将来之危乱为可忽"。神宗见疏大为震怒，传旨廷杖，因适逢太后寿辰，大学士赵志皋再三苦求，冯从吾幸免于难。从此冯从吾冒死进谏之"直声震天下"。

雪中松柏火中钢：冯从吾为官清正刚直，为学渊博精严，其高尚人格和精湛学术，受到当时和后世学人的无限敬仰和高度评价。顾炎武《冯少墟先生像赞》云："俨乎其备道之容也，渊乎其类物之宗也。同志相从，惟邹惟钟。固来庭之仪凤，而在田之群龙。百炼之刚金，而岁寒之乔松。夫谁厄之，便飘然一世而不见庸者邪！"是对冯从吾人格、道德、操守和高风亮节的高度评价。

（三）传略

冯从吾（1557—1627），字仲好，号少墟，谥恭定，陕西长安（今西安市）人，是明代继高陵吕柟之后，关中最主要的理学家，人称少墟先生。

其父冯友，通儒家典籍，崇阳明心学。冯从吾五岁即跟随其父学习，耳濡目染，成长迅速。父亲既在学业上要求严格，在做人上也详加指教，希望他能够以儒家的人格风范为目标。九岁，其父手书王阳明"个个人心有仲尼"诗句，命习其字，即命学其为人，冯从吾便矍矍有愿学志。外祖父刘玺是"一代关学名流"，对他"口授五经，朝夕训育"。指导他从钻研孔孟入手，悉心研读程、朱理学著述，认真地批阅王阳明心学讲章，并辨析与探究洛学、王学及其与关学的异同，从而深得关学要旨。同时，冯从吾进入私塾读书，拜长安萧九卿为师，开始正规的理学学习。

冯从吾二十岁时，以恩选入太学。卒业后归长安，其时，正值德清许敬庵督学关中，开正学书院，闻冯从吾之名，延聘他到正学书院讲学，与蓝田名儒秦关先生王之士讲论关、洛宗旨。以识力之卓荦，大为许敬庵器重。

明神宗万历十六年（1588），冯从吾中举。明年，成进士，观政礼部，书壁"士君子即释褐，不可忘做秀才时"以自警。时入朝官员，多饭中贵家，冯从吾独携茶饼往。不久选庶吉士，应馆课，不规规于词章。

尝以文人何如圣人，著《做人说》二篇，教学生如何做人。而其于一切翰苑浮华争逐，概谢绝不为，唯与焦漪园、涂敬源、徐匡岳诸公立会讲学。

随后，冯从吾历任大理寺少卿、左副都御史、工部尚书等职。由于他坚信内圣而外王的理想，认为为官与为人两者不可分开，做个好官首先是做个好人，所以平时非常注重个人修养，为人处世一丝不苟。时当万历年间，明神宗年纪尚幼，继位后由太后摄政，并由高拱、张居正、高仪三位辅政大臣以及宦官冯保共同商榷国家政事。冯保是神宗从小的伙伴，关系甚好。辅政大臣高拱因与冯保关系恶劣而被罢官，高仪也因惊惧吐血身亡，自此三位辅政大臣只剩张居正一人。正因为皇帝对冯保的信任，导致宦官当道的局面，许多刚入朝的进士都攀附于宦官，而唯独冯从吾我行我素，不与之为伍。

冯从吾任御史期间，严肃法纪，刚正不阿，坚决与违法乱纪者斗争。对于贪污受贿、徇私枉法的官员，一经发现，严惩不贷。督科胡汝宁假公济私，徇私枉法，许多官员上书要求罢其官，皇帝未许，继续重用。冯从吾上疏劝谏皇上亲贤臣，远小人，并列举胡汝宁的罪状，具陈事实，明神宗在事实面前只得罢了胡的官。

明神宗中年以后，日趋昏庸，沉湎酒色，不理朝政。大权落入宦官手中，人民生活苦不堪言，内忧外患接踵而来。为此，冯从吾忧心忡忡，冒死直谏。上疏言辞颇为犀利尖锐，直言不讳地指责神宗"困于曲糵之御而欢饮长夜，倦于窈窕之娱而晏眠终日。不然朝政何废弛至此也！""皇上每晚必饮，每饮必醉，每醉必怒，酒醋之后，左右近侍一言稍违，辄毙杖下。""皇上欲成其神圣之名，而使天下不见其太平之象，则名实不符，人谁信之？"他劝神宗"勿以天变为不足畏，勿以人言为不足恤，勿以目前之晏安为可恃，勿以将来之危乱为可忽"。神宗见疏大为震怒，传旨廷杖，因适逢太后寿辰，大学士赵志皋再三苦求，冯从吾幸免于难。从此冯从吾冒死进谏之"直声震天下"。

万历二十年（1592），冯从吾辞官归里，回到长安，闭门谢客，专心致力于学术活动。他认为：要解救明王朝的危机，就应大兴讲学之风，即使皇帝、皇太子也应倾听学者的讲座。于是，便与好友萧茂才等人在西安南门里的宝庆寺讲学，听众多达几千人，连陕西地方官也来听讲。时人评其曰："出则真御史，直声震天下；退则名大儒，书怀一瓣香。"其间，著《疑思录》六卷。① 三年后又被起用去河南长芦负责盐政。任职期间，他素志不移，秉公办事，兴利除弊，严格执法，严厉打击不法商贾及税吏。又得罪了不少权贵。他们向皇帝进谗言，构陷诬告，冯从吾被罢官复归长安。重返故里后，他"不关外事"，一心讲学，足不出户达九年之久。宝庆寺地窄房小，难以做讲学施教长久之地。万历三十七年（1609），陕西布政使汪可受、按察使李天麟等遵从冯从吾的意愿，在宝庆寺东侧建关中书院。聘冯从吾、周淑远等名流为主讲。一时"同志川至云集"，从学者达五千余人，盛况空前，冯从吾被誉为"关西夫子"。他特意撰写一篇短文，名为《谕俗》："千讲万讲不过要大家做好人，存好心，行好事，三句尽之矣。因录旧对一联：'做个好人，心正、身安，魂梦稳；行些善事，天知、地鉴，鬼神钦。'"其学与邹元标、高攀龙鼎足相映，有"南邹北冯"之称。②

关中书院初期占地数十亩，核心建筑为"允执堂"，其名取自《中庸》"允执厥中"。进出六间，空间宏阔；青瓦红柱，肃穆庄严，是讲学集会之所。绕堂左右各筑大屋（教室）四楹，东西号房（宿舍）各六楹。堂前辟有半亩方塘，竖亭其中，砌石为桥；堂后置一假山，名曰"小华岳"。又栽槐、松、柏、梅各种名木，一时松风朗月，槐香荷语，"焕然成一大观"。三年后，新任布政使汪道亨于书院后部又建"斯道中天阁"，以祀孔子，收藏儒家经典。冯从吾大半生就是在关中书院讲学度过的。

明熹宗朱由校继位后（1621），冯从吾一度出任大理寺少卿、左副都御史，官拜工部尚书。冯从吾目击时事，内则旱荒盗贼，连绵纠结，

---

① （明）冯从吾：《疑思录》，载《关学编》（附续编），中华书局1987年版。

② （明）王以悟：《王惺所集》，重修广理学备考本。

而士大夫咸怀一切，莫肯顾虑，日唯植利结党为汲汲；外则辽左危急，祸且剥床及肤，而有事将帅辄弃城宵遁，不知有死绥之义，无事则本兵经抚各自结党，互相诽陷，不知和衷共济之道。于是冯从吾挺身而出，冀以直道大义挽回其间。及出，则权所不属，是不可维，徒蒿目而视，殊无救济之良策。于是遇可言处，则明目张胆，纠弹不避，以一身彰宇宙之公道。复与同官邹南皋、钟龙源、曹真予、高景逸数先生约会讲都城隍庙，亹亹发明人性本善、尧舜可为之旨，以启斯人固有之良，冀以作其国而忘家、君而忘身之正志，兼欲借此联络正人同志济国也。缙绅士庶環听者，至庙院不能容。或曰："辇毂讲谈，谣诼之囮也。国家内外多事，宣讲者非一端，学其可已乎？"先生怆然曰："正以国家多事，人臣大义不可不明耳！"邹南皋曰："冯子以学行其道者也，毁誉祸福，老夫愿与共之！"于是十三道奏建首善书院。院甫成而人言至，先生与南皋后先去。温旨慰留，五请乃报。修撰文震孟、御史刘廷宣请留，同官钟龙源、高景逸请同去。当时，权党犹收人望，明年即家，起少宰，不拜。又明年，升右都副，掌南都察院事，固以疾辞，家居杜门著书。而逆党恚恨诸正人不已，于是次第倾陷，中旨，忽褫其官。明熹宗天启五年（1625）八月，魏忠贤的在陕党羽为迎合魏忠贤禁灭东林书院的旨意，派人捣毁关中书院，并将中天阁内供奉的孔子塑像拖出"掷之城隅"。冯从吾见自己呕心沥血经营多年的书院毁于一旦，悲愤成疾，虽在病间，正襟危坐屹如也。第二年便去世了，终年七十一岁。易箦犹以讲学、做人嘱其子孙。是岁，魏忠贤诛，诏复原官，赠太子太保，赐祭葬，易名恭定，荫其后人，复关中书院，祀之。

冯从吾长期讲学于关中，为明代关学的集大成者。其学立足程、朱之说，力辨儒佛异趣，发扬关学精神，坚守张载躬行实践、经世致用的传统，主张"本原处透彻，未发处得力""敦本尚实""深造以道"。治学以"学、行、疑、思、恒"为方法，教育以"做好人、存好心、行好事"为宗旨。

冯从吾一生著述颇丰，传世的有《关学编》《疑思录》《辨学录》

《善利图说》《冯恭定金集》《陕西通志》等，对学术发展特别是关学发展作出了积极贡献。冯从吾还著有《冯少墟集》二十二卷，又有《元儒考略》《冯子节要》及《古文辑选》。其中，《关学编》全书共分四卷，按时代先后次序编排，汇集历代陕西理学家三十七人，首列秦孔子弟子四人，次宋代九人，次金代一人，次元代八人，终以明代十五人，分别立传，每传内容主要介绍其人理学事略、学术思想及著作，是研究探索宋、明理学，特别是关学史的重要著作。冯从吾的讲学著述活动对关中地区士风民俗的改善也起了重要作用。

冯从吾的人格和学术，受到后世学人的无限敬仰和高度评价。顾炎武《冯少墟先生像赞》云："俨乎其备道之容也，渊乎其类物之宗也。同志相从，惟邹惟钟。固来庭之仪凤，而在田之群龙。百炼之刚金，而岁寒之乔松。夫谁厄之，便飘然一世而不见庸者邪！"对冯从吾的人格、道德、操守和高风亮节给予了高度评价。

二十二　张舜典

（一）赞诗

长安西望有岐阳，本体昭明日月光。
一脉坤灵淑粹气，双峰并峙最辉煌。

（二）诗解

此诗咏赞明代关学学者张舜典奋力治学，昭明本体，重振儒家道脉，继承关学传统，与冯从吾共同振兴关学，形成"东冯西张"、双峰并峙的盛况。

长安西望有岐阳：张舜典（1557—1629），字心虞，陕西凤翔人。学者称鸡山先生。明万历后期冯从吾讲学于关中书院，张舜典辞官回乡后，讲学于关中西部。"岐阳"，唐代县名，唐贞观七年分岐山、扶风二县地设岐阳县。这里泛指关中西部一带。

本体昭明日月光：张舜典为学宗明道先生（程颢），主张昭明本体。他说："学圣人之学，而不知以本体为工夫，最易蹈义袭支离之弊。"其《寄怀关中书院允执堂诸同志》诗云："圣学原来在此中，虞廷允执是参同。危微本体须明辨，精一工夫要浑融。悟后盈眸皆妙理，醒来举躅尽真功。自从别我同心后，谁为区区一启蒙。"

一脉坤灵淑粹气：张舜典一生讲学、著书都以重振儒家道脉，继承关学传统为目的。他在为冯从吾《关学编》所写的《后序》中说："吾乡居天下之西北脊，坤灵淑粹之气自吾乡发，是以伏羲画卦，西伯演易，姬公制礼，而千万世之道源学术自此衍且广矣。……奚止论关中之学，即以论天下之学，论千万世之学可也。"① 意谓关中地处中国西北而居高临下，凝聚着大地的精华，所以伏羲画卦，文王演易，周公制礼，一脉相承不断，学统绵延不绝。明确地将关学与儒学源流相统一、相贯通。

双峰并峙最辉煌：明神宗万历四十五年（1617）张舜典被举荐升为彰德府同知，但他已看清晚明政局，觉得"佐贰于时事无可措手，而随俗则又心耻尸素"，于是"斩然告致仕归"。辞官回乡后，即家为塾，讲学不倦，"从游者常数百人。先生与之究极学旨，不问寒暑"。是时，冯从吾亦"居里第，学会益盛。而张舜典则主盟岐阳，而从游亦众。关学盛况，一时有'东冯西张'之称，双峰并峙之盛"。

（三）传略

张舜典（1557—1629），字心虞，陕西凤翔县人，号鸡山，学者称鸡山先生。大约在明神宗万历十三年至万历二十年间（1585—1592），张舜典为诸生（秀才），潜心理学，从学于当时的陕西提学副使许孚远（字孟仲，号敬庵）。万历二十二年（1594）张舜典中举人。但他却发出

---

① （明）冯从吾：《关学编》，中华书局 1987 年版，第 174 页。

"斯理不明，世即我用，我将何以为用"① 的感叹，明理弘道的志愿已初现端倪。万历二十三年（1595），许孚远由右佥都御史迁为南京大理卿，张舜典"裹粮南从敬庵学"②，游江南的同时与江右学派邹元标（字尔瞻，号南皋）、顾宪成（字叔时，别号泾阳）等相交论学。

万历三十二年（1604），许孚远卒，张舜典随即返回凤翔。张舜典从南方求学回到陕西时，冯从吾正辞官在长安（今西安）讲学，"当事者为建关中书院，乃深与订交，时时商证道术离合异同之故，称莫逆焉。"冯从吾在学术上恪守程颐、朱熹家法，张舜典则学主明道（明道是程颢的别号）。张舜典以为"学圣人之学，而不知以本体为工夫，最易蹈义袭支离之弊"，与冯从吾意见微别，然心重冯从吾规言矩方，而非同执吝意见，冯从吾亦重张舜典透体通彻，而不类剖藩决篱，故自此冯从吾有述作，多由张舜典"为之序首焉"。张舜典《寄怀关中书院允执堂诸同志》诗云："圣学原来在此中，虞廷允执是参同。危微本体须明辨，精一工夫要浑融。悟后盈眸皆妙理，醒来举躅尽真功。自从别我同心后，谁为区区一启蒙。"万历三十七年（1609），关中书院建成，二人在关中书院"深与订交"，并"时时商证道术离合异同之故，称莫逆焉"。

张舜典以复兴原始儒家为己任，挺立师道，与诸生日夜研读《四书》《五经》等儒家原典和濂、洛、关、闽之书，不以举业为先。当时人们普遍以准备科考、考取功名为学习目标，只注重八股文的学习写作。张舜典却对八股文深恶痛绝，痛斥曰："误天下人才者，八股也！且八股，士自急之，学博何容以重误人才者督之误乎？况学者苟知圣学为急，即皋夔事业皆将黾勉企及，何有区区八股不加力造耶？"时举以配安定、苏湖之教焉。张舜典不愿随波逐流，力图靠自己微薄之力唤起更多学生的向道之心，此心颇承关学经世济民之学风。

万历四十年（1612）七月，张舜典出任河南郡陵知县。他"悉心民

---

① （清）王心敬：《鸡山张先生》，载《王心敬集》，西北大学出版社2015年版，第556页。
② （清）王心敬：《鸡山张先生》，载《王心敬集》，西北大学出版社2015年版，第556页。

虞，农桑教养无微不举，至民间养生送死之具，皆备而贮之，以待贫乏"。仁人爱民之心可见一斑。同年建郡陵书院，又称弘（又作"宏"）仁书院，开化民风。弘仁书院占地四亩，有房舍46间，其中安置经书数千卷。张舜典每逢朔、望两日，会同诸生于内，"讲切道德、经济要略"。因其核心是阐发"仁为己任之义、明道识仁之旨"，故书院名为"弘仁"。

张舜典任郡陵令时，"又善堪舆，改凤邑河渠，建南门"，以至"科乙未成，进士者六人，官皆通显"。更充满传奇色彩的是，张舜典为郡陵令期间，"独制军器若干，皆令精坚，藏之库"。有些人疑惑于他的做法，问其原因，他只是说"行当有用"。果然在他离开郡陵后不久，因为边事紧急，朝廷于地方大量征收兵器，其他的州县"皆仓皇莫应"，只有郡陵县"以预备故，不劳费而应命"，而且兵器是各州县最精好的。"邑人始服先生之先识焉。"为郡陵令五年期间，因张舜典治理有方又爱护百姓，他深受郡陵百姓爱戴。

万历四十五年（1617）又被举荐升为彰德府同知。但张舜典已看清政局，因"佐贰于时事无可措手，而随俗则又心耻尸素"之故，"斩然告致仕归"。辞官回乡后，即家为塾，讲学不倦，"从游者常数百人。先生与之究极学旨，不问寒暑"①。是时，冯从吾亦"居里第，学会益盛。而张舜典则主盟岐阳，而从游亦众。关学盛况，一时有'东冯西张'之称，双峰并峙之盛。学者尊之，不敢轩轾焉。"许孙荃为《鸡山语要》所写的《序言》称："有明关学，继文简公（吕柟）而起者，长安则有冯少墟先生，岐阳则有张鸡山先生，二公生同时，东西相望，与往复辩论，倡明斯道，学者景从，一时称极盛焉！"②

天启元年（1621），年仅十六岁的明熹宗朱由校登基。明熹宗"一字不识，不知国事"，整日沉浸于工匠制作当中，大权旁落而无所顾惜，任由宦官魏忠贤把持朝政，朝野腐败黑暗。张舜典坚持正义，刚正不阿，

---

① （清）刘於义：《张舜典小传》，载《张舜典集》，西北大学出版社2015年版，第155页。
② （明）张舜典著，（清）李颙编：《鸡山语要》，陕西通志馆，关中丛书，1935。

在迁升兵部武选员外时，抗疏力辞，曰："奉旨张舜典前来供职郎官。"且"上疏恳恳以劝圣学，远宦寺"，屡触犯魏忠贤为首的阉党。后不久，辞官归里，远离政局，整日以著书讲学为事，直到七十三岁去世。

张舜典一生讲学、著书都以重振儒家道脉，继承关学传统为目的。他在为冯从吾《关学编》所写的《后序》中说："吾乡居天下之西北脊，坤灵淑粹之气自吾乡发，是以伏羲画卦，西伯演易，姬公制礼，而千万世之道源学术自此衍且广矣。……奚止论关中之学，即以论天下之学，论千万世之学可也。"① 明确地将关学与儒学源流相统一、相贯通。故清初大儒李二曲赞其为"近代真儒，关中先觉"②。张舜典晚年著有《致曲言》《明德集》二书，《明德集》发明体用一源之旨为悉，《致曲言》中间多发明即工夫以全本体之旨，而实发明即本体为工夫之旨。盖一生论学不执一成之见，入主出奴，而大旨则归重明道一派。张舜典在《致曲言·自序》中描述其撰写情况："或于谈论间，或于读书间，或于清夜静坐间，偶有一得，恐复遗忘，辄笔记之，膺窃为致曲之助。"由此可推知，此书为张舜典平日为学修道、致曲之功的心得笔记。《明德集》由两部分组成：第一部分是大旨总论，包括"首叙宗旨""论明德体用及功夫深造""明德体大而用广"三节；第二部分包括张舜典与其他人的论学书信，以及对一些关学前贤的立传评价。

自明末以降，关中战火连年不断，而张舜典又因"位卑而地僻，并其姓字亦多茫然"等原因，至清代康熙时其人其书已"泯而不传"。时至康熙年间（1622—1722），陕西学宪许孙荃（1640—1688，字生洲）从著名理学家李二曲处得知张舜典其人，"肃然起仰，退而躬诣先生故里建坊表章"，并访其后裔得《致曲言》《明德集》二书，交与李二曲修订编撰，合册定名为《鸡山语要》。张舜典曾经编撰过《明道先生集抄》和《濂洛文抄》。此两书现已佚失，只存有冯从吾所作序两篇。

---

① （明）张舜典：《张舜典后续》，载《张舜典集》，西北大学出版社 2015 年版，第 150 页。
② （清）李颙：《答许学案》，载《李颙集》，西北大学出版社 2015 年版，第 174 页。

二十三　王徵

（一）赞诗

> 芒鞋蔬食谨修身，济世还须制器新。
> 手绘泰西奇技谱，心随天主出凡尘。

（二）诗解

此诗赞咏明代关学学者王徵艰苦朴素、勤于修己的自律品格，研制器械、发明创新的济世精神，及其在学习、传播西洋科学技术方面的卓越贡献。并咏述了他信仰天主教，修炼畏天爱人之心，期望超越世俗的精神追求。

芒鞋蔬食谨修身：王徵青少年时代，自誓以天下为己任，因自号"葵心"。中举后困公车者三十年，孝事两亲，唯以讲学著书为事。芒履蔬食，艰苦朴素，往来于村舍田野，一字不以干公府。

济世还须制器新：王徵从少年时代起就心忧社稷荣辱，民生安危，喜读兵法战策，潜心机械制造。年长后，蒿目而忧，讲经时济变之略，于凡兵阵、城守、积贮、制器之宜，无不究极其要。并发明了虹吸、鹤引、轮壶、代耕等多种"裨生益民"器具。任官时，曾设计和制造新式弩车、查验兵器、制定《兵约》及汰兵足饷以鼓励兵士。还发明创造出许多新颖、实用的机械，并撰写机械著作《新制诸器图说》。史家将他和徐光启并称为"南徐北王"，李约瑟称他为"中国第一个近代工程师"。

手绘泰西奇技谱：王徵对西方机械力学在中国的传播做出了杰出贡献。他与金尼阁撰述、修订《西儒耳目资》，后又作《西儒耳目资叙》和《西儒耳目资释疑》。与传教士邓玉函合作编译了第一部系统介绍西洋机械力学的著作《远西奇器图说录最》。其书共分三卷：第一卷论重心、比重等各种力学原理；第二卷论述杠杆、滑车、轮轴、斜面等各种力学器械；第三卷绘有54幅机械样图并附有解说。这些机械以农业用具居多，"皆裨益民生"，并且制作精巧，故《四库全书总目提要》赞其"实为甲于古今"。

心随天主出凡尘：明神宗万历四十二年（1614）十月，天主教传教士庞迪我（Diego de Pandora，1571—1618）刊行《七克》一书，此书阐述应如何克制天主所禁的骄傲、嫉妒、悭吝、愤怒、迷饮食、迷色、懈惰于善等七罪。王徵自友人处获赠一部，阅后深受感动，甚至"日取《七克》置床头展玩"。四十四年（1616），王徵赴京会试落第，但却得亲炙庞氏，并与他时相过从，习学天主教"畏天爱人"之理。王徵中进士在其受洗后不久，他将自己的登科归功于天主的默佑。明熹宗天启四年（1624）三月，王徵的继母过世。天启五年春，丁忧归里的王徵邀金尼阁至三原一带开教，居留近半载，并为其家人付洗。明思宗崇祯元年（1628）九月，王徵之父病卒。王徵此时对天主教的信仰益发虔诚，四处募款营建景天阁（即教堂）。崇祯七年（1634），他在家乡创立天主教慈善团体"仁会"立"会约"，兴教堂，往返三原、西安，专心于天主教活动。并著有《仁会约》《两理略》《山居咏》《崇一堂日记随笔》等有关宗教作品。崇祯九年（1636）十二月，六十六岁的王徵，公开发表《祈请解罪启稿》一文，承认自己曾严重违反"十诫"的教规而娶妾一事，更觉羞愧悔恨，故立誓从今而后绝色，以求解罪。晚岁王徵以忠愤尽节，杀身成仁，从容就义。王徵是明末皈依天主教的儒家士大夫之一，也是陕西天主教开教奠基人之一。他三十年勤事天主教，刻刻念念，以畏天爱人为心。

（三）传略

王徵（1571—1644），字良甫，及第后自号葵心，晚年自号了一，天主教教名斐理伯。殁后，士林谥以端节，人称端节先生。陕西泾阳县人。父亲王应选（1550—1628），字浒北，以理学名震关西，兼长经学和算学，曾编写《算术歌诀》，在乡村教授经学、算术。王徵初受教于父，学习经言章句。从七岁起，就住读在外婆家，师从舅父张鉴习读诗书。张鉴（1546—1605），字湛川，为当时名儒，博通经史，通晓兵法，善制器械，历任奉议大夫、知县、知州、河东盐运副使等。张鉴在治学、做人和制器等方面直接影响着王徵，对王徵后来热衷于西方科学技术的学习和从事发明创造起了重要的作用。少年王徵整日好学不倦，广涉博览，钻研于经传之间，年方十五便能日诵百千言，文辞俊美，号为一方名士。二十四岁中举后，即自誓以天下为己任，因自号"葵心"。困公车者三十年，孝事两亲，惟以讲学著书为事。芒履蔬食，艰苦朴素，往来于村舍田野，一字不以干公府。

1623年，王徵五十二岁，乃登天启壬戌榜进士。当时处明之季叶，盗贼、饥荒连绵不绝。初任广平司李，即赞守饬武备，演武侯八阵以御盗。他如辨白莲教之诬服，全活以数百千计；修整清河之水闸，灌石田以千顷计；筑成安之河坝，拯数邑之昏垫，不啻百十万；皆其救灾捍患大目，余丹笔明冤，难指数也。甫一年，丁母忧，逾三年。服阙，再补广陵，适逢地方官为讨好魏忠贤，大建生祠，白下、淮扬，累累相属，部使者上卜，皆蹶恐后，王徵独与淮扬道阳伯来公"屹立不往"，一时有"关西二劲"（来公三原人，王徵泾阳人。二人皆关西人）之称。甫一年，又丁父忧去。计两任司李，实历官仅三年余。王徵实施固百不暨一，而胆略之弘伟，已声满缙绅间。

明思宗崇祯四年（1631）正月，任登莱巡抚的孙元化举荐王徵出任山东按察司金事一职，称他"忠勇廉勤，练达兵事"。二月，丁忧服满的王徵在登莱巡抚孙元化的荐举下获授辽海监军道，协助同为天主教徒的孙氏练兵。是年，孔有德率部在吴桥叛变，崇祯五年（1632）正月，且陷登州城。孙元化在自刎未遂后与王徵等官同遭叛军所掳。二月，孔有德用耿仲明之计，尽放孙元化和王徵等人还朝。七月，孙元化遭弃市，王徵则很幸运地因友人来于廷加意为其昭雪，而仅发送附近卫所充军，来于廷其时适以刑部山东司员外郎的身份审理此案，稍后，王徵遇赦还家。

王徵还家后，海内盗贼益众，而荒旱益甚，王徵明见时事，知将益棘，于是筑室于园，严事天之课。立心，则必以"尽心至命"为归，曰："学不至此，则不可以对天"；讲学，则皆拯溺救焚之务，曰："学不至此，则言不得体天"；于救荒也，则以身倡，纠"仁社"赈之，一民饿如己之饿；于御盗也，则筑城浚隍，倡乡人固守，又筹辅车相依之势，约合三原令君公议救援战守之宜，复创为连弩、活桥、自飞炮诸奇器物，以出奇制胜，卒之二邑俱赖以全。阙后，兵部尚书张缙彦志其墓，谓："三原严邑而贼不敢犯者，皆先生之力。"

崇祯十六年（1643）十月，李自成陷西安，王徵听闻李自成欲让其出来做官，于是先自题墓石曰"有明进士奉政大夫山东按察司佥事奉敕监辽海军务了一道人良甫王徵之墓"，又书"精白一心事上帝，全忠全孝更无疑"等字付其子永春，更引佩刀坐卧家中的天主堂准备自尽，声言欲"以颈血谢吾主"。后李自成的使者果至，王徵遂拔所佩高丽刀欲自杀，使者上前夺刀，拉扯间使者伤手出血，大怒，本欲执王徵以行，经永春哀求，使者乃系永春回见自成。王徵谓其子曰："儿代我死，死孝；我矢自死，死忠。虽不能不痛惜，儿愿以忠孝死，甘如饴也！"遂从此绝粒不复食，凡七日，于崇祯十七年（1644）三月初四日卒。王徵著有《学庸义解》《两理略》《士约》《兵约》《了心丹》《百字解》《历代发蒙》《辨道说》《算术歌诀》《浒北山翁训子歌》《额辣济亚牍造诸器图说》诸书，皆传于世。

王徵少年时代在良好的家庭教育下，心忧社稷荣辱、民生安危，喜读兵法战策，潜心机械制造。年长后，蒿目而忧，讲经时济变之略，于凡兵阵、城守、积贮、制器之宜，无不究极其要。并发明了虹吸、鹤引、轮壶、代耕等多种"神益民生"的器具。任官时，曾设计和制造新式弩车、查验兵器，制定《兵约》及汰兵足饷以鼓励兵士。王徵除翻译西方科学知识以外，还通过自己的勤奋和对知识较强的理解力，发明创造出许多新颖、实用的机械，并撰写机械著作《新制诸器图说》，书中记述了他已造和未造的八种机械：由低向高处引水的"虹吸"、灌溉农田的

"鹤引"、以风力带动磨盘的"风磨"、报时机器"轮壶"，还有轮激、自行磨、自行车、代耕，在图解后附有铭赞。另外，他还留有一部手稿，是对《新制诸器图说》的补充，增加了二十四种机器："天球自转、地堑自收……水轮自汲、水漏自升、火船自去、火雷自轰、风轮转重、风车行远、云梯直上、云梯斜飞、气足发矢……自转常磨、自行兵车、活台架炮、活钳擒钟……神威惊敌"。在王徵其他著作中还收录一些他发明的机器，如运重机器、活动地平、生火机、西洋神器测量定表、活闸自动开闭及常闸上下转移之器、榨油活机、螺丝转梯等等。史家将他和徐光启并称为"南徐北王"，李约瑟称之为"中国第一个近代工程师"。

王徵为西方机械力学在中国的传播作出了杰出贡献。明熹宗天启六年（1626）春，王徵与金尼阁撰述、修订《西儒耳目资》，后又作《西儒耳目资叙》和《西儒耳目资释疑》，他与传教士邓玉函合作编译了第一部系统介绍西洋机械力学的著作《远西奇器图说录最》。《远西奇器图说录最》一书共分三卷。第一卷论重心、比重等各种力学原理，其中因"其术能以小力运大，故名曰重，又谓之力艺，大旨谓天地生物有数、有度、有重，数为算法，度为测量，重则即此力艺之学。皆相资而成，故先论重之本休，以明立法之所以然"；第二卷论述杠杆、滑车、轮轴、斜面等各种力学器械；第三卷绘有 54 幅机械样图并附有解说，其中起重 11 图（由下向上运送重物）、引重 4 图（平面牵引重物）、转重 2 图（利用辘轳原理提取重物）、解木 4 图（将巨木截断）、解石 1 图（将巨石截断）、转锥 1 图（舂米机）、水日晷 1 图（水力计时器）、代耕 1 图（耕田用机械）、水铳 4 图（救火用高压水枪），另外还有取水 9 图、转磨 15 图。这些机械以农业用具居多"皆神益民生"，并且制作精巧，故《四库全书总目提要》赞其"实为甲于古今"。

王徵三十年勤事天主教，刻刻念念，以畏天爱人为心。明神宗万历四十二年（1614）十月，庞迪我（Diego de Pandora，1571—1618）刊行《七克》一书，此书阐述应如何克制天主所禁的骄傲、嫉妒、悭吝、忿怒、迷饮食、迷色、懒惰于善等七罪，每罪并在解说之后，列举圣师的言论以及先圣先贤修德的故事，王徵自友人处获赠一部，阅后深受感动，甚至"日取《七克》置床头展玩"。万历四十四年（1616），王徵赴京会试落第，但却得亲炙庞氏，并与他时相过从，习学天主教"畏天爱人"之理。王徵科举生涯虽频遇波折，但却有机会与皈依天主教的中国士大夫和欧洲传教士交往。王徵中进士在其受洗后不久，他将自己的登科归功于天主的默佑，故在中进士后，随即致书家人，戒勿为其娶妾（万历十三年，年方十五的王徵娶舅母尚氏的侄女为妻）。称："今日登第，皆天主之赐，敢以天主所赐者而反获罪于天主乎？"天启二年（1622）六月，王徵授直隶广平府推官后，举家均同往。其妻尚氏虽曾育有多男，却均以出痘殇，仅二女存，王徵在"妻女踞恳、弟侄环泣、父命严谕"的情形下，心意松动，遂在不公开的情形下，于天启三年（1623）娶年仅十五的申氏（1609—1678）为妾，希望能生子以延续香火。天启四年（1624）三月，王徵的继母过世。天启五年（1625）春，丁忧归里的王徵邀金尼阁至三原一带开教，居留近半载，并为其家人付洗。由于娶妾一直是被在华天主教视为重罪，王徵自觉罪孽深重，乃数请金氏等神父为其解罪，但均不获允，且谓其曰："非去犯罪之端，罪难解也！"王徵于是痛自追悔，立意嫁妾以赎罪，但尚氏则力加挽留，而申氏也痛哭几殒，声言愿进教守贞，誓死不肯改嫁，王徵无法。崇祯元年（1628）九月，王徵之父病卒。翌年，王徵乞同年好友郑鄤为其父母撰墓志铭，他在《为父求墓志状稿》一文中，称已过继大弟徵之次子永春为嗣。稍后，又过继季弟彻之三子永顺为嗣。王徵或以此法摆脱绝嗣的压力。王徵赦归之后，因流寇猖獗，乃在地方募乡兵以自卫，据《鲁桥镇志》中《申氏小传》的记载，他当时"忧深国事，克意图贼，夙夜匪懈，终身不入内室"，其实，他"不入内室"的主因，应为避免加重违反教规之罪。或由于申氏与王徵仅有过相当短的正常婚姻生活，她一直不曾生育。王徵此时对天主教的信仰益发虔诚，四处募款营建景天阁（应即教堂）。崇祯七年（1634），他在家乡创立天主教慈善团体"仁会"立"会约"，兴教堂，往返三原、西安，专心于天主教活动。并著有《仁会约》《两理略》《山居咏》《崇一堂日记随笔》等有关宗教作品。崇祯九年（1636）十二月，年已六十六岁的王徵，下定决心要将其婚姻问题彻底解决，他公开发表《祈请解罪启稿》一文，承认自己曾严重违反"十诫"的教规，并称日前偶读及《弥格尔张子灵应奇迹》和《口铎日抄》中有关自己曾宣称不愿娶妾一事，更觉羞愧悔恨，故立誓从今而后，视申氏一如宾友，且断色以求解罪。晚岁复以忠愤尽节，杀身成仁，从容就义。王徵是明末皈依天主教的儒家士大夫之一，也是陕西天主教开教奠基人之一。

二十四 王建常

（一）赞诗

家贫每见断炊烟，盛暑衣冠尚俨然。

金币焉能移素志？吾庐诗境碧如天。

（二）诗解

此诗咏赞明末清初关学学者王建常甘于贫寒生活，严于修身律己，坚持贫贱不能移的高尚素质，保持富贵不能淫的民族气节的崇高人格和超拔境界。

家贫每见断炊烟：王建常三岁时，母亲去世；十岁时父亲去世。他以孝道侍奉继母，闻名于乡里。二十岁时为诸生，三十岁时，乃弃去科举，锐意圣学，闭户读书，凡"六经"子史，濂、洛、关、闽之书，无不详。家贫，常不举火，而泰然自得。

盛暑衣冠尚俨然：王建常严于律己，勤于修身，即使盛夏时，亦衣冠严整，行貌端庄，一丝不苟。顾炎武寓华阴时，数以疑义相质。富平李因笃、华阴王弘撰数称其名于当道。

金币焉能移素志：学使许苏荃拜访他，持金币来为他祝寿，他闭门不出；许苏荃又赋诗请和，他照旧不答。许苏荃对他的气节深为佩服，在他家门上题了"真隐"二字。王建常以朱熹的老师李延平自况，并对此有所记载："李延平结茅山里水竹间，谢绝世故。余四十年，食饮或不充，而怡然自得。朱子尝言，'人若着些利害，便不免启口告人，却与不学之人何异？向见李先生说，若大段排遣不去，只思古人所遭患难，有大不堪者，持以自比，则亦可以少安矣。'始者甚卑其说，以为何至如此。后来临事，却觉得有得力处，不可忽也。"（《复斋录》卷四）由此可见他的修养境界。

吾庐诗境碧如天：王建常"五十年足不出户外，虽乡人罕得见其面"（杨树椿《杨损斋文钞》卷八《书于王复斋传后》）。只是读书著述，锐然与圣贤之学。他乐于这种隐逸生活，常以诗言志，其《斗室吟》云："作室大于斗，栖迟亦自如。不闻今世事，但读古人书。有定千情约，无营一榻余。闲中时俯仰，天地在吾庐。"他之所以隐于渭野一隅，因为在他的思想中，"忠臣不事二君，烈女不事二夫"的观念根深蒂固。明虽亡，但他仍然以明朝之人自誉，所以宁可隐逸山林，也绝不与朝廷合作，对清朝称臣。这也是和他同时的许多关学学者共有的遗民情怀。

（三）传略

王建常（1615—1701），初名建侯，后改为建常，字仲复，号复斋，陕西大荔县人。父亲王之宠，官居镇抚散官，王建常十岁时父亲就去世了；叔父王之棠（？—1626），字心一，明神宗万历二十九年进士，除清苑知县，迁刑部主事。王建常三岁时，母亲去世，他以孝道侍奉继母，闻名于当时。二十岁时，为诸生。汪乔年任学使时，他通过考试并得了第一。三十岁时，乃弃去科举，锐意圣学，闭户读书，凡"六经"子史，濂、洛、关、闽之书，无不详。家贫，常不举火，而泰然自得，造次必于礼，盛夏时亦衣冠严整。吴县顾炎武寓华阴时，慕之，数以疑义相质。富平李因笃、华阴王弘撰数称其名于当道。

　　学使许苏荃拜访他，持金币来为他祝寿，他闭门不出；许苏荃又赋诗请和，他照旧不答。许苏荃对他的气节深为佩服，在他家门上题了"真隐"二字。王建常以朱熹的老师李延平自况，并对此有所记载："李延平结茅山里水竹间，谢绝世故。余四十年，食饮或不充，而怡然自得。朱子尝言，'人若着些利害，便不免启口告人，却与不学之人何异？向见李先生说，若大段排遣不去，只思古人所遭患难，有大不堪者，持以自比，则亦可以少安矣。始者甚卑其说，以为何至如此。后来临事，却觉得有得力处，不可忽也。"王建常觉得他的境况与这些古人所遭遇的患难相比，真是算不上什么，由此可见他的修养境界。王建常"五十年足不出户外，虽乡人罕得见其面"。他乐于这种隐逸生活，只是读书著述，有志于圣贤之学。他之所以隐于渭野一隅，因为在他的思想中，"国之与亡，忠臣不事二君，烈女不事二夫"（《复斋录》卷三）的观念根深蒂固。明虽亡，但他仍然以明朝之人自居，无法对清朝称臣，所以宁可隐逸山林，也绝不与朝廷合作，这也是和他同时的许多关学学者共有的遗民情怀。由此，他对古之隐居于世外的逸人隐士十分推崇。他说："陈希夷，五代隐君子也，或以方外目之，谬甚。金仁山、许东阳，师弟子也。当宋元之际，屏迹金华山中，著书讲学，终身不出。郭雅中，同某隐居为学，锐然以圣贤自期。"（《复斋录》卷六）他赞赏这些先贤，无非是愿以他们为榜样，鼓励和指引自己的精神。王建常喜吟咏，常以诗言志，也是当时著名诗人。其《斗室吟》云："作室大于斗，栖迟亦自如。不闻今世事，但读古人书。有定千情约，无营一榻余。闲中时俯仰，天地在吾庐。"

　　王建常恪守程朱理学，却坚持关学躬行实践的传统。清同治十一年（1872）学使吴大澂《奏请从祀》疏云："王建常恪守程、朱，躬行实践，与周至李中孚同时，而学问之纯粹过之。精切严整，直接明儒胡居仁。又当阳明学盛之时，力排众说，笃信洛、闽，其功不在本朝陆陇其之下，特因僻处一隅，不求名誉，名亦不显于世。然二百年来，秦士大夫知有程、朱、薛、胡之学，皆建常笃守之功。……实为宋以后关中第一大儒。"① 其学以主敬存诚为功，穷理守道为务。其言曰："凡学者立志，须是直要为天下第一等人，做天下第一等事。所谓第一等事，尽性尽伦是也；所谓第一等人，希圣希贤是也。"又曰："日用工夫，大要察之念虑心术之微，验之出入起居之际，体之应事接物之间，必一一尽合道理，不愧不怍，方是切实。"② 所著书皆端楷细字。有《大学直解》一卷，《两论辑说》十卷，《诗经会编》五卷，《尚书要义》六卷，《春秋要义》四卷，《太极图解》一卷，《律吕图说》两卷，《四礼慎行》一卷，《思诚录》一卷。生平注意，尤在《小学句读》六卷，以此为入德之门。《复斋录》六卷，凡所学具见于此，而其要在发明程、朱以斥陆、王。此外尚有《复斋别录》一卷，《复斋日记》两卷，《余稿》六卷。清德宗光绪二年（1875），朝廷准王建常从祀文庙。

二十五　王弘撰

（一）赞诗

乐从天下俊才游，金石丹青寄隐忧。

领袖关中声气远，巍峨华岳立寒秋。

（二）诗解

此诗咏赞明末清初关学学者王弘撰乐于交友的豪迈性格，喜爱金石书画的卓越才艺，穷究理学并为关中学人领袖的重要地位和广泛影响，及其巍峨若华岳的高尚人格和学术成就。

乐从天下俊才游：王弘撰喜交游，乐于与天下俊杰为友，一生四游江南，为时颇久，与江南名士交往频繁，情谊深厚。期间，参加了许多次诗文唱酬的文人聚会，流连于诗酒之间。王弘撰结交之人，多为

---

① （明）冯从吾：《关学编》（附读编），中华书局1987年版，第105页。
② （明）冯从吾：《关学编》（附读编），中华书局1987年版，第105页。

江南名士，或以道德气节著称，或以诗文名世，或以书画名家。在与江南学人广泛接触的过程中，王弘撰在联络声气的同时，将关中文风和学术带到了江南士人之中，促成了关中学术与江南学术的互动和交流。

金石丹青寄隐忧：王弘撰不但博雅能文，穷究理学，而且酷嗜金石、书法和绘画，收藏古书画金石甚富，精于书画金石鉴别，勤于书法创作，与傅山、郑篆等一流书画家、收藏家来往密切，切磋艺术，在明末清初的金石书画圈中影响很大。在金石丹青中寄托自己的情怀。

领袖关中声气远：《清史稿》传曰："（王弘撰）博雅能古文，嗜金石，藏古书画金石最富。又通濂、洛、关、闽之学，好易，精图象。学者翕然宗之，关中人士领袖也。"顾炎武对王弘撰的学术、才识、人格、品德以及治学态度都给予很高评价，称赞他为"关中声气之领袖"。

巍峨华岳立寒秋：王弘撰为陕西华阴人，家住华山之麓，曾以太华山史、山翁为号。明亡后侍奉老母及家族戚党隐居弯岩邃谷中，"以延旦夕"。隐居之时，王弘撰"为农华山之碧云溪畔"，或"酒盈一尊，书破万卷，仰观俯察，远取近求"，或于"彤云初布之时，独鹤亭待雪"，或登华山之巅，陶冶情志。而且，他在理学、史学、易学研究和诗古文词创作等方面都取得了很高成就，得到了顾炎武、傅山等友人的高度赞许。其高尚人格、豪迈性格、凛然节操和卓越学术成就若巍峨之华岳独立寒秋。

（三）传略

王弘撰（1622—1702），字文修，一字无异，号太华山史，晚号山翁，又称丽农老人、天山丈人，陕西华阴人。生于明熹宗天启二年壬戌（1622）八月十六日，卒于清康熙四十一年壬午（1702）春。

王弘撰的祖父以读书传家，力学笃行。父亲名之良，字虞卿，又字邻华。早年游学于温恭毅、冯恭定，其为学"宗考亭，不事表露，为德于乡，人无间言"。天启五年（1625）登乙丑进士，官至虔州南赣巡抚，明南京兵部左侍郎。

王弘撰兄弟六人，长兄宏学，天资纯粹，好学笃行，履规蹈矩，曾游学于冯从吾之门，通濂、洛、关、闽之学，笃守二程之论，著有《孔时图》《达天说》《九章》《石渠阁文集》；次兄宏期，生平不详；三兄宏嘉，学守兼励，人称云隐先生，工诗文，善书画，著有《信古斋文集》《太华存稿》；四兄宏赐，号酒臣，博综古籍，却不喜为举业，好军旅之事，有为国建功之志，遭甲申之变，遂废。宏（弘）撰排行第五，曾过继给叔父；六弟宏辉，号允塞。弘撰自少与宏学、宏嘉互为师友，其中与宏嘉感情最深，受其影响最大。王弘撰娶杨氏，生二子二女，长子宜辅，曾任海洲同知，次子宜辑，1664年补博士弟子员，曾任新城县令。

王弘撰同其他的明季士子一样，入清前为明季诸生，少攻举子业，以求取功名为目标。明思宗崇祯十六年（1643），其父自虔南迁至南京兵部左侍郎，同年冬，回籍途中病逝。此时，又值起义军迅速发展壮大之际，十月，李自成军转战关中，弘撰几遭不测。崇祯十七年（1644），三月十九日，起义军攻入京师，崇祯皇帝煤山自缢。两年内，遭逢家国骤变，王弘撰只得侍奉其母及家族戚党隐居弯岩邃谷中，"以延旦夕"。

隐居之时，王弘撰"为农华山之碧云溪畔"，或"酒盈一尊，书破万卷，仰观俯察，远取近求"，或于"彤云初布之时，独鹤亭待雪"，或登华山之巅，陶冶情志。王弘撰二十四岁结识富平李因笃，对李因笃的人品、学识极为推崇，称其"著述日富，叩其所蓄，如海涵地负。而敦尚义气，鉴拔人伦，有倜傥非常之概。"自此两人建立了一生的深厚友谊。在王弘撰的著述中，述及与李因笃交往的内容很多。两人同被荐为博学鸿儒，羁留都门，朝夕晤对。后王弘撰称疾得脱，欲返家时，李因笃求其向翰林院掌院事叶切庵代为说情，希望自己也能早日返乡。

顺治七年（1650）王弘撰第一次游历江南时，结交了许多友人。《山志》初集卷六"纪游"记载云："忆辛卯春，予始游吴门。所与交者陆履长、姚文初、瑞初、周子佩、子洁、顾云美、朱彦谦、沈古乘、什一、卜圣野、胡雪公、邹鹤引诸君，时姜茹须、张草臣皆病甚，亦为予强起。同寓虎丘者，则吴梅村、陈阶六、韩胜秋也。"《北行日札》记载云："昔予在淮上，得交万年少、邱如磐辈，今于燕台，复识百诗，质疑问难，有朋友之乐焉。"另外还与明朝著名遗民钱谦益等相往来。

康熙二年（1663），王弘撰再游江南时，与江南画家"金陵八家"相交往。《西归日札》记载云："金陵之以善画名者众矣，而周栋园司农独标举八人，曰'八大家'，则张损之、谢仲关、樊浴沂、吴远度、樊会公、高蔚生、胡石公、邹方鲁也。其时，有叶荣木、盛白含、施雨咸、盛林玉辈，八人者都不能过之，乃不兴焉。癸卯，予至金陵，八人者日向往来，皆为予作《独鹤亭图》，位置渲皴，极山云林泉之胜。八人者固未见亭，亦写意而已"。同年，顾炎武北游，在华阴与王弘撰订交，此后，顾炎武先后四访王弘撰。

康熙九年（1670），四十九岁的王弘撰三游江南，此年，"始读周濂溪书，并为付刻"。冬，与范坚（北明）同游焦山。

康熙十二年（1673），李二曲被荐博学鸿儒，称疾不出。冬仲日，前往华阴拜访王弘撰。王弘撰在《刘四冲传》记述曰："康熙十二年，有诏征李中孚先生。中孚称疾不就。冬仲，策杖过予草堂，留五日，论为学、出处之义甚悉。"

康熙十八年（1679），王弘撰特地为顾炎武在华阴构建新居，邀请他长期居住。从此，二人朝夕相处一年之久。二人曾一道致力于筹建华阴县朱子祠堂。作为明遗民，二人又曾一道北游边塞，哭吊于昌平的明十三陵。

康熙十九年（1680）岁末，王弘撰四游江南，这是他最后一次游历，也是时间最长的一次，达十六七年之久。其足迹主要在扬州、嘉兴等地。先后于嘉兴拜访了故友朱子葆、曹溶等人；在扬州会访了叶封、冒襄、童昌龄等人。康熙二十八年（1689）与孔尚任订交于白门，又重访戴务彤等人。在吴门访故人文点，在定山相会龚岁安等人。在第四次游江南时，挚友顾炎武去世，王弘撰痛不欲生，作《哭顾亭林诗六首》，并多次到顾炎武墓前悼念，深切表达了对友人的怀念之情。

王弘撰一生四游江南，为时颇久，与江南名士交往频繁，情谊深厚。其间，参加了许多次诗文唱酬的文人聚会，流连于诗酒之间。王弘撰结交之人，多为江南名士，或以道德气节著称，或以诗文名世，或为书画名家。在与江南学人广泛接触的过程中，王弘撰在联络声气的同时，将关中文风和学术带到了江南士人之中，促成了关中学术与江南学术的互动和交流。

王弘撰与李因笃、李二曲、李柏为明末清初关中文士领袖。他不但博雅能文，穷究理学，而且酷嗜金石、书法和绘画，收藏古书画、金石甚富，精于书画、金石鉴别，勤于书法创作，与傅山、郑簠等一流书画家及收藏家来往密切，切磋艺术，在明末清初的金石、书画圈中影响很大。《清史稿》传曰："（王弘撰）博雅能古文，嗜金石，藏古书画、金石最富。又通濂、洛、关、闽之学，好易，精图象。学者翕然宗之，关中人士领袖也。"王弘撰重交友，他认为："古人重友朋，正以德业相长，学问切磋耳""生而无友则孤，学而无友则陋。"王弘撰从做人和为学两方面取友之长，补己之短。顾炎武对王弘撰的学术、才识、人格品德以及治学态度都给予很高评价，称赞他为"关中声气之领袖"。

王弘撰一生著述颇丰，据《山志·序》中所说，约有二十多种，都已印行，后由于"历年既久，兵焚叠经，原刻剥蚀殆尽"。《砥斋集》是王弘撰最重要的文集。按文体分为序（上、下）、题跋、论、议、记、传、碑、赞、铭、书（上、下）、墓志铭、墓揭、诔、祭文、杂著等，共十二卷。所录文章大多为王弘撰壮年之后直至晚年的作品，是研究王弘撰的学术思想及其生平、交游的极重要的文献资料。《山志》也是王弘撰在世就已刊刻的读书及见闻的随笔，分为初、二两集，各六卷。是书共331条，史学、经学、小学、音韵学、书画、金石无所不包，内容极为丰富。《易象图述》是王弘撰的易学著作，共八卷。是书以"朱子谓易本卜筮之书"而作。其书以筮述为主，兼及义理，大旨辟京房、焦寿之术，阐明文王、周公之理。此外，还有《周易筮述》《正学隅见述》《昭代尺牍小传》《鹤徵录》《西归日札》和《北行日札》等书。王弘撰的成就是多方面的，他在理学、史学、易学研究和诗古文词创作等方面都取得了很高成就，得到了顾炎武、傅山等友人的高度赞许。

二十六　李颙

（一）赞诗

孤寒奋起振宗风，一点灵原万境融。
悔过自新纲领在，柴门反锁夕阳红。

（二）诗解

此诗咏赞清初三大儒之一的关学学者李二曲于孤寒境遇中发奋治学，继承弘扬关学宗风的担当精神，阐述他以"灵原"为人生本原、以"悔过自新"为思想纲领的学术旨趣，特别是赞颂他坚贞勇毅的高尚民族气节和超越世俗的崇高精神境界。

孤寒奋起振宗风：李颙年幼时父亲亡于战事，他与母亲茕茕无依，生活十分困难，无钱进学读书。母亲指点他说："无师难道就不能学吗？古人都是你的师傅！"他遵从母教，十五六岁时已博通典籍，年十七，读《冯少墟先生集》恍然悟圣学渊源，乃一意究心经史，求其要领，后向藏书人家借书而观，遂无所不窥。三十三岁后应邀讲学。在江苏讲学期间听讲的学生达四千人。在陕境内，富平、华阴，都是他常常设讲之地。四十七岁时，陕甘总督鄂善重新修复关中书院，多次聘请李颙去讲学。关中道学之传，自明冯少墟先生以后，寥寥绝响，李颙起自孤寒，特振宗风。

一点灵原万境融：李二曲以《学髓》一文，阐人生本原。认为人生本原乃是"无声无臭，廓然无对"，"寂而能照，应而恒寂"的"灵原"。这"灵原"是"无少无壮，无老无死，塞天地，贯古今，无须臾之或息"。宇宙中的一切都根源于这个超时空的永恒本体"灵原"。他说："通天地万物、上下古今，皆此灵原之实际也。非此灵原，无以见天地万物、上下古今；非天地万物、上下古今，亦无以见此灵原。是以语大语小，莫载莫破。"

悔过自新纲领在：二曲之学，注重实修。所谓实修，就是要能"悔过自新"，提高自身修养的自觉性。他说：现在人们的通病，就是不懂得做人的基本道理，廉耻之心丧尽。因此要注意"悔过自新"，培养羞恶之心，懂得什么叫廉耻。一个人只有具有廉耻之心，他的心才是真心，人才是真正的人，学才是真正的学。"悔过自新"的目的，是为了叫人做一个真正的人。"悔过自新"可谓是二曲之学的纲领。

柴门反锁夕阳红：康熙初年，陕抚荐李二曲为"山林隐逸"，朝廷特诏征他，他力辞终免。其后又征"博学鸿儒"，地方官强迫起行。他绝粒六日，最后以拔刀自刎力拒。由此李二曲觉得自己为虚名所累，从此把门反锁，除顾亭林来访偶尔开门外，连子弟也不见面。康熙帝西巡，传旨地方官必要召见他。他叹道：这回真要逼死我了！以废疾坚辞，幸而免。充分表现了他坚贞勇毅的民族气节和超越世俗的崇高精神。

（三）传略

李颙（1627—1705），字中孚，号二曲，陕西周至人。因为"周至"的古字在《汉书》中解释为山之曲和水之曲，所以自号二曲，人们称他为二曲先生。九岁，入村塾，老师教他启蒙课本《三字经》，私问学长曰："性既本善，如何又说'相近'？"已颖慧异人。在村塾刚刚学完儒家经典《大学》和《中庸》，便因病休学。既而他的父亲李可从与李自成起义军作战，战死在河南襄城。从此，母子茕茕，生活十分困难，有时连一日两餐都难以维持，更无钱读书了。每当他路过学校时，听到学生书声琅琅，便怦然心动。可是因为交不起学费，无法进学。母亲指点他说："无师难道就不能学吗？古人都是你的师父！"他遵从母教，十五六岁时已博通典籍，有"奇童"之称，然泛览博涉，殊无统纪也。年十七，得《冯少墟先生集》读之，恍然悟圣学渊源，乃一意究心经史，求其要领。二十岁那年，周至县令樊侯辛亲自到家访问，对李颙的学识十分惊叹，亲自题"大志希贤"的匾挂在李颙家的大门上，以为表彰。而是时邑之世代读书为官的人家里，藏书甚丰，先生一一借而观之，遂无所不窥，亦遂无所不知，而守则益严，虽箪瓢屡空，一介不以苟取，远迩咸以"夫子"推之。三十三岁，杭州人骆钟麟任周至县令，亲睹其言行风采，大咤为"振古人豪"，遂事以师礼，时时诣庐请益。从此，李颙周围便聚集了一大批学生。李颙三十九岁时，母亲病逝，他便去河南襄城寻找他父亲的遗骨。襄城地区读书做官的人对李颙的一片孝心十分感佩，于是替他父亲修墓、建祠。这时，原来的周至县令骆钟麟已升为江苏常州知府，他派人迎接李颙去常州讲学。当时，常州所属的无锡、江阴、靖江、宜兴等县，均在当地的孔庙大殿设立讲席，轮着迎接李颙去讲学。李颙在江苏讲学期间听讲的学生达四千人，人谓乃百年未有之盛况。在陕境内，富平、华阴，都是他常常设讲之地。

李颙四十七岁时，陕甘总督鄂善重新修复关中书院，多次聘请李颙去讲学。鄂善亲见李颙风采，又听了他的讲论，对他的人品和学问十分佩服，于是以"大儒"的名义向清朝推荐李颙。康熙初年，陕抚荐他"山林隐逸"，特诏征他，力辞才免。其后又征"博学鸿儒"，地方官强迫起行。他绝粒六日，最后拔刀自刎，方得幸免。他觉得为虚名所累，从此把门反锁，除顾亭林来访偶尔开门外，连子弟也不见面。康熙帝西巡，传旨地方官必要召见他。他叹道：这回真要逼死我了！以废疾坚辞，幸而免。他并不是矫情鸣高，但不肯在清朝做官是他生平的志气。

李颙晚年闭门不出，而学术声望却与日俱增。当时人们把他与河南的孙奇逢和浙江的黄宗羲并称为"海内三大名儒"。李颙七十六岁（1703年）时，康熙皇帝西巡到陕西，闻李颙盛名，传旨召见。李颙以年老多病辞召，只将著作《二曲集》和《四书反身录》进献。康熙特赐御书"操志高洁"匾额，并御制《金山诗》幅赐焉，所呈《二曲集》

《四书反身录》二书，则并荷"醇正昌明，羽翼经传"之褒。盖康熙癸未冬也，岁乙酉，年七十九岁，四月十五日以疾卒。

二曲之学，幼无师承，故早岁不无驰骋于三教九流。自十七知学后，则天德王道，源源本本，由宋、唐直溯于孔、孟。其生平论学，无朱、陆、薛，唯是之从。尝曰："朱子自谓某之学主于道问学，子静之学主于尊德性。自今当去两短，集两长。某生也愚，然如区区素心，则窃愿去短集长，遵朱子明训，敢执私意、昧公道，自蹈于执德不宏耶？"故所学不畸重一偏，落近儒门户之习。而如其事母之孝，则根于天性，至老弥笃。识者谓二曲先生生平造诣，充实光辉，要自行其道，显扬一点血诚，扩而充之，畅茂条达，故道德风节，不至不休。盖关中道学之传，自前明冯少墟先生后寥寥绝响，二曲先生起自孤寒，特振宗风。

李颙思想丰富，蕴义深刻，为了说明人生本原和生命本质，在《学髓》中，就"人生本原"画了一个图式，图式的最高处是一个抽象的"无声无臭，廓然无对""寂而能照，应而恒寂"的"灵原"。这"灵原"是"无少无壮，无老无死，塞天地，贯古今，无须臾之或息。会得此，天地我立，万化我出，千圣皆比肩，古今一旦暮"[1]。宇宙中的一切都根源于这个超时空的永恒本体"灵原"。他说："通天地万物、上下古今，皆此灵原之实际也。非此灵原，无以见天地万物、上下古今；非天地万物、上下古今，亦无以见此灵原。是以语大语小，莫载莫破。"[2]

中年以还，指示来学，注重实修。所谓实修，就是要能"悔过自新"，提高自身修养的自觉性。他认为古人讲修养的道理很多，都不如"悔过自新"这四个字目的明确。他说："悔过自新"的目的是为了叫人做一个真正的人。这是因为，现在人们的通病，就是不懂得做人的基本道理，廉耻之心丧尽。因此他说，人们再也不能空谈了，而要注意"悔过自新"，培养羞恶之心，懂得什么叫廉耻。一个人只有具有廉耻之心，他的心才是真心，人才是真正的人，学才是真正的学。

---

① （清）李颙撰，陈俊民点校：《二曲集·学髓》卷二，中华书局1996年版，第18页。
② （清）李颙撰，陈俊民点校：《二曲集·学髓》卷二，中华书局1996年版，第18页。

总之，李颙之学以"悔过自新"为心课，"尽性无欲"为究竟，以"反身"为读书要领，"名节"为卫道藩篱，则于圣学宗传，益觉切近精实。中州潜谷张公尝谓先生"殆曾子所谓任重道远之弘毅，孟子所谓先觉任重之天民"，士林以为笃论云。

二十七 李柏

(一) 赞诗

> 道继横渠易代间，门前五柳杳难攀。
>
> 诗随槲叶飘何处？冰雪巍巍太白山。

(二) 诗解

此诗咏赞明末清初关学学者李柏于朝代更迭之际，继承弘扬张载关学传统的治学志向，超然世外的精神追求。特别赞誉他在外族入侵的艰险环境中，隐居深山，安贫乐道，保持坚贞刚毅的民族气节的崇高品质。

道继横渠易代间：李柏的青年时代，正是明朝灭亡，满人入主中原的易代之际，国家出现了"天崩地裂"的局面。面对民族危亡，李柏始终抱着复兴大明的思想，并自觉继承关学创始人张载的学说。他曾几次到横渠故里拜谒张子祠，挥笔题写"正大光明"，以表现他的思想归宿。光绪十九年（1893），眉县知县毛鸿仪创修"雪木祠"，亲自为李柏题写了"道继横渠"匾额，以昭贤名，载留史册。

门前五柳杳难攀：李柏的父亲李可教一生未应考出仕，耕读传家，喜读西晋陶渊明的诗文。李柏受父亲影响，幼年时，便模仿起五柳先生陶渊明，在书斋前面栽了五棵柳树，并题诗："茅屋果然如斗大，诗风酒月度年华，客来陌巷不知处，五柳柴门第一家。"明亡后，他携家眷隐居太白山中，也很少回到"五柳柴门"之家了。

诗随槲叶飘何处：李柏隐居于太白山，写作读书，吟诗著书。对经、史、子、集造诣甚深；对兵书、佛学、黄老之学乃至琴、棋、书、画广泛涉猎。山中乏纸，将平日所作诗、文书于槲叶之上。

冰雪巍巍太白山：李柏系陕西眉县人，居太白山下，号太白山人，明亡后，隐于太白山中。其精神若太白山峰般巍峨雄伟，其节操如太白冰雪般贞洁高峻！

（三）传略

李柏（1624—1694），字雪木，号太白山人，陕西眉县人。李柏的父亲李可教颇有文学造诣，喜读西晋陶渊明的诗文，一生未应考出仕，耕读传家。李柏受父亲影响，幼年时，便模仿起五柳先生陶渊明，在书斋前面栽了五棵柳树，并题诗："茅屋果然如斗大，诗风酒月度年华，客来陋巷不知处，五柳柴门第一家。"

李柏的青年时代，正是明朝灭亡，满人入主中原的易代之际，国家出现了"天崩地裂"的局面，面对民族危亡，李柏始终抱着复兴大明的思想。他在《看剑》篇中写道："壁上铁龙吼，匣中宝气生，遥知新发日，破浪斩长鲸。"当复明无望时，李柏携家眷隐居太白山中，读书写作，吟诗著书。对经、史、子、集造诣甚深；对兵书、佛学、黄老之学乃至琴、棋、书、画广泛涉猎。山中乏纸，将平日所作诗、文书于槲叶之上。康熙十六年（1677），清王朝为笼络文人，用贡举制度，由地方贡举推荐出仕，被李柏断然拒绝。第二年，李因笃被征入京，在京城"数称先生（李柏）贤"。朝廷又有征召，李柏仍不为所动。隐居期间，李柏常穿着道家服装，云游关中各地名山大川、名胜古迹，与关中学者、名流、官员多有交谊。六十一岁时，友人茹紫庭调任湖南衡州，邀请他南游衡山。当年九月出函谷关，经熊耳山到南阳，拜谒了光武祠、武侯庙，游览了襄阳。游览长沙时，凭吊了屈原、贾谊庙，最后抵达衡州，又登岳阳楼、东游金陵。第二年三月，他买舟北返，游览了三峡，参观了荆王护国寺。这次南游使他的胸襟更为宏阔，思想更加豁达，期间他写作了不少杰出的诗文。当他返回家乡时，正逢关中大旱，迫使他又携眷踏上了逃荒的征途。他悲愤写了《西迁》诗，诗中有"万方谁乐土，四野尽流民""道旁大哭人，老有八十岁，……今日观此老，可知天下势！"

李柏"道继横渠"，于明清易代之际，继承了关学创始人张载的学说。他曾几次到横渠故里拜谒张子，挥笔题写"正大光明"，以表现他的思想归宿。他和周至李二曲、富平李因笃经常探讨理学，对朱学与王学、体和用等观点进行过多次辩论。李柏去世三十三年后，李颙的高足弟子王心敬（户县人）为李柏撰写了《墓碑》，高度评价李柏的学术思想。宣统年间，陕西学宪余坤批复眉县知县请再次收集刊刻他的著作，并指出"关中元气醇厚，代有绝学，典型不坠，端在斯人"。光绪十九年（1893），眉县知县毛鸿仪创修"雪木祠"，亲自为祠堂题写了"道继横渠"匾额，以昭贤名，载留史册。李柏的著作全部收集在《槲叶集》中，有文章、记事、传等265篇，诗词359首，共十卷。

2011年5月12日，我应眉县程灵生先生之邀同访太白山李柏隐居处并谒先生之墓，归来吟七律《访李雪木先生太白山隐居处》以赞先生高风。诗云："层峦叠翠隔红尘，石骨嶙峋涧水深。霭霭白云堪结友，交交黄鸟最知音。溪浮槲叶流清韵，月傍松林鉴素心。雨打风摧陵谷变，依然气象耀高岑。"

二十八　李因笃

（一）赞诗

经义诗心欲补天，披荆斩棘雁门边。

文章用世国何在？一表陈情泣杜鹃。

（二）诗解

此诗赞颂明末清初关学学者李因笃精研经学，精通诗学的学术成就和文学造诣；联结天下俊杰，为反清复明而奔走的坚韧精神；弘扬关学经世致用的优良学风，以及其坚决向朝廷请辞，保持民族气节的宝贵品质。

经义诗心欲补天：李因笃精通经学，曾发愤读"六经"及濂洛关闽诸大儒书籍，所著诗文高古精邃，名播海内。明思宗崇祯十七年（1644），清兵攻陷北京，明亡。李因笃时年十三岁，深感亡国之痛，立志反清复明，以补天崩地裂。

披荆斩棘雁门边：清顺治五年（1648），李因笃十八岁时，他告别故里，出外游学，经友人推荐，抵达代州，在知州陈上年家任塾师，后陈上年调至雁平道，李因笃随同前往。此间数年，他发愤读书，广交朋友，与著名学者昆山顾炎武、太原傅青主、粤东屈大钧结为至交。康熙五年（1666），顾炎武二次会李因笃于代州，在陈上年的庇护下，联络志士二十余人，于雁门、五台之间，披荆斩棘，垦荒种田，以图复明之举。

文章用世国何在：作为关学传人，李因笃继承关学传统，发扬关学精神。弘扬张载以礼教人的思想和经世致用的学风。反对空谈性理，重视道德践履；关注国计民生，主张学以致用，曾就诸多现实问题撰有策论。他深入经学的目的，正在于通晓古今治国之道，以利于国计民生，并把这一思想贯穿于他的救亡实践之中。

一表陈情泣杜鹃：康熙十八年（1679）李因笃受命纂修明史。自抵都以至授职后，以母老孤寂，无所依托为由请辞，先后呈《告终养疏》陈情三十七次，其文情词恳切。时人云"可与李令伯（李密）《陈情表》同擅千古"。康熙看了疏文，深为所动，遂准许他的辞职请求。离京那天，京师士大夫数百人为其送行，朱彝尊"祖饯于慈仁寺，挥泪而行"，龚鼎孳为其题写"西京文章领袖"的堂匾赠行。

（三）传略

李因笃（1631—1692），字子德，又字天生、孔德，号中南山人，陕西富平人。先世是山西洪洞人，金元时，迁移关中，定居今富平县薛镇韩家村。其高祖、祖父经商于陕北。父亲李映林，"始以文补邑诸生，少而刚方，绩学不息，独好传注，以程朱为宗"。从师明末关学儒宗冯从吾，为得意门生。明思宗崇祯七年（1634）四月，患病而亡，年仅27岁。是年七月，李自成率义军攻占富平，其居韩家村被围，祖母杨氏，囿于传统"忠君"思想，率族人81人俱焚，三岁的李因笃与弟李因材随母去外婆家才幸免于难。从此，李家门户萧条，无依无靠，母子三人只得客居外婆家。李因笃外祖父为增广生员，对因笃"提携教诲"，使李因笃受到了良好教育。李因笃天资聪颖，五岁即读经史，过目不忘。七岁时，其母见李因笃逐渐懂事，便取出其父遗书及冯从吾小像，哭诉曰："此孔孟真传，若父畴昔之潜心从事者也，小子从此自励，若父为不亡矣。"李因笃从此昼夜诵习，手不释卷，继承父志，学益大进。"八岁能文章，出语辄惊人"，十一岁应县试，考取第一名，入庠学习，时人称之为"神童"。不久，他抛弃了科举应考，"为诗文，有闻于时，而尤潜心于传注之书，以力追先贤"。

　　崇祯十七年（1644），清兵攻陷北京，明亡。时年李因笃十三岁，深感亡国之痛，立志反清复明。清顺治五年（1648），十八岁时，他告别故里，出外游学，经友人苏生紫、赵一鹤推荐，抵达代州，在知州陈上年家任塾师，后陈上年调至雁平道，李因笃随同前往。此间数年，他益发愤读六经及濂洛关闽诸大儒书籍，所著诗文更加高古精邃，名播海内，一时骚人词客，趋之若鹜，至邸舍不能容。其中著名学者昆山顾炎武、太原傅青主、粤东屈大钧和他结为至交。人称"自有名士以来，以布衣耸动四方，未有如公之盛也"。康熙五年（1666），顾炎武二次会李因笃于代州，他们在陈上年的庇护下，联络志士20余人，于雁门、五台之间，披荆斩棘，垦荒种田，以图复明之举。康熙六年（1667）九月，陈上年离职而去，李因笃携家归秦。康熙七年（1668）春，顾炎武因文字狱牵连，在济南入狱，经李因笃、朱彝尊等友人的多方奔走竭力营救，于是年十月获释出狱，与李因笃在北京相会。此后，李因笃与顾炎武的情谊愈加深厚。康熙九年（1670），三十九岁的李因笃再次东出潼关，走河南、下扬州，南游湘、鄂、楚等地，结交四方学者。康熙十一年（1672）"三藩之乱"突起，社会动荡不安，李因笃考虑到老母安全，于是急速返回故乡。此时，陕甘一带也发生动乱，朋友郭九芝、总兵张梦椒欲推荐他从军，李因笃力辞，遂避居富平北部明月山下。但军政官员仍不断缠扰，后"避地凤翔，又之延安"。康熙十四年（1675），周至李二曲"以避兵氛"，应县令郭九芝之邀，隐居于郭九芝为其修建的隐士庄拟山堂别墅（在今富平王寮镇军寨村），李因笃为其作序以记大略。以后，李二曲与顾炎武、李因笃、王山史、李雪木等学者名士经常在此研究学问，和诗唱文，讲学质疑，长达五年，后李二曲返回周至。

康熙十七年（1678），清政府为延揽人才，开博学鸿词科、诏举文行兼优之士。内阁学士项景襄、李无馥、大理少卿张云翼，以"学问渊通、文藻瑰丽"荐举李因笃，李因笃以母老家贫为由，力辞不就。然而，康熙早闻其名，称他与秀水朱彝尊、慈溪姜宸英、无锡严绳孙为"四布衣"，"必欲致之"。地方官吏奉旨催促，李因笃不从，以死抗拒，后在母亲的规劝下，于秋季涕泣登程。康熙十八年（1679）三月一日，李因笃扶病考试，皇上拔之前列，授翰林院检讨，受命纂修明史。李因笃自抵都以至授职后，以母老孤寂，无所依托为由，屡次具呈具疏，先后上疏陈情三十七次。人云，《告终养疏》情词恳切，可与"李令伯（李密）《陈情表》同擅千古""其文可追班马，为我朝第一篇文章"。康熙看了疏文，深为所动，遂准许他的请求。离京那天，京师士大夫数百人为其送行，朱彝尊"祖饯于慈仁寺，挥泪而行"，龚鼎孳为其题写"西京文章领袖"的堂匾赠行。

康熙二十三年（1684）春，李因笃应聘到关中书院讲学。此前，为重振关学学风，李因笃与关中李二曲等名士积极倡导修复关中书院。他告诉二曲先生"闻米侍御至省，当乘间一言，此天地盛典，吾徒分内事也。今执事举少墟先生之任，委之于笃，是以乌获百钧，界不胜匹雏者，况京兆人文之薮，轩冕之彦，相望于涂，何至惟席无人，使谫陋如笃者，俨辱布衣祭酒之座乎?"虽然他谦让,不任书院负责人,但为关中书院的恢复和关学的振兴奔走效力。经常在这里讲学,与诸学者切磋学问。随后,关中书院成为"关学大兴"的圣地。是年七月,其母去世,因李因笃平日谨遵母训,"乐善亲贤",四方亲友万余人前来送丧。是年李因笃已五十四岁,坚持不仕。后又应邀为创建朝阳书院撰写序文,并在此讲学,推动了关学的进一步发展。李因笃晚年,因为年迈体弱,出外讲学不便,便在家乡镜波园或家中收徒讲学,常以著书立说写诗唱文为乐。康熙二十八年(1689)春,突患偏瘫,友人朱长源前来探望,李因笃拉着他的手说,"吾一生作诗文,不下数百万语",又抚摸胸口说,"无一字不从此中刻画出"。虽说话困难,但仍伏案读书,撰稿不绝。康熙三十一年(1692),李因笃离开了人世,终年六十二岁。

李因笃一生安贫乐道,勤于研读,执教著文,毕生不倦,学识渊博,著述宏富。李因笃在史学、天文、历法、乐律、书法、绘画、考据学等方面亦有很深的研究,其主要著作有:《诗说》《春秋说》《议小经》《汉诗音注》五卷,《汉诗评》五卷,《古今韵考》《受祺堂诗集》三十五卷,《受祺堂文集》四卷,《受祺堂文集续刻》四卷,手抄本《山汉论》一卷等。李因笃在音韵学、文字学方面有深入研究。顾炎武著《音学五书》时,常与李因笃商讨,顾炎武说,"深知吾书,海内惟李天生一人"。

作为关学传人,李因笃继承关学传统,发扬关学精神,弘扬张载以礼教人的思想和经世致用的学风,反对空谈性理,重视道德践履;关注国计民生,主张学以致用,曾就诸多现实问题撰有策论。李因笃经学造诣很高,清初散文家汪琬与人论师道书谓:"当代未尝无可师之人,其经学修明者,吾得二人焉,曰顾子宁人,李子天生"。顾炎武在《抄书自序》中说:"天生今通经之士,其学盖自为人而进乎为己者也。"他认为"师古不泥其意,用法不求其人",深入经学的目的,正在于通晓古今治国之道,以利于国计民生,并把这一思想贯穿于他的学术实践中。

二十九　康乃心

（一）赞诗

雄姿逸气挟风涛，诗本秦声一代豪。

二曲门墙恭列后，文章义理品同高。

（二）诗解

此诗咏赞清代关学学者康乃心雄姿逸气的人品，深远豪放的诗风，及其承传二曲理学、延续关学学脉的杰出学术贡献和崇高人格风范。

雄姿逸气挟风涛："雄姿逸气"是李因笃在《莘野诗集序》中对康乃心诗风的描述。其文曰"雄姿逸气，不受羁衔，故皆直抒性灵，磊落壮凉，得秦风本色"。其实也是对康乃心人格的赞美。

诗本秦声一代豪：康乃心的诗作意境深远，风格豪放，具有鲜明的个性特色和很高的艺术水平，诗坛、学界评价甚高。晚清诗人顾曾烜《郃阳杂咏》诗赞曰："太乙（康乃心号太乙）名高三李（指李二曲、李柏、李因笃）上"。李因笃赞许其诗为"秦中第一"。

二曲门墙恭列后：康乃心尝与李二曲、李因笃、顾亭林等漫游大江南北，以诗名扬海内，并拜李二曲为师，自侪于弟子之列。

文章义理品同高：党晴梵论康乃心的治学历程曰："少年泛滥辞章，与陈维崧、钮琇诸词人相驰逐。中年则考核金石文字，精研经史志乘，致力于训诂考据之学，间亦傍及诸子百家。与顾炎武、王弘撰多切磨，晚年皈依宋明性理之学，承关学一脉。"[①] 顾炎武评康乃心的学术贡献曰："康子孟谋，不可一世，尚有千古。绍横渠，继少墟，再造关中者也。才节殆与景略、弘农伯仲间。"

---

① 党晴梵：《康乃心先生的著作及其故宅》。

（三）传略

康乃心（1643—1707），字孟谋，号太乙，又自号莘野、耻斋、飞浮山人，陕西合阳人。八岁入塾，寡于言笑，不能嬉戏，口微吃，诵读多不能记，熟，既而扣之，未尝遗忘也。十岁嗜读《诗》，师授《周易》，先生于课之暇，私购《诗传》一部，早夜挑灯别室，研朱评点，读之不厌。十四岁作《武侯心书笺注》，十五岁，为学师意厌薄程墨，嗜读金正希、黄陶庵、陈大士、包宜墼、徐渭、袁宏道诸人集。弱冠举童试冠军，陕西学使吕和钟称其文为七邑冠。康熙二年癸卯（1663），先母王孺人卒，哀毁骨，立先君"约斋"，时以礼节之。康熙十五年（1676），拜关中大儒李颙为师。康熙十九年（1680）春，谒顾炎武于华阴王宏撰家，深受赏异，遂订交。力学好古，崇尚程朱理学，且其诗作意境深远，晚清诗人顾曾烜《郃阳杂咏》诗赞曰"太乙名高三李上"。李因笃在《莘野诗集序》中赞康乃心诗"雄姿逸气，不受羁衔，故皆直抒性灵，磊落壮凉，得秦风本色"，许其诗为"秦中第一"。康熙十五年（1696）春，王士祯奉使祭告西岳江渎，游荐福寺，在小雁塔壁读康乃心《题秦庄襄王墓》二绝句，叹为绝唱。其一云："园庙衣冠此内藏，野花岁岁上陵香。邯郸鼓瑟应如旧，赢得佳儿毕六王。"王回京后逢人皆谈，自此诗名大播。王在《带经堂诗话》中赞康乃心曰："文章有神交有道，少陵不诬也！"康熙十八年（1699）秋试，受知于陕西主司广陵陈元龙，检讨海全，座师文县令江公某，荐领第五名经元。榜发，先生谒陈元龙，陈公见而喜曰："吾司衡得子，一榜生色矣，闻子文章节操殆非一世之士。"翌年赴京会试不第，众大臣欲荐，固辞归里，隐居不仕，遂讲学以终。尝与李颙、李因笃、顾亭林等漫游大江南北，以诗名扬海内。以二曲为师，自侪于弟子之列。党晴梵论曰："少年泛滥辞章，与陈维崧、钮琇诸词人相驰逐。中年则考核金石文字，精研经史志乘，致力于训诂考据之学，间亦傍及诸子百家。与顾炎武、王弘撰多切磨，晚年皈依宋明性理之学，承关学一脉。"① 顾炎武评曰："康子孟谋，不可一世，尚有千古。绍横渠，继少墟，再造关中者也。才节殆与景略、弘农伯仲间。"②

康熙四十二年（1703），康熙西巡，问关中理学经济之才，刘荫枢奏有合阳康乃心。帝曰："朕知其名，今居何职？"奏曰："乙卯举人。"上曰："何以不中进士。想是诗好而时文不佳乎？"刘奏曰："此等人原不以时文论也。臣近视其文，出入经史，虽古大家不能过。"上还京欲特旨召用，未果。后陕西布政使鄂洛赠"关西夫子"匾。康熙四十六年（1707）康乃心去世后，安徽吴起元为撰神道碑铭，曰："卓绝天纵，盖世人杰，师广川，法景略，理学经济，一代伟哲，终不遂一志。"同州知府乔光烈撰《合阳县已故举人康乃心请入乡贤文》曰："秉资纯粹，植学渊深。穷经兼马郑之精，内行表圭璋之美。动为士楷，望本人师。……书藏金匮，曾邀天语之褒，诗探骊珠，在现皇华之赏。典型俱在，崇报宜隆。"

康乃心珍藏古籍七八千卷，自己亦著述宏富，已刻行世者近五十种，如《学统辩》《三千里诗》《莘野诗集》《五台山记》《莘野集》《毛诗笺》《莘野先生遗书》诗文集等。

三十　王心敬

（一）赞诗

存心养性道堪修，母训师言恩永酬。

更念横渠宗脉远，开天易画起源流。

（二）诗解

此诗咏赞清代关学学者王心敬遵从母训师言，严于存心养性，修圣

---

① 党晴梵：《康乃心先生的著作及其故宅》。

② （清）顾炎武：《与人书十八》，载《顾亭林诗文集》卷四，中华书局 1983 年版。

贤之道的人生追求。并赞扬其继承弘扬关学宗风，尊重关学学术传统，续补《关学编》，追溯关学学术源流的学术贡献。

存心养性道堪修：王心敬十岁丧父，其母李孺人于流寇劫焚之余，艰苦持家，严格教育。认为俗学不足为，指使王心敬离家就学于周至李二曲。某日，母尝问心敬曰："学圣贤者如何用功？"王心敬对曰："以存心尽性为实履，成己成物为分量。"母曰："汝便如此学去，若让古人独步，非夫也！"

母训师言恩永酬：王心敬母亲令其谢去诸生，一意圣贤之务，就学于周至李二曲。她教导儿子说："人生要当顶天立地，功名乃过眼花，汝苟能为圣贤一流人，吾既死亦有颜见汝父于地下。"又曰："吾不愿汝禄养，但能砥砺德业，与古人齐轨，无负父托，斯为孝耳！"王心敬从二曲学十余年，佩服师训，尊闻而行知，遂为二曲入室高弟。二曲每语人曰："吾不及见古孟母，若尔缉母李太君，恐古人亦不过也！"特述《母教》一篇梓行之。

更念横渠宗脉远：王心敬特别尊重关学的学术传统，重视继承弘扬关学宗风，对《关学编》作了续补。他在《关学续编序》中说："编关学者，编关中道统之脉络也。横渠特宋关学之始耳，前此如杨伯起之慎独不欺，又前此如泰伯、仲雍之至德，文、武、周公之缉熙敬止，缵绪成德，正道统昌明之会，为关学之大宗。"

开天易画起源流：王心敬追溯关中道统之脉络，认为其始源极为久远。"至如伏羲之易画开天，固宇宙道学之渊源，而吾关学之鼻祖也。"将关学之渊源一直追溯到伏羲之画八卦，虽未必准确妥当，但表达了其对关学自重和自信的深厚情感。

（三）传略

王心敬（1656—1738），字尔缉，号丰川，陕西户县人。生于清世祖顺治十三年，卒于高宗乾隆三年，享年八十三岁。据《关学续编》载：王心敬十岁丧父，其母李孺人于流寇劫焚之余，艰苦持家，严格教育，毫不姑息。王心敬十八岁补博士弟子，岁试时，提学不以礼相待，便发愤道："昔陶令不受五斗米，我岂恋一青衿乎？"于是，脱巾帻以出，除其籍。其母李孺人认为俗学不足为，指使王心敬离家就学于周至李二曲。同时，又担心兼习举业有妨正学，令其谢去诸生，一意圣贤之务。她含泪教导儿子说："人生要当顶天立地，功名乃过眼花，汝苟能为圣贤一流人，吾既死亦有颜见汝父于地下。"又曰："吾不愿汝禄养，但能砥砺德业，与古人齐轨，无负父托，斯为孝耳！"且岁中止许二三次定省，居数日即促之去。王心敬从二曲学十余年，一切需用皆母亲纺绩质产所供。王心敬佩服师训，尊闻而行知，遂为二曲入室高弟。母尝问曰："学圣贤者如何用功？"对曰："以存心尽性为实履，成己成物为分量。"母曰："汝便如此学去，若让古人独步，非夫也！"二曲先生每语人曰："吾不及见古孟母，若尔缉母李太君，恐古人亦不过也！"特述《母教》一篇梓行之。

学既成，以母老归家侍养。日理经史，折衷自宋关、闽、濂、洛以至河、会、姚、泾之学，咸师其长，而融液于《大学》"明德""亲民""至止善"之宗。自信以为此道必合天德、王道于一贯，乃本末不遗；用功之要则敬义夹持，知行并进，方不堕于一偏。又曰："全体必兼大用，真体必兼实功。"以故学业日粹，声闻日章。相国朱轼（1665—1736）督学陕西时，曾多次亲至户县向王心敬请教。总督额伦特（？—1719）、年羹尧（1679—1726）也曾先后以"海内真儒"和"山林隐逸"将他举荐于朝廷，而王心敬皆以疾病固辞。一时之间，黔、粤、吴、楚等多地的巡抚纷纷以优厚的待遇，聘请王心敬为本省书院总讲习，但都被他以母老多病所辞。湖北巡抚陈实斋（1680—1758）累书聘之，母令之行，遂至楚，主讲于江汉书院。与张石虹、汪武曹相得，而书院愿从学者或问学者多人。讲学时"登堂讲说，器宇温蔼，音吐洪畅，诸生云会，辩难互起，依为答酬，皆先儒所未发，人人厌服。"答问亦孜孜不倦，词旨明朗切实，闻者莫不厌服。讲学内容后来被录为《江汉书院讲义》十卷。归而母疾，既殁，丧葬尽礼，一时旌贤母者甚伙，皆实录云。服阙后，张孝先抚苏，又聘之，王心敬乃至姑苏讲学。其时，鄂尔泰大中丞抚秦，即以二曲先生为当世第一人物，真正儒宗，荐达于朝，且时访以政事。鄂公之子曰额伦特，康熙五十五年总督湖广，闻王心敬名，又知其为二曲高弟，遂以真儒复荐于朝，下地方起就征车，秦中制抚移文催促，王心敬乃从吴门返驾入关，辞疾不赴，奉有"疾愈起送"之部议乃止。额制军乃求其所著书，延礼江夏令金廷襄参编而梓行之，固王心敬实学之所感兴。

乾隆元年举孝廉方正，王心敬再次以年老多病拒绝赴京为官。有一次，陕西蒲城某进士殿试，大学士鄂尔泰（1680—1745）便向他问询"丰川安否？"而此人未识王心敬，茫然无所应，鄂公遂笑曰："士何俗耶！天下人莫不知有丰川，子为其同乡人，顾不知耶？"此后，凡有大吏来自陕西，鄂公必寄问丰川安否。

时言学者争以辟陆、王为尊朱，王心敬一不阿附，直陈其所见，力与之辨。其子王功请曰："学者讳言陆、王，心不没其长可矣，或宜讳言之，以息纷纷之争。"王心敬蹙然曰："小子言何鄙也！道者，万世之公也。余知言论世四十年来，颇费心力，违平日素心，取悦世儒，心何安乎？"又曰："象山义门风规，荆门政绩，阳明讨寇之略，推功之仁，使在圣门，恐尚列之德行，不止在政事、文学之科。即'无善无恶'四字，推以无意、无必、无极、太极之旨，亦未可非也。"

王心敬特别尊重关学的学术传统，重视继承弘扬关学宗风，对《关学编》作了续补。他在《关学续编序》中说："编关学者，编关中道统之脉络也。横渠特宋关学之始耳，前此如杨伯起之慎独不欺，又前此如泰伯、仲雍之至德，文、武、周公之缉熙敬止，缵绪成德，正道统昌明之会，为关学之大宗。至如伏羲之易画开天，固宇宙道学之渊源，而吾关学之鼻祖也。"① 将关学之渊源一直追溯到伏羲之画八卦，虽过誉之词，实自重其学也。

---

① （明）冯从吾撰，陈俊民校：《关学编·王心敬关学续编序》，中华书局 1987 年版，第 65 页。

王心敬学问淹博，有康济之志，一生勤于著述，现存的有《易说》十卷、《江汉书院讲义》十卷、《荒政考》二卷、《尚书质疑》二十四卷、《诗经说》三十卷，《春秋原经》二十四卷、又续五十卷、《诗草》十二卷、《礼记纂》二十四卷、《关学汇编》十二卷、《文献揽要》十二卷、《历年》四卷、《洗冤录》三卷、《南行述》四卷、《家礼宁俭编》四卷。心敬论学，以明、新、止至善为归。谨严不逮其师（李颙），注经好为异论，而易说为笃实。其言曰："学《易》可以无大过矣，是孔子论易，切于人身，即可知四圣之本旨。"他的著作以孔孟学说为宗旨，反对空谈玄虚之说，并能注意研究农业，经世致用。他推崇氾胜之的"区田法"，著有《区田圃田说》载于《皇朝经世文编·农政门》。他的"区田法"经当地农民实践，每亩谷子可有小米一石八斗二（每斗约三十三斤）的收获。他的"圃田法"讲种菜技术，主张土地综合利用。如在田块周围种桑，田内种植蔬菜、苎麻、谷物等，一亩的收益能数倍于往常。儿子王功在他影响下，于湖南新田县令任上，曾集著《蚕桑成法》一书，教民栽桑养蚕。

丰川为人仁慈宽恕，淡泊名利。康熙五十三年、雍正元年两次"奉旨特征"，皆托病推辞。乾隆三年（1738）病逝，终年八十三岁。

三十一　李元春

（一）赞诗

麸糠野菜度童年，恪守程朱志圣贤。

为所当为名不避，关学薪传写续编。

（二）诗解

此诗咏赞清代关学学者李元春，于艰难贫苦之中，发愤读书的勤学精神；恪守程朱理学，立志为圣贤之学的治学志向；以及弘扬关学宗风，增补《关学编》，"为所当为"的担当精神。

麸糠野菜度童年：李元春少时，家极贫，其父游贾楚中，元春与母亲相依为命，方八九岁时，每日拾薪饲瞀驴，恒代贫家硙碾，得麸糠与野蔬和蒸以为食。入学后，犹半日读书，半日负薪。

恪守程朱志圣贤：李元春十四岁，于书肆见薛文清公《读书录》，减两日食购得之，自此决志圣贤。于藏书家得程、朱各集读之。父殁后益锐志于学。曾先后主讲于潼川、华原等书院。一生恪守程朱理学。以诚敬为本，以成圣贤为旨归，而笃于躬行。曾云："夫学为圣贤，人人事也。学之，即不能为圣为贤，其可不以圣贤自勉乎？自勉于圣贤，即奈何不以圣贤为师乎？师圣贤，又安能已于向慕之心，不急急飓前人之为圣为贤者乎？"晚年又筑桐阁学舍，居家授徒，其教生徒虽不废举业，但以圣贤之学为依归，故门下多士，造就颇众，学者称桐阁先生。

为所当为名不避：晚年，李元春在《关学编续补》的序言中说续补之宗旨，完全是为了弘扬圣贤之学。弘扬圣贤之学，乃是为所当为。既然是"为所当为"，即使有人以"好名"议之，亦不必避。序曰："呜呼！前人为圣贤之学，皆无名心，而后之人不可不章其名。章前人之名，以励后学，补缀遗编，与刊刻者同一心也。世之人不以为妄，亦或以'好名'议之，为所不当为而避其名可也，为所当为而避'好名'之名，天下之以'好名'败人自立为善者多矣！"

关学薪传写续编：李元春继王心敬之后，为冯从吾撰著的《关学编》再作续补，共"订补入七人，续入十二人"。云："予自十四五，即有志程、朱，迄无所成，今年过六十，刻此编，犹愿与同志共勉于二曲少时之所为耳矣。"

（三）传略

李元春（1769—1855），陕西朝邑（今属大荔县）人，字仲仁，又字又育，号时斋，生于清乾隆三十四年（1769），卒于清咸丰四年（1855），享年八十六岁。少时，家极贫，其父诸生时，游贾楚中，元春与母亲相依为命，方八九岁时，每日拾薪饲瞀驴，恒代贫家硙糠与野蔬和蒸以为食。一日，李元春路过乡塾，听闻读书之声，回来后哭告其母想要读书，母亲听了很高兴，送其入学，然犹半日读书，半日负薪。十二三岁，塾师偶讲《论语》"仁而不佞"时，辄苦思前后诸章言"仁"不同及注语，乃悟圣门之学全在求仁，唯"当理而无私心""非全体不息，不足以当之"二语为尽。十四岁应府试，于书肆见薛文清公《读书录》，减两日食购得之。自此决志圣贤，于书无所不读，河滨先生为元春族祖，遂尽观河滨先生家藏书，得程、朱各集。父殁，痛父望以切，益锐志于学。嘉庆三年（1798）中举，任大理寺评事，其后九上春官不第。年四十余，以母老，遂绝意仕进，日侍母，不远离。母百岁卒，邑宰举先生孝行，以书坚辞，后闻举孝廉方正，亦坚辞。生平未尝乞假及妄受人。居京邸，亦未尝以一刺谒人，贵官有欲见者，谢弗面。曾先后主讲于潼川、华原等书院。

李元春虽居家不仕，然颇留心世务。其邑中如换仓、坐运诸事日久生弊，民所不堪，元春屡上书当道求变革之，又尝率所居十六村联为一社，议立社约，举行保甲，以抵御盗贼。清宣宗道光二十六年（1846），关中亢旱，李元春捐谷赈济村民，又著救荒策数万言，上书当道，大致为村各护村，社各护社，族各护族，邑人赖以存活者甚众。朝邑县南乡濒渭诸村常以滩地构讼，李元春为清经界，立簿存县，以息争讼，又为邑立文会，以维持风教。

其学恪守程、朱，以诚敬为本，以成圣贤为旨归，而笃于躬行。曾云："夫学为圣贤，人人事也。学之，即不能为圣为贤，其可不以圣贤自勉乎？自勉于圣贤，即奈何不以圣贤为师乎？师圣贤，又安能已于向慕之心，不急急扬前人之为圣为贤者乎？世之人惟自阻曰：'我岂为圣为贤之人？'人或又有阻曰：'汝岂为圣为贤之人？'而亦因以自阻，斯世遂终无圣贤。况吾不能为圣为贤，岂敢谓人之不能为圣为贤，则又何嫌于以不能为圣为贤之人，望人之皆为圣贤也！"[①] 晚年又筑桐阁学舍，

---

① （明）冯从吾撰，陈俊民校：《关学编·李元春关学续编序》，中华书局1987年版，第66—67页。

居家授徒，其教生徒虽不废举业，但以圣贤之学为依归，故门下多士，造就颇众，学者称桐阁先生。

老作《检身册》，有曰："三代下有道之士，惟有席珍待聘，否则便涉干谒。朱子虽云'孔孟生今日不能不应科举'，然如搜检待士非礼，孔孟必不应也，即如孝廉方正之举，自汉以来自投文券，予即不能应，况有使费，孔孟岂为之乎？"识者以为至论。先生资禀气象刚毅敦笃，故其立言皆博大切实，而不为无用之空谈。威仪容止，至老如一。人问何以养之，曰："吾一生惟寡欲而已。"

晚年，李元春为振兴关学，继王心敬之后，为冯从吾撰著的《关学编》再作续补，共"订补入七人，续入十二人"。他在序言中说明，续补之宗旨完全是为了弘扬圣贤之学。序曰："呜呼！前人为圣贤之学，皆无名心，而后之人不可不章其名。章前人之名，以励后学，补缀遗编，与刊刻者同一心也。世之人不以为妄，抑或以'好名'议之，为所不当为而避其名可也，为所当为而避'好名'之名，天下之以'好名'败人自立为善者多矣！"又云："二曲，少欲为圣学，乡人多阻挠之，甚有以为妖者。予自十四五，即有志程、朱，迄无所成，今年过六十，刻此编，犹愿与同志共勉于二曲少时之所为耳矣。"①

咸丰六年（1856），陕西巡抚吴振械奏请入祀乡贤祠。光绪元年（1875），陕甘学政吴大澂奏请宣付国史馆，列入《儒林传》。李元春著作丰富，据吴大澂所奏，计有：《四书简题课解》《诸经绪说》《经传撷余》《春秋三传注疏说》《诸史闲论》《诸子杂断》《诸集拣批》《群书摘旨》《读书搜纂》《图书拣要》《拾雅》《数记典故》《左氏兵法》《纲目大战录》《百里治略》《循吏传》《朝邑县志》《潼川书院志》《华原书院志》《刍荛私语》《四礼辨俗》《丧礼补议》《劝乡时家》《教家约言》《闲居镜语》《授徒闲笔》《益闻散录》《桐窗呓语》《病床日札》《学荟性理论》《余生录》《夕照编》《余晖录》《花笔草》

①（明）冯从吾撰，陈俊民校：《关学编·李元春关学续编序》，中华书局1987年版，第66页。

《聿既藁》《检身册》《慰懊小简》《文集》《诗集》《制义》，共数百卷，又编有《关中两朝诗文钞》《西河古文》《西河诗录》《制义通选》等多种书。此外，李元春还为朝邑刘氏主编过《青照堂丛书》，共收书 89 种，232 卷。

李元春的学术贡献和地位受到后辈学者的高度评价，其弟子贺瑞麟评价恩师说："桐阁先生于关中，犹朱子之于宋，陆稼书于国朝。宋以前诸贤之文章、事迹，至朱子是一结局；国朝以前之文章脉络，至稼书是一结局；在关中前明时，冯少墟是一结局；本朝至桐阁先生又是一结局，见闻之博，著述之富，真是不易得。"

三十二　贺瑞麟

（一）赞诗

刻书兴学志恢宏，宗旨平生仰晦翁。

八比时文全摒弃，百年关学浴清风！

（二）诗解

此诗咏赞晚清关中著名学者贺瑞麟刻书兴学、教书育人的恢宏志向，摒弃八股时文、坚守儒学正统的治学宗旨，及其不重科考举业，将教育目的落实在"修己、治人、明理、制事"上的新风尚。

刻书兴学志恢宏：贺瑞麟经几次科考，屡举不售，遂绝意举业，"无复仕宦之志"，以修身、齐家、兴学、育人为人生的坚定信念。起初先后在丽泽学舍、有怀草堂、清麓精舍等书院讲学授课。光绪初，知县焦云龙资助建正谊书院，贺瑞麟主讲正谊书院二十年，学兼体用，精研程、朱之道，并刊印经典汇集为《清麓丛书》，为时人所敬重。还曾先后讲学于宏道、味经、鲁斋、宗铭、凤鸣等书院，关中许多县都留下过他的足迹。讲学中他完全汲取了关学先贤张载、冯从吾、李二曲等人的教育思想精华，先后培育了数以千计的优秀人才。

宗旨平生仰晦翁： 贺瑞麟十七岁补博士弟子，十八岁中秀才，二十岁时及癸卯科试第一。道光二十七年，二十三岁的贺瑞麟辞家求学，拜于关学大儒朝邑李元春（桐阁先生）门下，潜心攻读先儒经典，以程朱理学为治学宗旨，功力日渐深厚。贺瑞麟认为，"世道人心，端由学术，世之非毁正学者，未见其书也。风气转移，必刻正学书，以程朱为宗"。"宗朱者为正学，不宗朱者即非正学，不宗朱者，亦当绝其道，勿使并进。""尊朱子之学，然后孔子之道尊。"

八比时文全摒弃： 贺瑞麟讲学时摒弃八股时文，专心儒学正统。同治三年（1864），当贺瑞麟游学山西时，三原县令余庚阳致书邀其返里，共襄同建家乡大业。归乡后，在南李村设"有怀草堂"讲习。同治四年（1865），应知县余庚阳之邀，到学古书院主讲。他都明确预约不开帖括（科举考试文体名）、八比（八股文）之课。

百年关学浴清风： 贺瑞麟引导学生将学习的目的落实在"修己、治人、明理、制事"上。他主张学生掌握儒家理学基础，进而引申至儒学各流派归宗，对理学的宗旨、概念、境界、脉络务必详尽，穷理实践，学以致用，"学以穷理为先"。达到由"俗儒"到"硕儒"直至"真儒"的进步升华。从而为关学开启了百年新风。于右任说："（贺瑞麟）所授弟子多为清末民初以及影响现代的大家。"

（三）传略

贺瑞麟（1824—1893）原名贺均，榜名瑞麟，字角生，号复斋，陕西三原县人。贺瑞麟兄弟五人，序居其季，自幼好学。七岁时，其父出对"半耕半读"，即应之"全受全归"。十六岁以前，从学于王万适先生所，先生疼爱有加，恩威并施，贺瑞麟后来"辄念之"。王万适先生"尝辑诸史孝友传，为笃伦书数十册，欲以麟订以传世，未及而没"。贺瑞麟深为憾事。求学时，尝手抄高陵吕泾野书、眉县张横渠书，"从耻恶衣恶食来语，甚爱之，归而述诸先君，先君教以'不此之耻，当思其可耻者。'"贺瑞麟感受至深，立志发奋而有所作为。十七岁补博士弟子，十八岁中秀才，二十岁时及癸卯科试第一。道光二十七年，二十三岁的贺瑞麟辞家求学，拜于关学大儒朝邑李元春（桐阁先生）门下，潜心攻读先儒经典，以程朱理学为圭臬，功力日渐深厚。后与山西芮城薛于瑛（仁斋）、朝邑杨树椿（损斋）并称"关中三学正"。期间，贺瑞麟几次科考，屡举不售，使他对仕途之路失去了兴趣，绝意举业，遂以修身、齐家、兴学、育人为人生的坚定信念。咸丰十一年（1861），刘映菁、刘映莒等百名本县名流贤士联名举荐其为孝廉方正，贺瑞麟上书坚辞，以明自己"无复仕宦之志"。同治元年（1862），陕西回民举义，数天之内，连克大荔、渭南、临潼、高陵，直逼三原城下。迫于生计，贺瑞麟生平第一次挈家将雏，远赴山西绛州（今绛县）避难。于颠沛流离中，依然读教不辍，不失时机地培养后学。此时，他结识朝邑的杨树椿和山西芮城的薛于瑛，三人一见如故、相见恨晚，并合力于驻足馆舍开办丽泽学舍。同治三年（1864），三原县令余庚阳致书邀其返里，共襄同建家乡大业。归乡后，在南李村设"有怀草堂"讲习。同治四年（1865），应知县余庚阳之邀，到学古书院主讲。他预约不开帖括（科举考试文体名）、八比（八股文）之课。主持院事之后，新拟书院章程六条，曰：经费宜统筹也；职事宜专责也；院长宜礼请也；士子宜廪资也；试课宜变通也；教道宜切实也。与此同时，贺瑞麟还手定了《学古书院学约》和《传心堂学要》各六条。《学要》曰：审途以严义利之辨；立志以大明新之规；居敬以密存察之功；究理以究是非之极；反身以致克复之实；明统以正道学之宗。贺瑞麟引导学生将学习的目的落实在"修己、治人、明理、制事"上。他主张学生掌握儒家理学基础，进而引申至儒学各流派归宗，对理学的宗旨、概念、境界、脉络务必详尽，穷理实践，学以致用，"学以穷理为先"，达到由"俗儒"到"硕儒"直至"真儒"的进步升华。他除主讲学古书院，还曾先后讲学于宏道、味经、鲁斋、宗铭、凤鸣等书院，关中许多县都留下过他的足迹。讲学中他完全汲取了关学先贤张载、冯从吾、李二曲等人的教育思想精华，先后培育了数以千计的优秀人才。

贺瑞麟品性严正，虽盛暑严寒，必正襟危坐，无欹侧容。他给友人书写的对联即可涵盖他的品性："至人不婴物，君子谢浮名"。

他接引后进，皆规以礼法，从不为诽言所动。他珍爱图书，说："书也者，亦即圣人体，所以尽事物之情，达伦常之理，发人心之奥，阐天命之微。如日月经天，如江河行地，如陶冶耒耜之不可阙，如布帛菽粟之不可离。"由此，他克勤克俭，为节约书院经费，主动将往时掌院束脩二百四十金、薪水六十金裁减一半，仅取束脩一百二十金，薪水三十金，余下的作为士子助学资金并书院买书之用。学古书院旧时无藏书，同治四年，他主讲该院后，渐次购书千余卷。"自国朝（清朝）钦定诸经，以及周、程、张、朱之书、历代之史，大略已具。"但那些"杂氏之籍与近世阳儒阴释之说，下至科举之业，一不能与于其间"。为了保管好这些藏书，使之更好地发挥作用，不至于散失，贺瑞麟"商之诸君，得捐金若干，起阁于敬义堂后，空壁为厨，分经、史、子、集、杂类而列庋焉"。他要求后人"严其奉守，谨其察视，勿使虫鼠尘埃得以损败秽污"，或"不肖者久假私窃"，并且要不断补充新的藏书。

同治九年（1870），贺瑞麟购鲁桥北门外清凉山坡地，以土窑为室，创清麓精舍授徒讲学，来者麇集。光绪初（1875），知县焦云龙资助建为书院，抚军谭云觐命名为正谊书院，由中丞冯展云书写成匾额。贺瑞麟主讲正谊书院二十年，学兼体用，精研程、朱之道，并刊印经典汇集为《清麓丛书》，为时人所敬重。

贺瑞麟认为："为学亦无他法。第一要路脉真，第二要功夫密。"其教育生徒，先以自己所编《养蒙书》授之，次《小学》《近思录》，再及四子（指周、程、张、朱），而后渐次以至《六经》。他认为，《小学》《近思录》当与四子并，而尤加亲切："学者如能笃信并谨守之，则一生受用必多。"最后，又教以其所辑《朱子五书》《信好录》等。

贺瑞麟训迪诸生，诲人不倦。每日晨昏，会食、会讲，皆有仪矩。训词诸生，自斋长、纠仪、纠业、值日、值食、值厕，悉有签，轮流交代，左右门帘、寝阁，俱有铭一，必须切实执行。这种严格的管理制度，"关中自横渠（张载）以来，未之有也"。

贺瑞麟对学生总是循循善诱，耐心开导，晓之以理，动之以情。学生有将器物毁坏者，他并不痛加训斥，而对之曰："此即不仁也。"有洒扫于隐僻处不到者，即曰："此即不忠信也。"如果偶尔需要责罚学生，也坚持首先认真开导，使学生从思想上认识过错，进而指出："人须是自改过，改过须内自讼。此又非他人所能与，亦非今日戒饬所能禁止。过而能改，则复于无过。不改过又要文过，则大不是。"在坚持言教的同时，贺瑞麟很注意以自己的行动影响学生。例如，有一次，一个学生因忧成疾，跳井身亡。他并未强调这一事件的客观原因，而是主动承担责任，深自罪责。认为学生跳井，皆由自己"不善开发，使彼无所得，以至于此"。为此，他曾欲遣散所有生徒，谢绝一切应酬，"专意修省，以答天变"。这种主动承担责任、自省过错的行动使学生很受感动。

为了促进诸生的学业，贺瑞麟经常鼓励学生"师生相处，须是理义切劘""先生不必事事胜于弟子，弟子也不必事事不如先生"，勉励学生超过自己。为了激励学生学习，他"视其功夫之勤惰，以定膏火之多少。且以分贫富贤愚而裁酌之，使适于义""贫而贤者可给，富而愚者则不给，或量给"。他还将这种做法写入《新拟书院章程》之中，以保证贯彻执行。

贺瑞麟认为："世道人心，端由学术，世之非毁正学者，未见其书也。风气转移，必刻正学书，以程朱为宗。""宗朱者为正学，不宗朱者即非正学，不宗朱者，亦当绝其道，勿使并进。""尊朱子之学，然后孔子之道尊。"然而"周程张朱之书，学士往往老死不见其全，北方流布，又加少焉"。为此，他极力倡导、支持刊刻正学之书，"俾读者耳目为之一扩，潜心逊志，而有得焉"。在他的倡导和支持下，刘映菁、刘升之父子先后刻了《养蒙书》《居业录》《朱子语类》《朱子文集》《朱子遗书》《仪礼经传通解》《名臣言行录》《小学》《近思录》《四书》，周、程、张之全书，以及先儒绝学孤本，不下四十余种。此外，刘质慧刊刻了《朱子纲目》《复斋录》《四忠集》；岐山武文炳刊刻了《朱子家礼》《朱子行状总论简注》《箴铭辑要》；乾州王梦棠刊刻了《朱子大学或问》；泾阳柏森刊刻了《大学衍义》《松阳讲义》《三鱼堂文集》《翰苑集》《唐鉴》《损斋文集》《读书录》；凤翔周宗钊刊刻了《朱许年谱》；富平强济川刊刻先生所辑《诲儿编》。"虽及门校正，要皆先生鉴定而为之序。"先生门人，北省皆有，自此来学者益众。

贺瑞麟学问精湛，著述颇丰，编著有《朱子五书》《信好录》《养蒙书》《清麓文钞》《三原县新志》《三水县志》《女儿经》等。陕、甘学使吴大澂奏请朝廷，称贺瑞麟为"逸才"。光绪十六年（1890）九月二十二日，朝廷"赏给三原县贡生国子监学正衔贺瑞麟五品衔"。光绪二十七年（1901）五月二十日，朝廷予"已故五品衔国子监学正衔孝廉方正恩贡生贺瑞麟追赠五品卿衔"。贺瑞麟与山西芮城薛于瑛、朝邑杨树椿齐名，并称"关中三学正"。

贺瑞麟精于书道，楷书结构严谨，行草运笔浑厚，遗墨遍关中。临潼华清池《乐善亭记》碑石可为代表。光绪九年（1883），贺瑞麟与眉县前任知县赵家肇、知县颜旋敏等倡议修建张子祠。竣工后，贺先生亲赴眉县谒陵，为其撰写一联："近马帐而传经，砭愚订顽，百代均沾化雨；设虎皮以讲易，经明德立，群论共被春风。"不仅表达了他对关学宗师的尊崇，也可以视为对自己人生德业的总结。

于右任先生在《我的青年时代》中记录："（贺瑞麟）所授弟子多为清末民初以及影响现代的大家：清末陕西著名大学者蓝田牛兆濂（牛才子）、兴平张元勋、马鉴源、蒲城米岩、山东淄川大学者孙乃琨（灵泉）等皆出其门，其创办的正谊书院在当时名声远扬，外来求学者络绎不绝，省内外所教弟子数以万计，堪称一代理学之大师。关中学者有两大系：一为三原贺复斋先生瑞麟，为理学家之领袖，一为咸阳刘古愚先生光蕡，为经学家之领袖。贺先生学宗朱子，笃信力行，俨然道貌，尚时悬心目中。"

三十三　刘古愚

（一）赞诗

> 跨出推磨卖饼家，欧风吹雨到烟霞。
> 康南刘北如桴鼓，关学维新又发花。

（二）诗解

此诗赞颂近代关学大儒刘古愚一生苦学、勤学的艰苦奋斗精神，在讲学中引进西方科学技术，倡导西方先进文化的教育变革思想，响应和参与戊戌变法的爱国奉献精神，和对推进关学演变革新的卓越贡献。

跨出推磨卖饼家：刘古愚生于贫寒的读书人家庭，少年时父母相继离世，成为孤儿，为躲避战乱，辗转流浪于兴平、礼泉乡间。穷困潦倒，晚上磨面，白天卖汤面条谋生。然而他于乱世困顿间不肯废学，坚持读书。二十三岁时，被录取在关中书院就学。从学于曾授翰林院编修、主讲于关中书院的黄彭年。时黄彭年提倡实学，介绍西学，宣扬社会政治改良，使青年刘古愚耳目一新。

欧风吹雨到烟霞："欧风吹雨"指西方的文化和科学技术，"烟霞"指刘古愚主办、主讲的书院"烟霞学堂"及其他书院。此句比喻刘古愚在教育中引进西方文化特别是西方近代科学技术。1870 年，二十八岁的刘古愚肄业于关中书院，设馆三原、咸阳从事家塾教学。光绪十一年（1885），在味经书院创办"求友斋"，开设的课程，除传统的经、史、道学、政学外，还设有时务、天文、地理、算学、掌故等。"求友斋"比康有为1891 年创设的"万木草堂"要早七年；"求友斋"比谭嗣同1897 年开设的"浏阳算学馆"要早十余年。在求友斋中，刘古愚还开设刊书处，出版西方自然科学和时务新书。光绪十三年（1887），刘古愚主讲味经书院，直至戊戌变法，历时达十二年之久。他把求友斋传播西学的试验，移植到味经书院。光绪二十三年（1897）十月，修建于泾阳味经书院东侧的崇实书院落成，刘古愚被选聘为山长，他把"厉耻、习勤、求实、观时、广识、乐群"定为崇实书院学规。在他的主持下，崇实书院学生以爱国为己任，学习中西方文化，他还自筹经费，于咸阳的天阁村、马庄镇、魏家泉、西阳村、扶风的午井镇，礼泉的烟霞洞，创设了六所义学，规定"设义学之处，幼童八岁即须入学"，女子尤其要"读书识字"。五十七岁时定居烟霞草堂，从事教学与著述，至六十七岁时，烟霞草堂学生聚至五十余人。《大公报》总编辑张季鸾曾经在《烟霞草堂从学记》中谈到恩师刘古愚当年办教育的环境："烟霞草堂为庚子后所建，在唐昭陵之阳，负山面野，深谷怀抱，唐诸名将墓皆在指顾间。地极清幽，去市尘十里，群狼出没，常杀人。""先生书斋，冬不具火，破纸疏窗，朔风凛冽，案上恒积尘，笔砚皆冻，而先生不知也。""先生酒后谈国事，往往啼哭。"

康南刘北如桴鼓：刘古愚 1895 年后，响应康梁（康有为、梁启超）变法，积极宣传西学，1898 年，刘古愚把他的及门高第送往于全国维新运动的中心和策源地北京，并在百日维新中与康有为通信，探讨政事与学术。康有为称刘古愚是"海内耆儒，为时领袖"，梁启超誉刘为"关学后镇"。刘古愚遂被列入被捉拿的名单。在维新变法运动中，年近花甲的刘古愚尽管没有像康梁那样直接参与变法活动，但他思想激进，积薪播火，培养的一大批学生参与了维新运动，成为与"南康"齐名的"北刘"。刘古愚说："世俗不知，目我为康梁党，康梁乃吾党耳。"1922 年，康有为西游长安，面对故人弟子，他写下了"烟霞草堂"四个大字匾额。

关学维新又发花：清末刘古愚在关中讲学，既继承关学的求实、经世精神，又革新教育，倡导西方新知，使关学经受了近代维新思潮的洗礼，而面貌一新，生机焕发，培育了一大批革新人才。1922 年，康有为西游长安，面对刘古愚的弟子，赋诗抒怀，赞颂刘古愚先生："大贤教泽满关中，朱陆由来无异同。刘劾讲书伤党祸，横渠学案画儒风。烟霞天半光尤烂，桃李门中阴尚浓。卅载迟来弥怅望，群英高会幸相逢。"

（三）传略

刘古愚（1843—1903），本名光蕡，字焕唐，因其晚年自号古愚，故世称古愚先生。1895 年后，响应康梁（康有为、梁启超）变法，积极宣传西学，时有"南康（有为）北刘（古愚）"之称。晚年主讲烟霞草堂。

1843 年，刘古愚生于咸阳原上马庄镇天阁村一个贫寒的读书人家庭，祖父是个穷秀才，父亲刘蕴玉为县儒学生员，母亲魏氏在家务农。刘古愚从小聪慧、喜爱读书，十五岁已"诸经成诵"，开始阅读《通鉴纲目》。十六七岁时，父母相继离世，成为孤儿，随后，回民起义、白莲教起义爆发，为躲避战乱，苟全性命，刘古愚辗转兴平、礼泉乡间。穷困潦倒，晚上磨面，白天卖汤面条，做小本生意聊以谋生。然而他于乱世困顿间不坠青云之志，随身带书，不肯废学，即使被驱赶在县城墙上轮值守夜，也依然凑近微弱的守夜灯光读书。1865 年，乱象稍安，他参加"童试"，夺得秀才第一名，时年仅二十三岁。随后他成为府学生员，政府发给补贴，从此颠沛流离的生活才安定下来，并被录取在关中书院就学。当时曾授翰林院编修、在陕西巡抚刘蓉府中充当幕僚的黄彭年正主讲于关中书院。黄彭年（1824—1890），字子寿，贵州贵筑人（今属贵阳市），是一位热心于教育救国的知识分子。他严订课程，广购书籍，提倡实学，课堂上介绍西方政治、学术，宣扬社会政治改良，使青年刘古愚顿觉耳目一新。有一次，黄彭年看了刘古愚写的文章感觉很满意，便拿出《大学衍义》一册让刘古愚诵习，读完再换第二册。刘古愚第二天便去换书，黄感到很惊奇，一番考问之后，才发现这位年轻的学子已经全部掌握，便把《大学衍义》全部借给他。刘古愚读完后，还书时还附有千字的心得，而且文辞颇具才华，说理切中要害。在黄彭年的赏识和教导下，刘古愚学习格外刻苦用功，在书院得到同学的瞩目，与李寅、柏子俊结为挚友。李寅取出家藏的《王文成公阳明全集》让刘古愚学习。后来，又让刘古愚读遍他家里的藏书。李寅在学业上、物质上的帮助对刘古愚影响甚大。后来刘古愚回忆说，他这时才初窥学术门径。柏子俊（1830—1891），名景伟，西安冯村人，咸丰乙卯年（1855）举人，致力于经世致用之学，尤喜谈论军事，侠肝义胆，豪侠仗义，曾组织上百名青壮年朝夕操练，以图报国。回民起义爆发后，他入提督傅先宗幕府，赴甘肃作战。不久回家乡办团练，后来又入左宗棠幕府。柏子俊到关中书院来拜访，适逢刘古愚外出，读了刘古愚桌上的日志，十分佩服，于是成为挚友。从此柏子俊、李寅、刘古愚三人"订昆弟交"，"以经世为己任，以气节互砥砺"。经常与他们一起来往的还有潼关的张听庵。二十八岁那年（1870），刘古愚肄业于关中书院，先设馆于三原一个村庄，从事家塾教学。次年回到咸阳，设馆于李寅家，教李寅的儿子李岳瑞。李岳瑞后来一直从学于刘古愚，二十岁中举，后来成为维新志士。刘古愚出身寒微，又遭丧乱，生活十分贫困，在书院中读书时仅能勉强维持温饱，书院所发的奖银及补贴全部用来养家，自己则靠煮陈旧的仓米度日。后来虽然结交了家道殷实的李、柏二位朋友，但刘古愚坚其操守，抱着"交贵者不托事，交富者不借钱"的宗旨，不肯接受他们的周济，更不用说借钱了。刘古愚三十二岁时（1875）应恩科乡试及第。第二年春，他和柏子俊的学生赵舒翘同赴京会试落榜，试后和辞去翰林院编修的李寅西行同归。经过保定时，专门到莲池书院拜谒恩师黄彭年。当时，黄彭年正入李鸿章幕府，在保定莲池书院参与编修《畿辅通志》。黄叮咛这两个学生说："西洋各国与中国事事相关，西洋事情不可不知。"恩师教诲，醍醐灌顶，刘古愚愈加留心西洋政治、学术。

　　其时，陕、甘回民起义刚刚平息，又遭到一场百年不遇的大饥荒，柏子俊受命主持赈灾事务。而不久，柏子俊患肺病，李寅也染上沉疴，刘古愚协助好友办理赈灾事务，处事以公，开仓放粮，设立粥厂，数十万饥民度过灾荒，初显才干。光绪四年（1878），好友李寅病死，刘古愚为了生计，辗转移馆于三原胡子周家。刘古愚对好友李寅的儿子李岳瑞视同子侄，一直带在身边就读，长达 10 年之久。因此，李岳瑞是刘古

愚教诲时间最长的一名门生。这时，目睹清廷的腐败，刘古愚决心传播
西学。他的这一主张得到主馆的东家胡子周和其时主持味经书院的好友
柏子俊的支持。光绪十一年（1885），他们采取募捐集资的办法创办
"求友斋"，在味经书院开学。开设的课程除传统的经、史、道学、政学
外，还设有时务、天文、地理、算学、掌故等，刘古愚亲自讲授。一年
后，远近学生纷纷慕名前来，几乎囊括了西北乃至全国近现代史上的杰
出人物。后来，刘古愚又派遣儿子去上海南洋公学攻读外国语。刘古愚
在近代史上应是兴办以专门传播科技为主的实学地方教育机构的第一人，
"求友斋"比康有为1891年创设的"万木草堂"要早七年，比谭嗣同
1897年开设的"浏阳算学馆"要早十余年。他主张通过变革教育与学
风，培养通今达变之人才，以担当富国强兵之重任，这就是创办实学教
育的出发点。

光绪十三年（1887），刘古愚由赴任关中书院的柏子俊推荐，主讲
味经书院。自此，刘古愚完全按照自己的设想办学，直至戊戌变法，历
时达十二年之久。他把求友斋传播西学的试验又移植到自己执掌的味经
书院，十分重视引导学生学习西方自然科学，特别把算学列为必修课，
认为算学是自然科学的基础，"为各学之门径"。同时他把算学的教学和
生产实践、科学研究有机地结合起来。为了使学生有实习的机会，他于
光绪十六年（1890）在味经书院筑造观象台，置经纬仪于台上，让学生
实际测算。味经书院观象台上的经纬仪就是刘古愚的学生成安、张遇乙
两人共同制造的，《味经书院通儒台经纬仪用法》一书就是刘古愚的学
生吴建寅编著的，《代微积拾级补草》《课稿丛钞·盈勾股公式跋》等高
等数学书就是刘古愚学生张秉枢编著的。刘古愚特别对张秉枢编著的
《代微积拾级补草序》一书给予了很高的评价，连赞"吾乡人士才智不
必尽出西人下"。在清朝末年至民国初年，陕西精通数学、测绘技术的
学者，多出于刘古愚的门下。光绪十六年（1890）陕西布政使陶模主持
测绘陕西地图时，咸阳、兴平等县地图就是其学生陈涛、成安、张遇乙、
孙澄海、程麟、陈孝先等参与测绘的。此后，泾阳、三原、礼泉等县兴

修水利时的渠道测绘，多由味经书院学生承担。这一批实用性人才为西北开发立下了筚路蓝缕之功。张鹏一在《刘古愚年谱》中说："陕人多精几何，明测算，师所启迪也。"可以说，刘古愚的学生李仪祉，日后在治理黄河、兴办水利教育、大修水利等方面能够作出杰出贡献，和其恩师实学启蒙密不可分。

光绪二十一年（1895），中日签订《马关条约》，消息传到陕西，刘古愚立即在味经书院选拔 40 名优等生，创设了时务斋，专门研讨国内外大事。这可以说是西北地区当时唯一培养维新救国人才的政治学堂。时务斋课程贯通中西，着重实践，要求道学课"须兼涉外洋教门，风土人情等书"；史学课"须兼涉外洋各国之史，审其兴衰治乱，与中国相印证"；经济课"须兼设外洋政治、《万国公法》等书，以与中国现行政治相印证"；训诂课"须兼涉外洋语言文学之学"；历算课"须融贯中西"；地舆课"必遍五洲"；制造课"以火轮舟车为重要"。此外，斋中还订购有《京报》《申报》《万国公报》以及新出版的时务各报，要求学生"勤阅报章"，并规定"凡不阅报者，不准入斋会讲"。但同时又宣布时务斋开设的每月初一、十五两次会讲面向社会各阶层，规定"心有志时务者，不论籍贯，不论文武农工商贾，皆准听讲"。光绪二十三年（1897）十月，由陕西护理巡抚张汝梅和陕西学政赵维熙奏准修建于泾阳味经书院东侧的崇实书院落成，刘古愚被选聘为山长，主持书院一切事务。他把时务斋的学规"厉耻、习勤、求实、观时、广识、乐群"定为崇实书院学规。他阐释"厉耻"说："外夷之横，异种之教，驾于尧舜之上，以屠割我中国，其耻之深，痛何如耶！耻之，则必求洗其耻；洗其耻，非自奋于学不可。"他阐述"广识"曰："欲救今日之弊，非洞悉西国之政治、工艺不可。西人风气日开，每岁新出之书，至万余种，诸事日益求新。中国乃固守唐宋以来之旧见，乌得不日见割于人也！故西人艺事之书可读，其政治之书尤不可不读。"阐释"乐群"道："五大洲之上，人分五种。唯我中国为黄种，知识不亚于白种，而日见削弱其故何也？白人能群，各色不能群也。今外患日逼，非合天下为一心一力，不足以救亡。故今日第一义，当自能群始。故吾愿人人能去自私自利之见，以勉求当世之务，而共支危局。"崇实书院是在时务斋的基础上创建的，设立"致道、学古、求志、兴艺"四斋，以"求志""兴艺"两斋为重点，把爱国思想教育和实业教育有机地结合起来。在他的主持下，崇实书院学生以爱国为己任，学习中西方文化，并注重求实学，做实事，不多时就将日本轧花机仿制成功。

刘古愚还自筹经费，于咸阳的天阁村、马庄镇、魏家泉、西阳村、扶风的午井镇，礼泉的烟霞洞，创设了六所义学，规定"设义学之处，幼童八岁即须入学"，女子尤其要"读书识字"。

1885 年，刘古愚在创办"求友斋"不久，又与柏子俊在"求友斋"创办了一个刊书处，出版西方自然科学和时务新书。如《求友斋刻梅氏筹算》《求友斋刻平三角举要》《学计韵言》《借根演勾股细草》《火炮量算通法》《蚕桑备要》《泰西机器必行于中国说》等。这一年，黄彭年任陕西按察使，对学生的做法非常赞赏。1887 年，在黄的支持下又设售书局。大量发售从外省购买的各种宣传西方民主科学的新书。后来，又在味经书院成立了刊书处，资金大部分自民间募捐而来。不久改为味经官书局。刘古愚刊印了大量的文史和自然科学书籍，康有为的《桂学答问》《强学会序》，梁启超的《幼学能议》等很快面世。严复《天演论》的最早木刻本是 1894 年或 1895 年陕西味经刊书处刻本，这是未经修改之初稿样本，与以后版本文字不同。他还创立复邠同业社，手订该社章程，购买纺织机器，在地方推广种桑养蚕，创设"复邠机馆"，试办蚕丝织绸，派遣学生去外地学习先进生产技术，购买新式农具。自此机器轧花大行于关中，渭北各县产棉区，新的生产技术也在关中推广。他为兴办保甲，研究军事理论，著《团练私议》，提出《壕堑战法》和《河套屯田》的思路。

刘古愚在书院里还创办讲会，由学生主持，学生上台演讲，就国家大事发表看法，互相启发，互相激励。这个讲会成立于 1895 年 1 月，第二年改为复幽学会，比强学会还要早，可以说是戊戌变法时期最早公开活动的社会团体。1895 年，康、梁在北京发起"公车上书"，参加签字的 1300 人中，陕西有 57 人，其中大部分是刘古愚的学生。1898 年，刘古愚在"西风残照汉家陵阙"中，把他的及门高第送往于全国维新运动的中心和策源地——北京。百日维新的黄昏中，刘古愚遥望京畿之地，密切关注局势变化。这一年，刘、康二人也通了他们一生中第一次也是唯一的一次书信，探讨政事与学术。康有为称刘古愚是"海内耆儒，为时领袖"，梁启超誉刘古愚为"关学后镇"。刘古愚的学生李岳瑞，在光绪帝与康有为之间充当信使，他还把慈禧太后拟捕康有为的消息以光绪密旨传达给了康有为，使康梁能够及时脱离虎口。六君子喋血菜市口后，清廷到处捉拿康党。刘古愚的学生，在清廷总理衙门充章京职的李岳瑞，因参与变法被清政府革职，"永不叙用，并拿问"。消息传到陕西，刘古愚悲愤不已。清廷在全国缉捕"康党"，刘古愚遂被列入被捉拿的名单。好心人来劝刘古愚赶快避祸，刘古愚厉声答曰："国事如此，吾死国难，幸何如之，何言逃也。"这一夜，他和学生梁海峰在书院里煮酒待戮。边喝边谈论着听来的消息，说到激愤处，刘古愚酒杯掷地道："如某某果死，吾不独生，康党吾承认，愿应罪魁也。"好在当时已经升为陕甘总督的陶模以"保全善类"没有开罪于他，刘古愚才得以保全性命于乱世。在维新变法运动中，年近花甲的刘古愚尽管没有像康梁那样直接参与变法活动，在政治舞台上未曾扮演叱咤风云的英雄角色，但他思想激进，积薪播火，培养的一大批学生参了与维新运动，成为与"南康"齐名的"北刘"，他的弟子辈深感光荣，但刘却说："世俗不知，目我为康梁党，康梁乃吾党耳。"

　　然而，清廷并没有放过他，他被解除了味经书院、崇实书院的职务，不再任味经书院山长。刘古愚五十七岁那年，始居烟霞草堂，从事教学与著述。在此期间，他一边著书立说，写成《孟子性善备万物图说》《大学古义》和《论语时习录》等书稿；一边把与邢廷荚在礼泉烟霞洞、咸阳天阁村、马庄镇、魏家泉、西阳村和扶风午井镇所办的六所义学的馆师、管事请到烟霞洞，共同商定了义学《章程》，使各所义学有所遵循。至六十岁时，烟霞草堂学生聚至五十余人，其中三原于伯循（右任）、榆林张炽章（季鸾）等人亦在学。《大公报》总编辑张季鸾曾经在《烟霞草堂从学记》中谈到恩师刘古愚当年办教育的环境："烟霞草堂为庚子后所建，在唐昭陵之阳，负山面野，深谷怀抱，唐诸名将墓皆在指顾间。地极清幽，去市尘十里，群狼出没，常杀人。""先生书斋，冬不具火，破纸疏窗，朔风凛冽，案上恒积尘，笔砚皆冻，而先生不知也。""先生酒后谈国事，往往啼哭。常纵论鸦片战役以来，至甲午后之外患，尤悲愤不胜。此外，喜谈明末诸儒逸事，尤乐道亭林、二曲两先生。清代人物，则重湘中曾、胡、刘、罗，及戊戌死难诸人。"

光绪二十九年（1903）初甘肃总督聘请刘古愚总教甘肃大学堂，他安置烟霞草堂诸事后立即启程离去，二月下旬至兰州，随之为创办大学堂草拟章程规则、教学计划等，四月下旬著《改设学堂私议》，在学堂总理教务，"日则登堂讲授，晚则彻夜批答"，不以为苦。他为甘肃大学堂礼堂撰写的对联云："我都是黄帝子孙，俯仰乾坤，何堪回首？你看那白人族类，纵横宇宙，能不惊心！"除讲学外，刘还结合甘肃实际，"开畜牧之利，收其皮革，以西法脱脂"，并恢复左宗棠购置的毛纺织机器，纺织毛毡呢羽一类织品。过度的劳累使这位老人终致疾不愈，1903年8月13日，刘古愚逝于甘肃大学堂，享年六十一岁。由于他教诲不倦以至在课堂昏迷致病不愈，给学生留下了深刻的印象，兰州大学堂学生周文炳等二十八人于1905年在兰州东门外树立《教思碑》，以纪念刘古愚。

史称刘古愚"一代关中才俊，什九列门下"。杨明轩1946年在延安西北局干部会议上做关于大革命前西北革命历史的报告时，曾对刘古愚给予极高的评价："著作讲学，倡导革命，不特大有造于西北教育文化，且深深的广泛的给西北种下了革命的种子。"

清朝末年著名数学家临潼人张秉枢、咸阳人王含初都是刘古愚的及门弟子。张秉枢曾在西安府中学堂首任总教习，王含初曾随刘古愚讲授

于甘肃大学堂。国民党元老于右任，《大公报》总编辑张季鸾，近代卓
越的水利专家李仪祉，著名中医学家景莘农，中华书局经理张鼎昌，原
陕西省教育厅厅长郭希仁、李子逸，爱国学者李约之，创办咸林中学的
著名教育家杨松轩，创办民兴中学的梁海峰，以及大革命时期中国共产
党的优秀党员、陕西早期负有盛名的教育家、赤诚的爱国社会活动家和
杰出的农民运动领袖王授金，均是刘古愚的得意门生。他的再传弟子中，
则出了一批习仲勋、杨明轩一样的共产党人。著名文学家吴宓的生父、
嗣父、姑丈、姨丈等人均曾就学于刘古愚。他曾回忆说："咸阳刘古愚
老夫子，为关中近世大儒，近数十年中，吾陕知名人士，无不出其门下。
宓儿时曾获拜谒"。中国古人类学家杨钟键的家学渊源也来自刘古愚。
他在《回忆录》中说："我父从陕西大儒刘古愚先生游，其一生思想与
学识，得之于刘先生甚多，刘先生对清朝八股不满，我父在刘古愚门下
即持革新论。"刘古愚的思想在文、理两科均结出了累累硕果，其功远
在康有为之上，我们是不应当忘记的。康有为评价其学其人云："以良
知不昧为基，以利用前民为施，笃行而广知，学古而审时，至诚而集虚，
劬躬而焦思，忧中国之危，惧大教之陵夷而救之，以是教其徒，号于世，
五升之饭不饱，不敢忘忧天下，昧昧吾思之，则咸阳之刘古愚先生
有之。"①

　　1922 年，康有为西游长安，面对故人弟子，他写下了烟霞草堂四个
大字匾额，以志昔缘，随之赋诗抒怀："大贤教泽满关中，朱陆由来无
异同。刘瓛讲书伤党祸，横渠学案画儒风。烟霞天半光尤烂，桃李门中
阴尚浓。卅载迟来弥怅望，群英高会幸相逢。"当年十一月，怅惘不已
的康有为赴礼泉烟霞洞，登阁拜刘古愚神主，并作一首五言长诗，祭奠
知己。

　　刘古愚遗著编存的有《烟霞草堂文集》《刘古愚先生全书》。

---

　　① （清）康有为：《〈烟霞草堂文集〉序》，载《烟霞草堂文集》，三原王典章民国间吴门
刊本。

三十四 牛兆濂

（一）赞诗

芸阁薪传道脉真，忧民救国见精神。

平生谨奉慈亲命，只望读书为好人。

（二）诗解

此诗咏赞清末民初关学学者牛兆濂以"为天地立心"为己任，自觉继承、弘扬关学优良传统和优秀精神的崇高使命意识，忧民爱国的伟大情怀，一生奉行母亲"学为好人"之命，淡泊功名，不慕荣利，布衣自足，耿介自守的崇高人格境界和高尚道德情操。

芸阁薪传道脉真：光绪二十七年（1901），牛兆濂在北宋理学家蓝田吕氏兄弟讲学的芸阁书院遗址上建芸阁学舍，聚徒讲学。他在《芸阁学舍记》中写道："芸阁者，乡贤宋吕与叔先生号也。吕氏昆仲，祀乡贤者四人，而与叔，光绪中且升祀孔庭，其学渊源程、张，深见许于朱子，不可谓非得天地之心者矣。……学舍一椽，赖先贤在天之灵，岿然如故。俾来学于此者有所藉，以诵法孔子而存天地之心，夫非其厚幸欤。"可见，牛兆濂把张载"为天地立心"的宗旨确立为讲学的崇高使命，并以之指引对关学道脉的传承。芸阁书院盛时，生徒逾数百人，遍及陕、甘、晋、豫、鲁各省。

忧民救国见精神：牛兆濂治学既专注儒家为己之学，身体力行；又自觉继承和弘扬关学的优良传统，经世致用，忧民爱国。1900 年，关中遭遇大饥荒，牛兆濂不辞辛劳，主动主持蓝田全县的赈恤救济事务，得江南义赈会捐赠，保全了众多百姓生命。1912 年初，原陕甘总督升允率兵攻陕，企图复辟皇朝。牛兆濂不顾个人安危西出礼泉，以民生之计和时局大势晓以利害，使升允罢兵。1931 年"九一八"事变，牛兆濂义愤填膺，减膳数月以志爱国之心，并积极倡导抵制日货，用攘夷之说激励学生爱国救亡，号召大家共赴国难，团结御侮。1936 年西安事变和平解决后，他极为感动，并亲自组织三百名兵勇，恳请投笔从戎，效命疆场。

平生谨奉慈亲命： 牛兆濂母亲周氏，贤淑德芳，事亲孝敬，勤于纺织，教育牛兆濂淡泊功利，学做好人。光绪十五年（1889），牛兆濂应乡试，中第二十八名举人。正准备赴京参加进士科殿试时其父病逝，遂奉母亲"不赴公车"之命，不去北京参加会试。光绪十九年（1893），二十六岁的他又奉母亲之命北上三原县，拜理学家贺瑞麟为师。牛兆濂一生遵奉慈亲不慕荣利、"学为好人"之命，耿介廉洁。

只望读书为好人： 光绪十九年（1893），二十六岁的牛兆濂奉母亲之命北上三原县，拜理学家贺瑞麟为师。贺先生问他为何不赴京会试。牛兆濂回答说："慈亲之命，但欲濂学为好人。他非所望焉。"贺瑞麟曰："贤哉！母也。"在母亲和恩师贺瑞麟教导下，牛兆濂一生奉行"学为好人"之道，布衣自足，不慕荣利，以耿介廉洁自守，具冰雪之操。他在《芸阁学舍记》中写道："学者，所以学为人也。人道，非圣人不能尽；为圣，非孔子不能至其极。天生孔子以明人道，此天地之心也。"

（三）传略

牛兆濂（1867—1937），字梦周，号蓝川，今西安市蓝田县人。因其故居和讲学的芸阁学舍皆在蓝田灞水河川地带，且芸阁学舍为北宋吕大防、吕大临兄弟创办的芸阁学社遗址，故取号蓝川，世人称"蓝川先生"。

1867 年，牛兆濂出生在西安蓝田县华胥镇新街村。父亲牛文博（1827—1889），字约斋，少时读书，因家贫改业经商。母亲周氏，贤淑德芳，事亲孝敬，勤于纺织。据说牛兆濂出生时，父亲曾梦见宋代理学家"濂溪先生"周敦颐来到家中，便给儿子取名"兆濂"，字"梦周"。清光绪元年（1875）牛兆濂九岁，入私塾，因资质聪颖，乡里呼为"神童"。清光绪八年（1882）参加县考，名列榜首。光绪十年（1884）肆业于关中书院，后入志学斋，专攻儒家经学。第二年，充任志学斋斋长。因其爱好广泛，曾遍读兵、农、钱、谷、水利、算术之书。光绪十二年（1886），补廪膳生员，并被聘为塾师。光绪十四年（1888），听柏景伟讲学于关中书院，并受教于李菊圃、黄小鲁等人。次年应乡试，中第二十八名举人，正准备赴京参加进士科殿试时，其父亲病逝，遂奉母亲"不赴公车"之命，不去北京参加会试。不能进京应试，按惯例应予除名，陕西巡抚端方以孝廉奏请朝廷得以幸免，并特赐内阁中书衔。但他无意功名，特意写了《除加内阁中书衔禀》，力辞不就。光绪十六年（1890），牛兆濂任白水书院山长，开始治程朱之学。光绪十九年（1893），他奉母亲之命北上三原县，拜理学家贺瑞麟为师。贺先生问他为何不赴京会试，牛兆濂回答说："慈亲之命，但欲濂学为好人，他非所望焉。"贺瑞麟曰："贤哉！母也。"在贺瑞麟教导下，牛兆濂一生遵循程朱理学之路，奉行"学为好人"之道，布衣自足，不慕荣利，以耿介廉洁自守，具冰雪之操。他专注儒家为己之学，身体力行；继承关学传统，注重格物致知、经世致用。

光绪二十四年（1898），牛兆濂管理蓝田县厘衙局，后又主持县赈恤局。他廉正清明，亲自制定局规，率先执行，并严格要求下属。1900年，关中遭遇大饥荒，牛兆濂不辞辛劳，主动主持蓝田全县的赈恤救济事务，得江南义赈会捐赠，保全了众多百姓生命。牛兆濂做事极为清正，他儿子想在赈济局里谋个差事，获得一点微薄薪水养家，也被牛兆濂拒绝。

光绪二十七年（1901），清政府开设经济特科，选拔专门人才。陕西巡抚升允举荐牛兆濂，并赠以路费促其赴京召对，但他以专攻经史不懂经济为由辞而不往。此年，牛兆濂在为纪念北宋理学家"蓝田吕氏"兄弟而建的芸阁书院遗址上建芸阁学舍，聚徒讲学。他在《芸阁学舍记》中写道："天地之心，寄乎人者也，然必其人之学，有以深得乎天地之心。斯其人足重，即其人所居之地，亦与之俱重，天地之心，且因是而传之，此芸阁学舍所以至今存也。芸阁者，乡贤宋吕与叔先生号也。

吕氏昆仲，祀乡贤者四人，而与叔，光绪中且升祀孔庭，其学渊源程、张，深见许于朱子，不可谓非得天地之心者矣。……学舍一椽，赖先贤在天之灵，岿然如故。俾来学于此者有所藉，以诵法孔子而存天地之心，夫非其厚幸欤？则且进诸生而告之曰，学者，所以学为人也。人道，非圣人不能尽；为圣，非孔子不能至其极。天生孔子以明人道，此天地之心也。今孔子之学为世诟病，天地之心几乎息矣。意者留此先贤读书讲约寻丈之地，为中原绵一线人道之传，慎勿谓一二书生无与于家国存亡之故也。尚其抱孔子之经，日夕熟诵而身体之，以淑诸身，以教诸人，期不失圣人立言之本意，庶经存斯道存，天地之心于是乎立焉。此吕氏之灵所默佑，亦肇事、增新诸贤达所祷祀而不敢必者尔，诸生勉乎哉！"以此可见，牛兆濂把张载"为天地立心"的宗旨确立为讲学的崇高使命。

光绪二十九年（1903），升允以关中书院改建陕西第一师范学堂，聘牛兆濂为总教习，一年之内书函敦请六七次，牛兆濂认为自己是立志做学问之人，不能与做官者为伍，又兼与新学不通而婉言相谢。最后巡抚派人持聘书、聘金驱车登门相接，才勉强随去。但三个月后，因学派门户之见，决然辞归，仍治程朱理学。光绪三十三年（1907）秋，牛兆濂被选为咨议局议员，后又被选为常驻议员。时值关中鸦片烟害又起，他前往烟害最重的西府地区密查，前后历时20天，有力地推进了该地区的禁烟。不久，因不满清政府的腐败，辞去常驻议员职务，再讲学于鲁斋书院。

1911年辛亥革命胜利，新政府屡次相召，争取他参加革命，共商大事。但他对革命缺乏认识，认为自己与大清君臣之分早定，每次都以身体欠佳而谢绝。1912年初，原陕甘总督升允率兵攻陕，企图复辟。牛兆濂不顾个人安危西出礼泉，以民生之计和时局大势晓以利害，终使升允罢兵。

1913年至1918年他专事主讲于老师贺瑞麟创建的三原清麓书院，以弘扬儒学为己任，慕名来学者与日俱增，多时达数百人。其间，他极重视儒家经籍和诸子书的刊印与传播。他筹款两千金，将老师贺瑞麟时由富户出资刻印的传经堂藏书的木刻版全部赎回，供以后印刷、传播。1918 年，牛兆濂返回故里蓝田芸阁书院讲学，以至终老。芸阁书院盛时，生徒逾数百人，遍及陕、甘、晋、豫、鲁各省。

1926 年军阀混战，蓝川先生诗云："大祸中原小祸秦，至微亦足祸乡邻。苍天若念黎民苦，莫教攀阙生伟人。"1930 年，日寇野心初现。蓝川先生对政府当局对外'一味投降'、对内自相屠杀极为愤慨，写下《我明告你》一诗："同一中国，何分你我？你也非你，我也非我。……你我不分，中国一人。中国有人，中国其存。"申明大敌当前团结则并存，号召团结相处，停止内讧。1931 年"九一八"事变，牛兆濂义愤填膺，减膳数月以志爱国之心，并积极倡导抵制日货，用攘夷之说激励学生爱国救亡，挥笔写下了《阋墙谣》，诗云："阋墙弟兄本非他，外侮急时愿止戈。""撤去籓篱即一家，同心御侮福无涯。"号召大家共赴国难，团结御侮。提倡抵制日货，并为之减食三月。1936 年西安事变和平解决后，他极为感动，认为"全民联合抗敌，由此发扬，中华民族便有复兴之日"。并亲自组织三百名兵勇，恳请投笔从戎，效命疆场。1937 年 7 月卢沟桥事变爆发后，日本向中国增派八个师团的兵力，准备大举进攻华北。患病在床的牛兆濂闻讯后痛不欲生，病情日渐加重，于 7 月 21 日愤然辞世。

牛兆濂被尊为"关中大儒"和"横渠以后关中一人"。关中地区广泛流传着"牛才子"的故事。人们也常以牛兆濂的箴言书写对联。例如："世长势短，不以势处世；人多仁少，须择仁交人。"

牛兆濂著述甚丰，有《吕氏遗书辑略》四卷，《芸阁礼记传》十六卷，《近思录类编》十四卷，《音学辨微》《芸阁礼节缘要》《秦观拾遗录》《蓝田新志》等各若干卷；另有《蓝川文钞》十二卷，《蓝川文钞续》六卷及《蓝川诗稿》等。

附 录 一

传承关学精神

编辑出版《关学文库》，我们主要出于以下三个方面的考虑。第一点，过去我们对关学文献的研究非常不够，只有几本关学的文献出版。这次将关学学派中代表学者的著作都收集进来，进行点校、整理、出版，势必在以前的基础上对关学的学术研究会有一个很大的推动。第二点，我省历史悠久，文化积淀十分丰厚，普通民众对物质性的文化遗产、历史遗址是耳熟能详的，而对精神文化遗产，特别是思想、哲学文化遗产，还不是很了解。因此，文库的出版，不仅是对精神文化遗产的弘扬，也为广大民众了解积淀深厚的文化、思想、学术资源奠定了基础。第三点，关学学者都是理学家、思想家、哲学家，他们的思想体现出一种非常深厚的人文精神。文库出版后，我们通过对这些学术思想的研究，对关学学者历史的研究，特别是对人格气象的研究和弘扬，使关学精神得以传承，这对培育国人的人文素养、道德修养都有重要的意义。

我对关学精神的认识，主要有两个来源。一个是关学学者自己提出和概括的观点，如张载的"为天地立心，为生民立命，为往圣继绝学，为万世开太平"，我们逐渐理解了它的重要性，这种精神使命担当意识，几乎是对知识分子使命感的高度概括，也是对我们民族历史使命的自觉提升。还有张载提出的"民，吾同胞；物，吾与也"这个理想境界，既是一种社会理想，也是一种道德理想。他还提出"太和所谓道""仇必和而解"等重要思想，体现出一种深沉博大的文化精神。另一个是历代研究关学的思想家、历史学家、哲学史家对关学精神的概括。如冯友兰先生在他的《中国哲学史》当中专门写了"横渠四句"一节，讲这四句的重大意义。张岱年先生说，张载"以气为本""以礼为教""经世致用"的思想是带有传承性的，强调关学在"经世致用"上与二程洛学的不同。清代历史学家全祖望指出，横渠之学说，在"勇于造道"，是说张载具有创造性的思维。黄宗羲在《明儒学案》中说，关中学者"多以气节著"。从这两方面的概括可以看到，关学所蕴含的关学精神是我们民族精神命脉中的重要组成部分，关学精神是我们精神家园里的宝贵财富。

文库的出版具有广泛的社会意义，不只是学术意义，能够推进我们发掘关学思想家们的智慧资源来治国、理政、省身。所以，《关学文库》是一个功德无量的千秋大业，在陕西文化事业的发展上具有里程碑的意义。

（载《陕西日报》2015 年 10 月 20 日第 9 版）

关学智慧和精神的历史丰碑

新中国成立以来，特别是 20 世纪 80 年代以来，学界对张载及其关学的研究一直没有间断。陕西哲学界、学术界在地方政府的支持下，举办了多次重要的国内、国际学术研讨会，出版了多部论文集和学术专著。随着研究的拓展和深化，整理和出版历代关学学者未曾面世的著作，就成为学者们迫切的期望，而今这一美好的企盼终于实现了。作为国家出版基金项目和陕西省出版资金资助项目的《关学文库》经过五年的辛勤工作、精心编撰，终于由西北大学出版社出版发行了。这是我国出版业和学术界的壮举，是陕西文化建设的伟业，是利在当代、功著千秋的一座关学智慧和精神的历史丰碑。《关学文库》的出版，具有极其重要的意义。

一　为拓展和深化关学的学术研究奠定了史料基础

濂、洛、关、闽是宋代理学的四大学派，其中关学是由北宋张载所创立的流行于关中地区的一个理学学派。作为中国封建社会后期的一个相对独立的地域性的哲学学派，自北宋张载创立至清末终结，历时八百年之久的学脉延续；从张横渠"勇于造道"到牛兆濂"存心继道"，历经了数十位学者的薪火相传，积累了丰厚的哲学思想。这些哲学思想蕴涵于历代关学学者的著作之中。然而，新中国成立后的六十多年间，关学学者的著作整理出版的只有《张载集》《二曲集》《蓝田三吕集》《泾野子内编》《关学编》等少数几种。绝大多数著作仍然封存于岁月的积尘之中。这不但使关学学术研究长期集中于张载，为进一步深化和拓展造成极大障碍，而且已经形成了关学文献史料散佚、失传、损坏的严重危局。如果再不通过整理出版予以挽救，我们将愧对先贤，遗咎后世。所以，以二十九位关学学者的二十六部著作为主体的《关学文库》的编辑出版首先是"为往圣继绝学"的一次文献史料的拯救壮举，同时也是展现关学基本气象、呈现关学演变脉络的宏大巡礼，进而也为推进关学学术研究的深化和拓展，举行了一次宏伟的史料奠基礼。

二　为汲取关学的深湛智慧建立了文献渊薮

哲学的本义是"爱智慧"。经历八百年坎坷崎岖的学术历程，经过数十位学者薪火传递的学理探索，关学学术思想中积累了丰富深湛的哲学智慧。这些智慧，至今仍有其宝贵价值，仍能给我们治国、处世和做人以深刻启示。然而，长期以来，学界对关学哲学思想的研究和哲学智慧的发掘，基本局限于对关学创立者张载的哲学思想的研究，对他的"太虚即气"的本体智慧、"德性之知"的认识智慧、"一物两体"的辩证智慧、"民胞物与"的道德智慧、"太和谓道"的和谐智慧以及"变化气质"的修养智慧等多有论述，而由于文献缺乏，对其他学者的哲学思想研究甚少。研究张载哲学诚然重要，研究其他关学哲人的思想同样也有重大意义。张载和关学史上其他学者的哲学思想，都是中华文化智慧宝库中的璀璨明珠，也都体现了关中地区哲学思维的特征。而且，张子的哲学智慧经过后代关学学者在不同时代、从不同角度的阐释和发挥，其光芒更为耀眼。新出版的《关学文库》实乃关学智慧的文献渊薮，它一定能为我们汲取丰富多彩、博大深厚的关学智慧提供不竭的源泉。

三　为弘扬关学优秀精神提供了资源宝库

关学作为宋代理学与周敦颐的濂学、二程的洛学、朱熹的闽学并驾齐驱的一个独立哲学学派，不但在学术思想上为中华民族的思维智慧作出了突出的贡献，而且在学术精神上形成了自己鲜明的特色。概而言之，"立心立命"的使命意识、"勇于造道"的创新精神、"崇礼贵德"的学术主旨、"经世致用"的求实作风、"崇尚节操"的人格追求和"博取兼容"的治学态度，构成了张载关学的基本精神。后代的关中学者，虽学术思想或有差异，但都尊张载为"关学宗师"，都以张载所培育的关学精神为旨归，所以他们都以不同形式、在不同程度上继承和弘扬了关学精神。即使某些关学学者的某些思想观念今天已经过时，但关学所承载的优秀精神却保持着恒久的生命力。例如，张横渠"守周礼行井田"的政治观虽不合时宜，但他"勇于造道"的精神却亘古常新；吕泾野"性从气出"的人性论虽有局限，但他"笃实尚行"的躬行精神仍闪耀光辉；冯从吾"士子戒读违背纲常伦理之《水浒》"的教育观已觉迂腐，但他为民请命、直言敢谏的浩然正气却充塞天地；李二曲"静坐洗心"的修养观虽难免缺陷，但他坚贞刚毅的民族气节仍光耀日月。可以说，关学精神乃是关学的内在灵魂。而关学精神中所蕴含的优秀精华，至今仍具有重要的现实意义和宝贵的文化价值。它既是提升中华民族道德品格的不竭源泉，又是构筑民族精神家园的宝贵资源；它既是我们治学、办学的可贵经验，又是培育青年一代人格素质的重要营养。所以，《关学文库》的编辑出版，就可以使关学的优秀精神在此资源宝库的支撑下得到更好的继承和弘扬。

四 为拓展陕西传统文化资源的开发确立了新的生长点

陕西是中华文化的重要发祥地之一，为历史上十三个王朝建都之地，文化积淀丰厚、文化内涵渊博、文化特征鲜明、文化精神恢弘，在中国文化史以至人类文明史上居于重要地位。多年来，对陕西的考古与史料的研究已有重大进展。然而，从陕西的传统文化资源的开发、整理、研究和弘扬利用上看，在文物、遗址、史迹等物质资源的开发利用上取得了显著成绩，而精神文化、学术思想、文学艺术等方面的传统文化资源尚待进一步开发和弘扬，陕西历史上的思想家、科学家、文学家、艺术家、医学家等的各种著作尚待发掘、整理和出版。《关学文库》的出版，必定能进一步拓展对传统文化继承、弘扬和利用的广阔领域，成为陕西文化事业发展新的生长点；也必定能通过深化探索和研讨，形成陕西传统地域文化研究的更丰硕、更重大的学术成果。

由此可见，编辑出版《关学文库》，是有见识、有胆略、有气魄的大举措、大工程，不仅可喜可贺，而且可歌可赞。最后，谨以一首七律热情赞颂关学的伟大精神，并衷心祝贺《关学文库》功德昭明，辉映书林，传播久远！诗曰：

丹青难写是精神，关学千年灿若辰。
造道横渠心境远，躬行泾野哲言新。
挥戈末路忧民命，反锁柴门藐世尘。
渭水招魂薪火继，仰望太白拜斯人。

其中"造道横渠"见全祖望云："横渠先生勇于造道。""躬行泾野"见《关学编》云：吕泾野治学"重躬行，不事口耳"。"挥戈末路"见冯从吾《小像自赞》云："尚挥戈于末路，庶不愧此须眉。""反锁柴门"见李二曲拒绝朝廷谒请，屏居土室，反锁柴门。

（载《唐都学刊》2016 年第 3 期）

张载如何"继绝学"

"为往圣继绝学"是张载使命意识的重要内容。如果说,在表达其学术使命的"横渠四句"中,"为天地立心"是使命意识的哲学内涵,"为生民立命"是使命意识的政治内涵,"为万世开太平"是使命意识的社会内涵的话,那么,"为往圣继绝学"则是张载使命意识的文化、学术内涵。要理解"为往圣继绝学"的意蕴,首先要了解"往圣"与"绝学"两个词的含义。"往圣"就是已往的、过去的、历史上的圣人,具体所指即是孔子、孟子;"绝学"就是中断了、失传了的学说,具体所指即是孔孟儒学。

唐、宋时期的一些儒家学人,认为孔子所创立的儒学由孟子传承,而孟子之后,则中断、失传,成了"绝学"。唐代韩愈在《原道》中就明确提出了这种观点。他认为,自从周道衰落,孔子去世以后,秦始皇焚烧诗书,汉初崇尚黄老,佛教盛行于晋、魏、梁、隋之间。那时谈论道德仁义的人,不归入杨朱学派,就归入墨翟学派;不归入道学,就归入佛学。归入了其中一家,必然轻视另外一家。尊崇所归入的学派,就贬低所反对的学派;依附归入的学派,就污蔑反对的学派。如此一来,后世的人想知道儒家仁义道德学说的真谛,就无所遵从了。可见,儒家学说失坠不传,成为绝学,是由秦汉以来焚书坑儒、黄老盛行、佛教流传导致的。张载也基本接受了韩愈的这种看法。他认为,由孔孟创立的儒家圣人之学,自两汉以下,历经魏晋、南北朝、隋唐,以至五代,千百年间,由于受到佛教、道家的冲击而中衰不彰,一直未能善续先秦儒家的学脉,致使"学绝道丧"。特别是佛氏影响尤烈,"自古诐、淫、邪、遁之词，翕然并兴，一出于佛氏之门者千五百年"（《正蒙·乾称篇》）。为了使儒家的智慧、精神重放光芒，就必须继承和发扬被道、佛等异端思想所中衰了的儒家学说，"唱此绝学，亦辄欲成一次第"（《张子语录·语录下》）。为此，他把"为往圣继绝学"确立为自己崇高而宏伟的学术使命。

为了实现"为往圣继绝学"这一使命，张载对释、道思想特别是佛家思想进行了深入批判。在张载以前，不少儒家学者也批判过佛家，但大多从政治、社会角度进行观照，即批判佛家的政治背离和社会危害。张载则是中国哲学史上第一个从形而上学理论的高度批判佛教思想的哲学家。他批判了佛教"一切唯心""万法唯识""以山河大地为见病"的主观唯心主义；批判了佛教"死生流转"的"轮回"迷信；批判了佛教"梦幻人世""以人生为幻妄"的消极人生观；批判了佛教既不"知天"也不"知人"、既未"穷理"也未"悟道"的愚昧主义。对于道家思想，他着重批判了老子"有生于无""虚能生气"的虚无主义和"循生执有""长生不老"的生命哲学。针对佛、道的种种谬误，张载继承和发展了中国哲学中"以气为本"的传统，并在此基础上高扬了传统儒学"乐且不忧"的人生观、"以爱己之心爱人则尽仁"的道德观、"一天人、合内外"的价值理想以及"不语怪力乱神"的现实理性。

为了实现"为往圣继绝学"的崇高使命，张载对儒家典籍进行了系统阐释。通过二三十年的精心研读，他对儒家典籍有了深刻的领会，形成了自己的独到见解，著之于书，予以阐发。南宋以来学者屡称张载著有"诸经说"，包括《易说》《礼记说》《论语说》《孟子说》《诗说》《仪礼说》《周礼说》等。这些显然都是张载专门的解经著作。即使他的代表作《正蒙》，其实也是他研读儒家经典的心得体会之作。可见，张载把"为往圣继绝学"的学术使命，努力体现于他一生阐释儒家典籍的治学实践之中。

为了实现"为往圣继绝学"的崇高使命，张载还在研究儒家经典的基础上建构思想体系，弘扬儒家的仁爱之道。张载家居于千年积雪的巍峨太白山下的横渠镇。三十八岁前在这里苦读深思，五十一岁辞官，"谒告西归，居于横渠故居"后，在这里讲学著书，建构思想体系。其时，他"终日危坐一室，左右简编，俯而读，仰而思，有得则识之，或半夜起坐，取烛以书"，写下了大量著作，特别是他的代表作《正蒙》。张载的哲学思想体系包括"太虚即气"的本体论、"天地之性"的人性论、"德性所知"的认识论和"民胞物与"的价值论。其中，"民胞物与"的价值论是其核心，也是他继承和发展孔孟原始儒学的仁爱之道而形成的思想精髓。"民胞物与"是张载在《西铭》（又名《订顽》）一文中提出的，此文后来收入《正蒙·乾称篇》。张载云："乾称父，坤称母。予兹藐焉，乃混然中处。故天地之塞，吾其体；天地之帅，吾其性。民，吾同胞；物，吾与也。"（《正蒙·乾称篇》）就是说，人与我、物与人，都生在天地之间，都秉有天地之性，所以每个人都应该以万民为同胞，以万物为朋友。《西铭》一文是从儒家经典中摘录文句，编纂、改写而成的。张载利用这些典籍中的文句，以"民胞物与"为轴心，写成了一篇浑然一体的文章。他所依据的典籍包括《周易》《诗经》《中庸》《论语》《孟子》《左传》《礼记》等。由此可以看出，《西铭》一文的体式具有综合儒家经典之精华的特征，而精神核心则是对儒家的"仁民爱物"思想的发展。"民胞物与"直接继承孔、孟"仁民爱物"的思想，并把"仁民爱物"的道德要求提升到了"民胞物与"伦理价值的高度，使道德论命题转化为价值论命题。

为了实现"为往圣继绝学"的崇高使命，张载还提出了理学的一系列基本范畴和命题，建构了理学的基本框架，成为儒家学说的新形态——宋代理学的奠基人之一，在理学发展史上处于相当重要的地位，深得以后理学家和统治者的推崇。二程把他与孟子、韩愈相比，朱熹称其学为"精义入神"，说"横渠所说，多有孔孟所未说底"。历代统治者也给予张载很高的荣誉，宋理宗封他为眉伯，"从祀孔子庙庭"。元代赵复立周敦颐祠，以张载与程、朱配祀。明清两代，张载的著作，一直被统治者视为理学经典，作为开科取士的必读书，并先后汇入御纂的《性理大全》和《性理精义》。由此足见，张载正是以"为往圣继绝学"的重大贡献奠定了他在理学史、儒学史和思想史上的重要地位。

为了实现"为往圣继绝学"的崇高使命，张载还从事了"德治礼制"的实践。张载极为重视儒家经典《周礼》，他认为《周礼》体现了儒家的实学精神。他说，"《周礼》是的当之书"，"学得《周礼》，他日有为却做得些实事"。他竭力进谏宋神宗"渐复三代"之礼治，曰"为政不法三代者，终苟道也"；尽力"以礼立教""以礼成德""以礼教学者"；着力进行"周礼"的社会实验。张载中进士后，先后任祁州（今河北安国）司法参军，云岩（今陕西宜川境内）县令、著作佐郎，签书渭州（今甘肃平凉）军事判官等职。吕大临在《横渠先生行状》中记载，张载为云岩县令时，办事认真，政令严明，"政事大抵以敦本善俗为先"，推行德政礼教，重视道德教育，提倡尊老爱幼的社会风尚，每月初一召集乡里老人到县衙聚会，常设酒食款待，席间询问民间疾苦，提出训诫子女的道理和要求。县衙的规定和告示，每次都召集乡老，反复叮咛到会的人，让他们转告乡民，因此，他发出的教告，即使不识字的人和儿童都没有不知道的。居眉县时，他还与弟子在自己的家乡横渠镇大胆进行了井田制的试验。虽至逝世时也未取得成果，但充分体现了他躬行礼制的践履精神。通过实践，张载总结出了儒学的为政原则，如"为政者在乎足民""利于民则可谓利，利于身、利于国皆非利也""为政不以德，人不附且劳""为政必身倡之"等。

总之，批异端、释经典、弘仁道、行礼教是张载尽毕生之力为实现"为往圣继绝学"这一使命而奋斗的重要方面。可以说，通过这些方面的努力，张载取得了重大的学术成就，实现了自己"为往圣继绝学"的学术使命，为儒学在宋明的复兴和重建作出了巨大贡献。为此，司马光称赞他："中年更折节，六籍事精研。羲农讫周孔，上下皆贯穿。造次循绳墨，儒行无少愆。师道久废阙，模范几无传。先生力振起，不绝尚联绵。……当令洙泗风，郁郁满秦川。"（《子厚先生哀辞》）王夫之赞叹道："往圣之传，非张子其孰与归！"（《张子正蒙注·序论》）诚然，张载当时所继的"绝学"仅指以孔孟为宗的传统儒学，但他为传承文化而自觉确立的使命意识和担当精神，却有着恒久的启发和感召意义，它既增强了我们继承优秀传统文化的责任心，激励我们更新优秀传统文化的进取心，又坚定了我们弘扬传统文化优势的自信心。

（载《光明日报》2016 年 8 月 22 日）

论横渠"实学"的价值取向

称张横渠（张载）之学为"实学"，始见于明代王廷相之论。王廷相说："《正蒙》，横渠之实学也。致知本于精思，力行本于守礼。精思故达天而不疑，守礼故知化而有渐。"王廷相之所以将横渠之学定为实学，缘于他对实学的理解。王廷相之言"实学"，约有两处：一曰："夫何近岁以来，为之士者，专尚弥文，罔崇实学，求之伦理，昧于躬行；稽诸圣谟，疏于体验；古之儒术，一切尽废；文士之藻翰，远迩大同。已愧于明经行修之科，安望有内圣外王之业？"又曰："夫'六经'之论述，非文之经，则武之纬，而孔子夹谷之会，立谈之斯儒者之实学也。"（《慎言》）由此看来，王廷相认为实学有以下特征：一是躬行伦理；二是体验圣谟；三是崇尚儒学；四是文武兼备。而他称横渠《正蒙》为实学也是基于横渠之学有"致知""力行"的特征。不难看出，王廷相实质上是从学术的价值取向上，界定实学和横渠之学的。按照这一思维进路，分析横渠之学，可以发现它在价值取向上具有几个方面的特色。

一 经世致用的儒学宗旨

张载生于 1020 年，青年时代就有经世致用、建功立业的远大抱负。当时西夏常对西部边境侵扰，宋仁宗康定元年（1040）初，西夏入侵，庆历四年（1044）十月议和。朝廷向西夏"赐"绢、银和茶叶等大量物资。这对"少喜谈兵"的年仅二十多岁的张载刺激极大，他打算联合精兵术的彬县人焦寅组织民团去夺回被西夏侵占的洮西失地。并向当时任陕西经略安抚副使、主持西北防务的范仲淹上书《边议九条》，陈述自己的边防建议。范仲淹在延州（今延安）军府召见了张载，一方面赞扬了他建设边防的主张和收复失地的志向；另一方面劝告他读《中庸》，研究儒家经典，弘扬名教。张载听从了范的劝告，回家刻苦攻读《中庸》，后又遍读佛学、道家之书，但他觉得这些书籍都不能实现自己的宏伟抱负，于是又回到儒家学说上来，经过十多年的苦读深思，逐渐建立起自己的学说体系。吕大临在《横渠先生行状》一文中记述道："因（范仲淹）劝读《中庸》。先生读其书，虽爱之，犹未为足也，于是又访诸释老之书，累年尽究其说，知无所得，反而求诸'六经'。"这一治学经历表明张载的学术价值取向是经世致用的儒学宗旨，对佛老的空寂之学进行了反思和批判。

张载对佛老的批判，虽然立足于"太虚即气"的本体论，但其宗旨则是"体用合一"的价值论。他指出老子"有生于无"的自然之论和佛教"幻化世界"的唯心之论，有四大弊端。

第一，"知体而昧用"。他说佛老"略知体虚空为性，不知本天道为用"①，又说："释氏妄意天性而不知范围天用，反以六根之微因缘天地。明不能尽，则诬天地日月为幻妄，蔽其用于一身之小，溺其志于虚空之大，所以语大语小，流遁失中。"② 就是说，佛老"知体昧用"，割裂了体用关系，致使"体用殊绝"。

第二，"得天而遗人"。他说佛老认为，"物与虚不相资，形自形，性自性，形性、天人不相待而有"③；在天人统一中"辄生取舍"。其结果是"得天而遗人"④。

第三，"诚而恶明"。他说："释氏语实际，乃知道者所谓诚也，天德也。其语实际，则以人生为幻妄，以有为为疣赘，以世界为阴浊，遂

---

① （宋）张载：《正蒙·太和篇》，载《张载集》，中华书局1978年版，第8页。
② （宋）张载：《正蒙·大心篇》，载《张载集》，中华书局1978年版，第26页。
③ （宋）张载：《正蒙·太和篇》，载《张载集》，中华书局1978年版，第8页。
④ （宋）张载：《正蒙·乾称篇》，载《张载集》，中华书局1978年版，第65页。

厌而不有，遗而弗存。就使得之，乃诚而恶明者也。"①

第四，"否定有为"。他指出：佛老"不识有无混一之常"，空谈天道性命，"入德之途，不知择术而求"，以为"圣人可不修而至，大道可不学而知"，"以有为为疣赘"，完全否定了人生的积极有为。

而这四大弊端造成的严重社会恶果是"人伦所以不察，庶物所以不明，治所以忽，德所以乱，异言满耳，上无礼以防其伪，下无学以稽其弊"②。

由此可见，张载认为佛老"离用言体""遗人说天""诚而不明""无而不有"的学说取向完全背离了儒家"体用统一""天人合一""诚明贯通""有无混一"的学术路线。而其要害是违背了经世致用的价值宗旨。所以对佛老的批判实质是对儒家经世致用学术宗旨的坚守。

二 躬行礼教的实践取向

张载对儒家经世致用学术宗旨的坚守，不仅表现为理论上对这一价值取向的阐发，还表现为"躬行礼教"的亲自实践。

张载极为重视《周礼》，他认为《周礼》体现了儒家的实学精神。他说："《周礼》是的当之书""学得《周礼》，他日有为做得些实事"。③

张载的礼学，一方面是理论研究；另一方面是社会实践。以理论言，他提出周礼对治世有重大意义。他说宗法制的意义在于"管摄天下人心，收宗族，厚风俗，使人不忘本，须是明谱系世族与立宗子法。宗法不立，则人不知统系来处。……宗法若立，则人人各知来处，朝廷大有

---

① （宋）张载：《正蒙·乾称篇》，载《张载集》，中华书局1978年版，第65页。
② （宋）张载：《正蒙·乾称篇》，载《张载集》，中华书局1978年版，第64页。
③ （宋）张载：《经学理窟·周礼》，载《张载集》，中华书局1978年版，第248页。

所益"①。井田制的意义在于"治天下不由井地，终无由得平。周道止是均平"②。

以实践言，他着力进行"周礼"的社会实验。张载中进士后，先后任祁州（今河北安国）司法参军，云岩（今陕西宜川境内）县令、著作佐郎，签书渭州（今甘肃平凉）军事判官等职。吕大临在《横渠先生行状》中记载，张载为云岩县令时，办事认真，政令严明，"政事大抵以敦本善俗为先"，推行德政礼教，重视道德教育，提倡尊老爱幼的社会风尚，每月初一召集乡里老人到县衙聚会。常设酒食款待，席间询问民间疾苦，提出训诫子女的道理和要求，县衙的规定和告示，每次都召集乡老，反复叮咛到会的人，让他们转告乡民，因此，他发出的教告，即使不识字的人和儿童都没有不知道的。在渭州，他深受环庆路经略使蔡挺的尊重和信任，军府大小之事，都要向他咨询。他曾说服蔡在大灾之年取军资数万救济灾民，并创"兵将法"，推广边防军民联合训练作战，还提出罢除戍兵（中央军）换防，招募当地人取代等建议。此时他还撰写了《经原路经略司论边事状》和《经略司边事划一》等文。

居眉县时，他还与弟子在自己的家乡横渠镇大胆进行了井田制的试验。虽至逝世时也未取得成果，但充分体现了他躬行践履的求实精神。通过实践，张载总结出了一些重要的为政原则，如"为政者在乎足民"③，"利于民则为利，利于身利于国皆非利也"④。"为政不以德，人不附且劳，为政必以身倡之"⑤，等等。

基于躬行礼制的实践价值取向，张载明确反对空谈义理的治学路径。他说："世人取释氏销碍入空，学者舍恶趋善以为化，直可为始学遗累者薄乎云尔，岂天道神化所同语也哉？"⑥

① （宋）张载：《经学理窟·宗法》，载《张载集》，中华书局1978年版，第258—259页。
② （宋）张载：《经学理窟·周礼》，载《张载集》，中华书局1978年版，第248页。
③ （宋）张载：《正蒙·有司篇》，载《张载集》，中华书局1978年版，第47页。
④ （宋）张载：《张子语录·语录中》，载《张载集》，中华书局1978年版，第323页。
⑤ （宋）张载：《正蒙·有司篇》，载《张载集》，中华书局1978年版，第47页。
⑥ （宋）张载：《横渠易说·系辞下》，载《张载集》，中华书局1978年版，第219页。

张载躬行礼制的求实精神，为关学的实学传统奠定了基础。张载的学生吕大忠、吕大钧、吕大临都"务为实践之学，取古礼，绎成义，陈其数，而力行之"①。明代以后，关中学人如薛敬之、吕柟、冯从吾、李颙等，都继承和弘扬了张载躬行践履的优良传统。

王廷相将张载归于实学的一个重要原因在于张载"力行本于守礼"，而《明儒学案》则将其概括为关学的重要特征，说："关学世所渊源，皆以躬行礼教为本。"

三 感物精思的认识方式

张载的实学价值取向在认识方式上也有其表现。

首先，他承认"物"和"理"对于人的客观性，说："今盈天地之间者皆物也"，"万物皆有理"，"理不在人，皆在物"。② 就是说"理"是客观事物自身的理，它是不依赖于人心而独立存在于客观事物之中的。

其次，他认为外在事物是认识的基本前提，人的认识是对外在世界的认识。"感亦须待有物，有物则有感，无物则何所感。""人本无心，因物为心。"③

最后，他认为人们要获得知识应通过感官接触外物。他说："有知有识，物交之客感尔。"④ "人谓己有知，由耳目有受也。""见闻所知，乃物交而知。"⑤

张载在认识方式上，虽然肯定了感性认识的价值，但也揭示了其局限性。他说："今盈天地之间者皆物也，如只据己之闻见，所接几何？安能尽天下之物？"⑥ 因此它更强调超越感性认识的"德性之知"，大力

---

① 《宋元学案·吕范诸儒学案》，上海中华书局四部备要卷三十一。
② （宋）张载：《张子语录·语录上》，载《张载集》，中华书局 1978 年版，第 313 页。
③ （宋）张载：《张子语录·语录上》，载《张载集》，中华书局 1978 年版，第 313 页。
④ （宋）张载：《正蒙·太和篇》，载《张载集》，中华书局 1978 年版，第 7 页。
⑤ （宋）张载：《正蒙·大心篇》，载《张载集》，中华书局 1978 年版，第 24 页。
⑥ （宋）张载：《张子语录·语录下》，载《张载集》，中华书局 1978 年版，第 333 页。

弘扬"大心体物""穷神知化"这种理性思维方式的重要意义。

由于认识论上的价值取向特征，一方面，使张载比较重视探讨自然科学和实际问题，注意研究天文、医学、兵法和礼制。例如在天文学方面他就发展了西汉以来的地动说。另一方面，使他养成了一种刻苦考索的深思精神。吕大临在《横渠先生行状》中记述张载的深思精神云："（先生）终日危坐一室，左右简编，俯而读，仰而思，有得则识之，或中夜起坐取烛以书，其志道精思，未始须臾息，亦未尝须臾忘也。"程颐谈到张载这种考索精神时说："以大概气象言之，则有苦心极力之象，而无宽裕温和之气，非明睿所照，而考索至此，故意屡偏而言多窒。"虽为批评之语，然亦反映了张载的思考精神。

张载感物致知、精思苦索的认识取向与洛学专注内心修养、涵泳义理，提倡瞑目而坐、凌空而思的运思方式形成了鲜明对比。

张载坚持感物致知、精思苦索的认识方式，正是儒家所倡导的"格物穷理""学思统一"的认识传统。而这种传统的内在核心全在于求实、致用。张载在注解《周易·系辞传下》时强调："精义入神须从此去，预则事无不备，备则用利，用利则身安。凡人应物无节，则往往自失，故要在利用安身，盖以养德也……'精义入神以致用'谓贯穿天下义理，有以待之，故可致用。"又说："吾学既得于心，则修其辞命，辞无差，然后断事。断事无失，吾乃沛然。精义入神者，豫而已矣。"① 可见，"利用安身""断事无失"乃是张载致知、精思的终极目标。而这一目标的实现，在他看来，才是真正的"精义入神"。由此就不难理解刘玑为什么认为《正蒙》一书"凡造化人事，自始学以至成德，《大学》之所谓'格物致知'，《孟子》之所谓'尽心知性'，无不备于此矣"②，也不难理解王廷相为什么把"致知本于精思"作为张载实学的重要标志了。

---

① （宋）吕大临：《横渠先生行状》，载《张载集》，中华书局1978年版，第7页。
② （宋）张载：《正蒙会稿序》，载《张载集》，中华书局1978年版，第406页。

四　立心立命的学术使命

张载在治学和教育上也体现着实学的价值取向，这主要表现为以下几点。

一是学为圣人。张载认为治学的意义并非局限于求知，而其根本宗旨在于修德育人，培育圣人人格。他说："然而得博学于文以求义理，则亦动其心乎？夫思虚不违是心而已，'尺蠖之屈，以求伸也；利用安身，以崇德也'；此交相养之道。夫屈者所以求伸也，勤学所以修身也，博文所以崇德也，惟博文则可以力致。"[①] 又说："学者当须立人之性，仁者人也，当辨其人之所谓人。学者学所以为人。"[②] "充其德性则为上智，安于见闻则为下愚。"[③] 张载讲学，对弟子"每告以智礼成性变化气质之道，学必如圣人而后已"。并特别强调："知人而不知天，求为贤人而不求为圣人，此秦汉以来学者大蔽也。"[④]

二是学做实事。他认为学做圣人并非只在内心做修身养性功夫，而是要学会做事。他说："学者欲其进，须钦其事，钦其事则有立，有立则有成，未有不钦而能立，不立则安可望有成？"就是说学者能"钦其事"才可望有立有成。他之所以重视学习周礼正是为了"做实事"。他说："学得《周礼》，他日有为却做得些实事。"[⑤] "钦其事""做实事"，都是实学学风的重要取向。

三是承担使命。张载认为治学要有自觉的使命意识，应追求和实现治学的崇高理想。他明确提出"为天地立心，为生民立命，为往圣继绝学，为万世开太平"这一伟大使命和崇高理想。那么，这一学术使命的价值内涵是什么呢？所谓"为天地立心"即通过治学和教育培养伟大人

---

① （宋）张载：《横渠易说·系辞下》，载《张载集》，中华书局 1978 年版，第 215 页。
② （宋）张载：《张子语录·语录中》，载《张载集》，中华书局 1978 年版，第 321 页。
③ （宋）张载：《张子语录·语录上》，载《张载集》，中华书局 1978 年版，第 307 页。
④ （宋）张载：《经学理窟·学大原上》，载《张载集》，中华书局 1978 年版，第 396 页。
⑤ （宋）张载：《经学理窟·周礼》，载《张载集》，中华书局 1978 年版，第 248 页。

格。《礼记·礼运篇》云:"人者,天地之心。"张载说:"天无心,心都在人之心。"① "为天地立心"实质是为天地"立人"。所谓"为生民立命",首先是通过治学和教育让当政者明白和实现百姓的生存之道,张载说:"故为政者在乎足民,使无所不足。不见可欲而盗必息焉。"② 又说:"利于民则可谓利,利于身、利于国皆非利也。"③ 生存条件乃"民命"之所系,所以是"立命"的首要内容。同时也要让百姓明白人性之道和人伦之道。《中庸》云:"天命之谓性,率性之谓道。"张载说:"人伦,道之大原也。"④ 可见,"为生民立命"实质是为"生民"立生存之道和人伦之道。所谓"为往圣继绝学",就是通过治学和教育继承和弘扬被佛老冲击而濒于中绝的儒家的经世致用之学。所谓"为万世开太平",通过治学、教育和实践开辟通往万世太平盛世的道路。可见,"横渠四句"蕴涵着深刻的实学价值取向,而并非空洞虚幻的追求目标。顾炎武说:"天生豪杰,必有所任,如人主于其臣,授之官而与以职。今日者拯斯人于涂炭,为万世开太平,此吾辈之任也。仁以为己任,死而后已。"李二曲在为弟子所口授的《授受纪要》中强调要像张载四句所说的那样立志做人,那样"立身要有德业,用世要有功业。……志不如此,便不成志;学不如此,便不成学;做人不如此,便不成人"。按照张载名言去治事,才是"天下第一等事"。朱轼在《康熙五十八年本张子全书序》中引用了张载四句名言之后感慨地说:"卓哉张子,其诸光辉而近于化者欤!若其所从入,则循循下学。"由此可见,张载提倡的"为天地立心,为生民立命,为往圣继绝学,为万世开太平",实际上已经成为明清儒者所共同认可并立志为之奋斗的实学目标和价值理想。

学为圣人、学做实事和承担"为天地立心,为生民立命,为往圣继绝学,为万世开太平"的使命构成了张载求真务实的学术价值理想的基本内容。

---

① (宋)张载:《经学理窟·诗书》,载《张载集》,中华书局1978年版,第256页。
② (宋)张载:《正蒙·有司篇》,载《张载集》,中华书局1978年版,第47页。
③ (宋)张载:《张子语录·语录中》,载《张载集》,中华书局1978年版,第321页。
④ (宋)张载:《张子语录·语录中》,载《张载集》,中华书局1978年版,第321页。

"实学"一词，出现于唐代（据学者考证，其最早见于《旧唐书·杨绾传》），后世学人亦多用之。从总体历史角度考察，"实学"的提出有两方面的针对性，一是针对一些知识分子"争尚文辞"的浮华之风；二是针对释老之学"空虚玄妙"的虚无之论。前者可以唐代宗宝应二年（763年）礼部侍郎杨绾的上书为代表。杨绾批评当时文人"争尚文辞，互相矜炫""祖习既深，奔竞为务"，同时也批评"明经比试帖经，殊非古义，皆诵帖括，冀图侥幸"。因而请求并停明经、进士科，按照古代察举孝廉的办法，选拔那些"有孝友信义廉耻之行，加以经义，才堪策试者"。其奏疏说："取《左传》《公羊》《穀梁》《礼记》《周礼》《仪礼》《尚书》《毛诗》《周易》，任通一经，务取深义奥旨，通诸家之义……其策皆问古今理体及当时要务，取堪行用者……所冀数年之间，人伦一变，既归实学，当识大猷，居家者必修德业，从政者皆知廉耻，浮竞自止，敦庞自劝，教人之本，实在兹焉。"后者可以朱熹的言论为代表。朱熹云："尝窃病近世学者不知圣门实学之根本次第，而溺于老、佛之说，无致知之功，无力行之实，而常妄意天地万物人伦日用之外别有一物，空虚玄妙，不可测度，其心悬然惟侥幸于一见此物，以为极致。"

针对这两种价值倾向，实学倡导者们提出的学术价值取向是：在坚持儒家体用贯通和天人合一的理论原则的基础上，确立和实现以修德、治世为内涵的经世致用的学术宗旨。而横渠之学的价值取向正体现了这种精神，所以"横渠之学，乃实学也"。因此，笔者认为称张载之学为"实学"，不是指它有独到的学术理论体系，也不是指它是个独特的学派，更不是指它是一个独立的学科，而是指它的学术价值取向的特征。这种价值取向既体现了张载关学的鲜明特色，又包含着唐以来倡导"实学"者的共同价值追求，表现了一种独特的治学价值观。因此，横渠实学实质上是一种学术价值观。

［载《实学文化丛书——传统实学与现代
新实学文化》（一），2017年11月］

关学的基本精神和现实意义

关学是由北宋张载创立，至明清时代仍然流行于关中地区的理学学派。关学从北宋张载到清末牛兆濂，历时八百余年，经过三十多位学者薪火相传的学术探索，培育了独特的关学气象和关学精神，为中国文化史、学术史、哲学史作出了重大贡献，更影响了关中人以至陕西人的思维方式、价值观念、人格精神。

一　以贯之的学术精神

关学创始人张载（1020—1077），字子厚，眉县横渠镇人，人称横渠先生，著有《正蒙》《西铭》《横渠易说》《经学理窟》等，今编为《张载集》。关学虽无严格的师承授受关系，在传衍过程中学术观点也有变化，但关学学者大都尊张载为"关中士人宗师"，在不同程度上都接受了张载的影响，继承了张载的学术旨趣、学术宗旨、价值追求和治学作风。由此而形成了关学在客观上内在一致、前后一贯的精神气质。

张载是一个有自觉的学术使命意识的哲学家，他提出的"为天地立心，为生民立命，为往圣继绝学，为万世开太平"的名言，是对自己哲学学术使命的高度概括。关学的后继者们大都以这种使命意识来自励。无论他们在哲学思想上是否与张载一致，但在对自己学术使命的自觉上，皆不同程度地秉持着张载的精神。如吕大临的"教化人才，变化风尚"、吕柟的"对天心，通民志，兴太平"、冯从吾的"做好人，存好心，行好事"、李二曲的"明学术，正人心"，都是对自己学术使命和治学志向的明确表述。正是由于有这种自觉的使命感和责任感，关学学者们大都把个人的学术活动与国运民命、匡时救世紧密结合起来，以"主持名教，担当世道"（李二曲语）为己任，使自己既成为学者，也成为社会历史价值的承担者，努力实现为学与经世、治学与做人的高度统一。

张载学无师承，他的哲学是自己在前代哲学的基础上，经过几十年探求体悟出来的。他自称"学贵心悟，守旧无功"，并说治学应"濯去旧见以来新意"，"多求新意以开昏蒙"，并作诗云："芭蕉心尽展新枝，新卷新心暗已随。愿学新心养新德，旋随新叶起新知。"张载在中国哲学史上第一次建立了比较完整的气一元论哲学体系，开辟了朴素唯物主义哲学的新阶段，他也是中国哲学史上第一个从思维与存在关系的哲学理论高度批判佛教唯心主义的哲学家，成为宋代理学的奠基人。张载提出了理学的一系列基本范畴和命题，建构了理学的基本框架，确立了理学"民胞物与"的价值理想。

哲学家张岱年曾云："张载学说有两个最重要的特点，一是以气为本；二是以礼为教。"后来的关学学者虽多未能发扬以气为本的思想，却大多传衍了以礼为教的学风。关学的"以礼为教"，指的是崇尚古代的礼制，重视道德的教化。张载这种"崇礼贵德"的学术宗旨，对关学有深远影响，后代关学学者都不同程度地认同和发扬了这种精神。

在宋代理学的濂、洛、关、闽四派中，关学是最具求实精神的学派。张载为学不尚空谈，"语学而及政，论政而及礼乐兵刑之学"，有着鲜明的求实作风。张载的这种"经世致用"的求实精神，也基本上为后代的关学学者所继承和发扬。

关学具有博取兼容的特征，主要表现在两个方面：一是积极主张多方面探求知识，努力开拓广阔的学术领域；二是能兼容各派学说，吸取不同学派的学术思想，在学派分野中往往保持一种中和性格。关学学者在治学态度和方式上遍览博采，不守门户，善于吸取各家之长，能够掌握多门知识。

崇尚节操的精神也是由张载开风气之先的，后来关学学者多能继此高风。他们在学术上倡"仁心""善心"之说，立"正己""正心"之本，有创新有贡献，以"文必载道，行必顾言"为准则（吕柟），或以"做天下第一等人，为天下第一等事"为鸿志（杨爵），或以"个个人心有仲尼"为箴言（冯从吾），养成了高尚的道德品质和超凡脱俗的气节。

二 关学精神影响深远

关学精神培育了雄浑而博大、崇高而坚实的关学气象。精神是内在的支柱和动力，气象是外在的气概、气质和形象。关学精神在过去和现代都具有重大意义。

关学作为中国封建社会后期一个学术思想流派，不但在学术思想上为中华民族的理论思维作出了突出的贡献，在哲学史、学术史上占有重要的地位，而且在学术精神上形成了自己鲜明的特色。尽管它同其他地域文化一样有着自身历史和地域的局限，如政治上较为保守、作风上比较拘谨、竞争意识淡薄、创新力度不足等，但其中蕴含的重使命、崇道德、求实用、尚气节、贵兼容的优秀精神，对关中人有着重大的积极的影响。它养成了关中以至陕西人浑厚、坚实、耿直、质朴的文化性格，培育了关中学者勤奋、朴实、严谨、包容以及有责任心、有正义感的精神品格。

关学精神启发了做人的自觉。思想家马一浮在《泰和会语》中表示："昔张横渠先生有四句话，今教诸生立志，特为拈出，希望竖起脊梁，猛著精彩，依此立志，方能堂堂的做一个人。须知人人有此责任，人人有此力量，切莫自己诿卸，自己菲薄。此便是'仁以为己任'的榜样，亦即是今日讲学的宗旨，慎勿以为空言而忽视之。"

关学的"为天地立心，为生民立命，为往圣继绝学，为万世开太平"的崇高使命意识和担当精神，"旋起新知""勇于造道"的独创精神，"民胞物与""大心体物"的道德理想和宏大胸襟，重视节操、刚正不阿的人格追求，"经世致用""开物成务"的求实精神，博取兼容、不守门户的学术态度等，不仅是优化哲学社会科学学者精神品格和治学作风的宝贵营养，更是提升人的综合素质和人文精神的宝贵资源。

为了实现中华民族伟大复兴的中国梦，推动人和社会的全面发展，我们应继承关学的优秀精神传统，克服其局限与不足，在与时代精神的结合中，对其改造更新，将它发扬光大。

（载《中国社会科学报》2018 年 1 月 5 日）

关学智慧：从"太虚即气"的本体思想到"民胞物与"的终极关怀

张载创立的关学不但培育了"立心立命"的使命意识、"勇于造道"的创新精神、"崇礼贵德"的学术主旨、"经世致用"的求实作风、"崇尚节操"的人格追求和"博取兼容"的治学态度等优秀的人文精神，而且创建了深湛的哲学智慧，丰富了中华民族的智慧宝库，至今仍值得我们汲取和弘扬。

"太虚即气"的本体智慧。在宇宙观上，张载认为宇宙万物的始基是气，万物都由气生成。他说："凡可状，皆有也；凡有，皆象也；凡象，皆气也。"（《正蒙·乾称篇》）而"太虚"则是气的本然状态。"太虚无形，气之本体，其聚其散，变化之客形尔。""太虚不能无气，气不能不聚而为万物，万物不能不散而为太虚。"（《正蒙·太和篇》）张载把"太虚之气"视为宇宙的本体，这一关于世界的物质统一性和物质永恒性的思想，是对中国唯物主义哲学的重要贡献，并对后世唯物主义哲学的发展影响深远。

"太和谓道"的辩证智慧。张载认为，宇宙万物都是由阴阳二气聚合而成的，因此事物都含有阴阳二端对立。正是由于这种阴阳二端的对立（"两"）统一（"一"），才使事物变化不已，神妙莫测。他说："两不立，则一不可见；一不可见，则两之用息。"（《正蒙·太和篇》）在张载看来，世间的万事万物虽然存在着种种矛盾、对立和斗争，但矛盾终归会化解，实现和谐。"有象斯有对，对必反其为；有反斯有仇，仇必和而解。"（《正蒙·太和篇》）由此张载把古代的和谐思想提高到规律高度，认为至高无上的和谐——"太和"是宇宙根本法则，提出了"太和所谓道""和乐，道之端乎"等重要命题。张载的辩证法是"和谐"辩证法，它启示人们既要把握事物的矛盾，又要追求和谐目标。

由"闻见之知"升华至"德性之知"的认识智慧。在认识论上，张载一方面认为人的知识是由耳目接触外界事物取得的，他称这种认识为"闻见之知"；另一方面又认为耳目闻见不能穷尽天下万物之理，于是便提出了一种超越耳目闻见的认识，他称这种认识为"德性之知"。张载主张人要获得正确的认识，既要以"闻见之知"来开启，又不能"以见闻梏其心"，这就必须克服"闻见之狭"，升华到"德性之知"的境界。张载突出强调了理性思维认识的重要性，并把理性认识与德性修养相贯通。

由"气质之性"复归到"天地之性"的人性智慧。在人性论上，张载提出了"天地之性"与"气质之性"的人性学说。"天地之性"是先天的、普遍的、纯善的，是体现天理的；而每个人生下来之后，具有各自不同的身体条件、生理特点、生活欲望等，这种禀气而生、与每个人的不同特点相结合的性，张载称之为"气质之性"。"气质之性"是特殊的、有善有恶的，是恶的来源。为了恢复先天的善性，就要去掉物欲之蔽，变化气质之性，返回本然的善性。他说："形而后有气质之性，善反之则天地之性存焉。故气质之性，君子有弗性者焉。"（《正蒙·诚明篇》）张载认为，人如果能够变化气质之性，恢复天地之性，就可以为善，成为圣贤，成为君子。而要变化气质，返回到天地之性，就必须通过克己、尽心、养性的修养工夫。

"大心体物"的人生修养智慧。张载认为人要通过修养，变化气质，复归天地之性，成为圣贤，首先要有"大心体物"的自觉精神。他说："大其心，则能体天下之物，物有未体，则心为有外。世人之心，止于闻见之狭；圣人尽性，不以见闻梏其心，其视天下无一物非我，孟子谓尽心则知性知天以此。天大无外，故有外之心，不足以合天心。"（《正蒙·大心篇》）就是说要超越个体狭隘的见闻和私心，弘大其心境体察万物、承载万物、关爱万物，与天心合一，就能达到"体物未尝遗""视天下无一物非我"（《正蒙·诚明篇》）的崇高价值境界。在张载看来，"大心体物"的人生态度，并非外在的道德他律，而正是人的天地之性的内在必然要求。天地之性不是某一个体所独有的，是所有人的共同本源，而这就决定了人们不应该局限于仅以一己私意为取向的狭隘的价值视野，而应该具备关怀万物、关爱他人的宏大价值情怀，做到"立必俱立，知必周知，爱必兼爱，成不独成"（《正蒙·诚明篇》）。

"民胞物与"的价值智慧。张载哲学的最高理想是达到"民胞物与"的价值境界。他在《西铭》一文中指出："乾称父，坤称母；予兹藐焉，乃混然中处。故天地之塞，吾其体；天地之帅，吾其性。民，吾同胞；物，吾与也。"（《正蒙·乾称篇》）就是说，天地是人类和万物的父母，每一渺小的个体，生存于天地之间，都禀受了天地之气（"天地之塞，吾其体"），秉承了天地之性（"天地之帅，吾其性"）。既然人与我、物与人，都生在天地之间，都秉有天地之性，每个人都应该以万民为同胞，以万物为朋友。"民胞物与"的价值理想，是张载哲学的终极关怀。

这一体系有内在联系，核心是"民胞物与"。"太虚即气"的本体论、"天地之性"的人性论是确立"民胞物与"价值理想的理论根据，而由"闻见之知"升华至"德性之知"的认识智慧、"大其心体天下物"的修养智慧、"仇必和而解"辩证智慧则是实现"民胞物与"价值理想的途径和方式。于是，其中贯穿的是从"太虚即气"的本体思维到"民胞物与"的终极关怀的逻辑脉络。

尽管张载关学的哲学智慧也存在中国古代哲学的固有局限，但它呈现着宏伟而博大的气象，蕴含着深厚而精湛的义理，至今仍然对我们治国济民、人生处世有重要的借鉴意义。因此，需要我们不断地系统研究和深入发掘。特别是张载哲学智慧在关学传承、演进历程中的发展和演变，及其形成和积淀的宝贵成果，更有待于我们去拓展研究。然而，长期以来，学界对关学哲学思想的研究和哲学智慧的发掘，由于文献缺乏而遗漏颇多。当此之际，西北大学出版社新出版的《关学文库》实乃关学智慧的文献渊薮，一定能够成为我们汲取关学智慧的不竭源泉，成为我们宝贵的精神财富。

（载《中国社会科学报》2019 年 5 月 13 日）

张载"为往圣继绝学"

唐代文学家韩愈写过一篇著名的文章《原道》，在文中提出了儒家"道统"说，此说认为儒家之道，尧传之于舜，舜传之于禹，禹传之于商汤，商汤传之于文、武、周公，文、武、周公传之于孔子，孔子传之于孟轲。但又指出，这种统绪在战国后并没有继续下去："轲之死，不得其传焉。"① 何以如此？韩愈认为，原因在于："周道衰，孔子没，火于秦，黄老于汉，佛于晋、魏、梁、隋之间。其言道德仁义者，不入于杨，则归于墨；不入于老，则归于佛。"② 就是说，自从西周衰落，孔子去世以后，历经秦始皇焚烧儒家典籍，汉初黄老之学得势，晋、魏、梁、隋时期佛教盛行，对儒家形成巨大冲击，论说道德仁义的人，或者服膺杨朱学派，或者偏向墨家学派，或者在道佛两家之间徘徊。孔孟儒学因之逐渐失坠不传，成为绝学。韩愈的儒家道统论和儒学中绝说，影响极其深远。北宋张载之所以把"为往圣继绝学"确立为自己崇高而宏伟的学术使命，也是基于与韩愈大体一致的认识。张载认为，两汉以后，由于佛教的日渐流行和道家的一度兴盛，致使孔孟儒学"学绝道丧"。为了使"往圣"创立的儒学重放光芒并得到光大，"唱此绝学亦辄欲成次第"③，就必须再继学脉、重续道统。基于此，张载立志以"为往圣继绝学"为自己毕生的学术使命，为之孜孜矻矻，义无反顾。

---

① 马其昶：《韩昌黎文集校注》，上海古籍出版社 1986 年版，第 18 页。
② 马其昶：《韩昌黎文集校注》，上海古籍出版社 1986 年版，第 14 页。
③ 《张载集》，中华书局 1978 年版，第 329 页。

一　深入批判佛、道思想，为复兴儒学扫清道路

张载首先揭露佛、道思潮的谬误，对佛教观念做出了尤为深刻的批判。张载认为，汉以后，"自古诐、淫、邪、遁之词，翕然并兴，一出于佛氏之门者千五百年"①，对儒家地位的动摇和思想的扰乱，因素固然很多，但佛氏的冲击最大。因为自佛教广泛传播于中土之后，"儒者未容窥圣学门墙，已为引取，沦胥其间，指为大道"②，导致"人伦所以不察，庶物所以不明，治所以忽，德所以乱，异言满耳，上无礼以防其伪，下无学以稽其弊"③。因此他决心通过自己的哲学活动与之"较是非，计得失"④，深入彻底地"立大本，斥异学"⑤，从而为儒学复兴扫清道路，实现"为往圣继绝学"的崇高使命。

在张载之前，已有许多儒家学者如唐代的韩愈、李翱等基于政治立场对佛教进行严厉的批判，申斥佛教的政治悖逆和社会危害。但是，很少有儒者从哲学角度批判佛教教义。可以说，从形而上学理论高度批判佛教的主观唯心主义，张载可谓中国哲学史上的第一人。

张载批判了佛教"一切唯心"的宇宙观、"死生轮回"的生死观、"以人生为幻妄"的人生观、蒙昧主义的认识论。他指出，佛教"以山河大地为见病"是一种主观唯心观点；其"死生流转"说是一种灵魂不灭的迷信；其"梦幻人世"是一种虚无主义的消极人生观；所谓"智慧"实为愚昧主义，既不能"知天"和"知人"，也无助于"穷理"与"悟道"。而道家思想更为不堪，老子主张的"有生于无"和道教追求的"长生不老"，前者是虚无主义世界观，后者是

---

① 《张载集》，中华书局 1978 年版，第 64 页。
② 《张载集》，中华书局 1978 年版，第 64 页。
③ 《张载集》，中华书局 1978 年版，第 64 页。
④ 《张载集》，中华书局 1978 年版，第 65 页。
⑤ 《张载集》，中华书局 1978 年版，第 383 页。

荒诞的生命哲学。

　　张载继承发展了中国古代哲学中的"气"论传统，建构了"太虚即气"的本体论，树立了"乐且不忧"的人生观和"爱人尽仁"的道德观，高扬了"一天人、合内外"的价值理想以及"不语怪力乱神"的现实理性，由此纠正佛、道哲学的种种谬误，为认识宇宙、端正人生确立了新的哲学支点。由于张载对佛、道的批判既深且透、有破有立，因而理论贡献影响深远，受到后世罗钦顺、王廷相、王夫之等诸多哲学家的充分肯定和高度赞扬，他们都从张载哲学中吸取了智慧营养和思维经验。如王夫之赞扬："横渠早年尽抉佛老之藏，识破后，更无丝毫粘染，一诚之理，壁立万仞。"① "使张子之学晓然大明，以正童蒙之志于始，则浮屠生死之狂惑，不折而自摧。"②

二　系统阐释儒家典籍，为创建思想体系奠定基础

　　据《宋史·张载传》载，青年时代的张载受到范仲淹的点拨，由喜兵事转而熟读《中庸》，"犹以为未足，又访诸释老，累年究极其说，知无所得，反而求之'六经'"③。张载自述其钻研儒家典籍的经历时也说："某观《中庸》义二十年，每观每有义，已长得一格。六经循环，年欲一观。"④ "能使昼夜不息，理会得六七年。"⑤ 可见张载经历了读《中庸》、读释老、再读"六经"的治学道路。

　　通过二三十年的儒家经典研读，他有了深入的领会、丰硕的心得和独到的见解，从而能够在研读的基础上，通过对儒家典籍的注解和诠释以践行"为往圣继绝学"的崇高使命。据史料记述，张载对《周易》

---

① （清）王夫之：《读四书大全说》，中华书局1975年版，第693页。
② （清）王夫之：《张子正蒙注》，中华书局1975年版，第3页。
③ （元）脱脱等：《宋史》，中华书局1977年版，第12723页。
④ 《张载集》，中华书局1978年版，第277页。
⑤ 《张载集》，中华书局1978年版，第278页。

《礼记》《论语》《孟子》《诗经》《仪礼》《周礼》等儒家典籍均有诠释，形成了《易说》《礼记说》《论语说》《孟子说》《诗说》《仪礼说》《周礼说》等著作，并流传于世。张载这些专门的解经著作，南宋以后的学者统称为"诸经说"。"诸经说"既是张载对儒家经典的系统阐发，因之亦是他对"往圣绝学"的自觉继承。除此之外，其代表著作《正蒙》固然是创建个人思想体系的"造道"之作，但其形式亦多是研读儒家经典的心得体会。如影响深远、思想精辟的《西铭》一文，就是他从《周易》《诗经》《中庸》《论语》《孟子》《左传》《礼记》等儒家经典中摘录文句，以自己的见解和观念编撰、改写而成的浑然一体的论文。可见，张载把系统阐释儒家典籍和创建自己的思想体系紧密结合为一体，作为统一的治学过程，从而使"为往圣继绝学"的使命，自觉体现于一生的治学实践之中。

三　重建儒学思想体系，弘扬儒家的仁爱之道

全祖望说："横渠先生勇于造道。"①（《宋元学案·横渠学案序录》）所谓"造道"就是理论创建，张载一生的主要活动就是通过"造道"重建儒学思想体系，弘扬儒家的仁爱之道。张载三十八岁前家居于太白山下的横渠镇研读释老之学和儒家经典，五十一岁时"会弟天祺以言得罪，先生益不安，乃谒告西归"②，辞官回到横渠镇讲学著述，前后经过近四十年的苦读深思，建构了自己独特的儒学思想体系。张载创建学说体系非常刻苦，《横渠先生行状》记载："终日危坐一室，左右简编，俯而读，仰而思。有得则识之，或半夜起坐，取烛以书。"③ 正是通过这样艰苦卓绝的努力，张载写下了大量著作，完成了儒学思想体系的重建。

---

① （清）黄宗羲原著，（清）全祖望补修：《宋元学案》，中华书局 1986 年版，第 662 页。
② 《张载集》，中华书局 1978 年版，第 383 页。
③ （元）脱脱等：《宋史》，中华书局 1977 年版，第 12724 页。

张载建立的哲学思想体系包括本体论、人性论、认识论和价值论。本体论的根本观点是"太虚无形，气之本体"①"知太虚即气，则无无"②；人性论的基本纲领是人应从"气质之性"复归"天地之性"；认识论的基本思路是由"闻见之知"的层次开启进而升华到"德性之知"的境界；价值论的核心思想集中体现于"民胞物与"。其中"民胞物与"的核心价值理想，既是张载哲学思想的精华，亦是对孔孟原始儒学仁爱之道的创造性继承和发展。

《正蒙·乾称篇》云："乾称父，坤称母；予兹藐焉，乃混然中处。故天地之塞，吾其体；天地之帅，吾其性。民，吾同胞；物，吾与也。"③意思是说，天是我们的父亲，地是我们的母亲。藐小的我们同万物共生于天地之间。所以，充塞天地的气，形成我们的身体；统帅天地的德性，形成我们的本性。于是，万民是我们的同胞兄弟，万物是我们的同伴朋友。可见，张载通过"天人合一"的哲学思维方式，论证了"民胞物与"的价值理想，这是对原始儒家道德观念的哲理化重建。

众所周知，仁爱思想是原始儒家伦理道德的核心，孔子曰："己欲立而立人，己欲达而达人。"④又曰："泛爱众。"⑤孟子曰："君子之于物也，爱之而弗仁；于民也，仁之而弗亲。亲亲而仁民，仁民而爱物。"⑥又提出"老吾老，以及人之老；幼吾幼，以及人之幼"⑦。张载的"民胞物与"价值理想，是对孔孟"仁民爱物"道德思想的直接继承和创造性发展，即把道德论命题开拓为价值论命题，将原始儒家"仁民爱物"的

---

① 《张载集》，中华书局 1978 年版，第 7 页。

② 《张载集》，中华书局 1978 年版，第 8 页。

③ 《张载集》，中华书局 1978 年版，第 62 页。

④ （三国）何晏、（宋）邢昺：《论语注疏》，阮元校刻十三经注疏（附校勘记），中华书局 2009 年版，第 5385 页。

⑤ （三国）何晏、（宋）邢昺：《论语注疏》，阮元校刻十三经注疏（附校勘记），中华书局 2009 年版，第 5337 页。

⑥ （东汉）赵岐：《孙奭孟子注疏》，阮元校刻十三经注疏（附校勘记），中华书局 2009 年版，第 602 页；（宋）程颐、程颢：《二程遗书》，中华书局 1981 年版，第 6030 页。

⑦ （东汉）赵岐：《孙奭孟子注疏》，阮元校刻十三经注疏（附校勘记），中华书局 2009 年版，第 602 页；（宋）程颐、程颢：《二程遗书》，中华书局 1981 年版，第 5808 页。

道德要求提升到了"民胞物与"伦理价值的新高度。

正由于"民胞物与"理想是张载继承和发展儒学精神的集中体现，《西铭》（《订顽》）面世后，受到当时和后代儒家学者的高度赞誉，亦产生了深远影响。程颢云："《订顽》之言，极醇无杂。秦汉以来，学者所未到。"① 又云："子厚有如此笔力。他人无缘做得。孟子以后未有人及此。"② 又云："《订顽》一篇，意极完备，乃仁之体也。"③ 朱熹曰："《西铭》首论天地万物与我同体之意，固极宏大。"④ 王夫之云："窃尝沉潜体玩而见其立义之精……真孟子以后所未有也。"⑤

张载在确立了理学"民胞物与"价值理想的同时，还提出了理学的一系列基本范畴和命题，建构了理学的基本框架，因此成为儒家学说的新形态——宋明理学的奠基人之一，在理学发展史上居于相当重要的地位，深得后世理学家的推崇。二程把他与孟子、韩愈比肩，朱熹称赞其学为"精义入神"⑥，评价"横渠所说，多有孔孟所未说底"⑦。历代统治者也给张载以很高的荣誉，如宋理宗封他为眉伯，"从祀孔子庙庭"⑧；元代赵复立周敦颐祠，以张载与程、朱配祀；明清两代，张载著作一直被视为理学经典，作为开科取士的必读书，并先后汇入御纂的《性理大全》和《性理精义》。由此足见，张载正是以"为往圣继绝学"的重大贡献奠定了他在理学史、儒学史和思想史上的重要地位。

四　躬行"礼制"社会实践，探索儒学治世路径

张载极为重视儒家经典《周礼》，认为《周礼》体现了儒家的实学

---

① （宋）程颐、程颢：《二程遗书》，中华书局1981年版，第37页。
② （宋）程颐、程颢：《二程遗书》，中华书局1981年版，第37页。
③ （宋）程颐、程颢：《二程遗书》，中华书局1981年版，第15页。
④ （南宋）朱熹：《朱子文集》卷四十九，商务印书馆1937年版。
⑤ （清）王夫之：《张子正蒙注》，中华书局1975年版，第230页。
⑥ （宋）黎靖德：《朱子语类》，中华书局1986年版，第1814页。
⑦ （宋）黎靖德：《朱子语类》，中华书局1986年版，第1504页。
⑧ （元）脱脱等：《宋史》，中华书局1977年版，第12725页。

精神。他说："《周礼》是的当之书。"① "学得《周礼》，他日有为做得些实事。"② 他竭力进谏宋神宗"渐复三代"之礼治，曰"为政不法三代者，终苟道也"③；尽力"以礼立教""以礼成德""以礼教学者"；着力进行"周礼"的社会实验。据吕大临《横渠先生行状》载，张载担任云岩县令时，办事认真，政令严明，"政事大抵以敦本善俗为先"④，推行德政礼教，重视道德教育，提倡尊老爱幼的风尚。他定期邀请闾里耆老，在县衙常设酒食款待，交谈中一边了解民间疾苦，一边讲述训诫子女的道理和要求。县衙发布规定和告示，每次都召集乡老，反复叮咛他们转告乡民。因此他发出的教告，即使文盲和儿童都没有不知道的。居眉县时，他还与弟子在横渠大胆进行井田制试验，虽至逝世也未取得成果，但充分体现了礼制践履精神。通过实践，张载总结出了儒学的为政原则，如"为政者在乎足民"⑤ "利于民则为利，利于身利于国皆非利也"⑥ "为政不以德，人不附且劳，为政必以身倡之"⑦，等等。

通过批异端、释经典、弘仁道、行礼教等方面的努力，张载取得了重大的学术成就，既创立了关学学派，又为宋明理学奠定了基础，为儒学在宋明时期的复兴作出了巨大贡献，因此实现了"为往圣继绝学"的宏伟理想。为此，司马光称赞他："中年更折节，六籍事钻研。羲农及周孔，上下皆贯穿。造次循绳墨，儒行无少愆。师道久废阙，模范几无传。先生力振起，不绝尚联绵……当令洙泗风，郁郁满秦川。"⑧ 王夫之赞叹："往圣之传，非张子其孰与归！"⑨ 张载所继的"绝学"虽仅限于以孔孟为宗的传统儒学，但其传承文化的使命意识和担当精神，对于

① 《张载集》，中华书局 1978 年版，第 248 页。
② 《张载集》，中华书局 1978 年版，第 248 页。
③ （元）脱脱等：《宋史》，中华书局 1977 年版，第 12723 页。
④ 《张载集》，中华书局 1978 年版，第 382 页。
⑤ 《张载集》，中华书局 1978 年版，第 47 页。
⑥ 《张载集》，中华书局 1978 年版，第 323 页。
⑦ 《张载集》，中华书局 1978 年版，47 页。
⑧ 《张载集》，中华书局 1978 年版，第 388 页。
⑨ （清）王夫之：《张子正蒙注》，中华书局 1975 年版，第 4 页。

激发我们继承优秀传统文化的责任心，鼓舞我们创新优秀传统文化的进取心，坚定我们弘扬传统文化优势的自信心，仍有着恒久的启发和感召力。

［载《西北大学学报》（哲学社会科学版）2019 年第 3 期］

附 录 二

鉴西释古，阐贵*开新

——赵馥洁教授对关学的新拓展

陈海红**

【摘　要】作为思想史的关学是一代又一代的学人在诠释中继承传延的结果，体现为一个又一个多彩的学术形态与鲜活的学者人格。这些独特的人格在不同的时代，以其具有个性魅力的视野、理念、方法与思维在关学精神感召、指引与塑造下对所面对的个人、社会与自然的问题展开阐释，形成了具有不同形态与内涵、精神与气质的特定关学思想。西北政法大学赵馥洁教授是自觉的关学守护者与传承者，他以东西互鉴的哲学视野来演绎关学思想的时代形态，以价值哲学的理念来揭橥关学理论的丰富蕴涵，并以知行合一的人格自觉来呈现关学的精神禀赋。赵馥洁教授以其独特性的学术思想与个性化的学术人格充实了关学的时代内涵，践行着关学一贯的学术精神追求。正是有了赵馥洁教授这样一代又一代的学术人格，才成就了关学独特的精神品性与不绝的学术史章。

【关键词】赵馥洁；关学；"哲学"；价值论；关学精神；新拓展

---

* 赵馥洁先生在价值论尤其是中国传统价值论领域的研究深有所得，而传统中国"贵"这个概念与西方学术中"价值"一词相当。笔者取此义，以崇其以价值哲学视角推进关学诠释、传承之功。

** 陈海红，男，1972年生，安徽安庆人。中共浙江省委党校哲学教研部教授，中国哲学博士，主要从事宋明理学、中国哲学、马克思主义中国化的教学与研究。

人类思想史在最直观的回溯下呈现为一条不断流淌的河流，由古至今线条分明。这样的场景易于给人产生思想史是在最初的根源基础上，不断开枝散叶终究繁荣的印象。尤其是在西方近代社会达尔文主义的影响之下，思想史更强化了这一由点及面、由本及末不断演化的印象。但真实的人类历史并不都是这种发展史观的注脚，许多曾经辉煌的人类文明形态并没有能够延续下来，导致对这些文明形态母体传承加以观念化地描述、书写与记载的思想史都仅仅是也只能是承而不传。世界上那些固守自己生活方式的古老民族，其思想史似乎也并没有表现出古而有今、新旧相陈的进化特征。从使用工具征服自然的物化角度来考察，人类历史确乎是一条前后相继不断累积的过程。但思想史有其脱离外在物质基础的属性，总能够呈现出不一样的观念面貌，表现出不一样的精神气质。与其说思想史是根深叶茂，毋宁说它是叶繁根固。更辩证的说法是，任何现实的有古有今的思想史大树都是在深根与茂叶不可或缺的双向努力下得以生长与繁荣的。

作为北宋新儒学思潮这一思想史大背景之下的关学，在张载作为精神领袖揭开其序幕之后，在不同的时代不断得到后辈学人的响应，从而演绎出了中国传统学术思想史上一个极其重要的，长达八百多年传之有序的学术流派。正是在张载及其他学人（与张载同时代的以及其后时代的）的共同努力下，关学得以呈现其独特的精神、绵延其历史的脉络。历史，在一代又一代关中学人的时代书写中来到今天并走向明天。西北政法大学赵馥洁教授在 60 多年的学术耕耘中，对关学做出了合乎这个时代的思想研究。一切思想研究都是诠释，赵先生在思想诠释中彰显了关学的精神风度，从而将关学拓展到了一个新的境界。

一 "书林一枝"：关学的守护者，还是传衍者？

中国自古就有重史的传统，对自己的历史表达了高度的认可、敬畏与尊重。这种对于历史的认可、敬畏与尊重既是中国人以史为鉴，从而在历史中寻找走向未来的经验与规律之必要；也是在精神上以史安身，从而寻求灵魂安顿与慰藉之必要。那些典藏丰富的史籍，是中国人作为一个民族整体的共同精神家园与信仰所寄，散发着中华文明最为鲜明的人性气息。礼敬乡党乡贤、编辑乡邦文献，传承乡学优秀精神是存于华夏大地的普遍现象。但关中学人对于自己的学术有其独特的理解，张岂之先生说："关学是由张载创立并于宋元明清时期一直在关中地区传衍的地域性理学学派，亦称关中理学。"①他还就新世纪编辑出版的《关学文库》说到：

> 关学基本文献整理与相关研究不仅是中国思想学术史的重要课题，也是体现中国思想文化传承与创新的重要举措。《关学文库》以继承、弘扬和创新中华文化为宗旨，以文献整理的系统性、学术研究的开拓性为特点，是我国第一部对上起于北宋、下迄于清末民初，绵延八百余年的关中理学的基本文献资料进行整理与研究的大型丛书。这项重点文化工程的完成，对于完整呈现关学的历史面貌、发展脉络和鲜明特色，彰显关学精神，推动传统文化创造性转化、创新性发展无疑具有重要意义。②

这段话就其对于关学意涵的描述，至少包含以下几层意思：一是关学就是关中理学；二是关学史的时间上起于北宋、下迄于清末明初，八百余年；三是对关学这一历史基本文献的整理与研究，体现了对中国思想文化（关学包含其中）的传承与创新；四是今天的《关学文库》的整理、研究者，推动了传统文化的创造性转化与创新性发展。思想需要时代阐释，历史需要主体传承。没有主体的历史是典籍中的叙事，真正的思想需要鲜活的时代内涵。

---

① 陈海红：《吕大临评传》，总序，西北大学出版社 2015 年版。
② 陈海红：《吕大临评传》，总序，西北大学出版社 2015 年版。

第一，奠基于生命体悟基础之上的关学认同者、守护者

赵馥洁教授是关学的自觉认同者，也是这种关学精神的自觉践行者，并且是关学坚定的宣讲者、守护者与呈现者。

对于一种学术的认同，存在着多种情形。赵馥洁教授生于 1940 年，祖籍关中富平，求学并授业于西安。虽然曾有过离开关中的机会，但他最终选择生活、学习与工作在关中这一关学母体的大地上。可以说，他目前几乎所有的学术活动都是在关中地区展开的。赵馥洁教授对于关学的认同，奠基于其立足关中大地鲜活的现实生活。无一刻不受到关学母体的孕育、生养与滋润，让他的关学认同带有丰富的生活场景感受与切己的生命体悟内涵。丰富的自然人文景观，深厚的历史文化底蕴，鲜活的百姓日常生活，与积年累月的研读、沉思于关中学术思想之中，让思想者于日用而不知中与前贤对话、共情。

关学所在的核心区域曾经长期是中国的政治、经济与文化中心，汉唐盛世更是受到中国人长久的倾慕与追思、认同与肯定，这里显然包括众多的非关中区域的中国人。但奠基于真实生活之上的人格生命体悟，较之区域外那些透过字里行间重建的思想认同，自然多了风土人情的滋养。这正如对于中国文化的认同，那些域外的汉学家整体而言是比不上域内的凡夫俗子的。无论如何，终归在生命情感体悟上隔了一层。

第二，勤勉的关学文献的整理者、关学内涵的挖掘者

关中大地人杰地灵、文化繁荣，曾经演绎过中华文明史最为辉煌的篇章。而从西安开始的丝绸之路，更是将关中地区与中国之外的文明勾联起来。山则终南瑰丽奇秀，水则泾渭截然分明。一方水土养一方人，独特的自然人文景观养育了关中无数的民众，也培养出了他们生活所托、生命所寄的关学精神。

不同于口言心诵、情合行循却日用不知的凡夫走卒，以思想自觉为特征的人文知识分子在关学的认同与传承过程中起了极其重要的作用。基于独特的区域历史与风土人情，他们积极以思想来回答那些永恒而切己的人生、自然与社会问题。或提炼关学的核心精神，或梳理关学的来

龙去脉，或细辨关学的义理精微，这些具体而多元的思考就对关学认同
而言，提升了思想性，加强了自觉性，夯实了根基性。

赵馥洁教授多年来勤勉地在关学史料中爬梳、研思，通过整理文献、
表彰人物、阐释义理，来自觉地承担思想史演绎的知识化工作。他概括
终南文化，认为"关学是终南文化中的一枝奇葩，是终南文化孕育的智
慧明珠"①；他挖掘苏武文化，认为"苏武文化的灵魂是苏武精神，苏武
精神的本质是爱国主义精神"，"苏武精神与苏武文化孕育于关中，当它
形成以后，又对关中文化和关中人格产生了深刻影响（'化人'）。"② 至
于他对关学宗师张载的文献解读，更是新意迭出、启人心智。赵馥洁教
授自己说："著书撰文，既是一种义理的阐发，更是一份精神的寄托，
正如宋人蒋恢诗云：'发兴合穷千里目，著书聊寄百年心。'"③ 这一心
声，是今天关中学人学术自觉的典型表达。

第三，不辞辛劳的关学知识宣讲者、义理阐释者与历史传衍者

中国古人对于历史的传承采取了独特的经典注释、诠释方式，这一
诠释过程本身就将自己融入了历史之中。表面看来只是思想史的梳理、
编辑过程，其实质就是真实历史的绵延过程。人，在思想史史料的编辑、
整理与阐释过程中参与到历史之中，从而成就了绵延的历史。不论是区
域史的构建、塑造，还是中国整体史的构建、塑造，构建者、塑造者在
成功构建、塑造自己以前历史的同时，也就将自己填补上了这一历史的
后续之中，并为后来的构建、塑造者提供了历史延续的素材。赵馥洁先
生指出：

> 广义的关学，是指由北宋张载创立的，至明清时代仍然流行于
> 关中地区的理学学派。作为中国封建社会后期的一个相对独立的地

---

① 赵馥洁：《关学精神论》，西北大学出版社 2015 年版，第 29 页。
② 赵馥洁：《关学精神论》，西北大学出版社 2015 年版，第 35 页。
③ 赵馥洁：《关学精神论》，后记，西北大学出版社 2015 年版。

域性的哲学学派，从北宋创立到清末终结，历时 800 年之久。①

　　虽然赵馥洁教授也如张岂之先生一样将关学界定为北宋至清末的区域性理学学派，这自然是今天学界一般的公论；但学术研究的活力，正在于其从未有过定论。历史的断代，思想史的分期，在不同的时代、不同的时空中必然会呈现出不同的面貌，得出不同的结论。如果我们将作为理学的关学扩展开来，是不是存在一个更加"广义"的关中学术的关学，也是值得人们思考与斟酌的学术话题。基于不同的历史时空与特定境遇，区域性的学派界定在不同的区域学界也有不同的视角与考量。自从中国这一概念在文化、疆域与人口上成型以来，中国内部出现的几十个相对独立的行政区划，在学术上也就相对独立地呈现出区域学派的特征。这样的特征既可能是区域文化的客观呈现，也可能是区域主体的主观概括。宋明新儒学思潮中，与关学并起的，除了有濂洛闽这样具有典型性理学特征的区域学派，也还有不是严格理学意义上的蜀涑浙学派。至于其他区域性的学派，譬如徽学、黔学、湘学等自然也是言之成理，论之有据。

　　当然，我们也会看到这些相对独立的区域性学派总是会有一个核心作为支撑的。这支撑或是某一时期的狭义学派，或是某一杰出的学者个人，或是某一突出的文化象征，但无论如何都会有一个世世代代相对固定的区域精神。正是在这一精神的不断挖掘、阐扬、继承与践履下，区域性的学术才得以传之有绪，承之有序，一以贯之。关学在今天的关中学人视野中定位于历史的过去，但这种精神则一直流传，至今仍然鲜活。

　　以赵馥洁教授为代表的一批关学认可、整理、研究者身上体现的，就是关学永不磨灭的精神。这种精神的自觉继承与弘扬，表明赵馥洁教授就是关学历史脉络的现实延续者。赵馥洁教授对于关学历史的自觉敬意，对于关学思想的自觉守护，对于关学精神的自觉弘扬，其实就是在

―――――――――――

　　①　赵馥洁：《关学精神论》，自序，西北大学出版社 2015 年版。

将"历史的关学"不断解构并重新建构新的"时代的关学"。历史的理学形态的关学在以张岂之先生、赵馥洁教授为代表的学人努力下，焕发出永久的优秀精神禀赋。

二 西来"哲学"：关学的今天表述，抑或关学的新形态？

西学东渐是人类进入真正"世界历史"的必然，也是中国学术今天不得不然的现实。20世纪以降的中国学术话语无不采用了西方的语境、语态与语气，唯一不同的是在中国土地上使用这些语境、语态与语气。以西方的学术架构来述说中国的历史，是思想史在今日中国最为基本的学术国情。这其中，"哲学"（philosophy）也走进了中国传统思想史的研究视野之中，并成为今天学界日用而不知的常识。研究中国传统思想史的学者们，从使用的学术语言、采用的分析架构、阐释的思维方式、运用的精神范式，到坚持的推理逻辑、论证的层次条理，无不带有明晰的"哲学"（philosophy），也就是西方文化背景下形成的"哲学"精神。这一"哲学"（philosophy）的研究范式，显然不同于中国传统思想史研究中那一套所谓"考据、辞章与义理"的古典学问。

赵馥洁教授自述学术有两个阶段，一个阶段主要从事马克思主义哲学的教学与研究，另一个阶段主要从事中国哲学的教学与研究。在20世纪以降的中国学术语境中，马克思主义哲学与中国哲学虽然是与西方哲学并立的哲学三大领域，但其实都是西学东渐的产物，带有非常明晰的"哲学"（philosophy）精神。很清楚，"哲学"成为先生分析、阐释中国传统学术（包括历史的关学）的研究视角。

第一，关学也是哲学

今人耳熟能详的哲学，其实是一个需要严肃讨论的问题。在西方"哲学"进入中国之前，中国传统思想史的演进一般采取的是"我注六经"的方式。也就是一代又一代的思想者通过对先秦经典的不断诠释，形成了一个一个诸如"注""疏""解""义""章句"等的学术成果，并依时间顺序排成由古来今的民族思想史谱系。当然，在这诸多解经的形式之后不同时代的解释、诠释的内涵是有差别的。只不过无论差别多大，也绝不会大过"哲学"（philosophy）所引起的差别。因此，"中国哲学"形成之初冯友兰、胡适等先生就很为难，更不要说在其后的哲学研究实践中，不时会有的方凿圆枘之感。但作为生活不可或缺的人类思想有其巨大的包容性与调适性，何况任何对中国传统思想展开研究的视角，都会有益于揭示其丰富的内涵，哲学西来同样有此裨益。

赵馥洁教授是自觉以"哲学"（philosophy）来理解、阐释中国传统学术思想的，因此他将自己的学术活动比作在哲苑中耕耘[1]。在《关学精神论》自序中，他也这样说："哲学的本义是'爱智慧'，作为'爱智慧'的哲学，其'名'中本有之'义'就包括理论和精神两个方面。"[2]"在宋明理学的时代思潮中，诸派哲学同异交织，气象万千。"[3]他既释哲学内涵，又将这一对于哲学的理解用于分析中国传统思想。他说：

> 不同的时代、不同地域、不同民族、不同学派、不同个体的哲学，其哲学思想不但有别，其哲学精神亦各有特征。以先秦哲学而言，儒家以道德精神为核心，道家以自然精神为主导，墨家以勤俭精神为特征，法家以功利精神为旨归，其精神气象各有千秋。[4]

诸子百家形态的儒、道、墨、法是哲学，不同时代的中国传统思想自然也是哲学。因此，他论及宋明理学、关学时说："就宋明理学而言，濂、洛、关、闽，程朱、陆王，其思想和精神也是同中有异，共

---

① 他将自己多年的学术成果汇编成《哲苑耘言》，并在卷首自题曰："哲苑耕耘四十年，思痕墨影入芸编。文心愧梦雕龙笔，理境遥寻智慧泉。溪水能添江水涌，前薪乐助后薪燃。喜看学海千帆竞，再奋秋风万里鞭。"（参见赵馥洁《哲苑耘言》，中国政法大学出版社2002年版）
② 赵馥洁：《关学精神论》，自序，西北大学出版社2015年版。
③ 赵馥洁：《关学精神论》，西北大学出版社2015年版，第1页。
④ 赵馥洁：《关学精神论》，自序，西北大学出版社2015年版。

中有殊。"① "濂学有超越之象，洛学有沉潜之风，闽学渊深而精密，关学博大而雄浑，各有独特的精神品格。"② 这里的"学"也就是"哲学"。

第二，对关学思想、人物的哲学研究

赵馥洁教授以哲学视野对关学的研究成果精深而丰富，他娴熟自如地运用哲学概念、范畴、理念、命题与理论来分析、揭示关学思想、关学人物，从而将关学研究带进哲学语境的话语之中。

主体是一个重要的哲学范畴，它包含认识主体、道德主体、审美主体、价值主体与实践主体等。就哲学这门学问来说，哲学其本质最终只能是主体的哲学。在"哲学"的来源地西方文化中，主体是与客体相对的范畴，揭示的是人相对于客体的独立、强势、霸凌地位。将人作相对于客体的主体看，最鲜明的口号莫过于"知识即力量"。但西方传统并非一味将人作主体看，只不过近代以来认识论的风向单一化了"认识你自己"也就是"人是什么"的古典多维疑问。将人作主体看的思想文化，造就了近代以来高扬科学、民主、人权、自由的今天西方世界。中国传统思想高度重视人的价值，千百年来传统哲人无不对人致以崇高的敬意，揭示了人在天地之间独特而丰富的意涵。今天的中国学人以哲学主体视角来观照中国传统思想，无疑能够揭示我们前此未见的天地。赵馥洁教授如此说："建立价值主体是李二曲思想的轴心，也是李二曲思想的特色和贡献所在，当然也是我们今天弘扬李二曲思想精华的根本着眼点。"③ 揭示李二曲思想建立价值主体的意涵，是要彰显关学"挽救社会危机，使生民利济，世运安泰"④ 的学术救世精神。

千百年来，人们对于关学宗师张载的评述可谓汗牛充栋。而从哲学角度来揭示张载思想的内涵与价值，是赵先生20世纪80年代以来学术

① 赵馥洁：《关学精神论》，自序，西北大学出版社2015年版。
② 赵馥洁：《关学精神论》，西北大学出版社2015年版，第1页。
③ 赵馥洁：《李二曲建立价值主体的思想》，载《中华智慧的价值意蕴》，中国政法大学出版社2002年版，第202页。
④ 赵馥洁：《李二曲建立价值主体的思想》，载《中华智慧的价值意蕴》，中国政法大学出版社2002年版，第203页。

研究的重要内容。他如此论定："张载是中国哲学史上杰出的唯物主义者，也是一位典型的哲学家。其典型性在于，他不但建构了一个有特色的哲学体系，而且他对自己哲学的使命有着自觉的认识。在中外哲学史上，能自觉意识到自己哲学使命的哲人，才是一个真正的哲学家。"① 他既以马克思主义哲学的范式来一般地评判张载，又对张载的具体观点做出了哲学化的阐释。譬如他这样诠释张载的"大心"："要把握宇宙的本质和变化规律，'穷神知化'，'体天下之物'，'为天地立心'，就必须充分发挥和扩充人心的作用，打破人心与天地事物的隔阂，消除主体与客体之间的对立，使心与天地万物同其广大，同样无限，妙合无间。此之谓'大其心'。"② 有"为天地立心"的哲学自觉，张载才称得上是真正的哲学家，是一位在中国文化传统中孕育出来的真正的哲学家。

第三，"关学精神论"：关学的哲学新凝炼

在对关学的哲学研究中，赵馥洁教授独辟蹊径地提出关学精神论的观点。这里所说的关学精神，也就是关学的"哲学精神"。他说："哲学精神就是哲学所蕴含的学术使命、理论宗旨、思想志趣、价值理想、思维方式等融合而成的精神气象以及哲学家所体现的人格操守、人生追求、治学风格等凝聚而成的精神境界。"③ 哲学理论是哲学精神的载体，哲学精神是哲学理论的灵魂。

赵馥洁教授认为，关学虽然在长期的传衍过程中有观点之不同，但其精神却是前后一贯的。在长期的治学过程中，他不断探索、总结与概括关学的精神，终在《关学精神论》一书中将关学精神提炼为以下六个方面，也就是："立心立命"的使命意识，"勇于造道"的创新精神，"崇礼贵德"的学术主旨，"经世致用"的求实作风，"崇尚节操"的人格追求，"博取兼容"的治学态度。不同于哲学前思想史者的古典诠释，

---

① 赵馥洁：《张载的哲学使命感》，载《中华智慧的价值意蕴》，中国政法大学出版社2002年版，第171页。

② 赵馥洁：《张载的哲学使命感》，载《中华智慧的价值意蕴》，中国政法大学出版社2002年版，第175页。

③ 赵馥洁：《关学精神论》，自序，西北大学出版社2015年版。

也不同于一般现代哲学论者的泛泛而论，赵先生在"收集旧文，校改错字、充实内容、续写新作，建构体系、编为一帙"的20多万字的著作中铺陈关学精神的基本特征，详述关学精神的哲理意蕴，追慕关学精神的人格境界，使八百年不绝的关学精神丰富的内涵得到更加鲜活、清晰与多维地呈现。

关学的独特性格，是思想家一直关注的内容。明末清初杰出的思想史家黄宗羲有言："关学世有渊源，皆以躬行礼教为本。"(《明儒学案·师说》)但史上诸如此类概括过于简单，并不能完整揭示关学几断而延的历史真相。正如明代冯从吾的《关学编》面世，将一个清晰可见的关学传承脉络呈现出来，方带来关学既在思想叙述史上也在其后思想史上有一个一贯的学统谱系；赵馥洁教授"关学精神论"的提炼，也使关学思想叙述史与思想史呈现出一个一贯的精神谱系。无论是学统谱系，还是精神谱系，无疑都能起到凝聚关学研究、汇通关学致思与凸显关学形象的作用。实在是功莫大焉！

如同关学曾有"横渠关学"(张载及其弟子的学问)、"理学关学"(北宋至清末民初的张载及其后之关中理学)的不同认知，关学是否已经成为历史，或者说关学有无终结其实是一个不易下结论的课题。陕西师范大学的刘学智教授虽然一面取关学下限为清末民初，但他又说："严格地说，作为一个思想流派，其发展是不可能停止的，它总是不断演进的。从这个意义上说，提出下限问题或许缺乏严谨性。"① 尤其他认为"关学也将随着理学在中国近代社会的日渐势微而趋于转型"的观念，很是符合思想史的真实状况。以赵馥洁教授为代表的一批现代关中学人，在学术"哲学"语境下的关学阐释、构建不仅表述了思想史的关学研究之今日语境，更在今日语境下推进了关学的转型与新生。理学形态的历史关学或许已经终结，但独特形态的时代关学将会不断新生、传衍。

---

① 刘学智：《关学思想史》，西北大学出版社2015年版，第7页。

三 价值论域：关学的既有意蕴，
抑或关学的新拓展？

中国传统思想之所以有着悠久的诠释历史，正在于先哲智慧及其凝聚的经典具有的永恒人文价值与多元的诠释维度，从而为后来者提供了丰富的解读想象与广阔的诠释空间。在一些人类共同的问题上，历史与时代、先哲与后贤不断通过对话展开交流，达成共识，结成原理，凝成精神，形成传统。貌似后贤挖掘了先哲话语的丰富内涵，其实更是后贤在历史传统的诠释中拓展了先哲理念的新面相、新境界与新识见。一代又一代研究者、诠释家在中华民族思想史中的个体努力，终成就了我们文明愈久愈新的独特个性。

赵馥洁教授在中国哲学研究中的一个极为突出的贡献，是开辟了中国传统哲学价值论，梳理了中国传统价值观念的流变历程。"开辟""梳理"是从后来历史认识主体角度来说的，就客观历史本身而言它们体现的是历史本来具有的面相。正如真正的思想、哲学研究既是民族的，也是区域的一样，赵馥洁教授的中国传统哲学价值论研究也为区域性的关学思想拓宽了西学的视野，充实了时代的内涵，提升了精神的境界。

第一，挖掘中国传统思想的价值论内涵

价值哲学是西方 19 世纪末 20 世纪初以来方兴未艾的学术思潮，带有西方文明、文化思想史的特征。这一价值哲学的兴起，表明了西方哲学研究范式的重要转型与西方哲学阶段性的特征，其根本的社会基础在于西方社会近代以来泛化的工具理性促进了科学的张目、提升了主体的地位，推进了社会的进步，但同时也导致了人文的丧失、自然的失序，与社会的紧张，甚至危及人类的文明。

中国学人对于这一价值哲学关注较早，所以也能够及时将这一西方学术引介到学术圈中，并成为一种新型的人文社会科学研究范式。在这一引介中，以赵馥洁教授为代表的关中学人，在当代中国价值哲学研究学术思潮中具有领风气之先的气象。除了一般性地参与到价值哲学的讨论之中，赵馥洁教授将更多地精力投放到中国传统思想价值论内涵的挖掘上，从而成就了一部开创性著作——《中国传统哲学价值论》（参见陕西人民出版社 1991 年版，另见人民出版社 2009 年增订版）。遵循现代学术叙事范式，赵馥洁教授从"价值原理""学派取向""范畴系列"三个方面来考察、挖掘中国传统思想丰富的价值阐释理论。有学者认为："从价值论的角度对中国传统哲学进行新的反思，对中国传统哲学中所蕴含的价值理论进行专门而系统地研究，本书有首创之功。"①

"善美源流何处寻？茫茫学海问潮音。神州自有圣泉水，曾照人间取舍心。"② 追求真善美是人类不同民族共同的最高价值取向，赵馥洁先生认为中国古哲早就形成了丰富的价值思想。基于中国传统哲人"都把致思的最终趋向确定在世界对人的意义上，归结到价值理想的追求上"③这一判断，先生多面相、多角度、多层次、多学派地挖掘中国传统思想的价值论内涵，从而为我们揭示了中国古人美好的价值追求与丰富的精神世界。

第二，梳理中国传统思想的价值流变历程

假如说，《中国传统哲学价值论》是从横向视角来揭示中国传统思想的价值论内涵，那么，《价值的历程——中国传统价值观的历史演变》（参见中国社会科学出版社 2006 年版）就是从纵向视角来反思中国传统思想的价值论进程。

赵馥洁教授说："一个民族的价值观，是在社会实践的基础上，经过长期的历史积淀而形成的，它有一个发生、发展的演变过程。中华民族的价值观，同任何民族的价值观一样，是历史的产物，它是跨越了漫长曲折的历史道路，经历了波澜壮阔的历史过程，才凝结于民族的文化心

---

① 王士伟：《评赵馥洁著〈中国传统哲学价值论〉》，《中国哲学史》1992 年第 1 期。
② 赵馥洁：《中国传统哲学价值论》（增订本），卷首自题，人民出版社 2009 年版。
③ 赵馥洁：《中国传统哲学价值论》（增订本），人民出版社 2009 年版，第 4 页。

理结构之中的。"① 在他看来，以具有时代特色和处于主导地位的价值观念为标志，中华民族价值观念随着社会历史的发展而演变的历程有以下几个阶段：即西周"敬德"的提出时期，春秋战国"人道"的争鸣时期，秦汉"纲常"的树立时期，魏晋"自然"的崇尚时期，隋唐"万善"的同归时期，宋元明"天理"的营造时期，从明末到清中叶"利欲"的萌动时期，从鸦片战争到五四运动"人权"的伸张时期，以及五四运动以来"个性"的解放时期。

站在唯物辩证法的立场，赵馥洁教授认为，中华民族传统价值观念的演变遵循着社会存在决定社会意识、经济基础决定上层建筑这一普遍的规律。同时，价值观念的变化也受到上层建筑内部其他因素变化的影响。就中国实际来说，汉以后的中国社会价值观的演变，有一个围绕儒家倡导的道德价值观这一轴心左右震荡的最基本的规律性，并表现出以道德为价值核心反对"神本""物本"的"人本"价值本位的最基本的特征。赵馥洁教授在梳理中华民族传统价值观念的演变流程中，所提炼出的规律、概括出的特征，揭示了中华民族先民们不懈的生命追求、旺盛的精神生机。

第三，中西互释中阐释中国学人对于价值哲学的理解②

赵馥洁教授的价值哲学研究，显然不是中国学人对于西方价值哲学所下定义的注脚，也不简单是西方价值哲学在中国的实践，而是中国学人对于价值哲学所指向的人类思想智慧自我体贴的中国式阐释、中国式实践。

中华民族自古就有善于汲取他人智慧以创造自己新文化的优秀品格。

---

① 赵馥洁：《价值的历程——中国传统价值观的历史演变》，中国社会科学出版社 2006 年版，第 1 页。

② 赵馥洁教授说："任何一种文化对另一种民族文化发生影响都不会是原封不动、毫无变化的，它必然要与别种文化发生交汇与融合，中华智慧也不例外。中华智慧传入西方，被西方文化所接受，在接受的过程中，西方人是按照自己的文化视角和价值坐标来理解和阐释中华文化的，特别是对于哲理智慧和文学艺术智慧，这种特点表现得尤为明显。"（参见《中华智慧的价值意蕴》，中国政法大学出版社 2002 年版，第 370 页）显然，这一观点也适用于西学东来。西来的"哲学"（philosophy）与价值哲学，在中国也必然染上了中华文化的风采。

化外来佛教为中国佛教，就是一段成功的史实。方立天先生曾说："中国佛教学者吸收印度佛教哲学的养料，适应中国古代政治、经济的需要，依据中国固有哲学智慧的方向、理路，创造出不同于印度的新的佛教哲学学说。"[1] 这种创造活动，最鲜明地体现在中印文化的互释过程中，落实在对于理论与实践问题的解决上。赵馥洁教授认为，价值虽然是客体与主体之间的一种关系，但主体是价值形成的动因，是价值的决定者和主导者。价值观念的转变，主要是围绕价值主体的转变展开的。从中华民族智慧传统出发，他高扬人的生命价值、人格价值，突出人的价值在主体众多内涵中的重要地位。无论是《中国传统哲学价值论》《中华智慧的价值意蕴》，还是《价值的历程——中国传统价值观的历史演变》，都是在揭示"天地之间人为贵"这一民族文化古老命题的精神内涵。不同于价值论在西方文化中偏于知识论的逻辑智慧推演，赵馥洁教授更多揭示了中国价值哲学的实践智慧禀性。这种智慧体现为"多识""多谋""善断""预见""善事""创物"的多彩描述，也就是墨子所说："智也者，以其知论物，而其知之也著，若明。"（《墨子·经说上》）智慧，是立足于认识基础之上的生存、生活能力与实践。这既是知识论的，也是生存论的，当然是价值论的，是融知识论、价值论、本体论于一体的生存智慧，是与西方异隔性、分析性思维方式不同的融通性、综合性思维方式。[2]

文明总是在交流中进步，文化也总是在互鉴中丰富。正是在对于中华智慧的价值意蕴的不断挖掘、提炼与阐释过程中，以赵馥洁教授为代表的中国学人既揭示了中华民族的价值品性，也丰富了作为人类一般智慧的价值哲学的内涵。作为区域学术的代表人物，赵馥洁教授的价值论研究显然脱离不了他所生活的自然、文化土壤，也必然对这一孕育自我的自然、文化土壤具有反哺效用。关学宗师张载有诗说："芭蕉心尽展

---

[1]　方立天：《中国佛教哲学要义》上卷，中国人民大学出版社2002年版，第5页。
[2]　赵馥洁：《中国哲学价值思维的融通性特征》，载《中华智慧的价值意蕴》，中国政法大学出版社2002年版，第1页。

新枝，新卷新心暗已随。愿学新心养新德，旋随新叶起新知。"（《文集佚存·杂诗·芭蕉》）关学是一个充满活力的生命有机体，它在被不同时代的学人不断增补养料、添加雨露、引来阳光过程中，获得了新的发展，有了新枝，长了新叶。芭蕉提供了不同时代人们聚焦的心性意象，不同时代人们的心性则增添了芭蕉的意涵。借助意象与意涵的共同境域，情感得以跨时空交流，人性得以跨时空共通，而意象与意涵都有了更多的内涵。芭蕉尽有新叶，关学尽有新知。

　　赵馥洁教授引介西方价值哲学来诠释中国传统思想，从多个层面转生了传统理学形态的关学。他说："中国传统哲学是一座智慧的宝库，其中蕴涵着丰富的人生智慧和价值智慧。可以说，中国传统哲学本质上是一种价值哲学，这是我对中国传统哲学特征的基本看法。"① 从由古来今角度看，赵馥洁教授极力阐扬、精深挖掘中华民族传统思想、智慧中固有的价值意蕴，这既让古老的中华文化、中国文明从一个全新视角得以向时人展示其丰富的思想内涵，从而焕发出了不竭的生命活力。从以今释古视角看，赵馥洁教授以价值哲学作为研究范式，来观照包括关学思想、人物与演绎历史在内的中国文明、中华文化，从而构建了一个统价值主体、价值规范、价值取向、价值评价为一体的中国思想新形态——中国价值论（价值论视域下的中国思想），也就开出了中国思想的新领域。赵馥洁先生的研究自然是中国的，当然也是关中的。拓展了中国思想的价值哲学新天地，拓展了自己对于关学的新认知，也就拓展了关学思想演绎的新理路。

四　身心学问：关学的思想主体，抑或关学的精神人格？

　　关学的生成、流变有其现实的社会基础与理论的思想逻辑，这二者

---

① 赵馥洁：《价值的历程——中国传统价值观的历史演变》，后记，中国社会科学出版社2006 年版。

共同演绎出一个生生不已的学术流派。作为中华民族智慧的区域性学术，关学历史演变也遵从着社会变更——主体变化——观念变更的逻辑路径。从学术本身的思想逻辑来看，张岂之先生说："关学，如同其他学术形态一样，也是一个源远流长、不断推陈出新的形态。关学没有中断过，它不断与程朱理学、陆王心学融合。明清时期，关学的学术基本是朱子学、阳明学的传入及与张载关学的融会过程。因此，由宋至清的关学，实际是中国理学的重要组成部分，它是一个动态的且具有包容性和创新性的概念，它开启了清初王船山学术的先河。"① 不论从哪个角度来看，关学虽以"关"这一区域名字称之，但最终都是通过一个又一个学者的思想观点呈现出来的人的学问。关学的学术特点、精神特色，其实都不过是关学主体——人的思想特点、精神特色。体会社会的变更，表述观念的变更，融会他域的思想，都只能由主体的人来承担。

赵馥洁教授说："从张横渠'勇于造道'到牛兆濂'存心继道'，历经数十人的薪火相传。既积累了深厚的哲理，也培育了伟大的精神。"② 而他自己，正如这里所说："探索关学深邃哲理、弘扬关学优秀精神，对于我这个生于关中、居于关中的学人来说，是热爱也是敬仰，是乡情更是责任。"③ 人能弘道，非道弘人。造道的是像他一样的人，弘道的也是像他一样的人。

第一，在关学精神中追寻立命的根柢

中华民族是充满智慧、富于创造的民族，中国文明是源远流长、推陈出新的文明。"周虽旧邦，其命惟新。"文明提供了生命安顿的精神家园，生命开拓着文明向上的多维潜能。民族智慧创造的古老中国文明，为生生不已的民族生命追求提供着坚实而自适的精神家园，是每一个生活于其间的民族生命安身立命的精神根柢。

作为自觉的民族精神的弘扬者，赵馥洁教授以自己的勤勉、睿智与

---

① 陈海红：《吕大临评传》，总序，西北大学出版社 2015 年版。
② 赵馥洁：《关学精神论》，自序，西北大学出版社 2015 年版。
③ 赵馥洁：《关学精神论》，后记，西北大学出版社 2015 年版。

学识揭示了中华文化的丰富内涵、卓异风格与深厚底蕴。中华文化是其生命的广博基础，而区域文化则是其生活的现实时空。在长期的关学浸淫中，赵馥洁教授从挖掘关学的精神世界、梳理关学的精神谱系、礼赞关学的精神前贤多个角度，来追寻自己的精神根柢。"关学哲理的精神宗旨、精神气象庄严而博大；关学哲人的人格情操、精神境界崇高而宏伟。可绘以图像，而非丹青所能尽现；可叙以文字，亦非言词所能尽述。"① 他如此推崇关学的精神世界，并以诗的语言来礼赞先贤的精神创造。他赞扬张载："巍峨太白雪凌空，一代鸿儒启正蒙。天地立心情浩荡，虚空即气道峥嵘。泱泱关学燃新火，济济英才继素风。共仰横渠真境界，民胞物与性天通。"② 张载所塑造的"为天地立心，为生民立命，为往圣继绝学，为万世开太平"的关学人文精神高峰，确乎足以媲美那巍峨的太白山自然高峰——罩雪凌空，绝世独立。他称道李复的人格："少年壮志喜言兵，老赴危城共死生。不负师门孤诣在，时闻笔下有雷声。"③ 他讴歌杨天德的风节："桑榆日近道终闻，谈笑歌吟诵读勤。有守有为无愧怍，藐然势利等浮云。"④ 他颂扬南大吉的好学："莹莹一镜拒尘侵，始悟良知是圣心。汲得哲泉东越水，秦川更涌慧波深。"⑤ 在赵馥洁先生笔下，众多的关学先贤以其优秀的品质从不同的层面共同涵养、陶融与建构了关学精神的大厦。

诗以言志，文以载道。赵馥洁教授自己说："著书撰文，既是一种义理的阐发，更是一份精神的寄托，正如宋人蒋恢诗云：'发兴合穷千里目，著书聊寄百年心'。"⑥ 他说自己对于关学精神和智慧的思考，寄托了他平生对关学先哲的敬仰之忱。其实任何能让主体敬仰的对象，都不能不是主体自己的精神追求。正是在关学先哲所塑造的精神世界里，赵

---

① 赵馥洁：《关学精神论》，西北大学出版社 2015 年版，第 135 页。
② 赵馥洁：《关学精神论》，西北大学出版社 2015 年版，第 135 页。
③ 赵馥洁：《关学精神论》，西北大学出版社 2015 年版，第 145 页。
④ 赵馥洁：《关学精神论》，西北大学出版社 2015 年版，第 148 页。
⑤ 赵馥洁：《关学精神论》，西北大学出版社 2015 年版，第 162 页。
⑥ 赵馥洁：《关学精神论》，后记，西北大学出版社 2015 年版。

馥洁教授找到了自己安身立命的坚实精神根柢。

第二，在时代进程中塑造鲜活的人格

中华文明五千年的历史进程，是一部文明不断累积、文化不断丰富的创造史。于这光辉灿烂的创造史中，中国人民养成了勤劳勇敢、自强不息的民族性格，形成了伟大的中华民族。生活在东方这块广袤辽阔土地上的人们，千百年来他们在中华民族共同的精神生活中打上了深深的"中国"烙印。但"江山代有人才出，各领风骚数百年"，他们又在这充满生机与活力的土地上充分展示着自己的才能、成就着自己的事业，张扬着自己的个性。"一个时代的人代表着这一时代的文化，创造着这一时代的文明，率领着这一时代的'风骚'。"① 人，既是历史的传承载体，也是时代的创造主体。中华文化突出人在天地之间的价值，中国思想尤其强调塑造理想人格的重要性。

从价值论角度出发，赵馥洁教授重视挖掘中华智慧的人格价值意蕴、中国传统哲学的人格价值内涵，并在合于实践需求中来转化其时代的意义。他说："一个民族的智慧观念和智慧特征必然凝聚在理想人格的设计上，中国古代的智慧人格是中华民族智慧的具体呈现。"② 在充分占有资料的基础上，赵馥洁教授对儒家"君子"、道家"至人"、墨家"兼士"、法家"法术之士"的理想人格做了系统分析。他认为这些理想的人格对于中华民族的性格既产生了积极的影响，也带来了一些消极的作用，需要我们清醒认知与时代转化。这种理性精神体现在对张载"太虚"之气人文价值意涵研究上，就是"如果剔除张载在太虚价值品性预设上的先验性，在太虚价值人文意义阐发上的道德至上性，在价值实现上的封建性（礼）和神秘性（大心）等局限，张载的价值观念至今仍蕴

---

① 赵馥洁：《世纪桥头看来人——21 世纪的人格形象》，载《中华智慧的价值意蕴》，中国政法大学出版社 2002 年版，第 385 页。

② 赵馥洁：《从"圣人"看中国古代的智慧人格》，载《中华智慧的价值意蕴》，中国政法大学出版社 2002 年版，第 241 页。

涵着可供我们汲取的宝贵资源"① 这样的结论，就是"太虚"涵养的至和、至诚人格形象的现代转生。

赵馥洁教授高度自信于中华智慧在不同时期对于世界的意义，尤其在西方近代文明全球化之后，其负面效应给人类文明带来严重自然危机、社会危机与精神危机的当下世界。一切人的问题都是人造成的，也还是需要人来解决。理想人格着眼于人的现实，承载着人的追求，完成于人的实践。赵馥洁教授认为，历经人类历史上变动最剧烈、最深刻的 20 世纪之后的 21 世纪，人类的人格应该是具有天人合一境界、群己和谐美德、身心共健素质、情理统一精神、德智兼备品格的和谐人格。这一健康人格的追求与养成过程，是古今中西文化融通拣择之后的理性选择过程，也是破解人类前行道路之上各种问题的现实实践过程。

第三，在师者自觉中彰显生命的魅力

人是社会的，是在自己社会角色中完成"人之为人"的精神追求的。"月意花情俱渺茫，果然心境已沧桑。高峰惯见云来去，大海任教浪激昂。菊采东篱怀晋隐，梦随蝴蝶化蒙庄。嫣红姹紫开过后，秋水长开共夕阳。"② 把沧桑春秋看透后，诗人心比峰高胸如海阔境尽长空。把沧桑春秋看透后，云迹浪痕中那些来去激昂总是富于人性的尘世光芒。"情融春雨花千树，思入秋江月万波。世路崎岖心路正，天涯何处不堪歌。"③ 赵馥洁教授将自己汲于民族文化、关学思想的人文精神、哲理智慧，化为教书育人的师道自觉。

师，在中国文化中一直具有崇高的地位。它可能是一种职业，但更多指向的是一种"重其德业，以为人之师表"（《北齐书·王昕传》）的社会人格。唐代的韩愈说："师者，所以传道授业解惑也。"（《师说》）尊师重道，成为中华民族优秀的传统。高扬"师道的自觉"，是赵馥洁

---

① 赵馥洁：《张载"太虚"之气的价值意蕴》，载《中华智慧的价值意蕴》，中国政法大学出版社 2002 年版，第 192 页。

② 赵馥洁：《沧桑》，《静致宅诗》，中西书局 2017 年版，第十七页。

③ 赵馥洁：《己丑年春节咏怀》，《静致宅诗》，中西书局 2017 年版，第二八页。

教授长期在高校从事教学工作实践、探索和思考的结晶。他说："'师道'即为师之道，即怎样做老师之道，怎样把书教好之道。'自觉'即自己觉悟，包括自己体认，自己反思，自己修炼，自己提升。"① 在他看来，作为教师应该在"为人师表""转识成智""教学相长"三个方面有所自觉，也就是在教师的职业、教师的职责、教学方式与教学目标上必须有高度的自觉。从"教师是人类灵魂的工程师"的角色定位出发，赵馥洁教授几十年来不断丰富自己的知识储备、提升自己的思想高度、锤炼自己的教学技艺，真正践履着自己的师道理念。

同关学史上那些杰出人物相比，赵馥洁教授生活在一个文明交流愈加频繁、人际交往愈加复杂、知识更新愈加快捷、人性考验愈加尖锐、社会问题愈加多样的时代，生活在中国社会从未有过的急剧转型的时代，也生活在一个教师身份高度职业化的时代。如何传承、弘扬师道，或者说如何养成、塑造人的灵魂，是一个古老而又全新的话题。他坚持自尊尊人，自知知人，自觉觉人，在把自己养成真正的人的过程中将学生培养成真正的人。他把教书育人作为一面镜子，在镜子里观照自己、度量自己、发现自己。他把教书育人作为自己的精神营养，以情感、知识来滋养自己、充实自己，增长自己的生命。他把教书育人作为自己精神境界、人格品位升华的阶梯，在与一个个渴求知识、追求美善的教育对象交流真、善、美的过程中激励自己、牵引自己，照亮自己。② 他的学生说："传经弘道五十春，解玄析理见精神。躬行大义栽桃李，莘莘高风昭后人。"③

宋儒的"一理万殊"，是天地之道的哲理统摄；唐僧的"月印万川"，是万物一体的情感阐扬。传承不绝的关学自始就重道德礼教，重

---

① 赵馥洁：《不断提高师道的自觉性》，载《师道的自觉——赵馥洁先生从教五十年纪念文集》，张周志、李明主编，中央编译出版社 2016 年版，第 69 页。

② 赵馥洁：《在书中读自己》，载《师道的自觉——赵馥洁先生从教五十年纪念文集》，张周志、李明主编，中央编译出版社 2016 年版，第 132 页。

③ 刘吉发：《恩师从教五十年感言》，载《师道的自觉——赵馥洁先生从教五十年纪念文集》，张周志、李明主编，中央编译出版社 2016 年版，第 301 页。

人格气节，这一精神品格一直被不同时代的关学人物所持守、所弘扬。以赵馥洁先生为代表的当代关学学者仍然自觉继承了这一优秀精神品性，他们在学术与人生的交织中，以时代性的鲜明特征礼敬、诠释与践行着先贤的优秀人格。

余　论

一个研究者可能开辟了众多的学术领域，关注了众多的学术课题，提出了众多的学术观点，作出了众多的学术贡献，但终有一个核心思想能够贯通这些众多的面相。这既是学术思想的逻辑，也是学者人格的底蕴。赵馥洁先生对于关学多领域的开拓归结为一个核心，就是以价值哲学的视角来挖掘、透视与理解包括关学在内的民族传统思想，从而在自己的时代推进了关学的新阐释；而这一学术主体也在这一人生学术中始终自觉坚持了作为一个关中学人的精神风貌，也就是他自己所概括的关学精神。尊重人，尊重人的主体性，尊重人类的精神性，是仍旧奋进在时代前沿的一代关学学人念兹在兹的学术精神的生命化、人格化。